Wilhelm Nördling

Die Selbstkosten des Eisenbahntransportes und die

Wasserstrassenfrage

in Frankreich, Preussen und Österreich

Wilhelm Nördling

Die Selbstkosten des Eisenbahntransportes und die Wasserstrassenfrage
in Frankreich, Preussen und Österreich

ISBN/EAN: 9783743312814

Hergestellt in Europa, USA, Kanada, Australien, Japan

Cover: Foto ©ninafisch / pixelio.de

Manufactured and distributed by brebook publishing software
(www.brebook.com)

Wilhelm Nördling

Die Selbstkosten des Eisenbahntransportes und die Wasserstrassenfrage

DIE SELBSTKOSTEN

DES

EISENBAHN-TRANSPORTES

UND DIE

WASSERSTRASSEN-FRAGE

IN

FRANKREICH, PREUSSEN UND ÖSTERREICH.

VON

WILHELM VON NÖRDLING

K. K. SECTIONSCHEF UND GENERAL-DIRECTOR DES ÖSTERR. EISENBAHNWESENS A. D.

MIT ZWEI HOLZSCHNITTEN UND EILF KARTEN U. TAFELN
IN SCHWARZ- UND FARBENDRUCK.

WIEN 1885.

ALFRED HÖLDER

K. K. HOF- UND UNIVERSITÄTS-BUCHHÄNDLER

Rothenthurmstrasse 15.

Inhalt.

	Seite
Vorwort	1
Einleitung	3
Beschlüsse des österreichischen Abgeordnetenhauses	3
Begründung der vorstehenden Beschlüsse	3

I. Abschnitt.

Selbstkosten des Eisenbahn-Gütertransportes 6

1. Cap. Principielle Erörterung der Selbstkosten	6
a) inclusive Verzinsung	6
b) Durchschnittskosten exclusive Verzinsung	9
c) Eigentliche Selbstkosten	10
2. Cap. Selbstkosten der Theissbahn	11
3. Cap. Selbstkosten anderer österr.-ungar. Bahnen	18
Ergebnisse des gesammten österr.-ungar. Bahnnetzes	18
Ergebnisse der Kaiser Ferdinands-Nordbahn	20
Rückblick und Schlussfolgerung	20
4. Cap. Die niedrigsten Gütertarife	21
Factisch eingehobene Sätze	21
Schwierigkeiten der Ermässigungen	22
5. Cap. Concurrenz zwischen Eisenbahnen und Canälen	25
Beiderseitige Concurrenzfähigkeit	25
Privatcanal und Staatsbahn	26
Privatcanal und Privatbahn	26
Staatscanal und Staatsbahn	27
Staatscanal und Privatbahn	27
Schlussfolgerung	28

II. Abschnitt.

Die französischen Wasserstrassen 29

6. Cap. Entstehung und Entwickelung der französischen Canäle	30
Vorläufige Rundschau	30
Die Canäle der früheren Jahrhunderte, 1500—1800	31
Die Canäle unter Napoleon I. u. der Restauration, 1801—1830	33
Die Wasserstrassen unter Louis Philipp, 1831—1847	35

Seite

Die Wasserstrassen unter Napoleon III., 1848—1870 . . . 39

Rückblick 42

7. Cap. Der Frankfurter Friede und der Canal im Osten, 1872—1882 . 44

8. Cap. Der Frachtenverkehr auf den französischen Wasserstrassen . 50

Frachten-Circulation im Allgemeinen 50

Die Waarengattungen 53

Analyse des Verkehrs einzelner Wasserstrassen 55

Die Verbreitung der einzelnen Waarengattungen 57

Schlussbemerkungen 62

9. Cap. Eine Enquête-Commission und ihre Folgen, 1871—1877 . . . 64

Entstehung der Commission 64

Erster Commissionsbericht 65

Spätere Berichte. — Beantragte Bauten 67

Beantragte Um- und Zubauten 70

Beantragte Neubauten 74

Die politische u. finanzielle Lage während u. nach d Enquête 78

10. Cap. Herrn v. Freycinet's Programm, 1877—1879 80

Ankündigung und Vorbereitung 80

Gesetze, betreffend die Eisenbahnen und die Seehäfen . . . 82

Gesetz, betreffend die Wasserstrassen 83

Politischer u. administrativer Erfolg der drei Programmgesetze 89

11. Cap. Die Durchführung des Wasserstrassen-Programms 90

Die erfolgten Gemeinnützigkeits-Erklärungen 90

Die Budgets der Wasserstrassen von 1878—1885 92

Wirklich verwendete Summen 94

Bilanz des Wasserstrassen-Programms 95

12. Cap. Bau und Erhaltung der französischen Canäle 97

Kosten der älteren Canäle 97

Kosten der neueren Canäle 99

Bauzeit 100

Sommersperre 100

Betriebs-Unterbrechungen durch Frost 101

13. Cap. Frankreichs Flüsse und Ströme 104

Kosten der Canalisirungen 104

Relativer Werth der Canäle und canalisirten Flüsse . . . 107

Gefälls- und Hochwasserverhältnisse 107

Die vier Ströme Frankreichs 110

Niveau-Kreuzungen von Flüssen 110

Tauerei auf Flüssen und Canälen 111

14. Cap. Wasserstrassen-Verstaatlichung, Wassermauth u. Schiffsfracht 115

Nicht verstaatlichte Wasserstrassen 115

Wassermauth auf den Staats-Wasserstrassen 119

Schiffsfrachtpreise 120

15. Cap. Nebendienste der Schifffahrts-Canäle 121

Bewässerungscanäle 122

Entsumpfungen 124

Benützung der Wasserkräfte 124

Das Fürens-Becken 126

Schutz gegen Wassermauth 127

16. Cap. Rückblick und Schlussfolgerungen 128

Seite

III. Abschnitt.

Die preussischen Wasserstrassen 131

17. Cap. Ihre Vergangenheit und Gegenwart 131
  Die norddeutschen Ströme 131
  Die preussischen Canäle 134
  Der Frachtenverkehr auf den norddeutschen Wasserstrassen . 135
  Die Concurrenz zwischen d. Elbe-Schifffahrt u. d. Eisenbahnen 139
18. Cap. Zukunfts-Projecte 141
  Denkschriften der preussischen Regierung, 1877, 1882 . . . 141
  Rhein-Maas-Canal 146
  Rhein-Weser-Elbe-Canal 146
  Wasserwege durch Berlin 149
  Oder-Spree-Canal 149
  Elbe-Spree-Canal 151
  Abzweigung nach Schwedt 152
  Die nördlichen Anschlusscanäle 152
  Canalisirung des Mains 153
  Canal von Leipzig an die Elbe 153
  Donau-Oder- und Oder-Seitencanal 153
  Baukosten-Voranschläge 154
19. Cap. Verhandlungen des preussischen Landtages 155
  Gesetzes-Vorlage 155
  Berathung des Abgeordnetenhauses 155
  Berathung im Herrenhause 156
20. Cap. Schlusswort über Preussen 158

IV. Abschnitt.

Canäle anderer Länder 159

21. Cap. Bayern 162
22. Cap. Belgien 162
23. Cap. Schweden 163
24. Cap. England 164
25. Cap. Nord-Amerika 167

V. Abschnitt.

Schlussbetrachtungen 171

26. Cap. Im Allgemeinen 171
27. Cap. In Betreff Oesterreichs 176
  Die Donau 176
  Die übrigen Flüsse Oesterreichs 179
  Schleusen in Oesterreich 180
  Der Wiener-Neustädter Canal 180
  Der projectirte Donau-Oder-Canal 182
  Der projectirte Donau-Elbe-Canal 184
  Die Sommer- u. Wintersperre auf den projectirten Canälen . 186
  Die Frage des Wiener Canalhafens 187
  Nutzanwendung 188

Seite

Beilagen.

A. **Ausweis über die Ab- und Zunahme des Verkehrs** auf d. einzelnen
Wasserstrassen Frankreichs von 1872 auf 1882   191
B. **Die französische Canalordnung**   193
C. **Ueber Tarifbildungs-Theorien**   206
    Einleitung   206
    Die Tarife als Einnahmsquelle von Erwerbsanstalten . . .   216
    Die Tarife als öffentliche Gebühren   216
    Die Zukunft der Eisenbahntarife   220
Alphabetisches Namens- und Sach-Register   225

Verzeichniss der Tafeln und Figuren.

I. **Karte der französischen Wasserstrassen im Jahre 1884,**
nach dem Programmgesetze von 1879 . . . .   Titelblatt
II. **Längenprofile französischer Canäle.** — Die Canäle von Paris
an die Nord- und die Nordostgrenze . . . . zw. S. 32 u. 33
III. **Längenprofile französischer Canäle.** — Die Canäle von Paris
an die Loire, Rhone, Garonne . . . . . . zw. S. 48 u. 49
IV. **Graphische Darstellung d. franz. Wasserfrachten-Circulation**
im Jahre 1882 . . . . (nach V) zw. S. 64 u. 65
V. **Graphische Darstellung d. franz. Eisenbahnfrachten-Circu-**
lation im Jahre 1881 . . . . . (vor IV) zw. S. 64 u. 65
VI. **Französischer Wasserstrassenverkehr von 1847 bis 1882** » » 80 u. 81
VII. **Karte der französischen Wasserstrassen** nach den Vorschlägen
der Enquête-Commission 1874 . . . . . . zw. S. 96 u. 97
Canaltunnel-Querschnitte (Figur)   113
Tauereiversuch auf der Rhone (Figur)   114
VIII. **Entwickelung der französischen Verkehrsnetze.** — Graph. Dar-
stellung d. Gesammtlängen d. Canäle u. Eisenbahnen,
1800 bis 1883 . . . . zw. S. 128 u. 129
IX. **Karte d. in Preussen u. Oesterreich projectirten Canäle** » » 144 u. 145
X. **Längenprofil des bayerischen Ludwigs-Canals** . . . » » 160 u. 161
XI. **Längenprofile österreichischer u. preussischer Canalprojecte**
im Vergleiche zu einigen ausgeführten Canälen zw. S. 176 u 177

Die vorstehenden Karten und Tafeln wurden grösstentheils in dem k. k. Militär-
geographischen Institute angefertigt. Der Verfasser fühlt sich gedrungen, dem Chef
dieser ausgezeichneten Anstalt, dem k. k. Feldmarschall-Lieutenant Freiherrn W a n k a
v. L e n z e n h e i m, sowie den Herren Abtheilungsvorständen für das ihm bezeigte ausserordentliche Entgegenkommen an dieser Stelle seinen herzlichen Dank auszudrücken.

Abkürzungen.

Meter . . . . m		Kubikmeter . . . . cbm
Centimeter . . . . cm		Kilogramm . . . . kg
Millimeter . . . . mm		Tonne zu 1000 kg . . . . . . t
Kilometer . . . . km		Tonnenkilometer . . . . . . tkm

Vorwort.

Man sollte es nicht glauben, wie bei Erörterung der sogenannten Canalfrage gewissen Documenten ein abweichender, ja fast widersprechender Sinn beigelegt wird, wie viele Thatsachen falsch verstanden, nunmehr als vollwichtige Münze circuliren! *Zahlreiche Irrthümer über die Canäle in Umlauf.*

Um vor ähnlichen Irrthümern nach Möglichkeit bewahrt zu bleiben, hat sich der Verfasser bemüht, die Urtexte einzusehen und seine Aussprüche mit statistischem Material zu belegen. *Einziehung authentischer Nachrichten.*

So weit ihm dies gelungen ist, verdankt er es der überaus werkthätigen Unterstützung, die er bei Freunden und in den verschiedensten Kreisen gefunden. Ueber Wunsch Einiger muss es sich der Verfasser versagen, sie Alle mit Namen zu nennen, und sich begnügen, denselben hier collectiv seinen wärmsten Dank auszusprechen. Nur zwei Ausnahmen muss er sich gestatten: die eine für Se. Excellenz den Herrn Staatsminister M a y b a c h, königl. preuss. Minister der öffentlichen Arbeiten, und die andere für Herrn C h e y s s o n, Ingénieur en chef des *Ponts et Chaussées*, Directeur au Ministère des travaux publics, in Paris, dessen unerschöpfliche Gefälligkeit die unerlaubtesten Proben zu bestehen hatte. *Danksagung des Verfassers an die Förderer seines Werkes.*

Da, wo eine Umrechnung der französischen und deutschen Geldwerthe auf österreichische Währung wünschenswerth schien, wurde dieselbe auf Grund nachstehender Course vorgenommen: *Umrechnung fremder Währungen.*

1 Franc = 48 Kreuzer ö. W.

1 Mark = 59 » » »

Einige technische Ausdrücke, welche manchmal in unpräcisem und schwankendem Sinne gebraucht werden, erheischen hier eine vorläufige Erläuterung. *Erläuterung einiger technischen Ausdrücke.*

Wir sagen:

Scheitelcanal für *Canal à point de partage*, *Benennung der Canäle.*

Seitencanal für *Canal latéral*,

Zweigcanal, analog der Zweigbahn, für *Canal d'embranchement*, anstatt Stichcanal oder Seitencanal.

Besonders ungeklärt und unbequem ist die Terminologie, betreffend Verkehrs-Intensitäten! *Ausdrücke zur Bezeichnung der Verkehrsintensität.*

Wenn man die auf einer Verkehrslinie verschifften oder verfrachteten Tonnen mit den betreffenden Transportdistanzen multiplicirt und die Producte addirt, so findet man »die Summe der geförderten Tonnenkilometer«. Dividirt man die Summe der geförderten Tonnenkilometer durch die Summe der verfrachteten Tonnen, so erhält man die mittlere Transportdistanz.

„Frachten-Circu-
lation."

Dividirt man dagegen die Summe der geförderten Tonnenkilometer durch die Länge des Verkehrsweges (Canals oder Eisenbahn
u. s. w.), in Kilometern ausgedrückt, so findet man — nach den
Einen »die Zahl der Tonnen pro Kilometer«, nach Anderen »die Zahl
der durchschnittlich geförderten Tonnenkilometer pro Kilometer Betriebs-
länge«. Anstatt dieser, wenn auch scharfen, doch äusserst unhandlichen
und für den gewöhnlichen Leser geradezu ungeniessbaren Ausdrücke
werden wir sagen: die **durchschnittliche Circulation.**

Wenn man sich an irgend einem Punkte einer Wasserstrasse oder
Eisenbahn, z. B. an einer Zollgrenze, aufstellt und notirt die nach beiden
Richtungen verkehrende Tonnenzahl, so ist das »die Frachten-
Circulation an dem gewählten Punkte«. Und wiederholt man dieselbe
Operation an verschiedenen Punkten der Verkehrslinie und nimmt
das arithmetische Mittel, so findet man wiederum »die durchschnitt-
liche Circulation«.

Es ist das ein so einfacher Begriff, dass er wohl populär sein
könnte; er scheint es aber sehr wenig zu sein, denn gar nicht selten
begegnet man Zweideutigkeiten, wo nicht gar offenbaren Verwechslungen
zwischen der Zahl der verfrachteten Tonnen und der Durchschnitts-
Circulation.

Die französische Statistik gibt die Durchschnitts-Circulation für
alle und jede Wasserstrasse und deren Hauptstrecken. Der deutschen
Statistik ist eine derartige Angabe fremd, dagegen lässt sich aus derselben für einige Stapelplätze und Durchgangspunkte, für welche ausser
den ein- und ausgeladenen Gütern auch die durchgegangenen aus-
gewiesen sind, die locale Circulation ableiten.

Den französischen Bezeichnungen gegenüber gestellt, haben
wir somit:

Verfrachtete (verschiffte) Tonnen für *tonnage absolu* oder *effectif*,
geförderte Tonnenkilometer für *tonnage ramené au parcours d'un*
kilomètre,
durchschnittliche Frachten-Circulation für *tonnage moyen* oder
ramené à la distance entière.

Der Leser wolle diesen einen Neologismus zu Gute halten!

Alphabetisches
Register.

Da im Laufe der vorliegenden Schrift auf einzelne Fragen mehrfach zurückgekommen werden musste und sich auch die einzelnen
Verkehrswege an den verschiedensten Stellen erwähnt finden, so wurde,
um das Nachschlagen zu erleichtern, am Schlusse ein besonderes
alphabetisches Namen- und Sachregister beigefügt, auf welches der
Leser hiermit aufmerksam gemacht wird.

Wien, am 2. Jänner 1885.

Der Verfasser.

Einleitung.

Beschlüsse des österreichischen Abgeordnetenhauses.

Das österreichische Abgeordnetenhaus hat nachstehende Beschlüsse gefasst.

Am 23. November 1881:

»Die Regierung wird aufgefordert, mit thunlichster Beschleuni- Donau-Oder-Canal. gung Erhebungen behufs Herstellung einer Wasserstrasse zwischen der Donau bei Wien und der Oder bei Oderberg vorzunehmen und eventuell auf Grundlage dieser Erhebungen eine Gesetzesvorlage zur baldigen Durchführung dieser Wasserstrasse einzubringen.«

Und am 24. Mai 1884:

»Die Regierung wird aufgefordert:

»1. Ein Project zur Erbauung eines Schifffahrts-Canals aus der Donau-Elbe-Canal. Donau nächst Wien in der Richtung gegen Budweis, sowie zur Canalisirung der Moldau von der Einmündung des Canals bis Melnik auszuarbeiten;

»2. Rechtsgiltige Beschlüsse des niederösterreichischen und des böhmischen Landtages über bestimmte, von beiden zu leistende Beiträge zu den Kosten der angeregten Schifffahrtsstrasse zu erwirken;

»3. einen auf diese ·Verpflichtungen basirten Gesetzesentwurf über die Sicherstellung dieses Schifffahrtsweges womöglich schon im nächsten Sessionsabschnitte des Reichsrathes dem Abgeordnetenhause vorzulegen.«

Begründung der vorstehenden Beschlüsse.

Diesen Beschlüssen lagen detaillirte, der privaten Initiative entsprungene, mit dem Aufwande grosser Mühe und Kosten verfasste Projecte, ferner umfangreiche Experten-Gutachten, sowie endlich Referenten- und Ausschussberichte*) zu Grunde, in denen Voraussetzungen und Hoffnungen niedergelegt sind, die sich folgendermassen zusammenfassen lassen:

---

*) Nr. 382 und 951 der Beilagen zu den stenographischen Protokollen des Abgeordnetenhauses. IX. Session.

1*

Donau-Oder-Canal.

Länge des (Scheitel-) Canals   290   Kilom.
Breite der Schleusen (vergl. Cap. 27) . . . . . .   5·20 Meter
Wassertiefe . . . .   2·00   »
Tragfähigkeit der Schiffe   280   Tonnen
Baukosten, das Kilometer (vergl. Cap. 27) . . . .   66.000 Gulden
   »   im Ganzen   19   Million.
Jährliche Frachten-Circulation . . . .   700.000 Tonnen
Durchschnittlicher Tarif pro Tonnenkilometer . . .   1·50 Kreuzer
   Zieht man hiervon ab:
Schiffsfracht . . . . 0·40 ⎫

$$\text{Canal-Erhaltungskosten } \frac{900 \text{ fl.}}{700.000 \text{ t}} = 0.13 \quad\Bigg\} \quad -0.53 \quad »$$

so bleibt Reinertrag pro Tonnenkilometer . . . . .   0·97   Kreuzer
   pro Canalkilometer 700.000 $\times$ 0·97 Kr. $=$ 6790   Gulden
somit Verzinsung des Anlagecapitals mit

$$\frac{6790}{66.000}, \text{ d. i. mehr als} . . . . 10\%$$

Donau-Elbe-Canal.

Länge des Scheitelcanals Wien–Budweis . . . . .   222 Kilom.
   »   der canalisirten Moldau von Budweis nach
   Melnik   246   »
Länge der ganzen Wasserstrasse   468   »
Breite der Schleusen . . . .   8.00 Meter
Wassertiefe . . . .   2.00   »
Tragfähigkeit der Schiffe . . . .   450 Tonnen
Baukosten, kilometrische: Wien–Budweis . . .   232.386 fl.
   »   »   Budweis–Melnik . . . .   05.494 »
   »   »   im Durchschnitte . . . .   142.043 »
   »   gesammte: Wien–Budweis . . . . . .   51,590.000 »
   »   »   Budweis–Melnik . . . . .   17.160.000 »
                            Summe   68,750.000 fl.
Jährliche Frachten-Circulation . . . .   1,430.000 Tonnen
Durchschnittlicher Tarif pro Tonnenkilometer . . .   1·05 Kreuzer
   Zieht man hiervon ab:
Schiffsfracht . . . . 0·46 ⎫

$$\text{Canal-Erhaltungskosten } \frac{700 \text{ fl.}}{1,400.000 \text{ t}} = 0.05 \quad\Bigg\} \quad -0.51 \quad »$$

so bleibt Reinertrag pro Tonnenkilometer . . . . .   0·54   Kreuzer
Reinertrag pro Kilometer Wasserstrasse
   1,400.000 $\times$ 0·54 Kr. $=$ . . . .   7560 Gulden

$$\text{Verzinsung des Anlagecapitals } \frac{7560}{142.000} = ... \quad 5·32\%.$$

Das Hauptgewicht bei diesen Aufstellungen wird nicht sowohl auf die reichliche Verzinsung des aufzuwendenden Anlagecapitals gelegt, als vielmehr auf den ausserordentlichen volkswirthschaftlichen Nutzen von Transportpreisen, welche nur 0·53, beziehungsweise 0·51, also rund einen halben Kreuzer pro Tonnenkilometer betragen würden, während erfahrungsgemäss der Einheitssatz von 1 Kr. pro Tonnenkilometer so ziemlich die äusserste Grenze bilde, bei welcher der Eisenbahn-Transport überhaupt noch lohnend sei. Die Eröffnung von Wasserstrassen müsse unter diesen Verhältnissen den Massentransporten einen ungeahnten Aufschwung geben und gestatte allein die gehörige Verwerthung der vorhandenen minderwerthigen Roh- und Naturproducte.

Neben dieser ausschlaggebenden Wirkung werden von den geplanten Wasserstrassen noch verschiedene Nebenvortheile erhofft, als Bewässerungen, Entsumpfungen, Verminderung der Ueberschwemmungen in Folge der Aufsammlung der Wässer in den Speisebecken, industrielle Verwerthung der Wasserkräfte an den Schleusen, u. s. w.

Sobald das Hauptgewicht, wie es mit Recht geschieht, auf die Tariffrage gelegt wird, so dreht sich der Kampf zwischen Wasserstrassen und Eisenbahnen wesentlich um die Frage der beiderseitigen Transport-Selbstkosten, weil ja letztere naturgemäss die untere Grenze der Tarifsätze bilden.

Um die Frage nicht unnöthig zu verwickeln, so soll, was die Wasserstrassen anbelangt, der oben angeführte Satz — von rund ¹/₂ Kr. ö. W. pro Tonnenkilometer Nutzlast — für die eigentliche Schiffsfracht sammt Kosten der Erhaltung und Verwaltung des Canals, jedoch exclusive Verzinsung des Anlagecapitals, vorläufig nicht angefochten werden, obwohl derselbe nach der französischen Erfahrung (s. unten, Cap. 14) auf das Doppelte zu stellen wäre. Um so eingehender müssen wir uns aber mit der sehr controversen Frage der Selbstkosten des Eisenbahn-Transportes befassen.

Wohlfeilheit des Wassertransportes.

Nebenvortheile der Canäle.

Die Selbstkosten bilden die untere Grenze der Tarife.

Wasserfrachtpreise.

I. ABSCHNITT.

Selbstkosten des Eisenbahn-Gütertransportes.

1. Capitel.

Principielle Erörterung der Selbstkosten.

Die Selbstkosten des Frachtentransportes pro Tonnenkilometer
können von drei verschiedenen Standpunkten aus ermittelt werden:

a) Indem die Zinsen des Anlagecapitals miteingerechnet werden;

b) indem man die aufgelaufenen, eigentlichen Transportkosten
durch die Anzahl der factisch geleisteten Tonnenkilometer dividirt;

c) indem man die Mehrkosten zu bestimmen sucht, welche eine
zu transportirende w e i t e r e Tonne verursachen würde, oder — was
dasselbe ist — die Minderausgabe, welche stattgefunden hätte, wenn
eine Tonne weniger transportirt worden wäre.

Jede dieser drei, zu sehr abweichenden Ergebnissen führenden
Methoden hat nach Umständen ihre Berechtigung und muss sogar, je
nach der Verwendung, welche das Ergebniss finden soll, in Anwendung
gebracht werden.

a) Kosten inclusive Verzinsung.

Wenn z. B. die Frage entschieden werden soll, ob von Oderberg
nach Wien ein Canal oder etwa eine zweite Eisenbahn zu bauen sei,
so genügt es vom volkswirthschaftlichen Standpunkte nicht, der Wasserfracht einfach die Transportkosten auf der Eisenbahn gegenüberzustellen;
es muss beiderseits die entsprechende Quote von den Zinsen des auf-
zunehmenden und zu verausgabenden Capitals hinzugerechnet werden.
Ebenso wenn eine Berg-Gewerkschaft die Frage zu untersuchen hat,
ob ein neu eröffneter Schacht oder Stollen am besten durch eine
Strasse, einen Canal oder eine Eisenbahn mit dem allgemeinen Verkehrsnetze in Verbindung zu setzen sei, so wird sie in die Gestehungskosten die Zinsen und Amortisation der neuen Anlage mit einbeziehen.
Aehnlich wird es eine solche Gewerkschaft halten, wenn irgend ein
mehr oder minder primitiver Process durch eine neu zu beschaffende

Maschine ersetzt werden soll. Amortisationsdauer und Art der internen Verrechnung sind in diesen und ähnlichen Fällen mehr oder weniger der Willkür anheimgegeben, weil das Product meist nur ein Halbfabricat ist und als solches keinen directen Käufer findet. Solchergestalt sind in der Fabriks-Industrie überhaupt Zinsen- und Amortisationsquoten häufig in die Gestehungskosten oder Selbstkosten eingemengt.

Für Eisenbahnen, die im öffentlichen Verkehre stehen und die ihre Transporte unmittelbar und unvermischt bezahlt erhalten, liegt im Allgemeinen eine ähnliche Nöthigung, ihre Selbstkosten durch Zinsquoten zu vervollständigen, durchaus nicht vor. Der Zweck, den man dabei verfolgen könnte, sich über die Rentabilität des Unternehmens zu orientiren, wird viel einfacher durch die Aufstellung der üblichen Betriebsrechnung und der Vertheilung des Betriebsüberschusses erreicht.

Durch Einbeziehung der Capitalszinsen in die Selbstkosten des Eisenbahn-Transportes wird die ohnedies so complicirte Frage nur noch mehr verwickelt und verdunkelt und dies — wie uns scheint — ohne allen praktischen Vortheil.

Ein auch in Oesterreich bekannter Eisenbahn-Fachmann hat sich in einer geschätzten Zeitschrift*) die Mühe genommen, die Selbstkosten, inclusive Zinsen und Amortisations-Lasten, für einen grossen Theil der europäischen Bahnen zu berechnen und hat u. a. für 1881 pro Frachten-Tonneukilometer nachstehende Ziffern gefunden: *(Rechnungsresultate.)*

Durchschnitt für die französischen Bahnen: 5·89 Ctms. = 2·83 Kr. ö. W.

  » » » deutschen » 5·94 » = 2·85 » »

  » » » österr.-ungar. » 8·02 » = 3·85 » »

Speculative Statistiker mögen an solchen und ähnlichen Ziffern *(Gefährlichkeit solcher Ziffern.)* Gefallen finden, und wir sind weit entfernt, denselben alles Interesse abzusprechen. Aber man kann nicht vorsichtig genug sein, daraus praktische Schlüsse zu ziehen. Geht etwa aus obigen Ziffern hervor, dass die österreichisch-ungarischen Bahnen zu theuer gebaut seien? Oder dass der Zinsfuss in Oesterreich höher gewesen als in Frankreich und Deutschland? Oder aber, dass der Betrieb dort theurer geführt werde? Wer könnte es auf Grund obiger Zahlen behaupten? Denn, um die höhere Ziffer für Oesterreich-Ungarn zu erklären und zu rechtfertigen, genügt die Thatsache, dass die Circulation von Personen und Frachten dort geringer ist und dass sich dadurch die Lasten an Zinsen und Betriebskosten auf eine geringere Zahl von Einheiten vertheilen.

Wie gefährlich seine Aufstellungen sind, beweist der fragliche *(Durchschnittstarife.)* Schriftsteller selbst, indem er die gefundenen Selbstkosten den eingehobenen Durchschnittstarifen gegenübergestellt und zu dem Schlusse

---

*) *Annales des Ponts et chaussées*, 1883, 2. Semester, S. 543. — Eine ähnliche Arbeit verdankt man Herrn A. Schübler: »Ueber Selbstkosten und Tarifbildung der deutschen Eisenbahnen«. Stuttgart 1879.

gelangt, dass da, wo sich ein Deficit ergibt, der Durchschnittstarif um obensoviel gehoben werden sollte. Nun hat aber eine Bahnverwaltung ihren durchschnittlichen Tarif gar nicht in der Hand: er kann bei gleichgebliebenen Einzeltarifen sich von Jahr zu Jahr ändern, je nachdem mehr Güter der höheren oder der niederen Tarifclassen auftreten. Sie kann die einzelnen Tarife erhöhen, dann ist es aber wohl möglich, dass in Folge der Erhöhung der Verkehr und die Einnahme abnehmen und dass die schlecht rentirende Bahn sich noch schlechter rentirt. Und bei Concurrenzfragen ist ohnediess nicht der Durchschnitts-, sondern der Minimaltarif entscheidend.

Irriger Standpunkt der französischen Enquête-Commission.   In einen ähnlichen, vielleicht noch inhaltsschwereren Irrthum verfällt der als Autorität geltende Berichterstatter der französischen 1871er Enquête-Commission, indem er z. B. die Meinung vertritt: die Paris-Lyon-Mittelmeerbahn könnte in der Concurrenz mit der Wasserstrasse nicht unter den Durchschnittssatz von 4·51 Centimes pro Tonnenkilometer herabgehen, und seine Meinung dadurch zu begründen sucht, dass der von der Bahn factisch eingehobene Tarif durchschnittlich 5·81 Centimes, die zur Vertheilung gelangte Superdividende von 32 Millionen aber pro Tonnenkilometer nur 1·30 Centimes betrage. Da 5·81 — 1·30 = 4·51, so könne ohne Schädigung der Bahngläubiger der Tarif unter letztere Ziffer nicht herabgesetzt werden.*)

Deckung der Zinsen.   Dieser Trugschluss zieht sich wie ein rother Faden durch die Berathungen der Enquête-Commission, weshalb wir ihn hier ein- für allemal hervorheben. Derselbe wurzelt wesentlich in der Einbeziehung der Capitalszinsen in die Transportkosten und in der gleichmässigen Vertheilung derselben unter alle als gleichwerthig betrachteten Personenkilometer und Fracht-Tonnenkilometer. Diese gleichmässige Vertheilung mag auf den ersten Blick rationell erscheinen, ist aber im Grunde doch willkürlich. Warum sollte es einer Bahnverwaltung, welche die Deckung ihrer Zinsen im Personentransport oder in den höheren Frachtclassen gefunden hat, benommen sein, ihre Tarife für minderwerthige Güter ohne alle Rücksicht auf die Zinsen oder mit einem geringeren Antheile daran zu bemessen?

Die Vertheilung der Selbstkosten unter die Personen und Frachten ist schon an sich schwierig genug, um sie nicht durch die Einbeziehung der Zinsen- und Amortisationsquote noch mehr zu erschweren oder richtiger, da irgend ein rationeller Schlüssel für dieselbe nicht zu finden ist, unlöslich zu machen.

Begriff der Selbstkosten.   Die Einbeziehung der Zinsen in die Selbstkosten scheint übrigens auch dem Sprachgebrauche zuwider zu sein. Bei der Berechnung der Selbstkosten eines Strassen-Transportes wird es Niemandem einfallen, die Zinsen aus dem Baucapitale der Strasse einzubeziehen. Der land-

*) Bericht Nr. 1568 über das Rhonebecken. S. 50.

läufige Begriff der Selbstkosten eines Transportes setzt voraus, dass, falls der fragliche Transport entfällt, auch die betreffenden Selbstkosten erspart bleiben. Dies ist aber bei Ziusen von bereits verausgabten Baucapitalien nicht der Fall. Die Ziusen aus dem Anlagecapital einer vorhandenen Eisenbahn sind von ihrem factischen Verkehr ganz unabhängig; sie belasten den Eigenthümer, auch wenn keine einzige Tonne darüber fährt. Die Einbeziehung der Zins- und Amortisationsquote in die Eisenbahn-Transport-Selbstkosten hätte auch noch die Anomalie im Gefolge, dass am Tage, wo die Amortisation eines Anlehens oder des Actiencapitals vollendet wäre, die betreffende Quote entfallen und die Selbstkostenziffer den sonderbarsten Sprüngen aussetzen müsste.

Der einzige Einfluss, den die Zinsen auf die Tarife, welche in den Selbstkosten ihre Grenze finden, üben können, besteht darin, dass, je nachdem die Rentabilität sich besser oder schlechter gestaltet, man bei der Festsetzung der Tarife mehr oder weniger fiscalisch vorgehen wird.

b) Durchschnittskosten exclusive Verzinsung.

Die zweite Methode, darin bestehend, dass die Frachten-Trans- portkosten durch die Tonnenkilometer dividirt werden, ist in ihrer Anwendung auch nicht so einfach, als sie aussieht; denn es muss vorher eine Aufteilung der Gesammtauslagen zwischen den Personen- und Frachtenverkehr vorgenommen werden. Nach welchem Schlüssel?

In Frankreich wird dabei gemeiniglich von der Voraussetzung ausgegangen, dass ein Durchschnittsreisender pro Kilometer dieselben Kosten verursache, wie durchschnittlich ein Fracht-Tonnenkilometer. Dieser Lehrsatz soll sich auch auf den Linien der österr.-ungar. Staatsbahn-Gesellschaft bewahrheiten.[*] Er bietet einen äusserst bequem zu handhabenden Schlüssel, der aber selbstverständlich auf allgemeine Giltigkeit keinen Ausspruch machen kann, denn wenn er auf Bahnen mit zahlreichen Schnellzügen und überhaupt raschem Personenverkehr passt, so muss er auf Bahnen, wo Reisende III. und IV. Classe vorherrschen, unrichtig sein, und umgekehrt.

Die nach der in Rede stehenden Methode berechneten Selbst- kosten werden gerne verwendet, um die Wohlfeilheit der Betriebsverwaltung zu prüfen, um die ökonomische Gebarung verschiedener Bahnverwaltungen unter sich zu vergleichen. Auch diese Vergleichung stösst auf eine Reihe von Schwierigkeiten und erweckt Bedenken, die aber über den Rahmen der gegenwärtigen Arbeit hinausragen.

Zur Beurtheilung und Aufstellung von Minimaltarifen sind die factisch aufgelaufenen, durchschnittlichen Selbstkosten des Tonnenkilometers auch keine geeignete Grundlage, was im Nachstehenden seine Erläuterung finden wird.

[*] Baum, *Annales des Ponts et chaussées.* 1875, 2. Semester.

c) Eigentliche Selbstkosten.

Wenn man Eisenbahn-Betriebsrechnungen eingehend betrachtet, so überzeugt man sich sehr leicht, dass die Ausgaben mit dem Verkehr durchaus nicht in geometrischer Proportion wachsen. Nur ein Theil der Ausgabsrubriken befindet sich, wenigstens annähernd, in letzterem Falle, so z. B. der Verbrauch an Feuerungsmaterial, während andere, wie z. B. die Erhaltung des Unterbaues von der Intensität des Verkehrs fast ganz unabhängig sind und als eine constante Grösse behandelt werden können. Wieder andere Rubriken nähern sich mehr oder weniger der einen oder der anderen dieser beiden Grenzen. Die genauen Gesetze des Wachsthums der verschiedenen Ausgaben oder, um uns mathematisch auszudrücken, die verschiedenen Ausgabencurven als Function des Verkehrs zu ermitteln, bietet so erhebliche Schwierigkeiten, dass wir auf jeden Versuch verzichten und uns darauf beschränken, an die Curve der Gesammtausgaben eine approximative Tangente zu führen. Zu diesem Behufe werden wir die verschiedenen Ausgabsrubriken entweder als ganz constant behandeln, oder als dem Verkehre proportional. Wenn auf diesem Wege die Gesammtausgaben in zwei Theile getheilt sind, den constanten und den variablen d. i. proportionalen, und wenn man dann die letztere Summe durch die Zahl der factisch geleisteten Tonnenkilometer dividirt, dann findet man, wenigstens annähernd, die Selbstkosten des Tonnenkilometers, d. h. diejenige Summe, welche die Betriebsverwaltung weniger verausgabt hätte, wenn ein Tonnenkilometer weniger geleistet worden wäre, und welche sie hätte weiter verausgaben müssen, wenn sie eine weitere Tonne ein Kilometer weit hätte transportiren wollen.

Bei der Bestimmung der Selbstkosten der Buchdruckerei bewegt man sich auf einem ganz analogen Boden. Der theure »Satz« belastet eigentlich nur die ersten Exemplare und wenn derselbe zu einer weiteren Auflage benützt werden kann, so stellt sich der Selbstkostenpreis der letzteren viel niedriger als für ein Exemplar der ersten Auflage.

Der solchergestalt ermittelte Selbstkostenbetrag allein bildet die richtige Grenze für die Concurrenz-Tarifbildung. Um denselben ziffermässig zu ermitteln, werden wir uns an concrete Beispiele halten und schicken nur noch voraus, dass wir dabei vorzugsweise jene minderwerthigen Waarengattungen ins Auge fassen werden, welche den Wasserstrassen zufallen könnten und welche also, da sie ganze Schiffsladungen bilden sollen, auf der Eisenbahn vorwiegend in vollen Zügen, zum mindesten aber in vollen Wagenladungen zu transportiren wären.

2. Capitel.

Selbstkosten der Theissbahn.

Als erstes und hauptsächlichstes Substrat erlaubt sich der Verfasser die Theissbahn (Betriebsjahr 1875) zu wählen, und zwar aus folgenden Gründen: *Warum die Theissbahn gewählt wird.*

1. Weil ihm die Verhältnisse dieser Bahn ganz besonders vertraut sind und darüber eingehendere Daten zur Verfügung stehen, als für andere Bahnen;

2. weil die Theissbahn seitdem ihre individuelle Existenz verloren hat und ohne die von einer Vivisection unzertrennlichen Bedenken analysirt werden kann;

3. weil die Theissbahn, als ältere Bahn, in Beziehung auf Fahrparkerneuerung, Bahnerhaltung u. s. w. sich bereits in einem Beharrungszustande befand und die betreffenden Auslagen nicht aus mehr oder weniger willkürlich dotirten Nebenfonds, sondern direct aus der Betriebscasse deckte;

4. weil sie mit ihrer damaligen kilometrischen Roheinnahme von 8251 fl. in Beziehung auf Frequenz als eine mittlere Bahn gelten kann; endlich

5. weil diese Einnahme zu zwei Drittel aus dem Frachtenverkehr stammt und somit bei der Ausscheidung der Ausgaben für den Personenverkehr die grössere Verlässlichkeit des Rechnungsresultates auf Seite des hier in Frage stehenden Frachtentransportes sein wird.

Die Betriebskosten der Theissbahn 1875 betragen laut Geschäftsbericht, ohne Steuern und Nebenconti . . . . fl. 2,518.615 *Gesammte Betriebskosten.*

In dieser Summe sind jedoch die Gesammtkosten der Reparatur des Wagenparks mit 235.479 fl. mitenthalten, während genau 25% der von demselben zurückgelegten Achskilometer auf fremden Bahnen geleistet, dafür aber auch 225.920 fl. als Wagenmiethe vereinnahmt und unter den Betriebseinnahmen verrechnet wurden. Um den Preis der auf der Theissbahn geleisteten Tonnenkilometer zu erhalten, sind also in Abzug zu bringen 25% von 235.479 fl., d. i. . . . . fl. 58.870 *Wagenmiethe.*

Verbleiben . . fl. 2,459.745

Diese Summe ist auf den Personen- und auf den Frachtenverkehr zu vertheilen. Nach dem Schlüssel der Zugskilometer würden auf ersteren 46%, auf letzteren 54% entfallen. Nach dem französischen Schlüssel, wonach ein Personenkilometer als gleichwerthig mit einem *Schlüssel zur Vertheilung der Kosten auf Personen und Güter.*

Güter-Tonnenkilometer behandelt wird, kämen auf den Personenverkehr 35%, auf den Frachtenverkehr 65% der Ausgaben. Noch beruhigender im vorliegenden Falle, weil für den Frachtenverkehr offenbar ungünstig, ist der Brutto-Tonnenkilometer-Schlüssel:

Brutto-Tonnenkilometer.

Brutto-Tonnenkilometer im Personenverkehr   99,726.000, d. i. 28%

» » » Lastenverkehr . 265,077.000, d. i. 72% „

Zusammen . 364,803.000, d. i. 100%

Wir sagen, dass dieser Schlüssel für den Lastenverkehr ungünstig sei, weil bei gleichem Bruttogewicht die Personenzüge nicht höher taxirt werden als die Lastzüge, während sie doch in Folge ihrer grösseren Geschwindigkeit das Geleise mehr abnützen, mehr Brennmaterial und Reparatur erfordern, und überhaupt verhältnissmässig mehr Ausgaben veranlassen.

Trotzdem werden wir den fraglichen Schlüssel nur auf diejenigen Ausgabsrubriken anwenden. welche sich zugleich auf den Personen- und den Frachtenverkehr beziehen, dagegen diejenigen Ausgaben, welche sichtbarlich nur den Frachtenverkehr betreffen — sie sind in nachstehender Tabelle mit * bezeichnet — dem Frachtenverkehr in ihrer Gänze anlassen.

Kosten des Güterverkehrs.

Dadurch stellt sich der Antheil des Frachtenverkehrs auf 72·9% der Gesammtkosten, d. i. 1,793.220 fl.

» Personenverkehrs » 27·1% » » d. i. 666.525 »

Summe . 100 % der Gesammtkosten, d. i. 2,459.745 fl.

Constante und variable Ausgaben.

Um die Selbstkosten des Tonnenkilometers im wahren Sinne des Wortes — nach der dritten Methode — zu ermitteln, müssen die Kosten des Frachtenverkehrs im Betrage von 1,793.220 fl. noch in ihren constanten und in ihren variablen Theil zerlegt werden. Diese Operation ist in nachstehender Tabelle durchgeführt.

Betriebskosten der Theissbahn 1875.

Ausgabsrubriken	Gesammte Ausgabe	Antheile des Frachten-verkehrs 72% „ $*100\%$ „	Zerlegung der Kosten des Frachtenverkehrs Constanter Theil	Variabler Theil
	fl.	fl.	fl.	fl.
A. Allgemeine Verwaltung.				
1 Insgesammt	91.044	65.552	65.552	
B. Bahnaufsicht und Bahnerhaltung.				
2 Centralleitung	39.058	28.122	28.122	
3 Allgemeine Auslagen für Bahnaufsicht und Erhaltung . .	77.414	55.738	55.738	

Ausgabsrubriken	Gesammte Ausgabe	Antheile des Frachten-Verkehrs 72%*100%	Zerlegung der Kosten des Frachtenverkehrs	
			Constanter Theil	Variabler Theil
	fl.	fl.	fl.	fl.
4 Bahnaufsicht	141.259	101.706	101.706	
5 Erhaltung und Umstaltung des Unterbaues	61.114	44.002	44.002	.
6 Löhnungen der Oberbauarbeiter	77.475	55.782	.	55.782
7 Oberbauhölzer, Schotter u. s. w.	122.115	87.923	87.923	.
8 Eisenmaterial für den Oberbau	179.733	129.408	.	129.408
9 Erhaltung und Umstaltung der Gebäude	73.642	53.022	53.022	
10 Ausserordentliche Auslagen	3.069	2.202	2.202	
C. Verkehrs- und Commercieller Dienst.				
11 Kosten der Centralleitung	140.580	101.218	101.218	.
12 Besoldung und Löhne der Verkehrschefs und des Stationspersonales	266.324	191.753	·191·753	
13 Frachten - Manipulations - Anlagen	62.244	* 62.244		62.244
14 Bureau- und Magazins - Auslagen, Beheizung, Beleuchtung, Reinigung	44.267	31.872	31.872	
15 Reinigen und Verschieben der Wägen durch Arbeiter	34.507	24.845		24.845
16 Verschieben durch Locomotiven	116.403	83.810		83.810
17 Erhaltung der Telegraphenleitung und der Stationseinrichtungen	23.174	16.685	16.685	.
18 Ersätze, Versicherungsprämien	17.061	* 17.061	.	17.061
19 Fahrdienst	101.567	73.128	.	73.128
D. Zugförderung und Werkstättendienst.				
20 Kosten der Centralleitung	34.077	24.535	24.535	.
21 Zugförderung	430.878	310.232	.	310.232
22 Erhaltung der Fahrbetriebsmittel: Locomotiven	143.151	103.069		103.069
23 Fahrpark 235.479—58.870 fl. =	176.609	127.158		127.158
24 Schneepflüge und ausserordentliche Beschädigungen	2.990	2.153		2.153
Zusammen	2,459.745	1,793. 220	804.330	988.890

Der constante, d. h. von der Intensität des Verkehrs unabhängige Theil der Kosten des Frachtenverkehrs beträgt hiernach . . . . . 804.330 fl., d. i. 44·8%, der variable Theil . . . . 988.890 fl., d. i. 55·2%.

Zusammen . 1,793.220 fl., d. i. 100 %.

Erläuterungen zu
vorstehender
Tabelle.

Bevor aus vorstehender Aufstellung die Schlussfolgerungen gezogen werden, dürften einige Erläuterungen dazu am Platze sein.

Selbstverständlich ist wohl, dass, wenn wir uns auch des mathematischen Ausdruckes »constante Ausgaben« bedient haben, derselbe doch nicht absolut zu nehmen ist und nur für Verkehrsschwankungen innerhalb gewisser Grenzen zu verstehen ist. Wir haben demselben Gedanken schon oben Ausdruck gegeben, als wir von einer Tangente sprachen. Wollte man z. B. den Frachtenverkehr gleich Null annehmen, so könnte auch die Centralverwaltung reducirt werden, und umgekehrt, sollte es sich um eine Verzehnfachung des Verkehrs handeln, so müsste auch der Verwaltungsapparat, wenn auch nicht bedeutend, vermehrt werden.

Naturalwohnungen.

Unter den Personalauslagen aller Dienstzweige sind nicht nur die üblichen, factisch bezahlten Quartiergelder inbegriffen, sondern auch geschätzte Miethbeträge für die Naturalwohnungen, welche Beträge gleichzeitig in Einnahme gestellt sind. Dieser, durch die Form der ungarischen Steuerbemessung bedingte Vorgang hat natürlich eine Erhöhung der rechnungsmässigen Ausgaben (hauptsächlich jedoch der constanten Rubriken) zur Folge gehabt.

Frachten-
manipulation.

Die Frachtenmanipulations-Auslagen (Rubrik 13) betragen nur 62.244 fl. bei einem Frachtenquantum von 857.505 Tonnen, also 7·26 Kr. pro Tonne. Dieses sehr günstige Durchschnittsergebniss erklärt sich aus dem Umstande, dass ein beträchtlicher Theil der Theissbahnfrachten theils von den Aufgebern selbst geladen wurde, theils geladen von den Anschlussbahnen zuströmte.

Stationspersonal.
— Verschiebungs-
kosten.

Dass das Stationspersonal (Rubrik 12) in die constanten Auslagen aufgenommen wurde, wird vielleicht Bedenken erregen. Der Zweifel wäre berechtigt, wenn es sich nicht um Massengüter handelte, welche auch auf den Canälen sehr lange Lieferzeiten und im Winter gänzliche Stockungen zu erleiden hätten. Thatsächlich war das Personal der Theissbahn nach den Anforderungen der Getreidecampagne bemessen und den grösseren Theil des Jahres ungenügend beschäftigt. Anderseits sind die sehr beträchtlichen Verschiebungskosten (Rubrik 15 und 16) in die variablen Kosten eingereiht, obwohl sie für Massengüter in vollen Zügen und auf grosse Entfernungen (wie sie in den Canalprojecten angenommen sind) verschwindend klein sein müssen. Zwischen der Rubrik 12 einerseits und den Rubriken 15 und 16 anderseits ist also ein Ausgleich anzunehmen.

Netto-Tonnenkilo-
meter.

Wenn nun noch beigefügt wird, dass die 857.505 Tonnen betragenden Frachten durchschnittlich auf 134 km transportirt, also 114,906.000 (Netto-) Tonnenkilometer geleistet wurden, so sind wir im Besitze aller zur Bestimmung der Selbstkosten nöthigen Daten.

Factische Durch-
schnittskosten des
Tonnenkilometers.

Für die factisch transportirten 857.505 Tonnen ergeben sich die durchschnittlichen Kosten (vom zweiten Standpunkt) mit

$$\frac{1{,}793.220 \text{ fl.}}{114{,}906.000} = 1{\cdot}56 \text{ Kr. pro Tonnenkilometer.}$$

und die eigentlichen Selbstkosten für ein mehr oder weniger zu trans- Selbstkosten des Tonnenkilometers.
portirendes Tonnenkilometer (dritter Standpunkt) mit

$$\frac{988.890 \text{ fl.}}{114{,}906.000} = 0{\cdot}86 \text{ Kr. pro Tonnenkilometer.}$$

Man könnte in Versuchung kommen, die relative Niedrigkeit der Anlage- u. Betriebs-
Verhältnisse der
Theissbahn
vorstehenden Ziffern wesentlich den bekannten günstigen Anlage-
verhältnissen der Theissbahn zuzuschreiben. Diese Auffassung wäre
aber eine irrige. Denn die günstigen Anlageverhältnisse der Theissbahn gipfeln in dem niedrigen Baucapital, welches ja ganz ausser
Betracht geblieben ist. Und was die günstigen Steigungen und Krüm-
mungen anbelangt, so dürfte dieser Vortheil reichlich aufgewogen sein
durch die geringe Ausdehnung des Bahnnetzes (nur 585 km), durch
seine zackige Gestalt, welche die Einleitung vieler gleichzeitigen Züge
auf kurze Entfernungen bedingte, mit 9 Anschlussbahnhöfen (Kaschau,
Miskolcz, Szerencz, Nyiregyháza, Debreczin, Grosswardein, Szolnok,
Csaba und Arad), durch welche der Verkehr derart entwich, dass die
aufgegebenen 857.505 Tonnen sich auf eine durchschnittliche Circulation
von 196.000 Tonnen verdünnten. Auch der Umstand verdient Erwähnung,
dass sich der Verkehr grossentheils in gedeckten Lastwägen abwickelte,
während bei minderwerthigen Gütern offene Lastwägen verwendet werden.

Diese ungünstigen, auf die Erhöhung der Selbstkosten hinwirkenden Todte Last.
Verhältnisse kommen auch in dem Umstande zum Ausdruck, dass
den geleisteten

114,906.000 Nutz- oder Netto-Tonnenkilometern = 100
265,077.000 Brutto-Tonnenkilometer = 230

gegenüberstehen, dass also mit jeder Tonne Nutzlast 1·3 Tonne todte
Last mitgeschleppt werden musste.

Es ist, da wir hauptsächlich Massengüter im Auge haben, von Kosten der todten
Last.
hohem Interesse, sich darüber Rechenschaft zu geben, wie sich bei
besserer Ausnützung der Wägen die Selbstkosten der Theissbahn
gestaltet haben würden. Zu diesem Behufe werden wir versuchen, den
oben gefundenen Einheitspreis von 0·86 Kr. pro Tonnenkilometer in
seine die Nutzlast und die todte Last betreffenden Bestandtheile zu
zerlegen.

Diese Aufgabe läuft darauf hinaus, die in der letzten Spalte der
obigen Tabelle enthaltenen Kosten im Gesammtbetrage von 988.890 fl.
noch weiter zu zerlegen, und zwar in solche, welche durch die Bruttolast
im Allgemeinen veranlasst wurden, und in solche, welche sich ausschliesslich auf die Nutzlast beziehen. In letztere Kategorie gehören
offenbar die Frachtenmanipulations-Auslagen (Rubrik 13) und die
Ersätze und Versicherungsprämien (18). Eine weitere Reihe von Auslagen betrifft ausschliesslich das Bruttogewicht, so die Erhaltung der
Geleise (6, 8), für welche es ganz gleichgiltig ist, ob die darüber-

gehende Last aus Nutzlast oder todter Last besteht; so die Zugförderung (16, 21), für welche es gleich bleibt, ob die zu ziehende
Last aus beladenen oder leeren Wägen besteht; so auch die Erhaltung
der Locomotiven (22) und der Schneepflüge (24). Nur bei drei Rubriken
kommt Nutzlast sowohl als Bruttolast ins Spiel. Das Reinigen und
Verschieben der Wägen durch Arbeiter (15) ist offenbar (auch bei
gleichem Brutto) mit leeren Wägen einfacher, als mit beladenen. Der
Fahrdienst (19) mit leeren Wägen ist gleichfalls billiger, als mit
beladenen, wenn auch nicht in Hinsicht auf Beleuchtung, doch in
Hinsicht auf die Waarenmanipulation. Auch bei der Fahrparkerhaltung
(23) wird man sagen können, dass leer herumfahrende Wägen weniger
abgenützt werden, als beladene. Für diese drei Rubriken werden wir
daher die Kosten hälftig auftheilen.

     Hiernach vertheilen sich die variablen Kosten des Frachten-Trans-
portes auf Nutzlast und Bruttolast wie folgt:

| | Ausgabsrubriken | Variable Kosten des Frachten-verkehrs | Veranlasst durch: | |
			Nutzlast	Bruttolast
6	Löhnungen der Oberbauarbeiter	55.782	.	55.782
8	Eisenmaterial für den Oberbau	129.408	.	129.408
13	Frachtenmanipulations-Auslagen	62.244	62.244	.
15	Reinigen und Verschieben der Wägen durch Arbeiter	24.845	12.422	12.423
16	Verschieben durch Locomotiven	83.810	.	83.810
18	Ersätze, Versicherungsprämien	17.061	17.061	.
19	Fahrdienst	73.128	36.564	36.564
21	Zugförderung	310.232	.	310.232
22	Erhaltung der Locomotiven	103.069	.	103.069
23	» des Fahrparks	127.158	63.579	63.579
	» der Schneepflüge und ausserordentliche Beschädigungen	2.153	.	2.153
	Zusammen . . .	988.890	191.870	797.020
				988.890

**Kosten der Brutto-
und der Nettolast.**

     Es stellen sich somit:

das Tonnenkilometer Bruttolast auf . . . . $\dfrac{797.020 \text{ fl.}}{265.077.000} = 0{\cdot}301$

der Zuschlag für ein Netto-Tonnenkilom. auf $\dfrac{191.870 \text{ fl.}}{114.906.000} = 0{\cdot}167$

das Netto-Tonnenkilometer . . . .   0·468

**Selbstkosten des
Tonnenkilometers:**   Mit diesen Grundpreisen lassen sich die Selbstkosten je nach der
Wagenausnützung berechnen.

Kommt, wie es bei der Theissbahn 1875 thatsächlich der Fall unter den factischen Betriebsverhältnissen;
war, auf je eine Tonne Nutzlast 1·3 Tonne todte Last, so hat man
1 t Nutzlast zu 0·468 Kr. . . . 0·468 Kr.
1·3 t todte Last » 0·301 » . . . 0·391 »
Selbstkosten des (Nutz-)Tonnenkilometers . 0·859 Kr., rund 0·86.
d. h. den schon oben gefundenen Preis, als arithmetische Probe dieser
Rechnungsweise.

Nimmt man an, die Wägen seien in der Richtung des Massen bei voller Wagenladung in einer Richtung;
transportes voll beladen, kehren aber ganz leer zurück, so reducirt
sich — mit Wägen von 10 Tonnen Tragkraft und 5 Tonnen Eigengewicht — die todte Last auf 1 Tonne statt 1·3 und man hat
1 t Nutzlast . . . . 0·468 Kr.
1 t todte Last . . . . 0·301 »
Selbstkosten des (Nutz-)Tonnenkilometers . 0·769 Kr., rund 0·77.

Wäre es zu erreichen, in beiden Richtungen mit vollen Wagen bei voller Wagenladung in beiden Richtungen;
ladungen zu fahren, so würde sich die todte Last auf die Hälfte der
Nutzlast reduciren und man hätte:
1 t Nutzlast . . . . 0·468 Kr.
¹/₂ t todte Last zu 0·301 . . . . . 0·151 »
Selbstkosten des (Nutz-)Tonnenkilometers . 0·619 Kr., rund 0·62.

Betrachten wir zum Schlusse noch einen praktischeren, hoch für einfache Rückfracht.
interessanten Fall, den Fall der einfachen Rückfracht. Da bei Benützung leer rückkehrender Wägen jede weitere todte Last entfällt,
so stellen sich die
Selbstkosten des (Nutz-)Tonnenkilometers auf 0·468 Kr., rund 0·47.

Um sich die Niedrigkeit der vorstehenden Kostenziffern recht Manipulations- (Expeditions-) Gebühr
zu vergegenwärtigen, darf man nicht übersehen, dass die österreichischen Tarife in der Regel exclusive Manipulationsgebühr aufgestellt sind.
Eine Manipulationsgebühr von 30 Kr. pro Tonne macht aber auf die

durchschnittliche Transportdistanz der Theissbahn $\frac{30}{134}$ = 0·22 Kr.

Bringt man diesen Betrag in Abzug, so hat man:

Selbstkosten pro Tonnenkilometer
exclusive Manipulationsgebühr von 30 Kr.

für die f a c t i s c h v e r f r a c h t e t e n Güter (inclusive constanter Selbstkostenpreis ohne die Manipulationsgebühr.
Ausgaben) . . . . 1·56 − 0·22 = 1·34 Kr.,
für w e i t e r zu v e r f r a c h t e n d e Güter, und zwar:
a) unter denselben Verhältnissen, wie
auf der Theissbahn . . . . . 0·86 − 0·22 = 0·64 »
b) bei voller Wagenladung und Rückfahrt leer . . . . 0·77 − 0·22 = 0·55 »
c) bei voller Wagenladung hin und zurück 0·62 − 0·22 = 0·40 »
d) als Rückfracht für zurückkehrende
Wägen . . . . 0·47 − 0·22 = 0·25

Es braucht wohl kaum wiederholt zu werden, dass, falls die gefundenen Kostenziffern als Grenze für die Tarifirung neu zu gewinnender Transporte benützt werden wollten, und falls diese neuen Transporte eine Mehranschaffung von Fahrpark oder eine Erweiterung der bestehenden Anlagen bedingen würden, auch noch die Zins- und Amortisations-Quote des neu zu verwendenden Capitals berücksichtigt werden müsste.

3. Capitel.

Selbstkosten anderer österr.-ungar. Bahnen.

Die österr.-ungar.
Statistik führt zu
noch günstigeren
Resultaten.

So eingehend und objectiv die Selbstkosten der Theissbahn beleuchtet wurden, es wird sich doch mancher Leser fragen, ob die gewonnenen Ergebnisse auch auf allgemeinere Giltigkeit Anspruch machen können. Diesen Zweifel zu beseitigen und darzuthun. dass im Gegentheil die fraglichen Ziffern relativ hoch sind, dürfte an der Hand der vortrefflichen letzten amtlichen Eisenbahnstatistik der österreichisch-ungarischen Monarchie *) nicht schwer fallen.

Ergebnisse des gesammten österr.-ungar. Bahnnetzes.

Die Betriebsausgaben für das österr.-ungar. Bahnnetz im Jahre 1881 betragen im Ganzen (Statist. S. 279) 100,724.052 fl., die geförderten Netto-Tonnenkilometer (S. 220) 6063 Millionen. Durch Division dieser beiden Ziffern erhält man (S. 279) die Betriebskosten pro 1000 Tonnenkilometer geförderter Nettolast mit 16 fl. 61 Kr., d. i. pro Tonnenkilometer 1·66 Kr. In die Nettolast sind jedoch auch die Personen mit ihrem wirklichen Gewichte einbezogen und der gefundene Quotient ist deshalb höher, als der von uns gesuchte Preis des Frachten-Tonnenkilometers.

Bringen wir den französischen Schlüssel in Anwendung, wonach ein Personenkilometer als gleichwerthig mit einem Frachten-Tonnenkilometer angesehen wird, und lassen wir »das Regiegut für den eigenen Betrieb«, welches in der Statistik mitgezählt ist, das wir aber hier als eine Betriebslast ansehen wollen, bei Seite, so hat man:

---

*) Statistische Nachrichten über die Eisenbahnen der österr.-ungar. Monarchie für das Betriebsjahr 1881. Druck und Verlag der k. k. Hof- und Staatsdruckerei.

(S. 230) Personenkilometer 2.046,181.740
(S. 255) Frachten-Tonnenkilometer excl. Regiegut 5.487,828.476
Zusammen . 7.534,010.222

Kosten des Frachten-Tonnenkilometers $\dfrac{100.724 \text{ fl.}}{7,534.000} = 1\cdot33$ Kr.
(zweiter Standpunkt)

Factische Durch-schnittskosten des Frachten-Tonnen-kilometers.

Suchen wir weiter· die Gesammtausgabe von 100·7 Millionen in ihren constanten und ihren variablen Theil zu zerlegen,*) so finden wir für ersteren 47·8%, für letzteren 52·2%.

Hiernach ergeben sich die Selbstkosten des Frachten-Tonnen-kilometers (dritter Standpunkt) mit 52·2% von 1·33 = 0·69 Kr., also noch niedriger, als für die Theissbahn (0·86).

Selbstkosten des Frachten-Tonnen-kilometers.

Das Verhältniss der Nettolast zur Bruttolast stellt sich für die Lastwägen (S. 220 und 221) wie

Wagenausnützung.

$$\frac{13,472.907 \text{ tkm}}{5,905.471 \text{ tkm}} = 1 : 2\cdot28$$

also fast genau wie bei der Theissbahn (1 : 2·3).

Da wir für letztere, bei vollen Wagenladungen in einer Richtung und Rückfahrt leer, eine Ersparung von 10% ermittelt, so stellen sich in derselben Voraussetzung die durchschnittlichen Selbstkosten für das gesammte österreichisch-ungarische Netz annähernd auf 90% × 0·69 = 0.62 Kr. pro tkm.

Die bekannte Thatsache, dass die Betriebskosten — eben weil ein Theil derselben mehr minder constant bleibt — sich verhältnissmässig um so höher stellen, je geringer der Verkehr, kommt in der Statistik (S. 276—279) zu schlagendem Ausdruck. Die pro Netto-Tonnenkilo-meter (incl. Personen) im Durchschnitt 1·66 Kr. betragenden Kosten steigen z. B. für die Salzburg-Tiroler Bahn auf 5·24, für die Istrianer auf 7·57, für die Dalmatiner auf 9·78, ja für Strasswalchen·Braunau sogar auf 10·15 Kr.

Ergebnisse der Statistik für Linien mit geringem Verkehr.

Da das soeben in Betracht gezogene österreichisch-ungarische Gesammtnetz sehr viele solcher wenig frequenten Linien enthält, und es sich für uns hauptsächlich um Bahnen mit Massentransporten handelt, so werden wir auch noch die verkehrsreichste von allen, die Kaiser Ferdinands-Nordbahn, gesondert in Betracht ziehen.

---

*) Für die rein österreichischen Bahnen enthält die Statistik eine Lücke, indem sie (S. 273) die Kosten des Verkehrs- und commerciellen Dienstes nur en bloc mit 18,290.464 fl. angibt. Wir haben diese Summe nach dem für die gemeinsamen und für die ungarischen Bahnen zusammen sich ergebenden Schlüssel unter die drei Capitel: Centralleitung, Stationsdienst und Fahrdienst vertheilt.

Zur weiteren Zerlegung der Kosten des Stationsdienstes in constante und variable mussten wir auf den durch die Theissbahn gebotenen Schlüssel zurückgreifen.

Ergebnisse der Kaiser Ferdinands-Nordbahn.

Indem wir ganz auf dieselbe Weise vorgehen, wie für das Gesammtnetz, gelangen wir zu folgenden Resultaten:

Betriebskosten pro Tonnenkilometer Nettolast (incl. Personen
und Regiegut) (S. 277) . . . . $\dfrac{8,791.129 \text{ fl.}}{838,804.722}$ = 1·048 Kr.

(S. 232) Personenkilometer 169,429.585

(S. 250) Frachten-Tonnenkilometer excl. Regiegut . . . 797,606.273

Zusammen . 967,035.858

Kosten des Frachten-tkm's
(2. Standpunkt) . . . . . . $\dfrac{8,791.129 \text{ fl.}}{967,035.858}$ = 0·909 Kr.

Selbstkosten des Frachten-tkm's
(3. Standpunkt) . . . . 55·5% von 0·909 = 0·504 Kr.

Verhältniss der Nettolast zur Bruttolast $\dfrac{1,837.307 \text{ tkm}}{825.012 \text{ tkm}}$ = 1 : 2·22.

Selbstkosten des Frachten-Tonnenkilometers bei voller Wagenladung und Rückfahrt leer . . . . . 92%, von 0·504 = 0·464 Kr.

Die Betriebskosten der Nordbahn betragen also inclusive aller constanten Auslagen bereits nur $^9/_{13}$ Kr. pro Tonnenkilometer, und ihre Selbstkosten bei voller Wagenladung und Rückfahrt leer weniger als $^1/_2$ Kr.

Rückblick und Schlussfolgerung.

Stellen wir die gewonnenen Resultate zusammen:

Betriebskosten und Selbstkosten, und zwar:	Theiss-bahn	österr. ung. Gesammt netz	K. Ferd.-Nord-bahn
	Kr.	Kr.	Kr.
Betriebskosten pro tkm Nettolast (incl. Personen und Regiegut)		1·66	1·048
» pro Frachten-tkm (2. Standpunkt) . . .	1·56	1·33	0·909
Selbstkosten des Frachten-tkm (3. Standpunkt) . . .	0·86	0·69	0·504
» des Frachten-tkm bei voller Wagenladung und Rückfahrt leer	0·77	0·62	0·464
» des Frachten-tkm als Rückfracht	0·17	.	.

Und nun gelangen wir zu dem Schlusse:

Dass bei einigermassen entwickeltem Verkehre die Selbstkosten der österreichisch-ungarischen Bahnen unter den bestehenden Verhältnissen $7/10$ Kr. pro Tonnenkilometer nicht übersteigen ;

ja, dass dieselben bei sehr regem Verkehre, wie auf der Kaiser Ferdinands-Nordbahn, nur $1/2$ Kr. betragen ;

dass die Selbstkosten für Massentransporte, welche volle Wagenladungen in einer Richtung gestatten, auf $6/10$ bis $3/10$ Kr. und wenn die Transporte als Rückfracht befördert werden können, sogar unter $1/8$ Kr. pro Tonnenkilometer herabsinken, welche Sätze immer inclusive Manipulationsgebühr zu verstehen sind.

Die ansehnliche Kostenersparniss bei den einfachen Rückfrachten glauben wir bei der Theissbahn hinlänglich demonstrirt zu haben, und heben wir hier nochmals hervor, weil es uns den Eindruck macht, dass die Rückfrachten nicht überall die verdiente Berücksichtigung finden und durch entsprechende Tarifbestimmungen in viel höherem Masse begünstigt werden könnten.

Die vorstehenden Schlussziffern werden vielleicht von der einen oder anderen Seite zu niedrig befunden werden. Dem Verfasser ist jedoch, zu seiner Beruhigung, eine österreichische und eine ungarische Bahnverwaltung bekannt, welche zu übereinstimmenden Resultaten gelangt sind und ihre Selbstkosten auf 0·5 bis 0·7 Kr. pro Tonnenkilometer beziffern — freilich nicht in öffentlichen Documenten. Die Industrie im Allgemeinen liebt es nicht, ihre Selbstkosten einzubekennen, und die Eisenbahn-Directoren müssen sich ganz besonders scheuen, seit in gewissen Kreisen die Verzinsung des Capitals gern als etwas Nebensächliches und Gleichgiltiges angesehen wird und seit insbesondere der Actionär eine unpopuläre Figur geworden ist.

Endresultate in Betreff der Selbstkosten.

4. Capitel.

Die niedrigsten Gütertarife.

Faktisch eingehobene Sätze.

Noch vor zehn Jahren galt der preussische Pfennig-Tarif so ziemlich als die unterste Grenze der Gütertarife. Ein Pfennig pro Centnermeile bedeutet 2·6 Pf. = 1·55 Kr. ö. W. pro Tonnenkilometer. Diese Grenze wurde seitdem bedeutend unterboten.

Einheitssätze von 2·6 bis 2 Pf. d. i. 1·2 Kr. inclusive Manipulations- oder Expeditionsgebühr, gehören gar nicht mehr zu den Seltenheiten. So z. B. für Kohle von Ostrau nach Pola (940 km) zu Zwecken der Kriegsmarine; für Quadersteine von Pola nach Wien

„Pfennig-Tarif"

Weitere Ermässigungen.

(810 km) für die Monumentalbauten; für Schotter und Pflastersteine von Čerčan nach Tabor (63 km); für Dunggyps von Mödling nach Cilli (346 km).

Einkreuzer-Tarif. Der Einheitssatz von 1 Kr. kommt auch vor, aber schon mehr als Ausnahme. Der Verfasser kennt nur drei Fälle: Schotter für die autonomen Zufahrtsstrassen der österreichischen Stationen der österr.-ungar. Staatsbahn-Gesellschaft; Thonerde von Aussig nach Wien (517 km) und Eis von Zell-am-See nach Wien (375 km).

Eis vom Zeller See. Eis vom Zeller See erschien vorigen Winter (1883—84) in beträchtlichen Quantitäten, obwohl zu etwas höherem Satze (1·2 Kr.), auch in Baden-Baden (622 km), in Strassburg (682 km) u. s. w. Der Erfolg dieser tarifarischen Massnahmen war kein geringer, denn es wurden vom 1. Jänner 1884 an nicht weniger als 9000 Wagenladungen, d. i. 90.000 Tonnen Eis, wovon zwei Drittel fürs Inland, von Zell expedirt.

Weitere inländische Ermässigungen. Von Einheitssätzen unter 1 Kr. pro Tonnenkilometer hat der Verfasser gleichfalls nur drei Fälle im Inlande in Erfahrung gebracht: 0·96 Kr. inclusive Manipulationsgebühr für Braunkohle von Aussig nach Wien (517 km) und 0·8 Kr. für die Approvisionirung der Restaurationen der westlichen Staatsbahnen, sowie für die Beschotterung der Zufahrtsstrassen der ungarischen Stationen der österr.-ungar. Staatsbahn-Gesellschaft. Und beide letzteren Fälle stehen schou gewissermassen auf der Grenze zwischen mercantilem Verkehr und freiwilliger Begünstigung.

Ausländische Ermässigungen. Aehnlichen Tarifen begegnet man im Auslande, z. B. für:

Gyps von Paris zum Exporte nach Havre 2·07 Centimes *) = 0·99 Kr. ö. W.;

Saar- und Ruhrkohle über den Gotthard nach Italien, insbesondere Mailand (600 beziehungsweise 1030 km) 2 Centimes = 0·96 Kr. exclusive Manipulationsgebühr, jedoch nur auf den deutschen Strecken (Tarif von 1884);

Ruhr- und schlesische Kohle in die deutschen Seehäfen 1·4 Pf., d. i. 0·83 Kr. ö. W.; **)

Meerschlick als Dungmittel ins Emsgebiet 0·3 Pf. pro Centnermeile, d. i. pro Tonnenkilometer 0·78 Pf. = 0·46 Kr. ö. W. **)

Schwierigkeiten der Ermässigungen.

Maximal-Reinertrags-Tarife. Man wird es den Bahnverwaltungen, als Erwerbsanstalten, nicht verargen können, wenn sie im Allgemeinen nicht weitergegangen sind. Betrachten wir den Fall des Zeller Eises etwas näher. Durch

---

*) Sitzung der Deputirtenkammer vom 18. Mai 1880.
**) Commissionsbericht und Verhandlung des preussischen Herrenhauses. Sitzung vom 30. Juni 1880.

den niedrigen Tarif wurde in dem von der Natur nicht begünstigten
Alpenthale ein neuer Erwerbszweig eröffnet und den versorgten Städten
zugleich eine Wohlthat erwiesen. Dabei dürften die betheiligten Bahnen
noch etwa 0·4 Kr. pro Tonnenkilometer, und wenn eine Durchschnitts-
distanz von 350 km angenommen wird, im Ganzen 126.000 fl. Reingewinn verdient haben. Wäre ein noch niedrigerer Tarif gewählt
worden, der Reingewinn hätte rasch abgenommen und wer weiss, ob
der intensive und extensive Absatz sich merklich erhöht hätte. Eine
solche Frage kann nur bei genauester Kenntniss der Marktverhält-
nisse beurtheilt werden. Im Allgemeinen wird wohl durch Herabsetzung des Preises eine Steigerung der Nachfrage stattfinden; es
gibt aber auch Artikel, welche nur einer sehr bedingten Steigerung
fähig sind, so z. B. Erze, Pflastermaterial und eine Menge anderer
Rohproducte. Jedenfalls gibt es für jeden einzelnen Artikel auf jedem
Bahncomplexe einen gewissen Tarif, dem das Maximum des Reinertrages entspricht. Diesen Satz zu bestimmen, ist eine heikle Aufgabe und bleibt oftmals Gefühlssache, aber virtuell besteht ein solcher
Satz immerhin. Von demselben für das Zeller Eis einen Nachlass zu
gewähren, wird man erst Anlass haben, falls das neuestens auf dem
Wiener Markte erschienene norwegische Eis sich als ernster Concur-
rent erweisen sollte.

Was wir da aus Anlass des Zeller Eises gesagt, gilt für die
meisten Artikel. Nicht für alle! Da haben wir z. B. die nach Pola
geführte Ostrauer Kohle. Es ist nicht rathsam, dass eine Kriegsmarine bei Beginn eines Krieges ihr Brennmaterial ändere, und so
durfte Pola nicht auf englische Kohle angewiesen bleiben. Es musste
also unter allen Umständen ein annehmbarer Frachtsatz für inlän-
dische Kohle vereinbart werden. *(Abgehen vom Erwerbsstandpunkte aus öffentlichen Rücksichten.)*

Im Allgemeinen, wenn es sich um solche einzelne, wohlum-
schriebene, neuzugewinnende Verkehre handelt, lassen die Bahnverwaltungen schon mit sich reden. Was sie bei Aufstellung niedriger
Bahntarife hauptsächlich fürchten und als Erwerbsanstalten fürchten
müssen, das ist einestheils der Präcendenzfall, der stets gern an-
gerufen wird, anderntheils und hauptsächlich aber die rückwirkende
Kraft des neuen Tarifes. *(Gefahr der Rückwirkung.)*

Wir wollen (nicht für die Fachmänner, welchen diese Frage sehr
geläufig ist) an dem Beispiele der Theissbahn ziffermässig darthun,
welche destructive Wirkung ein solch rückwirkender Tarif haben kann. *(Rechenexempel einer Rückwirkung.)*

Der auf der Theissbahn im Jahre 1875 factisch eingehobene
Durchschnittstarif betrug 3·46 Kr. pro Tonnenkilometer inclusive
Manipulationsgebühr und verschaffte einen Reinertrag aus dem Güter-
verkehr allein von 2,187.550 fl., nämlich

Einnahme: 114,906.000 tkm zu 3 46 Kr. (Tarif) .... 3,980.770 fl.

Ausgabe: 114,906.000   »   » 1·56 » (Betriebskosten)−1,793.220 »

Reinertrag . 2,187.550 fl.

Hätte die Theissbahn, um weitere 20,000.000 Tonnenkilometer zu gewinnen, etwa im Rückvergütungswege einen Tarif von 1 Kr. zugestanden, die Selbstkosten für letztere hätten in vollen Wagenladungen 0·77 Kr. betragen und die Betriebsrechnung hätte sich folgendermassen gestellt:

Einnahme: 114,906.000 tkm zu 3·46 Kr. 3,980.770 ⎱ 4,180.770 fl.
20,000.000   »   » 1·00 »   200.000 ⎰

Ausgabe: 114,906.000   »   » 1·56 » 1,793.220 ⎱ −1,947.220 »
20,000.000   »   » 0·77 »   154.000 ⎰

Reinertrag . 2,233.550 fl.

Der Reinertrag wäre um 46.000 fl. höher ausgefallen.

Hätte die Verwaltung aber, statt den Rückvergütungsweg zu betreten, auf derselben Grundlage einen Tarif aufgestellt, der auch auf alle übrigen zum Transport gelangenden Frachten hätte Anwendung finden müssen, die Rechnung hätte folgendes Gesicht bekommen:

Einnahme: 134,906.000 tkm zu 1 Kr. ...... 1,349.060 fl.

Ausgabe (wie im vorhergehenden Falle) ..... −1,947.220 »

Betriebskostenabgang . — 598.160 fl.

Anstatt eines Reinertrages von 2·2 Millionen hätte man ein Deficit von rund 600.000 fl., also eine Gesammtdifferenz von 2·8 Millionen erzielt, einfach wegen der rückwirkenden Kraft des neuen Tarifes.

Geheime Refaction.   Was die Aufstellung neuer, billiger Tarife erschwert, sind also nicht die Selbstkosten, sondern die Furcht, den Gewinn an den neuen Transporten mehrfach an den alten einzubüssen. Dies erklärt auch, warum viele Verwaltungen sich so schwer entschliessen konnten, den geheimen Refactien zu entsagen. In den meisten Fällen wurden letztere nicht gewährt, um, wie man häufig glaubte, einzelne Persönlichkeiten willkürlich zu bevorzugen, sondern um einen wohl erworbenen oder wenigstens nicht angefochtenen *status quo* zu wahren. Das Mittel war nicht schlecht gemeint, aber doch unvereinbar mit dem Grundsatze: Gleiches Recht für Alle.

Staffeltarife.   Im Allgemeinen gewährt man niedrige Sätze eher auf grosse, als kleine Distanzen, daher die bekannten Tarife mit fallender Scala. Für uns erklären sie sich einfach aus dem Umstande, dass, je grösser die Entfernung, desto weniger Rückwirkungen zu fürchten sind, und nicht, wie es in Folge einer optischen Täuschung manchmal geglaubt wird, weil die Selbstkosten bei zunehmender Entfernung immerwährend abnehmen. Es ist in der That nicht abzusehen, warum z. B. für die bayerische Verwaltung für eine Sendung von Zell-am-See über Ulm nach Strassburg die Kosten geringer sein sollten, als für eine ähnliche Sendung von Zell-am-See nach Ulm oder Baden-Baden.

Staffeltarife, Specialtarife, Waaren-Classificationen u. s. w. haben
im Grunde nur e i n e n Zweck: in der schonendsten, für die betheiligten Interessen wenigst drückenden Form den Maximal-Reinertrags-
Tarif zur Einhebung zu bringen. Denselben Gedanken wollte ein
Generaldirector der Orleansbahn also formuliren: »Jedes Gut soll so
viel zahlen, als es vertragen kann!« Dieser Ausspruch machte in
französischen Deputirtenkreisen viel böses Blut, wurde dem famosen
»Macht geht vor Recht« zur Seite gestellt und trug nicht wenig dazu
bei, die Bewegung zu Gunsten der Eisenbahnverstaatlichung in Frankreich in Fluss zu bringen. Der klügere Nachfolger des erwähnten
Directors, die Formel modificirend, rief: »Nein! Kein Frachtgut darf
mehr bezahlen, als es vertragen kann!« Damit beruhigten sich die
Gemüther. Und doch! Wo ist der Unterschied?

5. Capitel.

Concurrenz zwischen Eisenbahnen und Canälen.

Beiderseitige Concurrenzfähigkeit.

Gesetzt nun, neue Canäle treten mit den bestehenden Eisenbahnen in Concurrenz, mit welchen Waffen werden beide Gegner auf
dem Kampfplatze erscheinen?

Die Eisenbahnen, welche, wo es ihr Interesse als Erwerbsanstalten
erheischt, schon jetzt zu Tarifen von 1 Kr. und 0·9 Kr. gegriffen haben,
können ihre Tarife ohne Verlust äussersten Falles bis auf die Grenze
ihrer Selbstkosten, d. i. 0·6 Kr., nach Umständen sogar 0·5 Kr. pro
Tonnenkilometer herabsetzen.

Die Canäle ihrerseits treten — wenn man ihren Anwälten
trauen darf*) — fast ganz mit derselben Angriffswaffe, mit Selbstkosten von 0·5 Kr. in die Arena, aber ihre Waffe ist von vornherein
etwas stumpf, in Folge der Vorliebe, welche der Handel erfahrungs-
mässig bei gleichen Frachtsätzen für die Eisenbahn bekundet. In
Frankreich beziffert sich diese Vorliebe auf 1 Centime pro Tonnenkilometer (2 Centimes auf dem Canal == 3 Centimes auf der Bahn).
Rechnen wir, um überall den Einwürfen zu begegnen, für unseren
Fall nur die Hälfte, d. i. 0·25 Kr. pro Tonnenkilometer.

———

*) Wir verweisen wiederholt auf Cap. 14.

Dies ist jedoch noch nicht Alles! Die Canäle erscheinen im Kampfe mit einem weiteren, sehr hinderlichen Bleigewichte: mit der Last ihres Anlagecapitals! Die bestehenden Bahnen haben ihr Anlagecapital längst mehr minder ins Trockene gebracht, die Verzinsung desselben, sei es aus dem Personenverkehr oder dem bestehenden Güterverkehr oder gar einer Staatsgarantie, gesichert. Der Canal soll seine Zinsen in dem beginnenden Kampfe erobern.

Wie hoch mögen sich dieselben belaufen? Senator K r a n t z in seinem oft citirten Berichte Nr. 2474 beziffert für das gern als Muster angepriesene französische Canalnetz die vom französischen Staate getragene Zinsenlast durchschnittlich auf 3·12 Centimes, d. i. zum Cours von 48 fast genau 1·5 Kr. pro Tonnenkilometer.

Es ist gar kein Grund zu erkennen, warum Oesterreich mit seinen ungünstigeren Terrainverhältnissen im Allgemeinen wohlfeiler davon kommen sollte. Nehmen wir aber gegen alle Wahrscheinlichkeit doch an, dass das österreichische Wasserfracht-Tonnenkilometer nur mit 1 Kr. Investitionszinsen belastet sein werde. Was wird die Folge sein?

Der grösseren Klarheit wegen wollen wir die vier Fälle unterscheiden, die sich ergeben, je nachdem der Canal oder die concurrirende Bahn in Händen des Staates oder einer Privatgesellschaft gedacht werden.

Privatcanal und Staatsbahn.

Dieser Fall ist eigentlich undenkbar. Denn, um dem Canale die Einhebung von 1 Kr. pro Tonnenkilometer zu sichern — geringere Preise sind nicht in Aussicht gestellt, — müsste der Staat, der besprochenen Vorliebe wegen, gegenüber den Canal-Concessionären sich verpflichten, seine Bahntarife nie unter 1·25 Kr. herabzusetzen. Warum sollte der Staat eine solche exorbitante Verpflichtung übernehmen? Um dem Publicum die Wohlthat eines Canaltarifes von 1 Kr. zu verschaffen? Aber dazu braucht er ja nur seine Bahntarife auf 1 Kr. zu erniedrigen, wobei ihm immer noch ein Reingewinn von mindestens 0·4 Kr., d. i. 40% verbliebe.

Privatcanal und Privatbahn.

Wo Eisenbahnen neben alten, im vollen Besitze des vorhandenen Verkehrs stehenden Canälen zu Stande kamen, hat der unausbleibliche Concurrenzkampf fast überall mit dem Aufkaufe des Canals durch die Bahngesellschaft geendet. Dieses Endresultat wäre auch in Oesterreich höchst wahrscheinlich. Denn so wie die Bahn ihren Tarif auch nur auf 0·6 Kr. herabsetzte, was sie ohne Verlust thun kann, so wäre, mit Rücksicht auf die erwähnte Vorliebe des Handels, die Canalgesellschaft vollständig nothleidend. Die Schifffahrt könnte nicht einmal mehr ihre Selbstkosten von 0·5 Kr. einbringen, und das Anlagecapital bliebe total unverzinst.

Früher oder später müsste ein Vergleich Platz greifen, in Folge dessen die vom Publicum zu entrichtenden Tarife im beiderseitigen Einvernehmen auf der Bahn und dem Canal wieder erhöht würden und um so mehr erhöht werden müssten, als die gemeinschaftliche Capitalslast um die Kosten des Canals grösser geworden wäre. Der Handel wäre also schlechter daran, als vor dem Bau des Canals.

Staatscanal und Staatsbahn.

Wird der Staat einer ihm gehörenden Eisenbahn einen Concurrenzcanal bauen? Man könnte es sich nur in der Absicht denken, den Canal sodann, wie in Frankreich, frei zu geben, und das Publicum auf diesem Wege eines Frachtpreises von 0·5 Kr. pro Tonnenkilometer theilhaftig zu machen. Dafür müsste der Staat die gesammte Zinsenlast übernehmen, also den Staatshaushalt alljährlich für jedes auf dem Canal geförderte Tonnenkilometer mit mindestens 1 Kr. belasten.

Aber ein für alle Betheiligten noch viel befriedigenderes Resultat würde erreicht, wenn der Tarif der Staatsbahn einfach auf 0·5 Kr. herabgesetzt würde. Der dabei äussersten Falles entstehende Verlust von 0·1 bis 0·2 Kr. pro Tonnenkilometer betrüge immer nur den zehnten bis fünften Theil der dem Staate aus dem Bau des Canals erwachsenden Lasten.

Staatscanal und Privatbahn.

Was kann der Staat durch den Bau eines Canals längs einer Privatbahn erreichen? Wenn er, wie im vorigen Falle, die gesammte Zinsenlast auf sich nimmt und den Canalverkehr frei gibt, nicht mehr, als dass die Gesellschaft ihren Tarif auf die Höhe der Canalfracht, also — unter Berücksichtigung der Vorliebe — auf 0·75 Kr. pro Tonnenkilometer herabsetzt. Dieses Resultat kann die Regierung mit dem halben Opfer, ohne den Canalbau erzielen. Sie braucht nur der Bahngesellschaft die Hälfte der Zinsenlast — 0·5 Kr. pro Tonnenkilometer — als Prämie pro transportirtes Tonnenkilometer zuzusichern, wogegen sich die Gesellschaft verpflichten würde, vom Publicum nur 0·75 Kr. einzuheben. Keine Gesellschaft, so verblendet und unwillfährig man sie voraussetzen wollte, könnte eine solche Abmachung zurückweisen; denn thatsächlich erhielte die Gesellschaft

1·25 Kr. pro Tonnenkilometer, wovon ihr mindestens 0·65 Kr., d. i.
über die Hälfte, als Reingewinn verbliebe.

Schlussfolgerung.

Die Logik ist gegen neue Canäle.

Scharfe Kritiker werden an den vorstehenden, in der Hauptsache
übrigens nicht neuen Ziffern vielleicht einige Decimalen zu bemäkeln
finden; sie wesentlich zu ändern, werden sie nicht vermögen. Man
könnte deshalb nicht begreifen, wie in Oesterreich von neuen Canalbauten die Rede werden kann,*) wenn in solchen Fragen ängstliche
Rechnungsaufstellungen massgebend wären. Allein die Masse des
Volkes ist für solche Rechnungen überhaupt unzugänglich und Diejenigen, welche sie ergründen und darauf ihr Urtheil bilden, sind
eine verschwindende Minorität.

Ueberlegenheit der Schlagwörter und des Nachahmungs-triebes.

Die Majorität entscheidet sich nach Schlagwörtern, nach Mode-
richtungen, nach dem Beispiele anderer Staaten und Völker. Auch
im vorliegenden Falle lautet das Hauptargument: dass Frankreich
und Preussen in dem letzten Decennium bedeutende Summen auf
Wasserstrassen verwendet haben oder zu verwenden beabsichtigen,
woraus dann der Schluss gezogen wird: »Oesterreich dürfe nicht aber-
mals im heissen wirthschaftlichen Wettkampfe hinter seinen Nach-
barn um Jahrzehnte zurückbleiben!«

Wir müssen also den Vorgängen in F r a n k r e i c h und P r e u s s e n
nähertreten.

---

*) Ein Aufsatz in Glaser's Annalen, Bd. XIV, Heft 8, nachgedruckt in der
»Oesterr. Eisenbahnzeitung« Nr. 21, 1884, kommt zu noch schärferen Schlüssen in
Betreff Preussens.

II. ABSCHNITT.

Die französischen Wasserstrassen.

Vorwort.

Wenn der Verfasser auch zu anderen Schlüssen gelangt, als die Bewunderer des französischen Schifffahrts-Netzes, so kostet es ihm doch nicht die geringste Ueberwindung, ihnen auf ihrem Ausfluge dahin zu folgen und in ihr Lob einzustimmen. Er hat seine praktische Laufbahn im Jahre 1843 auf dem Vogesenübergange des Marne-Rhein-Canals und bei der Canalisirung der Maas begonnen, deren Bau damals im vollen Zuge war, ersterer unter Herrn E. J a q u i n é, letzterer unter Herrn A. T h i r i o n, dem er so glücklich war, später nicht weniger als 22 Jahre zur Seite zu stehen. Der Verfasser hat sodann theils unter dem vortrefflichen G u y t o n de M o r v e a u, theils unter seinem nachmaligen Collegen J. J. K r a n t z sowohl an der Projectirung als Ausführung weiterer Canäle und Canalisirungen im Dienste der französischen Regierung Theil genommen, und wenn sich auch vom Jahre 1848 an seine Thätigkeit ausschliesslich dem Eisenbahnwesen zuwendete, so blieb er doch sowohl durch den activen Dienst in den verschiedensten Theilen Frankreichs, als durch seine Beziehungen zu den mit der Schifffahrt betrauten »Kameraden«,[*]) im Contact mit den Wasserstrassen selbst und mit den sie betreffenden Geistesrichtungen. Die französischen Canäle und Flüsse sind solchergestalt für den Verfasser alte Freunde und Bekannte, und er muss sich bei seinen Lesern zum Voraus entschuldigen, wenn sie dabei länger aufgehalten werden sollten, als ihr Interesse reicht.

---

[*]) In Betreff der Organisation des *Corps des Ponts et chaussees* siehe des Verfassers Schrift: Ueber das technische Schul- und Vereinswesen Frankreichs. Wien. Pest. Leipzig. A. Hartleben's Verlag. 1881.

6. Capitel.

Entstehung und Entwickelung der französischen Canäle.

1500—1870.

Vorläufige Rundschau.

Die französischen Ströme und Flüsse in ihrem Naturzustande bildeten und bilden zum Theile noch, nach heutigen Anschauungen, sehr mittelmässige Verkehrswege. Nicht ihnen, sondern der Kammerschleuse verdankt Frankreich seine blühende Binnenschifffahrt.

Die im Jahre 1481 in Italien gemachte Erfindung der Kammerschleuse wurde, wie man erzählt, von dem um 1515 durch König Franz I. berufenen Lionardo da Vinci nach Frankreich gebracht, wo sie sich grosser Aufmerksamkeit erfreute. Schon im Jahre 1527 beschloss der Landtag des Languedocs die Fangschleusen auf dem Lotflusse durch Kammerschleusen zu ersetzen. In Folge der Religionskriege kamen jedoch die ersten Kammerschleusen nicht im Süden, sondern in der Bretagne, auf der Vilaine, von 1538—1575 zur Ausführung.

Allein zu ihrer Hauptrolle gelangten die neuen Schleusen erst, als sie zur Ueberschreitung der Wasserscheiden und Gebirgszüge verwendet wurden, was zum Ruhme der französischen Ingenieure zuerst durch sie und in so ausgedehntem Masse geschah, dass bald alle Flussbecken durch Scheitelcanäle unter sich verbunden waren und das französische Wasserstrassen-Netz, durch seine Ausdehnung über den grössten Theil des Landes, sein originelles Gepräge erhielt.

Schon im Jahre 1642 wurde der erste Scheitelcanal über die Wasserscheide zwischen Seine und Loire in der Meereshöhe von 165 m eröffnet. Im Jahre 1681 folgte das berühmte Werk Riquets: Der Canal *des deux mers*, welcher über den 189 m hohen Sattel zwischen Pyrenäen und Cevennen hinweg »beide Meere«, das Rhonebecken mit der Garonne verbindet. Viele ähnliche Projecte wurden ausgearbeitet, aber mehr als ein Jahrhundert verstrich, bis ein ebenbürtiges Werk vollendet war. Mitten in der Schreckensperiode, 1793, erfolgte die Eröffnung des *Canal du Charollais*, jetzt »*du Centre*«, welcher das Gebirge der *Côte d'or* in der Meereshöhe von 301 m übersetzt und die Flussgebiete der Loire und Rhone unter sich verbindet.

Bleiben wir hier einen Augenblick stehen, um zu constatiren, dass also noch vor Schluss des vorigen Jahrhunderts die vier hauptsächlichsten Stromgebiete Frankreichs: Seine, Loire, Rhone und

Garonne unter sich verbunden waren, dass Paris zu Schiff, nicht über Havre, sondern landeinwärts, mit Orleans, Nantes, Nevers, Lyon, Avignon, Toulouse, Bordeaux verkehren konnte.

Bald folgten weitere Verbindungen: im Jahre 1810, durch Vollendung des Canals von St. Quentin, die wichtige Verbindung der Seine mit der Schelde, den nördlichen Kohlengruben und Antwerpen.

Im Jahre 1832 wurde ein zweiter Canal über die *Côte d'or*, der »Burgunder Canal«, in der Meereshöhe von 378 m eröffnet und diesem folgte im Jahre 1833 der Rhone-Rhein-Canal über den Sattel zwischen Jura und Vogesen, 345 m hoch, und damit eine Schiffsverbindung von Paris mit Dijon, Besançon, Mülhausen und Strassburg.

Diese Scheitelcanäle haben sich als viel bessere Wasserstrassen erwiesen, als die Flüsse, zu deren Verbindung sie geschaffen worden waren. Seit ihrem Inslebentreten war und ist man deshalb bestrebt, dieselben nach unten, dem Meere zu, als Seitencanäle zu verlängern. Es lohnt sich, diese gesammte Entwickelung näher zu verfolgen.

Taf. II.

Taf III.

Die Canäle der früheren Jahrhunderte.
1500—1800.

Die ältesten Canäle des jetzigen Frankreichs stammen noch aus dem 16. Jahrhunderte und liegen theils bei Narbonne im tiefsten Süden, theils in dem damals noch spanischen Flandern. Um 1600 betrug ihre Länge zusammen 156 km.

Anfänge in Flandern.

Bahnbrechend für die Canäle war das folgende Jahrhundert. Im Jahre 1605 wurde der bereits erwähnte Scheitelcanal von Briare unter Heinrich IV. durch seinen Minister Sully unter Aufwendung von 6000 Mann Truppen begonnen. Nach Ermordung des Königs wurden jedoch die Bauten sistirt, erst 1638 wieder aufgenommen und sodann in vier Jahren vollendet. Dieser 59 km lange Canal erhebt sich auf der Nordseite mit 31 Schleusen und senkt sich wieder mit 12 zur Loire, die er bei Briare erreicht. Bemerkenswerth sind die Schleusendimensionen: 5·20 m Breite (die jetzige Normalbreite), 33 m Länge, 1·30 m Wassertiefe.

Canal von Briare. —
Taf. III.

Im Jahre 1666 ertheilte Ludwig XIV. die Concession des zum Lehen errichteten *Canal des deux mers* an P. P. Riquet, unter Zusicherung einer Staatssubvention von ³/₄ der auflaufenden Kosten und der Grundeinlösung durch den Staat. Dieser Canal, dessen stolze Benennung sich als ein *lucus a non lucendo* herausstellte[*]) und später

Canal du Midi. —
Taf. III.

---

[*]) So lange das Mittelmeer den Piraten gehörte, mochte die Benennung vielleicht berechtigt sein; zur Zeit des Bahnbaues war sie die Zielscheibe des Witzes. Niemand habe je auf dem Canale eine Tonne vom Mittelmeer nach dem Ocean oder vice versa transitiren sehen. — Was die Zeitungen neuerdings von einem in derselben Richtung zu erbauenden maritimen Canale à la Suez und Panama zu erzählen wissen, entbehrt aller Begründung.

in *Canal du Languedoc*, jetzt *Canal du Midi* (Canal im Süden), ver-
wandelte, ist 240 km lang, erhebt sich von dem Küstensee Thau
bei Cette mittelst 6·40 m breiten, häufig gekuppelten Schleusen bis
zu der 5190 m langen Scheitelhaltung, die aus zwei in »dem
schwarzen Berge« bei Lampy und St. Féréol angelegten Sammelbecken
gespeist wird, und senkt sich dann von 189 m Meereshöhe auf 127 m
zur Garonne in Toulouse. Eine der gekuppelten Schleusen bildet nicht
weniger als 6 Stufen mit einer Gesammthöhe von 13·76 m.

Canalnetz anno 1700.   Auch einige kürzere Canäle, z. B. jene von Orleans, von Beaucaire, der Breusch bei Strassburg, wurden in jener Zeit zum Theil
aus Staatsmitteln sichergestellt. Im Ganzen waren anno 1700 im
Betriebe: 678 km Canäle, davon 383 ewig concedirt und 295 km
in Händen des Staates.

Canäle des Loing und
von St. Quentin. —
Taf. II u. III.   Auch im 18. Jahrhundert blieben die Canäle neben den damals
sich entwickelnden Kunststrassen das mächtigste, meist begehrte Verkehrsmittel. Einer Anzahl kürzerer Linien nicht zu gedenken, wurde
der 50 km lange Loing-Canal, die Verlängerung des Canals von
Briare zu Thal bis an die Seine, im Jahre 1719 dem Herzog von
Orleans concedirt und 1724 eröffnet. Im Jahre 1732 folgte die Concession des so wichtigen Kohlencanals von St. Quentin, dessen süd-
licher Theil 1738 unter dem Namen Canal Crozat eröffnet wurde.

Canäle in Burgund.
Taf. III. Aber der wichtigste Schritt erfolgte 1783. Bei der andauernden Ebbe
im Staatsschatze beschloss damals der burgundische Landtag auf einmal den Bau dreier, überaus wichtiger Linien, mit 5·20 m breiten
Schleusen: des Centralcanals, 121 km lang; des Rhone-Rhein-Canals,
350 km und des Burgunder Canals, 242 km lang. Am 23. und 24.
Juli 1784 erfolgte die feierliche Grundsteinlegung der ersten Schleuse
eines jeden dieser drei Canäle, von denen jedoch nur der erstgenannte
in seiner ganzen Länge und der zweite auf 17 km noch im vorigen
Jahrhundert vollendet wurde.

Canal im Nivernais.
Taf. III.   Im Jahre 1784 wurde auch noch die Ausführung des *Canal du
Nivernais* durch den Staatsrath beschlossen und sofort begonnen.
Dieser 176 km lange Scheitelcanal bildet eine zweite Verbindung
zwischen der Seine (Yonne) und Loire; er überschreitet eine 201 m
hohe Wasserscheide zwischen Auxerre und Decize (oberhalb Nevers).
Selbstverständlich wurde auch dieser Bau durch die politischen Ereig-
nisse im Jahre 1793 unterbrochen.

Grosse Canaltunnel.   Als Novum muss erwähnt werden, dass die drei Canäle von
St. Quentin, Nivernais und Burgund in ihren Scheiteln durch sehr
beträchtliche Tunnel *(souterrains)* geführt sind. Der letztere unter
dem Namen von Pouilly bekannt, ist rund 3500 m lang; der grössere
von St. Quentin (es sind dort 2 Tunnel) nicht weniger als 5660 m.

Canalnetz um 1800   Am Schlusse des Jahrhunderts waren 2112 km beschlossen und
theilweise begonnen; 1004 km im Betriebe. Von den letzteren waren

die Nordgrä LE FRANZÖSISCHER KANÄLE

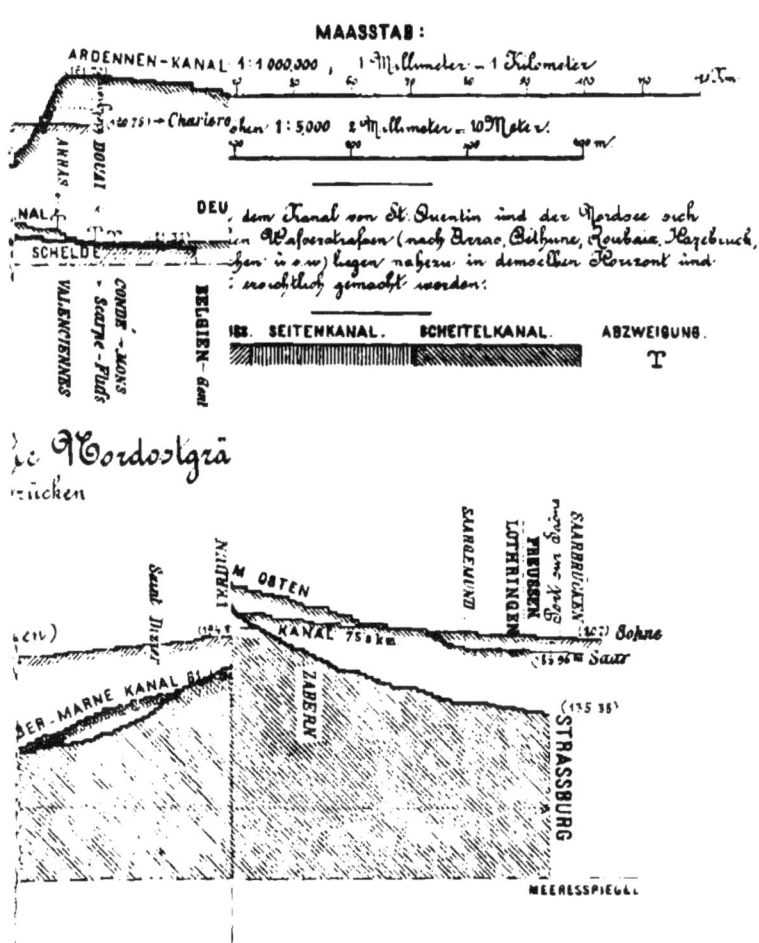

in Folge gewaltsamer Confiscationen nur noch 334 km im Privat-
besitze.

Die Canäle unter Napoleon I. und der Restauration.
1801—1830.

Der allseitige Napoleon wandte sein nimmer ruhendes, wach- Neue Canäle.
sames Auge natürlich auch dem Canalwesen zu. Schon im Jahre 1801
erneuerte er die Concession des Canals von Beaucaire, 1802 ertheilte
er der Stadt Paris die ewige Concession der 108 km langen, für
ihre Approvisionirung und Versorgung mit Wasser so wichtigen Canäle
von St. Denis und St. Martin und ihres Zubringers von der Ourcq;
zugleich liess er zur Umgehung des Rhone-Deltas den Canal von
Arles nach Bouc in Angriff nehmen; 1807 beschloss er den Bau des
Canals von Berry und 1811 des Canals von Nantes nach Brest,
300 km, um die Versorgung des Brester See-Arsenals vor der englischen Marine zu schützen. Allein sein Hauptaugenmerk blieb die
Vollendung der Canäle von St. Quentin, Burgund, Nivernais und
Rhone-Rhein. Um sich die nöthigen Geldmittel zu diesen und etlichen
anderen, hier übergangenen Unternehmungen zu verschaffen, schreckte
der Kaiser vor einschneidenden finanziellen Massregeln nicht zurück.
Er belegte allen durch die Thore Paris' passirenden Wein mit einer
Mauth von 1·25 Fr. pro Hektoliter und den gesammten Verkehr auf
den schiffbaren Flüssen mit einer allgemeinen Wassermauth *(droit de
navigation)*; endlich verkaufte er wieder, 1810, die durch die Republik
verstaatlichten Canäle des Loing und von Orleans.

Beim Sturze des Kaiserreichs waren im Betriebe 1213 km Canäle, Canalnetz um 1813. Taf. VIII.
darunter auch ein Theil des Burgunder Canals und der 1810 in seiner
Gänze eröffnete Canal von St. Quentin. Von den im Betriebe stehenden
Canälen waren 573 km in Privathänden. Im Bau oder auf dem Papier
blieben nicht weniger als 1885 km.

Abgesehen von zwei oder drei unbedeutenden Concessionen, blieb
diese Situation unverändert bis zum Schlusse des Jahres 1810. Auch
in den Jahren 1820—1822 wurden nur 63 km um Paris und im Norden
eröffnet. Nun aber folgt eine grossartige, einschneidende Massregel.
Durch Gesetze vom 5. August 1821 und 14. August 1822 wurden Gesetze von 1821 und 1822.
anonyme Actiengesellschaften gebildet, welche dem Staate 126 Millionen
zum raschen Ausbau des Canalnetzes vorstreckten. Die Gläubiger
erhielten nahezu eine 6%ige, durch ein Pfandrecht auf die einzuhebende
Wassermauth *(péage)* gesicherte Verzinsung, ferner die Zusage einer
bestimmten Amortisation, endlich den Anspruch auf die Hälfte des
eine gewisse Höhe überschreitenden Ertragnisses der erwähnten Mauth.
Da der Staat mit dem Bau und Betrieb der Canäle betraut blieb, so
wurde die einzuhebende Mauth gleichzeitig im Gesetze normirt, mit
dem ausdrücklichen Beisatze, dass dieselbe 99 Jahre lang ohne

Zustimmung der Besitzer der Genussscheine *(actions de jouissance)* nicht herabgesetzt werden dürfe.

Die vereinbarten Mauthsätze waren nach heutiger Anschauung, wie aus nachstehenden Beispielen zu ersehen, sehr hoch.

Porzellan	44	Ctms. pro tkm
Wein, Branntwein	40	» » »
Guss- und Schmiedeisen	30	» » »
Getreide (d. Kiloliter 25, also etwa)	20	» » »
Salz (» » 30, » »)	15	» » »
Erz	15	» » »
Steine, Gyps (d. kbm 20, also etwa)	10	» » »

Diese Abmachung ist von den späteren Generationen oft bedauert und vielfach angegriffen worden: von den Zeitgenossen wurde sie als Wohlthat aufgefasst.

So sehr man aber auch von der Schwierigkeit des damaligen Geldmarktes und der Nothwendigkeit, das Anlagecapital durch weitgehende Zugeständnisse herbeizulocken, durchdrungen sein mag, die gewählte Form kann nicht glücklich erscheinen. Die Zukunft wurde von der Staatsverwaltung allzusehr aus der Hand gegeben, dagegen aber allerdings der stetige Ausbau des Canalnetzes gesichert. Kein Jahr verstrich mehr ohne Eröffnung verschiedener Theilstrecken.

Gemischtes Canalsystem — Taf. VIII. In die neue Combination, welche zwischen Staats- und Privatcanäle sich als gemischtes System einschaltet, waren einbezogen: Die älteren Linien Rhone-Rhein, Somme und Manicamp, der Burgunder Canal, einige Linien der Bretagne (Nantes-Brest, Blavet, Ille-Rance), Arles-Bouc, Nivernais und Berry, zusammen 1803 km; ferner eine Reihe neubeschlossener Linien: der Scheitelcanal Sambre-Oise und der Oise-Canal 133 km; der Ardennen-Canal 100 km und der Loire-Seitencanal 200 km, im Ganzen also nicht weniger als 2236 km.

Loire-Seitencanal. — Taf. III. Der Loire-Seitencanal hatte abwärts von Digoin, wo der Scheitelcanal *du Centre* beginnt, die schlecht schiffbare Loire bis Briare, wo der gleichnamige Canal einmündet, zu ersetzen und dergestalt die vier Canäle du Centre, Nivernais, Berry und Briare in unmittelbare Ardennen-Canal. — Taf. II. Canalverbindung, statt der unsicheren Flussverbindung zu setzen. Was den Ardennen-Canal betrifft, so beginnt derselbe an der Aisne nördlich von Rheims, ersteigt die 162 Meter hohe Wasserscheide und mündet in die Maas zwischen Sedan und Mézières. Er berührt die Stadt Rethel und mittelst eines Zweigcanals Vouziers und stellt die wichtige Verbindung her zwischen der Unter-Maas und den Canälen Nordfrankreichs, sowie zwischen Namur-Charleroy und Paris.

Brisson's Programm. Die Zweckmässigkeit eines weitausgreifenden, planmässigen Ausbaues des gesammten Wasserstrassen-Netzes trat mehr und mehr vor die Gemüther und bestimmte die Regierung der Restauration, im Jahre 1820 einen in diesem Sinne von dem trefflichen Ingenieur B r i s s o n ausgearbeiteten Plan zu veröffentlichen

Die Ueberraschung der Julitage 1830 liess ihr aber nicht Zeit, diesen Plan weiter zu verfolgen. Ihre Hinterlassenschaft im Canalwesen ist im nachstehenden, nicht unehrenden Inventar verzeichnet:

Canalnetz um 1830.

Canäle mit Ende 1830	Im Betrieb	Im Entstehen	Zusammen
Auf ewig concedirt	646	75	721 km
Auf Zeit concedirt	339	97	436 »
Des gemischten Systems (1821–22)	801	1436	2237 »
In Händen des Staates. . . .	343	71	414 »
Zusammen .	2129	1679	3808 km

Die Wasserstrassen unter Louis Philipp.
1831—1847.

Vollendung der Canäle der Restauration. Die von der vorigen Regierung begonnenen Canäle wurden streckenweise und schliesslich in ihrer ganzen Länge eröffnet: der Burgunder Canal im Jahre 1832, der Rhone-Rhein-Canal 1833, der Ardennen-Canal 1835, der Loire-Seitencanal 1838, der Canal von Berry 1839, Nantes-Brest 1840, der Canal des Nivernais 1842. Damit war der Plan von 1821—22 durchgeführt, aber durchaus nicht zur Befriedigung der neuen Generation. Erst hatte sich eine Baupräliminar-Ueberschreitung um mehr als 80 Millionen ergeben, welche aus Staatsmitteln gedeckt werden musste, und dann hatte es nur ein paar Jahre bedurft, um erkennen zu lassen, dass die ursprünglich stipulirte Wassermauth unerträglich sei und den allseitig erwachenden Verkehr erdrücke. Die Regierung machte die äussersten Anstrengungen, um den Tarif im Wege der Vereinbarung herabzusetzen und die Herren Genuss-Actionäre zu überzeugen, dass in Folge der unausbleiblichen Verkehrszunahme ein Ausfall in dem Mauthertrage nicht zu fürchten sei. Sie fand taube Ohren. Die Actionäre widersetzten sich jeder Herabsetzung und trieben die Regierung zu einem Gewaltstreich. *Zwangs-Enteignung der älter Genussactien.* Ein Gesetz vom 29. Mai 1845 verfügte die Zwangsenteignung der bewussten Genuss-Actien *pour cause d'utilité publique* (ein dem Grundexpropriations-Gesetze entlehnter Ausdruck) und bestimmte zugleich die nach beiden Seiten schützenden Formen zur Ermittelung der Entschädigungssumme. Die betreffende Procedur dauerte bis 1853 und wurde auch dann vorerst nur für 1795 km durchgeführt.

Neue Canäle. Indess war auch eine ganze Reihe neuer Canäle beschlossen worden, und zwar bei der gebesserten Finanzlage wieder vorwiegend nach dem Systeme des einfachen Staatsbaues. Ihrer Wichtigkeit wegen verdienen eine besondere Erwähnung: 1837 der Marne-Seitencanal, 67 km, von Vitry-le-françois nach Epernay (Dizy); 1838 der Garonne-Seitencanal, 209 km, von Toulouse bis Castets, zwischen la Réole und Bordeaux; dann der Marne-Rhein-Canal, 318 km, von Vitry nach Strassburg; endlich 1840 der Aisne-Marne-Canal, 58 km, über Rheims.

3*

Alle diese Canäle sind mit der grössten Sorgfalt erbaut; der Garonne-Canal als Fortsetzung des Midicanals mit Schleusen von 6 m; alle übrigen mit solchen von 5·20 m Breite. Als Princip galt, dass das Fahrwasser wo möglich ganz stille stehen solle, dass also mit Ausnahme des speciell zugeleiteten Speisewassers kein anderes Tagwasser zuzulassen und die Benützung der Flüsse als Fahrwasser zu vermeiden sei. Nirgends findet sich deshalb eine Niveaukreuzung eines Canals mit einem Flusse. Der von Toulouse auf dem rechten Garonne-Ufer ausgehende Seitencanal übersetzt den schiffbaren Tarn bei Moissac auf einer prächtigen steinernen Canalbrücke oder Aquäduct *(pont-canal)*, ebenso weiter unten die Garonne selbst bei Agen, von wo er auf dem linken Garonne-Ufer weiter geführt ist.

Die allgemeine Motivirung der in Rede stehenden Seitencanäle und der noch später folgenden ist immer dieselbe, wie für die Loire u. s. w.

Was den Aisne-Marne-Canal betrifft, so bezweckt er die Verbindung des nordöstlichen Frankreichs mit dem nördlichen, und insbesondere der zahlreichen Hüttenwerke der Ober-Marne und der Meurthe mit den Kohlengruben. Es ist ein in der Kreideformation gelegener Scheitelcanal mit einem längeren Scheiteltunnel bei Billy; seine Dichtung und Speisung war mit unsäglicher Mühe und Geldopfern verbunden und letztere ist schliesslich erst seit 1869 durch Anlage eines Pumpwerkes an der Marne bei Condé gehörig gesichert.

Der Marne-Rhein-Canal bezweckte, den ganzen Osten mit den Städten Toul, Metz, Nanzig und Strassburg in das Schifffahrtsnetz einzubeziehen und dabei den ungeheuren Umweg, welchen die Fahrt über den Burgunder und Rhone-Rhein-Canal bedingte, zu vermeiden. Er verbindet nicht weniger als fünf Flüsse, nämlich die Marne, die Maas, die Mosel, die Saar und den Rhein, von denen er die drei mittleren quer durchschneidet. Nach den gewöhnlichen Regeln hätte der Marne-Rhein-Canal also vier Scheitelhaltungen aufweisen müssen: Dank der genialen Conception Brisson's, der sein geistiger Urheber ist, bietet er deren aber nur zwei. Die Becken der Maas und der Saar wurden nämlich mittelst zweier verschiedener Kunstgriffe — wenn der Ausdruck gestattet ist — escamotirt. Da die Maas viel höher liegt, als die Mosel, so wurde die Wasserscheide Maas-Mosel bei Foug mit einem Tunnel durchbrochen und bildet der Canal von der Wasserscheide Marne-Maas bei Mauvages, 281 m über dem Meere, bis hinab an die Mosel, Meereshöhe 197 m, eine einzige ununterbrochene Treppe. Die Saar ihrerseits wurde in der Art überschritten, dass die beiden, ihr Becken säumenden Wasserscheiden Mosel-Saar bei Gondersingen und Saar-Rhein bei Arzweiler ganz in derselben Meereshöhe durchschnitten sind, so dass sie durch eine einzige, 29½ km lange, 266 m über dem Meere gelegene Scheitelhaltung verbunden werden konnten.

Um diese Trasse einzuhalten, waren fünf Tunnel nothwendig: Mauvages 4877 m, Foug 866 m, Liverdun 388 m, Niederweiler

475 m und Arzweiler 2307 m lang; ferner vier grössere Aquäducte oder Canalbrücken: über die Maas bei Troussey, über die Mosel nächst der Eisenbahnstation Liverdun, über die Meurthe bei Saint-Phlin unweit St. Nicolas, zugleich auch Eisenbahnbrücke für die Linie Paris-Strassburg, endlich über die Saar bei Saarburg.

Je mehr die vorzüglichen, eigentlichen Canäle an Ausdehnung zunahmen, desto unleidlicher wurde der Zustand der Flüsse. Wohl hatte man in den verschiedensten Provinzen da und dort zerstreute Wehre und Schleusen in den Flussbetten angelegt, auch Durchstiche (*dérivations*) zur Vermeidung von allzugrossen Windungen ausgeführt, aber im Grossen und Ganzen befanden sich die Flüsse und Ströme immer noch in ihrem Naturzustande. Im Sommer herrschte Wassermangel und bei dem geringsten Hochwasser wurde die Strömung reissend, während die als Leinpfad dienenden Ufer der Ueberschwemmung preisgegeben waren. Im Jahre 1835, zum ersten Male, wurde ein grösserer Credit, 6 Mill. Fr., für die Regulirung der Schelde, Mosel, Adour u. s. w. ausgeworfen, und ein alljährlicher Credit für die Garonne, den Lot, die Loire, die Sohne, den Rhein in den Staatshaushalt eingestellt. Durch spätere Gesetze wurden beiläufig 150 Mill. dem Flussbau zugewendet. Die Aufgabe der Canalisirung der Flüsse wurde durch die Erfindung der beweglichen Wehre bedeutend erleichtert oder eigentlich überhaupt erst möglich gemacht. Das älteste System, vom Inspecteur général P o i r é e erfunden, *barrage à fermettes mobiles*, zu deutsch meist schlechthin Nadelwehr (*barrage à aiguilles*) genannt, wurde zuerst 1834 auf der Yonne bei Basseville erprobt. Ein zweites System, Aufsatzwehr (*barrage à hausses*), verdankt man Herrn C h a n o i n e, ein drittes, automatisches, mit beweglichen Klappen (*barrage automobile*), Herrn L o u i c h e - D e s f o n t a i n e s. Letzteres, überaus sinnreiche System, das sich, in Folge eines vom Ufer aus geübten Handdruckes, scheinbar von selbst, in Wirklichkeit durch hydraulischen Druck niederlegt und wieder aufrichtet, kam insbesondere auf der Unter-Marne durch den nunmehrigen Inspecteur général M a l é z i e u x in ausgedehnte Anwendung.

Der Beginn der Vierziger-Jahre dürfte wohl als Culminationspunkt der französischen Binnenschifffahrt zu bezeichnen sein, wenn auch nicht wegen des Umfanges der transportirten Massen, so doch wegen der Mannigfaltigkeit der Leistungen, welche sich insbesondere auch auf den Personentransport in jetzt ungeahnter Weise erstreckten.

So bestand im Jahre 1843 auf der Meurthe und der Mosel ein sehr beliebter regelmässiger Dampfschiffverkehr zwischen Nanzig und Metz. Die Schiffe hatten sicherlich keine 30 cm Tiefgang und wenn sie auf eine Kiesbank geriethen, sprang die Mannschaft ins Wasser, um sie flott zu machen.

Im Jahre 1845 und ohne Zweifel bis zur Eröffnung der Eisenbahn verkehrten auf dem Ourcq-Canal zwischen Paris und Meaux

Verbesserung der Flüsse.

Bewegliche Wehre.

Blüthe der Binnenschifffahrt.

Dampfschifffahrt zwischen Nanzig und Metz.

Eilschiffe auf dem Ourcq-Canal.

Eilschiffe *(bateaux-poste)*. Diese eleganten Schiffe hatten 25 m Länge, wegen der engen Schleusen nur 2 m grösster Breite und 38 cm Tiefgang, fassten aber 70 Fahrgäste I. und II. Classe sammt Gepäck und waren häufig voll besetzt. Sie wurden von drei Pferden, zwei vorn, das dritte mit dem Postillon hinter diesen, im vollen Galopp gezogen, wobei sich eine Welle bildete, welche das Schiff ruhig begleitete und auf ihrem Rücken trug. Die solchergestalt erzielte Geschwindigkeit betrug über 15 km in der Stunde, reducirte sich aber in Folge des Zeitverlustes in den Schleusen im Durchschnitt auf 13·4 km. Die Pferdestationen betrugen durchschnittlich 3·8 km und die Zahl der Abfahrten täglich vier in jeder Richtung.

Eilschiffe auf den Canälen des Südens.

Aehnlich organisirte, viel grössere Salonschiffe traf der Verfasser noch zehn Jahre später auf den Canälen des Südens, wo sie das beliebteste Verkehrsmittel von Toulouse in der Richtung nach beiden Meeren bildeten. Auch sie unterlagen der Locomotive!

Erster Kampf zwischen den Eisenbahnen und Wasserstrassen.

Der Kampf zwischen den Locomotiven und Schiffen war aber natürlich schon früher entbrannt und das gesammte Publicum hatte so rasch für die ersteren Partei genommen, dass schon im Jahre 1844 Stimmen laut wurden, man möge den überlebten Canalbau einstellen und auf dem Unterbau des Garonne- und des Marne-Rhein-Canals Schienen legen. Der Baudirector des letzteren, Herr Collignon senior, nachmaliger Generaldirector der grossen russischen Bahngesellschaft, fand sich damals bewogen, zur Rettung seines Canals eine eigene Schrift herauszugeben, über das »Zusammenwirken der Canäle und Eisenbahnen«.[*]) Die Eisenbahn, so lautete das sehr überzeugend behandelte und durch statistisches Beiwerk gestützte Thema — die Eisenbahn ist der Verkehrsweg des *marchand* (Kaufmanns), der Canal der Verkehrsweg der *marchandise* (des Frachtgutes)! In der That meinten damals Viele, die Eisenbahnen seien ihrer Constitution nach unfähig, Frachtgüter zu befördern.

In dieser Beziehung hat sich Herr Collignon gewaltig geirrt (*errare humanum!*), aber die Canäle hat er doch gerettet. Der Marne-Rhein-Canal wurde im Jahre 1853, der Garonne-Seitencanal 1855, der Aisne-Marne-Canal 1860, wenn auch, wie Malézieux versichert,[**]) »inmitten der allgemeinen Theilnahmlosigkeit« eröffnet. Und Niemand bedauert es heute, denn etwas anderes ist es, ein Werk zu beginnen oder ein begonnenes Werk zu vollenden.

---

[*]) *Du concours des canaux et des chemins de fer.* Der Verfasser hat diese Schrift damals ins Deutsche übersetzt und bedauert lebhaft, weder das Original noch die Uebersetzung aufbewahrt zu haben. Es wäre in unseren Tagen eine leckere Lectüre; Nachdem aber Herrn Collignon sein Buch das Prädicat *l'homme-canal* eingetragen, ist der Verfasser froh, seine Uebersetzung noch rechtzeitig der Druckerpresse entrissen zu haben.

[**]) *Cours de navigation intérieure*, leider unvollendet.

Als Massregel der Juli-Regierung ist noch zu erwähnen: die durch königliche Verordnung (*ordonnance royale*) vom 10. Juli 1835 erfolgte Immatriculirung der schiff- und flossbaren Wasserstrassen. Dieselbe war zunächst durch ein Fischereigesetz veranlasst, aber auch längst wegen der durch das Wasserrecht normirten Competenzen und Servituten ein Bedürfniss. Der Ausdruck Immatriculirung (*Classement*) war dem Vorgang bei Strassen und Wegen entlehnt, bei welchen mit der Immatriculirung eine Eintheilung in Classen verbunden war. Auf weiter unten zu erwähnende Neubauten von Canälen und Eisenbahnen ausgedehnt, hat dieselbe eigentlich nur einen theoretischen Werth. Denn zur Ausführung neuer Canäle oder Bahnen genügt die blosse Immatriculirung nicht; es ist des Weiteren erforderlich: 1. dass deren Gemeinnützigkeit (*utilité publique*), je nach den Bestimmungen der Constitution durch ein Gesetz oder durch ein Decret des Staatsoberhauptes ausgesprochen werde, widrigenfalls eine Grund-Expropriation nicht zulässig wäre; — 2. dass durch das Jahresbudget oder durch Specialgesetz für die Bedeckung der Kosten Vorsorge getroffen sei.

Ende 1847 war der Stand der Canäle folgender:

Canäle mit Ende 1847	Im Betrieb	Im Entstehen	Zusammen
Auf ewig concedirt	713	.	713 km
» Zeit »	634	18	652 »
Des gemischten Systems (1821—22). . . .	2237	.	2237 »
In Händen des Staates	586	582	1168 »
Zusammen .	4170	600	4770 km

Die Länge des im Betrieb stehenden Netzes hatte also unter der Juli-Regierung um 2041 km zugenommen.

Die Wasserstrassen unter Napoleon III.
1848—1870.

Der 23jährige Zeitraum von 1848—1870 zerfällt in zwei gleiche Theile. Die erste Hälfte füllt ein ausgesprochener Beharrungszustand, die schon oben erwähnte Gleichgiltigkeit im Binnenschifffahrtswesen. Die begonnenen Bauten wurden allgemach vollendet, aber neu beschlossen wurden im Jahre 1848 nur 75 km, und zwar als Nationalwerkstätten, und in den folgenden zehn Jahren nur zwei Zweigcanäle, zusammen 4 km lang. Ende 1859 waren 4710 km im Betriebe und nur 139 km verblieben im Bau.

Die Bestrebungen der Regierung sowohl als der öffentlichen Meinung concentrirten sich eben auf die Sicherstellung der Eisenbahnen. Es fehlten damals noch die beiden Hauptbahnen von Lyon

nach Marseille und von Bordeaux ans Mittelmeer, welche — nebenbei
bemerkt — von den competentesten Fachmännern als die Schluss-
steine (!) des französischen Bahnnetzes betrachtet wurden, weil sich
selbstverständlich die Finanzkreise damals viel spröder zeigten, als

Concession der Süd-bahn und ihren Parallelcanals. die Bevölkerungen. Die Concession Bordeaux-Cette (Mittelmeer) hatte
eine erste Actiengesellschaft zum Schiffbruch geführt und wurde
schliesslich durch Gesetz vom 8. Juli 1852 den Gebrüdern P e r e i r e
unter der von ihnen *sine qua non* gestellten Bedingung ertheilt, dass
ihnen die Regierung gleichzeitig den Garonne-Seitencanal Castets-
(Bordeaux-)Toulouse als Geschenk in den Schoss lege, und dass die
Einlösung (*rachat*), sagen wir Verstaatlichung, nur mehr gleichzeitig
für den Canal und die parallele Bahn erfolgen dürfe. Diese Abmachung,
welche 1858 durch die 40jährige Pachtung des ewig concedirten Midicanals (Toulouse-Cette)durch die Bahngesellschaft vervollständigt wurde,
ist seitdem vom volkswirthschaftlichen Standpunkte aufs heftigste angegriffen worden. Die Zeitgenossen haben sie mit dem grössten Gleich-
muthe aufgenommen, weil sie ihnen die Wohlthat des modernsten der
Verkehrsmittel sicherte. Die dadurch geschaffenen, wenn auch relativ
hohen Tarife haben, weil immerhin weit niedriger als die Landstrassen-
frachten, den Aufschwung des subpyrenäischen Landes nicht hintan-
gehalten und der kräftig ernährte Eisenbahnhauptstamm Bordeaux-
Cette hat in allen Richtungen Wurzeln getrieben, Wurzeln, welche
nicht den Stamm ernähren, sondern von ihm genährt werden, gerade
wie nach allgemeiner Annahme die Hauptlinie Paris-Lyon-Marseille
durch den riesigen Ueberschuss ihrer Einnahmen das gesammte, 7000 km
umfassende Bahnnetz der Paris-Mittelmeer-Gesellschaft stützt und erhält.
Wer wüsste zu sagen, wie und wann die 2500 km des Südbahnnetzes
zu Stande gekommen wären, ohne den festen Rückhalt an die 500 km
lange, starke Mutterlinie?

Englisch-französi-scher Handels-vertrag. Im Jahre 1860 — und damit beginnt die zweite Periode —
wurde von dem erleuchteten Minister für Ackerbau, Handel und Staats-
bauten, R o u h e r, der bekannte freihändlerische Handelsvertrag mit
England abgeschlossen. Die Eingangszölle waren gewaltig herabgesetzt
und die Eisenhüttenindustrie insbesondere stiess einen Angstschrei
aus. Für die Rohstoffe und Producte der letzteren sollten deshalb die
Bahnfrachten, welche beispielsweise für Steinkohle auf Distanzen von
mehr als 100 km mit 5 Centimes (2·4 Kreuzer) pro Tonnenkilometer
normirt waren, entsprechend herabgesetzt werden, allein — die Bahngesellschaften weigerten sich!

Neue Pflege der Canäle. Verstaat-lichungen. Da erinnerte sich der Minister an die Canäle und Flüsse und
liess ihnen eine neue Pflege angedeihen.

Durch Decret vom 22. August 1860 wurde eine bedeutende
Herabsetzung der Wassermauth (auf den Staatscanälen) verfügt und
dieser Herabsetzung folgte eine zweite unterm 27. Februar 1867.

Die im Jahre 1853 theilweise durchgeführte Verstaatlichung wurde wieder aufgenommen und durch Gesetz vom 20. Mai 1863 auf weitere 280 km ewig und 25 km zeitlich concedirte, sowie auf die restlichen 442 km des gemischten Systems ausgedehnt. Durch die vollzogene Verstaatlichung wurden diese 747 km sofort der niedrigen Staatswassermauth theilhaftig. Die Einlösungen der Jahre 1853 und 1863 beliefen sich auf rund 90 Millionen, zahlbar in Annuitäten, die noch heute, wie es scheint, den Staatshaushalt belasten.

Auf die Flussschifffahrt wurden neuerdings beträchtliche Summen verwendet, so z. B. durch Gesetz vom 31. Juli 1867 11½ Millionen auf die Canalisirung der Mosel zwischen Frouard und der preussischen Grenze unterhalb Diedenhofen, dem Staate vom Mosel-Departement vorgeschossen.

Aber den interessantesten Theil der wiedererwachten ministeriellen Thätigkeit bildet die Sicherstellung neuer Canäle, weil sie am untrüglichsten die neue Politik nach dem Inslebentreten der Eisenbahnen kennzeichnet. Schon am 6. April und 27. Juli 1861 wurden 128 km und am 5. Jänner und 13. Juni 1868 weitere 50 km Staatscanäle, endlich auch 10 km Privatcanäle decretirt. Von diesen 188 km mögen hier des hohen Interesses wegen 178 näher erörtert werden. — Neue Canäle.

Die wichtigste neue Linie ist ein Saar-Seitencanal, 76 km lang, welcher vom Marne-Rhein-Canal bei Saarburg abzweigend, bestimmt ist, die Saarkohle, welche bisher nur mittelst Bahn auf Umwegen nach dem östlichen Frankreich gelangen konnte, an den preussischen Gruben zu holen. Das Geld dazu, sowie für einen 13 km langen Zweigcanal von der Stadt Colmar an den Rhone-Rhein-Canal, wird dem Staatsschatze — der durch die auswärtigen Unternehmungen bereits stark belastet war — im Gesammtbetrage von 11,800.000 Fr. zu 4% von der Stadt Colmar und Consorten vorgestreckt. Der leitende Gedanke ist, wie man sieht, billige Kohle für das gewerbereiche Ober-Elsass. — Saarcanal. — Taf. II. — Zweigcanal nach Colmar.

Die zweite Linie ist eine Verlängerung des Marne-Seitencanals zu Berg, von Vitry nach St. Dizier und von da bis Donjeux, zusammen 70 km. Auch diesmal wird das Geld wieder zu 4% von den Hüttenbesitzern der Ober-Marne und Maas und den Grubenbesitzern des Nord-Departements vorgestreckt. Es handelt sich um billige Kohle und wohlfeiles Erz für einen hochentwickelten, aber bedrängten, weil bisher auf Holzkohle angewiesenen Hüttendistrict. — Canal Vitry-St. Dizier-Donjeux.-Taf. II.

Die dritte Linie, 10 km lang, ist ein Zweigcanal von dem obenerwähnten Saar-Canal in die berühmte Saline Dieuze, ein Name, der als Motivirung genügt. — Zweigcanal nach Dieuze.

Eröffnet wurden diese Linien: Colmar 1864, der Saar-Canal 1866, Vitry-St. Dizier 1867, Dieuze 1870, knapp vor dem Kriege; St. Dizier-Donjeux erst zehn Jahre nach dem Sturze des zweiten Kaiserreichs, dessen Nachlass an Canälen sich folgendermassen beziffert:

Canäle zu Ende 1870	Im Betrieb	Im Entstehen	Zusammen
Auf ewig concedirt	433	.	433 km
» Zeit »	592	10	602 »
Des gemischten Systems (1821—22)	.	.	.
In Händen des Staates. . . .	3904	98	4002 »
Zusammen .	4929	108	5037 km *)

Rückblick.

F. Lucas*) schätzt die Gesammtlänge des französischen Wasserstrassen-Netzes und dessen Kosten beim Ausbruche des Krieges von 1870 wie folgt:

Wasserstrassen	Länge	Kosten im Ganzen	Per Kilometer
	Kilometer	Millionen Francs	Francs
Canäle	4754	786	165.000
Canalisirte Flüsse.	3323	250	133.000
Sonstige schiffbare Flüsse	3011	148	49.000
Zusammen .	11088	1184	.

*) Für die Längenbestimmung der französischen Canäle und Flüsse standen dem Verfasser drei amtliche Documente zur Verfügung:

I. *Situation de la longueur des canaux* (exclusive Flüsse) seit dem 16. Jahrhunderte bis 1883 inclusive;

II. *Relevé général du Tonnage des marchandises transportées sur les fleures, rivières et canaux* (Schiffsfrachten-Statistik) für 1881 und 1882, mit den Längen seit 1847;

III. *Etudes sur les Voies de communication de la France*, für die Wiener Weltausstellung, im Namen der französischen Regierung redigirt von Felix Lucas. Paris 1873.

Die Ende 1870 in Betrieb stehende Länge der Canäle allein gibt I. mit 4929·5 km (wie oben); II. mit 4560 km; III. mit 4754 km. Die Gesammtlänge der Wasserstrassen zum selben Zeitpunkt gibt II. mit 11.260 km, III. mit 11.088 km. Diese Differenzen rühren wesentlich von den canalisirten Flüssen her, die bald als Flüsse, bald als Canäle gerechnet sind. So ist z. B. in I. und III. die 62 km lange Strecke Noyers-Tours im Canal von Berry inbegriffen, während sie in II., sowie auch im Gesetze vom 5. August 1879, als canalisirter Cher aufgeführt ist, wie es den Thatsachen entspricht. Die Steuerverwaltung, welche die Statistik bis 1880 besorgte, hatte vier Kategorien Wasserstrassen, Lucas noch drei, die Frachtenstatistik nur noch zwei. Ein weiterer wesentlicher Grund zu Differenzen ist, dass die Frachten-Statistik nur solche Längen einrechnen kann, auf denen factisch in dem Gegenstandsjahre ein Verkehr stattgehabt hat und statistisch erhoben worden ist.

Der Leser wird dem Verfasser gerne glauben, dass ihm die fraglichen Differenzen lästig gewesen sind, sich selbst aber nach der ertheilten Erläuterung nicht daran stossen.

Derselbe Schriftsteller gibt für die Periode 1814—1870 die *Von 1814—1870 auf-gewendete Staats-gelder.* jährlich auf die Wasserstrassen aus dem Staatsschatze verwendeten Geldmittel (exclusive der für die Verstaatlichungen bezahlten Annuitäten). Daraus ergibt sich für die verschiedenen Regierungsperioden der durchschnittliche Jahresaufwand, wie folgt:

Französische Wasserstrassen	Durchschnittlicher Jahresaufwand			
	1814—30	1831—47	1848—51	1852—70
	in Millionen Franken			
Im Ordinarium:				
Laufende Arbeiten { Flüsse . . .	1·98	1·33	1·40	1·72
{ Canäle . . .	.	1·64	2·89	3·59
Ausserordentliche { Flüsse . . .	.	4·67	5·53	4·48
Arbeiten { Canäle . . .	.	0·65	1·32	1·15
	1·98	8·29	11·14	10·94
Im Extra-Ordinarium:				
Verbesserung von Flüssen . . .	0·38	5·46	5·04	8·02
Herstellung und Verbesserung von Canälen	8·39	14·61	4·39	3·46
Zusammen im Ordinarium und Extra-Ordinarium .	10·75	28·36	20·57	22·42

Diese Ziffern bestätigen, was schon oben bemerkt wurde, dass die Verbesserung der Flüsse erst von den Dreissiger-Jahren datirt, als Consequenz des Canalnetzes. Sie ist noch nicht beendet.

Das eigentliche Canalnetz seinerseits ist das Werk von mehr *Wachsthum des Canalnetzes und des Eisenbahnnetzes — Taf. VIII.* als zwei Jahrhunderten, da ja der erste Scheitelcanal 1642, der grosse Midicanal 1681 eröffnet wurde. Die aus dem vorigen Jahrhunderte überkommenen ersten tausend Kilometer erhalten bis 1820 fast gar keinen Zuwachs. Im Laufe der nächsten zwanzig Jahre werden nahezu 3000 km eröffnet, d. i. durchschnittlich 150 km jährlich. Aber mit dem Erscheinen der Eisenbahnen erlahmt die Thätigkeit im Canalbau: in den dreissig Jahren, von 1840—1870, werden nur 900 km neu eröffnet, 30 km im Jahresdurchschnitte!

Was sind das für bescheidene Ziffern im Vergleiche zum Eisenbahnbau! In derselben Periode von 1840—1870 wächst das Bahnnetz von 435 km auf 17.735 km, also um 580 km jährlich, fast zwanzigmal so viel, als das Canalnetz!

7. Capitel.

Der Frankfurter Friede und der „Canal im Osten".

1872—1882.

Die jüngsten, als Saugadern für die östlichen Wasserstrassen erbauten Canäle sollten nicht lange in den Händen ihrer Schöpfer verbleiben. Durch den Frankfurter Frieden fielen mit den drei nord-östlichen Departements auch 401 km Canäle an Deutschland, nämlich

Vom Rhone-Rhein-Canal (inclusive Zweig-linien Colmar und Hüningen)	173	km
Vom Marne-Rhein-Canal	103	»
Der Saar-Canal	76	»
Der Salinen-Canal (Dieuze)	10	»
Der Breusch- und der Ill-Canal	30	»
	401	km.

Der Rhone-Rhein-Canal und der Marne-Rhein-Canal, die sich bisher in Strassburg die Hand reichten, wurden bei Montreux (Münsterol) einerseits und bei La Garde andererseits durchschnitten. Dieser Zustand war auf die Dauer nicht haltbar. Gerade wie längs der neuen Grenze deutscherseits und französischerseits neue Bahnen zur Ausführung kamen, so konnten auch neue Canalprojecte nicht ausbleiben, zumal die betheiligten Departements in zweien ihrer Söhne, dem nachmaligen Bautenminister Varroy aus Nanzig und dem nachmaligen Senator Krantz aus Epinal, ausgezeichnete und einflussreiche Fachmänner besassen. Auch die Verwaltung des Reichslandes bestrebt sich, diesseits der Grenze die Schifffahrtsverbindung wieder herzu- stellen, einestheils durch einen Rhein-Seitencanal von Ludwigshafen nach Strassburg, anderntheils durch einen Scheitelcanal zwischen Metz und Saarbrücken durch das Niedthal mit einem über 3000 m langen Tunnel, um für die Saarkohle den bedeutenden Umweg über Konz (bei Trier) und die unterhalb Merzig sehr schwierige Saarschifffahrt zu vermeiden.

Noch ehe das französische Project zur Reife gelangt war, machte das Meurthe- und Mosel-Departement (Hauptstadt Nanzig) der Regierung den Vorschlag, ihr 2,100.000 Fr. zu 4 % behufs Canalisirung der 25 km langen Strecke der Mosel von Toul aufwärts bis Pont-Saint-Vincent vorzustrecken. Dafür wurde geltend gemacht, die in

dieser Gegend brechenden, überaus reichen Thoneisenstein-Erze gingen
bereits in flachen Kähnen die Mosel hinab und auf dem Marne-Rhein-
Canal in den Hüttendistrict der Ober-Marne; ihr Absatz in das Maas-
und das Nord-Departement wäre gleichfalls gesichert, wenn die Fluss-
schifffahrt besser bestellt wäre u. s. w. Dieser Vorschlag wurde durch
Gesetz vom 2. August 1872 mit der Bestimmung angenommen, dass die
Rückzahlung in zehn Jahresraten stattfinden solle und dass eine
Wassermauth einzuheben sei von 1·5 Centimes pro Tonnenkilometer
Erz, Kohle und Eisen und die gewöhnliche Mauthgebühr für die son-
stigen Artikel, letztere zu Gunsten des Staatsschatzes, erstere zu
Gunsten des Departements, um die Zinsfuss-Differenz und sonstige
Nebenkosten zu decken.

Anderthalb Jahre später, am 13. Februar 1874, wurde das Gesetz,
betreffend den Canal de l'Est, oder wie es amtlich heisst: »Gesetz,
betreffend die Wiederherstellung auf französischem Territorium der
durch die neue Grenze unterbrochenen Wasserstrassen«, eingebracht
und bereits am 24. März von der National-Versammlung angenommen
und noch am selben Tage promulgirt.

Dieses Gesetz erklärt die Gemeinnützigkeit der Canalisirung der
Maas von der belgischen Grenze bis an den Marne-Rhein-Canal bei
Troussey, sowie der Erbauung eines Scheitelcanals von der Mosel an
die Sohne bei Port-sur-Saône. Es genehmigt ferner das Anerbieten
der fünf zu einem Syndicat (Consortium) vereinigten Departements
der Ardennen (Hauptstadt Mézières), der Maas (Bar-le-Duc), der Meurthe
und Mosel, der Vogesen (Epinal) und der Ober-Sohne (Vesoul), dem
Staate die nöthig erachteten 65 Millionen Francs zu 4% vorzustrecken.
Der Staat verpflichtet sich, die Bauten binnen acht Jahren auszuführen und in derselben Zeit auch die im Zuge befindliche Canalisirung der Sohne unterhalb Port-sur-Saône zu vollenden, sowie endlich
zu Gunsten der Gläubiger, um deren Nebenkosten zu decken, eine Wassermauth von einem halben Centimo pro Tonnenkilometer einzuheben.

Die neue Wasserstrasse, für deren nördliche Hälfte auf einen
regen Verkehr zu Berg von belgischer Kohle und zu Thal von Erz, und
für deren südliche Hälfte auf Burgunder Wein, Gusseisen und Baumaterialien gerechnet wird, entspricht hauptsächlich deshalb in hohem
Masse den nationalen Aspirationen, weil sie das nordöstliche Frankreich,
dessen industrieller Aufschwung ein ausserordentlicher ist, von der
ausschliesslichen Bezugsquelle der Saarbrücker Kohle befreit. Der
Berichterstatter brachte in Erinnerung, dass die Klagen über die Be-
quemlichkeit und Rücksichtslosigkeit der königlichen Grubenverwaltung
in Saarbrücken seitens ihrer französischen Kunden schon sehr alt
seien, dass sich alle Patrioten gefreut hätten, als endlich Kohlenlager
diesseits der Grenze entdeckt und aufgeschlossen wurden, dass nun
aber auch diese Kohlengruben durch den Frankfurter Frieden wieder
verloren gegangen seien. Er erwähnte auch die neuentstandenen

Salinen in St. Nicolas, welche Dank dem neuen Canal allmälig die in Dieuze verlorenen werden ersetzen können u. s. w.

„Frankreich darf hinter Preussen und Oesterreich nicht zurückbleiben!“

Man muss sich wundern, dass bei einem solchen Reichthume an soliden Gründen die Commission es nicht verschmähte, auch die preussischen Canalprojecte, u. a. jenes von Frankfurt a. d. Oder nach Oderberg und dessen Fortsetzung von Oderberg nach Wien — (auch durch die Preussen?) — ja selbst die Donauregulirung ins Feld zu führen, letztere in der Art, als ob sie bereits von Linz bis Belgrad eine Thatsache wäre!*)

Eine Warnung.

Bei der Debatte warnte Herr Caillaux, auch ein *Ingénieur des Ponts-et-chaussées* und nachmaliger Bauten- und Finanzminister, vor dem zu niedrigen Kostenvoranschlag und bezweifelte den für die südliche Canalstrecke angehofften Verkehr. Seines Wissens sei früher die Saarkohle in Mülhausen mit der Loirekohle zusammengetroffen, aber ein eigentlicher Güteraustausch zwischen dem Sohnegebiete und Nordfrankreich habe nicht stattgefunden; er erwarte in dieser Beziehung weitere Aufklärungen.**) Die Regierung blieb dieselben schuldig, die Verkehrsstatistik des neuen Canals hat aber bereits begonnen, sie zu liefern, wie wir sogleich sehen werden.

Nachtragscredit.

In Betreff des Kostenpunktes hat Herr Caillaux auch, wenigstens theilweise Recht behalten. Ein am 26. Mai 1870 eingebrachtes und am 31. Juli promulgirtes Gesetz eröffnet einen Nachtragscredit aus Staatsmitteln von nicht weniger als 31·8 Millionen. Diese Mehrforderung wurde durch übermässig nasse Baujahre, durch die nachträgliche Verlängerung der Schleusen, durch die Anlage eines grossen, 7,200.000 cbm fassenden Sammelteiches auf der Vogesen-Wasserscheide, anstatt der Benützung dreier bestehenden Gebirgsseen, durch die Anlage eines Seitencanals anstatt der in Aussicht genommenen Canalisirung der Sohne u. s. w. motivirt.

*) «De leur côté les Autrichiens ne restent pas en retard et le travail qu'ils ont entrepris et qui sera bientôt achevé — (das wird im Jahre 1874 gesagt) — n'est rien moins que le déplacement presque complet du lit du Danube, par terrassement et remblais, depuis Lintz jusqu'à Belgrade, sur une longueur de plus de 900 km. Tels sont les immenses projets de canalisation qui sous peu d'années seront terminés en Allemagne. Il n'est que temps, de notre côté, de nous mettre à l'ouvrage.» Natürlich! Niemand will zurückbleiben.

**) Nach der Statistik d. Deutsch. Reiches, Bd. LVIII, passirten 1881 die Grenze:

Bei Münsterol (Rhone-Rhein-Canal), heraus nach Elsass 11.400 t, hinein nach Frankreich 39.000 t, zusammen also nur 51.300 t;

bei La Garde (Marne-Rhein-Canal), heraus nach Elsass 99.400 t, hinein nach Frankreich 357.200 t (wovon 332.000 t Saarkohle). Zusammen 386.600 t.

Es ist fast überflüssig, darauf hinzuweisen, dass diese Ziffern mit jenen der französischen Statistik pro 1881, welche für den Rhone-Rhein-Canal eine Circulation von 125.113 t, und für den Marne-Rhein-Canal von 504.858 t ausweist, deshalb nicht stimmen und nicht stimmen können, weil sich die deutschen Angaben auf die Grenzpunkte, die französischen aber auf die Durchschnitts-Circulation je des ganzen Canals beziehen.

Die wirklichen Baukosten der neuen Wasserstrasse stellen sich demnach viel höher, als angenommen war. Ehe wir auf diesen Punkt näher eingehen, müssen wir jedoch erst die Trasse besprechen.

Die neue Linie beginnt an der belgischen Grenze bei Givet und folgt thalaufwärts dem Laufe der Maas bis an den Marne-Rhein-Canal bei Troussey auf 274 km. Zwischen Givet und Sedan war die Maas bereits mit einem Aufwande von 8·4 Millionen canalisirt und durften nur ein paar weitere Wehre eingeschaltet werden. Zwischen Sedan und Verdun konnten gleichfalls einige im Flussbette bestehende Anlagen benützt werden. Die Schleusen sind unterhalb Verdun 5·70 m, oberhalb 5·20 m breit. Von Verdun nach Troussey kamen grossentheils Seitencanäle zur Ausführung. — Von Troussey nach Toul wird die 22 km lange Strecke des Marne-Rhein-Canals mit dem bereits erwähnten Tunnel bei Foug, ferner von Toul bis Pont-St. Vincent die vorhin besprochene canalisirte Strecke der Mosel, 25 km lang, benützt. Zwischen Pont-St. Vincent und Port-sur-Saône endlich hat man einen Scheitelcanal, 160 km lang, dessen 10.800 m lange Scheitelhaltung in der Meereshöhe 361 m liegt und dessen südlichster Theil aus einer mittelst vier Poirée'schen Nadelwehren canalisirten Strecke der Sohne besteht. Diesem Scheitelcanal schliessen sich auf dem nördlichen Abhange zwei Zweigcanäle an, der eine 10 km lang, von Messein nach Nanzig, wo eine weitere Verbindung mit dem Marne-Rhein-Canal stattfindet, der andere, 4 km lang, nach Epinal. Die Gesammtlänge der neuen Linie inclusive Zweigcanäle beträgt also 448 km, oder wenn man die canalisirte Mosel (Gesetz vom 2. August 1872) mit einbezieht, 473 km, immer exclusive des als Verbindung zwischen der nördlichen und südlichen Strecke dienenden Stückes Marne-Rhein-Canal.

Trasse. Taf. II.

Kommen wir nunmehr auf die Baukosten zurück!

Von den ursprünglich genehmigten 65 Millionen waren 2·25 Millionen auf den Umbau des 22 km langen Zwischenstückes des Marne-Rhein-Canals zu verwenden, welche in die Kosten der neuen Linie nicht einzubeziehen sind. Man hat also

Baukosten des Canal de l'Est.

Hauptbausumme: 65—2·25 = 62·75 Mill. Fr.
Nachtragscredit . . . . . . 31·80 » »
Aeltere Canalisirung zwischen
Givet und Sedan . . . . 8·40 » »
Zusammen . 102·95 Mill. Fr.

d. i., natürlich unter Vorbehalt etwaiger weiterer Nachforderungen

pro km $\frac{102,950.000}{448}$ = 220.800 Fr., anstatt der ursprünglich erhofften 137.000 Fr.

Es ist nicht bekannt, in welchem Verhältniss sich der Nachtragscredit von 31·8 Millionen zwischen der nördlichen und der südlichen Canalstrecke vertheilt. Wäre es *pro rata* des Voranschlags, so würden sich die kilometrischen Baukosten stellen:

Für die 274 km canalisirter Maas auf 197.000 Fr. = 95.000 fl.

» » 174 » Scheitelcanal sammt

Zweiglinien . . . . 280.000 » = 134.000 »

» » 448 » durchschnittlich . 220.800 Fr. = 110.300 fl.

Zu diesen Kostenziffern ist ausdrücklich zu bemerken:

1. Dass in der Debatte (24. März 1874) Krautz betonte, dass der Canal im Osten weder Tunnel noch Aquäducte aufweise und zu den denkbar leichtesten gehöre;

2. dass der Bau von Anfang bis zu Ende von einem der erfahrensten und sparsamsten Ingenieure des *Corps des Ponts-et-chaussées*, dem Inspecteur général F r é c o t, geleitet wurde, der zu seiner grossen Auszeichnung ausnahmsweise mit der Bauleitung betraut blieb, obwohl die hohe Stelle eines Inspecteur général eine derartige active Dienstleistung nach der Hausordnung ausschliesst. *)

Eröffnung des Canals im Osten.

Die Canalisirung der Mosel von Toul nach Pont-St. Vincent wurde im Jahre 1875 vollendet und der Canal im Osten von 1877 an von Jahr zu Jahr streckenweise, der Vogesenübergang natürlich zuletzt eröffnet. Seit 1882 ist er in seiner ganzen Länge im Betrieb, und zwar ohne Wassermauth.

Rückzahlung der Vorschüsse durch den Staat.

Bei der Discussion des Gesetzes vom 19. Februar 1880, betreffend die allgemeine Aufhebung der Wassermauth, wurde nämlich im Senat darauf hingewiesen, dass sich der Staatscredit seit der Zeit der Gründung des Canals im Osten so wesentlich gehoben habe, dass der Staat sogar mit Vortheil die ihm zu 4°/₀ gemachten Vorschüsse nunmehr auf ein Mal heimzahlen könne. Dies geschah auch, durch Gesetz vom 8. Juli 1881, und das Syndicat der vollständig entschädigten Departements ist längst wieder aufgelöst.

Urtheil über den Canal im Osten.

Man mag über die Zeitgemässheit der Canäle im Allgemeinen denken wie man will. man wird es mit Rücksicht auf die geographischen Verhältnisse und die Art und Weise der Durchführung anerkennen müssen: ihr *Canal de l'Est* ist eine, die Franzosen ehrende, patriotische That!

Bisheriger Verkehr.

Ob aber die ökonomischen Ergebnisse mit dem Patriotismus auch gleichen Schritt halten werden, das ist freilich eine andere Frage. In der That beziffert sich der bisher auf dem Canal im Osten (exclusive der Marne-Rhein-Canalstrecke Troussey-Toul, aber inclusive der canalisirten Moselstrecke Toul-Pont-St. Vincent) stattgehabte Verkehr, wie folgt:

---

*) Es ist ein Act schuldiger Pietät gegen den am 30. Mai 1884 verstorbenen Frécot, wenn der Verfasser beifügt, dass derselbe beim Bahnbau von Frouard nach Metz und Saarbrücken sein Collega war und ihm als Typus des *Ingénieur des Ponts et chaussées* vom alten Schlage unvergesslich sein wird.

ÄNGEN-PROFILE

Tafel III.

MAASSTAB:

1 : 1.000,000 , 1 Millimeter — 1 Kilometer

1 : 5000 , 1 Millimeter — 10 Meter

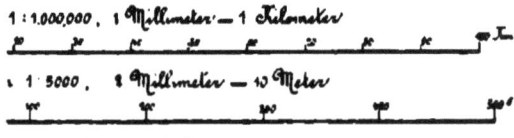

RHONE — RHEIN — KAN. FLUSS   SEITENKANAL   SCHEITELKANAL   ABZWEISUNG

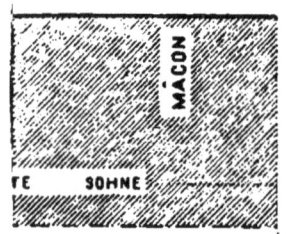

MÁCON

TE   SOHNE

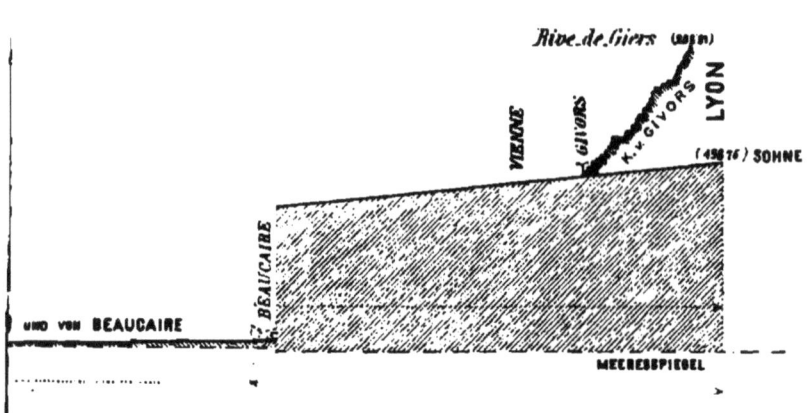

Rive de Giers (350 M)

LYON

VIENNE   GIVORS   K. v. GIVORS   (430 M) SOHNE

BEAUCAIRE

UND VON BEAUCAIRE

MEERESSPIEGEL

Verkehr des Canals im Osten.

Im Jahre	Nördlicher Arm Givet-Troussey 274 km		Südlicher Arm Toul-Port-sur-Saône 199 km		Bemerkungen
	Verschiffte Tonnen	Durchschnittliche Circulation Tonnen	Verschiffte Tonnen	Durchschnittliche Circulation Tonnen	
1881	373.588	74.185	176.373	18.861	Die in Parenthese gesetzten Ziffern sind approximativ.
Zunahme	.	4°/.	.	3°/.	
1882	352.389	77.235	148.071	19.401	
Zunahme	27°/.	42°/.	67°/.	85°/.	Circulation 1884.
1883	446.520	109.617	247.817	35.489	Für beide Arme zusammen:
Zunahme	(27°/.)	(48°/.)	(83°/.)	(44°/.)	274 km zu 155.656 t
1884	(567.080)	(155.656)	(329.597)	(50.039)	199 » » 50.039 t
			Der ganze Canal		473 km an 111.200 t

Von obigen Ziffern sind jene, betreffend 1881 und 1882, bereits veröffentlicht; jene für 1883 zwar noch nicht veröffentlicht, aber amtlich festgestellt. Für 1884 sind bis jetzt nur die in den ersten zehn Monaten verschifften Tonnen bekannt und ergeben im Vergleich zum Vorjahre eine Zunahme von 27, beziehungsweise 33%. Man wird nicht viel irre gehen, wenn man diese Zunahme für das ganze Jahr gelten lässt. Für die Circulation stellten sich die Coëfficienten von 1882/83 etwas höher, weil nicht nur die Zahl der verschifften Tonnen, sondern auch die durchschnittliche Transportdistanz zugenommen hat. Wir haben dieselbe Majoration auch für 1883/84 angenommen und finden auf diese Weise für den ganzen Canal pro 1884, d. i. das vierte Betriebsjahr, eine durchschnittliche Circulation von 111.200 Tonnen!

Die Thatsachen bleiben also bis jetzt sehr weit hinter den Hoffnungen zurück, denn es hiess: die Circulation des Canals de l'Est werde in den ersten Jahren 600.000, in den späteren Jahren 1 Million Tonnen betragen!*)

Den Zinsfuss des Anlehens für den Canal nur zu 4% und die Erhaltungskosten zu 1400 Fr. pro Kilometer angenommen, zahlt also der französische Staatsschatz für jedes effectiv geförderte Tonnenkilometer bis auf Weiteres einen Zuschuss von

an Zinsen $\dfrac{229.800 \times 0·04}{111.200} = 8·3$ Ctms.

an Erhaltung $\dfrac{1400}{111.200} = 1·3$ »

Zusammen . 9·6 Ctms. = 4·6 Kr. ö. W.

*) Seite 12 des Berichtes des Ausschusses für Wasserbauten des österreichischen Abgeordnetenhauses vom 2. März 1880.

Oekonomisches Resultat des Canals im Osten.

Der Fall ist um so bedenklicher, als der Canal im Osten seine Kundschaft nicht erst zu schaffen brauchte, sondern bereits in voller Activität vorfinden sollte!

Ehe wir die wieder aufgenommene Bauthätigkeit weiter verfolgen, ist es angezeigt, die Frachtenbewegung auch auf den übrigen Wasserstrassen näher ins Auge zu fassen, um die nachfolgenden Massnahmen vom concreten Standpunkte aus beurtheilen zu können.

8. Capitel.

Der Frachtenverkehr auf den französischen Wasserstrassen.

Frachten-Circulation im Allgemeinen.

Wer zum ersten Male einen Blick auf die graphische Darstellung des französischen Wasserstrassenverkehrs wirft, welche die Intensität der Frachten-Circulation durch die Breite der Streifen zum Ausdrucke bringt, der wird wohl mit einiger Ueberraschung wahrnehmen, dass der Schiffsverkehr sich factisch auf einige wenige, man könnte sagen vier radial von Paris auslaufende Routen concentrirt.

Obenan steht die nördliche, theils aus Canälen, theils aus Flüssen (Oise, Schelde, Aa) gebildete Linie von Paris nach Dünkirchen, welche die Hauptstadt mit den Kohlengruben Nord-Frankreichs und Belgiens verbindet. Die Circulation dieser Linie beträgt schon bei Dünkirchen 650.000 t, wächst successive auf 1,810.000 t im Canal St. Quentin und erreicht sogar 2,084.800 t im Oise-Seitencanal. Unterhalb der Mündung der Aisne, welche einen Theil des Verkehrs nach Osten ablenkt, sinkt die Circulation der nördlichen Linie wieder auf 1,608.900 t. Mehrere nicht unbedeutende Abzweigungen setzen diese nördliche Route mit der belgischen Grenze in Verbindung, so insbesondere der Deule-Canal über Lille, mit 902.000 t, die Schelde mit 1,367.700 t, die Sambre mit fast 400.000 t Circulation.

Die zweite Hauptroute geht von Paris oder richtiger von der schon oben erwähnten Aisnemündung bei Compiègne nach Châlons-sur-Marne und Nanzig (Strassburg). Die Circulation dieser Route schwankt auf ihrer ganzen Länge nur zwischen 430.400 und 596.400 t.

Die dritte Hauptroute bildet die Seine, welche das Maximum ihrer Circulation mit 2,093.800 t unterhalb Paris zwischen den Mündungen des St. Denis-Canals und der Oise erreicht. Unterhalb Rouen verbleiben der Flussschifffahrt nur 315.700 t, während die Seeschifffahrt

bereits 1,163.700 t an sich reisst, zu denen sich im Havre noch
weitere 2,432.800 t gesellen, welche grösstentheils von der Eisenbahn
zu- oder abgeführt werden. — Oberhalb Paris beträgt die Circulation
der Seine 984.500 t, hört aber in Montereau, wo der letzte Arm der
dreifachen Route nach Lyon und Marseille abzweigt, fast gänzlich auf.

Die vierte Hauptroute, von Paris nach Lyon, theilt sich, wie   Taf. III.
eben erwähnt, in drei Arme, von denen aber die beiden östlichen, nämlich der Burgunder Canal mit 141.900 t und der Canal von Nivernais
mit 111.800 t Circulation nur untergeordnete Bedeutung haben. Der
westliche Arm über den Loire-Seiten- und den Centralcanal, mit
einer zwischen 284.400 und 433.400 t schwankenden Circulation, spielt
dermalen die Hauptrolle. In den Loire-Seitencanal mündet auch unweit Nevers der von Montluçon kommende Hauptarm des Berry-Canals
mit einer Circulation von 509.300 t.

Hiermit ist aber die Zahl der verkehrsreichen Wasserstrassen
abgeschlossen, es wäre denn, dass man noch die kurze, ganz im
Fluthgebiete der Loire gelegene Strecke zwischen Nantes und St.
Nazaire mit einer Circulation von 418.100 t in Betracht ziehen
wollte. Vergebens sucht man anderwärts nach einer Circulation
von über 250.000 t. Schon die wichtige, aus dem Rhone-Rhein-
Canal, der Sohne und der Rhone gebildete Linie von Belfort
nach Marseille, welche unterwegs den Burgunder und den Centralcanal aufnimmt und die Städte Besançon, Mâcon, Lyon, Valence,
Avignon berührt, vermittelt nur eine zwischen 167.800 und 234.200 t
sich bewegende Circulation. Es ist dies um so überraschender,
als der Seehafen Marseille einen Export und Import von zusammen
4,453.800 t aufweist, welche nur durch die Leistungen der Eisenbahn erklärlich sind. Noch geringfügiger ist der Verkehr auf
der grossen Transversal-Wasserstrasse von der Unter-Rhone nach
Bordeaux, vom Mittelmeere an den Ocean; ihre Circulation sinkt
stellenweise auf 100.900 t und übersteigt 150.000 t nur in der
kurzen, in dem Fluthgebiete oberhalb Bordeaux gelegenen Strecke,
wo sie 244.200 t erreicht. Unterhalb Bordeaux bewegt sich zwar ein
Seeverkehr von 2,147.200 t, aber die Binnenschifffahrt hört sozusagen
auf. Und nicht besser sieht es in dem ganzen übrigen südwestlichen
und nordwestlichen Frankreich aus: So hat der bei Bayonne mündende Adour nur eine Circulation von 89.800 t, die bei Rochefort
mündende Charente 45.500 t, die Loire zwischen Angers und Nantes
94.500 t und der Canal von Nantes (Redon) nach Brest sogar nur
22.100 t.

Im Jahre 1882 wurden in Frankreich thatsächlich 7580 km Circulation der fran-
Ströme und Flüsse beschifft und darauf (exclusive Seeschifffahrt) zösischen Flüsse im Jahre 1882.
1.050,767.000 tkm zurückgelegt, was eine durchschnittliche Circu-

lation von $\dfrac{1.050,767.000}{7580} = 138.624$ t ergibt. Theilt man diese Flüsse

4*

und Ströme in Kategorien nach der Höhe ihrer Circulation, nämlich in solche mit einer Circulation von weniger als 100.000 t, von 100 bis 500.000 t, von 500.000 bis 1 Million, endlich von mehr als 1 Million, so erhält man nachstehende Uebersicht:

Flüsse und Ströme.

Kilometer	Procente	Kategorien	Tonnen-kilometer	Mittlere Circulation Tonnen
259	3·4	mit Circulation von über . . . . 1,000.000 t	424,945.000	1,640.600
327	4·3	» » » 500.000 bis 1,000.000 t	240,152.000	734.400
1331	17·6	» » » 100.000 » 500.000 t	294,417.000	221.200
5663	74·7	» » » unter . . . . 100.000 t	91,253.000	16.100
7580	100	mit Circulation von . . . 1 bis 2,093.000 t	1.050,767.000	138.621

Im Jahre 1882 haben demnach nur 259 km Flüsse, und zwar die Ober-Schelde, die canalisirte Oise und die Seine von der Oise-mündung bis Corbeil, also nur 3·4% der Gesammtlänge, eine Circulation von mehr als 1 Million Tonnen erreicht, während andererseits 5663 km Flüsse, das ist 74% der Gesammtlänge der schiffbaren Flüsse, nicht einmal 100.000 t, sondern im Durchschnitte nur 16.100 t Circulation aufweisen. Man kann also wohl sagen, dass sich im Jahre 1882 drei Viertel der französischen »schiffbaren« Flüsse nahezu als unnütz erwiesen haben.

Circulation der Canäle im Jahre 1882. Verfährt man in ähnlicher Weise mit den Canälen, so erhält man:

Canäle.

Kilometer	Procente	Kategorien	Tonnen-kilometer	Mittlere Circulation Tonnen
164	3·5	mit Circulation von über . . . . 1,000.000 t	291,623.000	1.778.200
552	11·9	» » » 500.000 bis 1,000.000 t	349,298.000	632.700
2305	49·6	» » » 100.000 » 500.000 t	503,739.000	218.500
1629	35	» » » unter . . . . 100.000 t	69,199.000	42.480
4650	100	mit Circulation von . . . 1 bis 2,084.000 t	1.213,819.000	261.036

Also auch nur 3·5% der Gesammtlänge der Canäle, und zwar der Oise-Seitencanal und die Canäle von St. Quentin, Sensée und St. Denis, weisen eine Circulation von über 1 Million Tonnen auf, während ungefähr der dritte Theil aller Canäle 100.000 t nicht erreicht und sich gleichfalls als wenig nützlich gezeigt hat.

Wir haben hier die Unterscheidung zwischen Flüssen und Canälen aufrecht erhalten, wie sie sich in der amtlichen Statistik findet, obwohl sie in Beziehung auf den factischen Frachtenverkehr, mit dem wir uns hier beschäftigen, ziemlich unwesentlich ist, weil dieser Verkehr viel mehr von den wirthschaftlichen Verhältnissen der fraglichen Gebiete, als von den technischen Eigenschaften der betreffenden Wasserstrassen abhängt. Man kann sich hiervon leicht überzeugen. Die Seine oberhalb der Oisemündung hat eine eben so grosse Circulation (2.093.812 t) und zwar grösstentheils zu Berg, als der Oise-Seitencanal (2.084.763). Die Oise hat eine grössere Circulation (1.609.000 t), als der Canal St. Denis (1,168.000 t); die Schelde zu Berg (1,112.000 t), mehr als der Marne-Rhein-Canal (540.000 t), und die Sambre gleichfalls zu Berg (394.000 t), mehr als der Rhone-Rhein-Canal (168.000 t). Der so vollkommen hergestellte Garonne-Seitencanal von Bordeaux nach Toulouse, mit 6 m breiten Schleusen, hat es nur zu 121.000 t, ein Canal bei la Rochelle zu nur 1229, ja ein anderer bei Rochefort sogar nur zu 58 t im Jahre gebracht! Auch ist auf manchen Flüssen, so insbesondere auf der Seine zwischen Paris und dem Havre, der Verkehr zu Berg weit grösser, als der Verkehr zu Thal.

Im Ganzen wurden auf den französischen Strömen und Flüssen 600,087.000 tkm zu Thal und 450,679.000 tkm zu Berg, d. i. für 100 t zu Thal durchschnittlich 75 zu Berg gefördert.

Abstrahirt man von Berg- und Thalfahrt und zieht für jeden Fluss die stärkere und die schwächere Verkehrsrichtung in Betracht, so ergibt sich für die Gesammtheit der Flüsse eine Bewegung von 794,364.000 tkm in einer Richtung und von 256.400.000 tkm in der andern, also durchschnittlich eine Rückfracht von 32·3%. — Verfährt man ähnlich für die Canäle, so findet man 814,354.000 tkm in einer Richtung und 399,455.000 tkm, also durchschnittlich 49⁰, Rückfracht, wobei jedoch nicht übersehen werden darf, dass diese »Rückfracht« auf mehr als einer Wasserstrasse eine rein theoretische oder imaginäre gewesen sein dürfte, weil auf den längeren statistischen Beobachtungsstrecken die Hinfracht z. B. im östlichen Theil, die Rückfracht aber im westlichen Theil stattgefunden haben kann, ohne Möglichkeit, dieselben Schiffe auszunützen, zumal die durchschnittlichen Transportdistanzen, wie wir unten sehen werden, ziemlich klein sind.

Die Waarengattungen.

Um den vorstehend skizzirten Wasserstrassen-Verkehr vollständig zu beleuchten, müssen wir auch noch die verschiedenen Waarengattungen ins Auge fassen. Es ist dies — für das Jahr 1882 zum ersten Male — ein Leichtes, Dank der neuesten amtlichen Statistik. Dieselbe unterscheidet nachstehende Classen:

1. Steinkohle, inclusive Braunkohle, Coaks und Torf.
2. Baumaterialien (mineralische), als Kalk, Gyps, Cement, Asphalt, Bausteine, Schiefer, Marmor, Schotter, Sand u. s. w.
3. Dünger und mineralische Dungmittel (amendements), als Mergel. Kalk u. s. w.
4. Brenn- und Nutzholz.
5. Maschinen, als Locomobilen, Kessel, Mühlsteine, Fuhrwerke, Waffen u. s. w.
6. Hüttenproducte: Erze, Beschickung, Formsand; Guss- und Schmiedeisen, andere rohe Metalle u. s. w.
7. Industrieproducte.
8. Landwirthschaftliche Producte und Lebensmittel, als Getreide, Wein, Mehl, Heu, Oel, Wolle, Baumwolle, Hanf, Kaffee, Tabak, Zucker, Salz, Fische, Fleisch, lebende Thiere, Häute u. s. w.
9. Verschiedenes.
10. Flossholz.

Verschiffte Quanti-
täten, zurückgelegte
Tonnenkilometer
und Durchschnitts-
Distanzen.

Die im Jahre 1882 auf allen Wasserstrassen Frankreichs von jeder dieser zehn Waarengattungen verschifften Quantitäten, die von ihnen zurückgelegten Tonnenkilometer und mittleren Transportdistanzen sind in nachstehender Tabelle zusammengestellt:

	Waarengattungen	Verschiffte Quantitäten		Tonnenkilometer		Mittlere Transport- distanz
		Tonnen	Pro- cente	Tonnen- kilometer	Pro- cente	Kilometer
1	2	3	4	5	6	7
1	Steinkohle	4,873.116	23·7	774,465.562	34·2	159
2	Baumaterialien .	8,308.998	40·4	526,867.094	23·3	63
3	Dünger	1,121.456	5·4	38,659.898	1·7	34
4	Brenn- und Nutzholz .	1,350.173	6·6	196,974.052	8·7	146
5	Maschinen	35,009	0·2	7,690.671	0·3	220
6	Hüttenproducte . . .	1,283.340	6·2	220,054.599	9·7	171
7	Industrieproducte . .	392.274	1·9	76,391.869	3·3	195
8	Landwirthsch. Producte	2,476.467	12·0	314,361.017	13·9	127
9	Verschiedenes . . .	289.010	1·4	38,308.482	1·7	132
10	Flossholz	459.446	2·2	70,812.372	3·2	154
	Zusammen . .	20,589.289	100·0	2,264,585.616	100·0	110

Die mittlere Transportdistanz ist selbstverständlich der Quotient, der sich aus der Division der Tonnenkilometer (Spalte 5) durch die verschifften Quantitäten (Spalte 3) ergibt. Da die französische Statistik an den Landesgrenzen aufhört und die über die belgische oder die deutsche Grenze hereingekommenen oder hinausgegangenen Schiffsfrachten gerade so behandelt werden, als wenn diese Frachten an dem Grenzpunkte ein- oder ausgeschifft worden wären, so ist klar, dass die oben gefundenen Transportdistanzen etwas kleiner sein müssen, als die wirklich stattgehabten. Mit Rücksicht auf die geringe Zahl der internationalen Wasserstrassen und die geringe Entfernung der belgischen und preussischen Kohlengruben dürfte jedoch der Unterschied nicht gross sein.

Wenn man die verschifften Quantitäten ins Auge fasst, so erscheinen als wichtigster Frachtartikel, 40·4% der Gesammtfracht, die Baumaterialien; in zweiter Linie mit 23·7% die Steinkohle, in dritter mit 12% die landwirthschaftlichen Producte. Die Wichtigkeit der einzelnen Waarengattungen für die Schifffahrt hängt jedoch nicht blos von der eingeschifften Tonnenzahl, sondern auch von der respectiven Verschiffungsdistanz, also von den entsprechenden Tonnenkilometern (Spalte 5) ab. Legt man diesen richtigeren Massstab zu Grunde, so erscheint

(Randnotiz: Die verschifften Quantitäten nach Waarengattungen.)

(Randnotiz: Relative Wichtigkeit der einzelnen Waarengattungen.)

in 1. Linie die Steinkohle mit . . . . 34·2%

» 2. » » Baumaterialien mit . . . . . 23·3%

» 3. » » landwirthschaftlichen Producte mit 13·9%

und diese drei Artikel allein bilden mehr als 70% des Gesammttransportes. Ganz unwichtig sind die fünf Rubriken: Dünger, Maschinen, Industrieproducte, Flossholz und Verschiedenes, denn sie bilden zusammen nur 10% des gesammten Schiffsverkehrs.

Analyse des Verkehrs einzelner Wasserstrassen.

Nach Waarengattungen getrennt, stellt sich die Circulation der Flüsse und Canäle durchschnittlich wie folgt:

Durchschnittliche Waaren-Circulation 1882.

(Randnotiz: Durchschnittliche Circulation aller Flüsse und Canäle.)

Waarengattungen	7580 km Flüsse	4650 km Canäle	12.230 km Wasserstrassen	
	Tonnen	Tonnen	Tonnen	Procente
1. Steinkohle	40.561	100.432	63.325	34·2
2. Baumaterialien	36.394	53.979	43.080	23·3
3. Dünger	2.663	3.973	3.161	1·7
4. Brenn- und Nutzholz	12.906	21.322	16.106	8·7
5. Maschinen	651	592	629	0·3
6. Hüttenproducte	7.022	35.877	17.993	9·7
7. Industrieproducte	4.578	8.967	6.246	3·3
8. Landwirthschaftliche Producte .	25.930	25.336	25.704	13·9
9. Verschiedenes	2.735	3.780	3.132	1·7
10. Flossholz	5.184	6.778	5.790	3·2
Zusammen .	138.624	261.036	185.166	100

Die Procente der letzten Spalte sind sachgemäss dieselben, wie die der Spalte 0 der vorausgegangenen Tabelle.

So interessant die vorstehenden Ziffern sind, so sind es eben doch Durchschnittszahlen aus sehr abweichenden Resultaten, deren Verwendbarkeit immer eine gewisse Unsicherheit anhaftet.

Concrete Circulationen. Wir glauben deshalb noch einige concrete Fälle beifügen zu sollen und wählen dazu Strecken aus den bereits besprochenen Hauptrichtungen.

Waaren-Circulation auf verschiedenen Wasserstrassen 1882.

Waarengattungen	Oise-Fluss	Marne-Rhein-Canal	Burgunder Canal	Central-canal	Canal v. Berry (Hauptlinie)	Garonne-Seiten-canal
			Tonnen			
1. Steinkohle . . .	1,052.547	167.375	10.868	192.065	159.050	27.976
2. Baumaterialien . .	263.426	101.784	76.695	110.075	92.116	8.463
3. Dünger	8.856	3.797	1.177	803	821	1.676
4. Brenn- u. Nutzholz	36.195	33.988	12.526	23.030	27.402	15.455
5. Maschinen . . .	5.289	2.679	507	881	33	13
6. Hüttenproducte . .	68.323	127.736	4.456	96.286	217.051	1.583
7. Industrieproducte .	35.254	51.273	2.090	1.924	1.333	2.790
8. Landw. Producte .	119.438	29.868	27.031	4.834	6.702	54.734
9. Verschiedenes . .	18.718	1.644	3.801	981	4.299	8.027
10. Flossholz	886	20.327	2.762	2.560	463	.
Zusammen .	1,608.932	540.371	141.913	433.439	509.270	120.717

Circulation der Oise. Die canalisirte Oise verdankt bis über 80% ihres grossen Verkehrs zweien Artikeln allein: der nach Paris und Rouen wandernden Kohle und den Baumaterialien.

Circulation des Marne-Rhein-Canals Die vom Marne-Rhein-Canal durchzogenen Departements gehören gegenwärtig zu den industriereichsten ganz Frankreichs und stehen sogar in eisenhüttenmännischer Beziehung obenan. Ihre Entwickelung, welche aus der Eisenbahnperiode datirt, wurde durch den Frankfurter Frieden noch beschleunigt, indem viele Industrielle von Elsass-Lothringen nach Französisch-Lothringen übersiedelten, eine Bewegung, die sich in der Bevölkerung der Hauptstadt Nanzig wiederspiegelt, welche im Jahre 1836 nur 31.000, im Jahre 1872 53.000 und im Jahre 1881 72.000 Einwohner zählte.

Circulation des Burgunder Canals. Der übrigens schwache Verkehr des Burgunder Canals besteht zur Hälfte aus den theils nach Dijon, grösstentheils nach Paris gehenden Baumaterialien.

Der Central-Canal lebt zu mehr als 90% von den Kohlengruben *Circulation des* *Centralcanals.*
und Eisenwerken des Creusot und von Blanzy, sowie von Baumaterialien.

Der Canal von Berry verdankt drei Viertel seiner Circulation den *Circulation des* *Canals von Berry.*
Eisenwerken und Kohlengruben von Fourchambault (bei Nevers), Mont-
luçon und Commentry. Zwischen den beiden letzten Städten bildet
eine einmetrige (schmalspurige) Eisenbahn die factische Fortsetzung
des Canals sowohl für den Transport der Erze zu Berg, als der Kohle
zu Thal.

Die landwirthschaftlichen Producte, welche die Hälfte der Fracht *Circulation des Ga-* *ronne-Seitencanals.*
des Garonne-Seitencanals ausmachen, dürften wesentlich aus Wein
bestehen, indem der »Bordeaux« (so genannt, weil ehedem in Bordeaux
verschifft) nicht nur im Médoc, sondern auch weit aufwärts im Becken
der Garonne wächst. Die verführte Kohle scheint als Ballast nach
Bordeaux gekommene englische zu sein, denn die südfranzösische Kohle
von Aubin und Carmaux benützt wohl ausschliesslich die Eisenbahn.

Die Verbreitung der einzelnen Waarengattungen.

Nachdem wir hiermit den Verkehr einiger Wasserstrassen analysirt,
wollen wir versuchen, auch noch jede einzelne Waarengattung auf
der Gesammtheit der Wasserstrassen zu verfolgen.

Frankreich verbraucht alljährlich ungefähr . . 28 Mill. t   *Steinkohle.*
Steinkohle. Davon lieferten im Jahre 1882 die verschiedenen französischen Kohlenbecken, und zwar:

Nord und Pas-de-Calais, insbes.	Valenciennes	9·4	» »
Loire	» St. Etienne	3·6	» »
Gard	» Alais	1·9	» »
Burgund und Nivernais .	» der Creusot	1·1	» »
Tarn und Aveyron . .	» Aubin u. Carmaux	1·2	» »
Bourbonnais	» Commentry	1·0	» »
die übrigen französischen Becken		1·8	» »

Zusammen . 20 Mill. t
Der Ueberrest von . . . . 8 » »
kommt von Saarbrücken, aus Belgien und England.

Von diesen 28 Millionen wurde natürlich ein gewisser Theil an
Ort und Stelle verbraucht, ein anderer Theil gelangte auf die Eisenbahnen, und den Wasserstrassen verblieben nicht einmal 5 Millionen.

Für das Jahr 1882 ist die ohnedies etwas summarische Eisenbahnstatistik noch nicht veröffentlicht, aber für das Jahr 1881 stellt
sich das Verhältniss folgendermassen : *)
Die Wasserstrassen leisteten . . 744.873.000 tkm oder 28%
die Eisenbahnen » . . 1.905,522.000 » » 72%

---

*) Album de Statistique graphique de 1883. Tafel Nr. 22.

Für die den sieben grossen Bahnnetzen entsprechenden Regionen
zerlegt sich dieses Verhältniss, wie folgt:

Region der	Eisenbahn	Wasser-strassen
	Procente	
Nordbahn (Antheil am gesammten Kohlenverkehr 52°/₀)	62	38
Ostbahn » » » »	11	73	27
Westbahn » » » »	4	83	17
Orleansbahn » » »	7	80	20
Paris-Mittelmeer » » »	23	86	14
Südbahn » » » »	2	92	8
Staatsbahnen » » . »	1	95	5
Durchschnitt wie oben	72	28

Dem Wassertransport sind also hier nur 5, dort 8°/₀, unter den
günstigsten Verhältuissen 38, durchschnittlich 28°/₀ des Kohlentransportes
verblieben.

Die grössten Kohlencirculationen weisen auf: der Oise-Seitencanal
(1,353.000 t), der Canal St. Quentin (1,173.000 t), die Oise (1,052.000 t),
der Sensée-Canal (1,022.000 t), die Schelde (858.000 t), der Deule-
Canal bei Lille (560.000 t), die Sambre (2080.00 t), die Aisne (264.000 t),
der Centralcanal (192.000 t), die maritime Loire (170.000 t), der Marne-
Rhein-Canal (107.000 t), der Marne-Seitencanal (150.000 t), der Loire-
Seitencanal (126.000 t). Der Durchschnitt aller Wasserstrassen beträgt
63.300 t mineral. Kohle. (S. oben S. 55).

Baumaterialien.   Die grössten Circulationen von Baumaterialien bieten: die Seine
von Corbeil nach Paris (1,228.000 t), die Seine von Montereau bis
Corbeil (550.000 t), der Oise-Seitencanal (288.000 t), der Canal St. Martin
(281.000 t), die Oise (203.000 t), der Canal St. Denis (229.000 t), bis
hierher immer für die Hauptstadt; ferner die Schelde (225.000 t), die
Seine von Paris bis Rouen (123.000 t), der Centralcanal 110.000 t),
der Marne-Rhein-Canal (102.000 t). Der Durchschnitt aller Wasserstrassen ergibt 43.000 t Baumaterialien.

Das Pariser Strassen-material zieht die Eisenbahnen vor.   Ueberrascht durch die geringe durchschnittliche Transportdistanz
der Baumaterialien (63 km) und wohl wissend, dass dem riesig wachsenden
Pferdeverkehr im Innern der Stadt Paris nur dadurch Stand gehalten
werden konnte, dass widerstandsfähiges Material in immer weiterer
Ferne gesucht wurde, wandte sich der Verfasser an die Baudirection
der Stadt Paris mit der Bitte, ihm die Liste der betreffenden Lieferungen
zu übersenden, und in der Hoffnung, darin ein Ehrenzeugniss für die
Wasserstrassen zu finden. Zu seiner nicht geringen Ueberraschung
erhielt er als Antwort nachstehende Tabelle und Commentar:

Material	Abnutzung (Coëfficient)	Kilometer Distanz	Fundort	Jährlicher Bedarf	Pflastersteine*)	Preis in Paris	In dem Preise enthaltene Transportkosten (Franken)			Transportmittel
							Bahn- oder Wasserfracht	Zustreifung v. Steinbruch und in Paris	Zusammen	
						Schlegel-Schotter.				
Porphyr	1·—	270	Voutré (Dept. der Mayenne)	35,000 cbm		24 das cbm	14·50	4·50	19·—	Eisenbahn
Mühlstein (meulière)	1·44—1·80	30	Dept. Seine et Oise	45,000		von 15·68 bis 18·70	2·— 1·75	5·— 4·20	7·— 5·95	Eisenbahn Wasserstrasse
					Pflastersteine.					
Arkose	0·97	500	Autun (Dept. Saône et Loire)	2 Millionen	grosse mittlere kleine	472·80 das Tausend 384·15 334·80	108·— 84·— 54·—	112·— 83·— 57·—	220·— 168·— 113·—	Wasserstrasse (Burgunder Canal)
Porphyr	0·76	311	Quenast (Belgien)	5	grosse mittlere kleine	470·40 382·20 333·20	124·— 96·— 71·—	55·— 43·— 32·—	179·— 139·— 103·—	Eisenbahn
Quarzit	0·53—0·88	385	Erquy (Bretagne)	5	grosse mittlere kleine	480·— 390·— 340·—	155·— 126·— 98·—	64·80 61·20 57·60	219·80 187·20 155·60	Eisenbahn
Devonischer Sandstein	1·80	300	Ihnant (Belgien, unweit der Grenze)	5	grosse mittlere kleine	403·20 327·60 285·60	99·— 85·50 63·—	48·95 42·30 31·15	147·95 127·80 94·15	Eisenbahn
Granit	1·54	448	Vire-en	5	grosse mittlere kleine	470·40 382·20 333·20	147·84 127·68 94·08	44·— 38·— 28·—	191·84 165·68 122·08	Eisenbahn

Der Schlegelschotter und die Pflastersteine der Stadt Paris werden hauptsächlich auf dem Eisenbahnen zugeführt. Der Wassertransport wird wenig nur für die Arkose und für einige belgische Pflastersteine benützt, welch letztere sowohl per Bahn als per Schiff geliefert werden, da die Frachtpreise der Nordbahn von der Wasserfracht wenig abweichen. Dazu kommt, dass die städtische Verwaltung den Eisenbahntransport deshalb vorzieht, weil die Lieferungen viel schneller und regelmässiger anlangen und keinem Wassermangel, keinem Eis und keiner Wassersperre ausgesetzt sind, wie auf der Wasserstrasse. — Der in Paris verwendete Schlegelschotter besteht ausschliesslich aus Porphyr von Voutré, aus Mühlstein (meulière, einer bekannten Quarzbildung des tertiären Pariser Beckens) und aus Kieselstein. Der Mühlstein kostet je nach den verschiedenen Lieferungsverträgen 15·68 bis 18·70, durchschnittlich 17·19 Franken das Cubikmeter, der Porphyr dagegen 24 Fr. Da aber nach dem erfahrungsmässigen Abnützungs-Coëfficienten 1 cbm Porphyr so viel Dienste leistet wie 1·44 cbm Mühlstein, so ist die Verwendung des ersteren wirthschaftlich gerechtfertigt.

Paris, den 30. Juli 1884.

* Die grosse Pflastersteine sind 24 cm lang, 20 cm breit, 16 cm hoch.
  „ mittleren „ „ 19 „ „ 14 „ „ 16 „
  „ kleinen „ „ 16 „ „ 10 „ „ 16 „

Man kann es allenfalls begreifen, wenn Schotter aus der Mayenne (einem Zufluss der Loire) und Steine aus der Bretagne, die keine directe Wasserstrasse vorfinden, die Eisenbahn benützen. Wenn aber belgische und Vogesen-Steine, welche die vorzüglichsten Wasserstrassen zur Verfügung haben, letztere verschmähen, und wenn überhaupt die erleuchtete und umsichtige Baudirection der Stadt Paris, welche doch den Mittelpunkt des ganzen französischen Wasserstrassen-Netzes bildet, sich des letzteren so wenig bedient, wie aus dem vorliegenden Documente hervorgeht, so ist das ein höchst bedenkliches Symptom. Was bleibt denn am Ende der Binnenschifffahrt, wenn auch die Baumaterialien anfangen, ihr ungetreu zu werden?

Dungstoffe.   Grössere Circulationen von Dungstoffen finden sich nur in der nächsten Umgebung von Paris: Canal St. Denis (317.000 t), Seine zwischen Paris und der Mündung dieses Canals (221.000 t), Canal St. Martin (117.000 t), Seine vom Canal St. Denis an die Oise (31.000 t). Weiterhin findet man den Aafluss bei Dünkirchen (19.000 t), die Dordogne (14.000 t), den Canal von Nantes nach Brest, durch ein Besenpfriemland (12.000 t), den Marne-Seitencanal (10.000 t). Der Midicanal bietet nur 3500 t und der Garonne-Seitencanal gar nur 1700 t. Der Durchschnitt aller Wasserstrassen ergibt 3200 t Dungmittel.

Brenn- und Nutzholz.   Die grössten Circulationen an Brenn- und Nutzholz (exclusive Flossholz) weisen auf: Die Seine zwischen Corbeil und Paris (267.000 t) und zwischen Montereau und Corbeil (230.000 t), die Yonne von Laroche nach Montereau (120.000 t), der Canal von St. Quentin (104.000 t), die Aa und die Aisne (je 57.000 t), die Sohne nächst Lyon und die Garonne nächst Bordeaux (je 25.000 t), die Marne von Dizy an die Seine (23.000 t). — Der Durchschnitt beträgt 10.000 t.

Maschinen.   Die grössten Circulationen von Maschinen bieten: Die Aisne (10.000 t), die Seine oberhalb der Oise-Mündung (7400 t), die Oise (5300 t), der Aisne-Seitencanal (4800 t), die Rhone unterhalb Lyon (4200 t), der Canal St. Denis (4000 t), der Oise-Seitencanal (3000 t), der Marne-Rhein-Canal (2700 t); ein für Wasserstrassen ganz unbedeutender Verkehr!

Berg- und Hüttenproducte.   Das französische Berg- und Hüttenwesen hat im Jahre 1882 producirt:

Eisenerze	3,467.000 t
Bituminöse Erze	188.000 t
Andere Erze	218.000 t
Gusseisen	2.939.000 t
Schmiedeisen	1,073.000 t
Stahl	458.000 t
Zusammen .	7.443.000 t.

Die Hauptsitze der Eisenhütten sind ihrer Wichtigkeit nach die Departements: Meurthe-et-Moselle (jährliche Production von Guss- und Schmiedeisen 765.000 t), du Nord, Saône-et-Loire (Creusot), Loire (St. Etienne), Gard, Haute-Marne (jährliche Production an Guss- und Schmiedeisen 175.000 t), Allier (Montluçou und Commentry, 151.000 t Guss-, Schmiedeisen und Stahl).

Obwohl alle diese Departements mehr oder weniger von Wasserstrassen durchschnitten sind, sind von den obigen 7,443.000 t doch nur 1,283.000 t, d. i. 17%, auf die Wasserstrassen gelangt. Wie viel von den übrigen 83% auf die Eisenbahnen übergegangen, wie viel an Ort und Stelle verbraucht worden, konnte nicht ermittelt werden.

Die grössten Schiffs-Circulationen von Berg- und Hüttenproducten finden wir: Auf der Hauptlinie des Berry-Canals von Montluçon an die Loire (217.000 t), auf dem Loire-Seitencanal von Digoin nach Briare (138.000 t), auf dem Marne-Rhein-Canal (127.000 t), auf dem Oise-Seitencanal (127.000 t), auf dem Centralcanal (Creusot, 96.000 t), dem Canal St. Quentin (88.000 t), den Canälen von Briare und Loing (83.000 t). Es sind dies lauter Canäle. Die Flüsse und Ströme weisen noch geringere Circulationen auf. Sollte das mit dem Umstand zusammenhängen, dass letztere noch häufigeren Unterbrechungen ausgesetzt sind, als die Canäle?

Trotz ihrer relativ grossen Transportdistanz sind die Industrieproducte doch ein schwaches Nährmittel der Wasserstrassen. Die stärksten Circulationen weisen auf: Die Seine von Paris nach Rouen (70—60.000 t); die Aisne, der Aisne-Marne- und Marne-Rhein-Canal, der Oise-Seitencanal, der Canal St. Queutin (je 50—58.000 t); der Canal St. Denis (44.000 t); der Marne-Seitencanal (41.000 t). — Durchschnitt aller Wasserstrassen 6200 t Industrieproducte. *Industrieproducte.*

Für den Verkehr der landwirthschaftlichen Producte mögen nachstehende Daten zur Orientirung dienen. Die grösste Circulation bietet die Seine zwischen Rouen und Paris (300—380.000 t, darunter wohl ziemlich viel Bordeaux-Wein). Circulationen von 200 - 240.000 t auf mehreren flandrischen Canälen; solche von 120—160.000 t auf der Schelde, dem Canal von St. Quentin, dem Oise-Seitencanal, dem Canal St. Denis, der Seine von Paris aufwärts bis Corbeil. Auf dem Midicanal circuliren nur 77.000 t (grossentheils Wein), auf dem Garonne-Seitencanal 55.000 t, auf dem Marne-Rhein-Canal 30.000 t, auf dem Burgunder 27.000 t. Durchschnitt aller Flüsse und Canäle 25.000 bis 26.000 t landwirthschaftliche Erzeugnisse. *Landwirthschaftliche Producte.*

Die verschiedenen Gegenstände erreichen auf der Seine 30, 45, ja 59.000 t, auf der Aa bei Dünkirchen 25.000 t; anderwärts 10 bis 20.000 t: im Durchschnitt auf allen Wasserstrassen 3000 t. *Verschiedene Gegenstande.*

Die grösste Flösserei weisen auf: Der Rhone-Rhein-Canal in der Richtung nach Lyon (107.000 t), die Sohne auf derselben Route (44.000 t), die Rhone von Lyon nach Arles (43.000 t), die Seine von *Flossholz.*

Corbeil nach Paris (36.000 t), der Marne-Seitencanal (31.000 t), seine Fortsetzung, die Marne (20.000 t), der Marne-Rhein-Canal (20.000 t). Der Durchschnitt für alle Canäle beträgt 6800 t und für alle Flüsse 5100 t.

Die durchschnittlichen Transportdistanzen wurden bereits oben ermittelt. Wir wiederholen sie hier in ihrer Rangordnung:

Maschinen 220 km; Industrieproducte 195 km; Hüttenproducte 171 km; Steinkohle 150 km; Flossholz 154 km; landwirthschaftliche Producte 127 km; Baumaterialien 63 km; Dünger 34 km; durchschnittlich 110 km.

Schlussbemerkungen.

Die Verhältnisse der französischen Binnenschifffahrt, wie wir sie auf Grund des Verkehrs 1882 geschildert, waren auch in den früheren Jahren nicht wesentlich verschieden, weil die Binnenschifffahrt, wie die grossen Transportanstalten überhaupt, die gesammte nationale Volkswirthschaft, welche nur allmäligen Veränderungen unterliegt, zur Grundlage hat. In den zwei letzten Jahren, 1880 auf 1882, hat sich zwar der Wasserverkehr von 2007 Millionen Tonnenkilometer auf 2265 Millionen gehoben, wahrscheinlich, zum Theil wenigstens, in Folge der grossartigen Entwickelung der Wasser- und Eisenbahnbauten. Allein fast dasselbe Frachtenquantum war auch schon in den Jahren 1866 und 1868 erreicht worden, wie aus der der amtlichen Statistik entnommenen Uebersicht zu ersehen ist. Diese graphische Darstellung lässt übrigens die Verkehrszunahme grösser erscheinen, als sie thatsächlich ist, weil in der älteren Statistik manche, zum Theil wichtige Strom- und Flussstrecken fehlen, welche erst successive, zum Theil neuester Zeit einbezogen wurden. Der Leser kann
sich hiervon in der Beilage A überzeugen, welche für das Decennium 1872—1882 die Verkehrs-Ab- und Zunahme für die einzelnen Wasserstrassen ausweist. Es ergibt sich daraus, dass, obwohl im Jahre 1872 der Verkehr noch in Folge der Kriegsereignisse darniederlag, doch die Verkehrszunahme in den folgenden zehn Jahren durchaus keine allgemeine war. Unter den Flüssen insbesondere weist eine ganze Reihe sehr bedeutende Verkehrsabnahmen auf, im durchschnittlichen Verhältniss von 100 : 78. Allerdings stehen dieser Abnahme auf anderen Flussstrecken noch beträchtlichere Zunahmen, im Verhältniss von 100 : 145 gegenüber. Als Endergebniss für die gesammten natürlichen Wasserstrassen Frankreichs verbleibt aber am Ende der zehnjährigen Periode doch nur ein Zuwachs von $10°/_0$, also jährlich $1·6°/_0$.

Bei den Canälen, namentlich den älteren, sind die Verkehrsschwankungen viel geringer. Für einen Theil derselben ergibt sich eine Abnahme von 100 auf 83, für einen anderen Theil eine Zunahme von 100 auf 130, und beide compensirt eine Netto-Zunahme für das gesammte Canalnetz von 100 im Jahre 1872 auf 122 im Jahre 1882. Die jährliche Zunahme beziffert sich also auch nur auf 2·2%.

Die mittlere Transportdistanz und das Verhältniss der Waaren-gattungen ist uns für die früheren Jahre nicht bekannt. Von 1881 auf 1882 sind sie ganz und gar unverändert geblieben.

Wir fürchten, die Geduld des Lesers bereits auf eine harte Probe gestellt zu haben, müssen aber doch, ehe wir zu der Entwickelung der französischen Wasserstrassen seit dem Kriege 1870—71 zurück-kehren, seine Aufmerksamkeit noch auf einen ebenso wichtigen, als leicht zu erfassenden Gesichtspunkt lenken. Wir haben oben Wasser-strassen gefunden mit Circulationen von 1—2 Millionen Tonnen. Leser, denen die metrischen Masse noch nicht ganz eingelebt sind, laufen Gefahr, sich dabei übertriebene Vorstellungen zu machen und können letztere auf keinem lohnenderen Wege richtig stellen, als indem sie die graphische Darstellung des Wasserverkehrs (Tafel IV) mit jener des Frachtenverkehrs auf den französischen Eisenbahnen (Tafel V) ver-gleichen. Beide Karten sind ganz in demselben Massstabe und man wird sich nicht daran stossen, dass der Bahnverkehr sich auf 1881, der Wasserverkehr aber auf 1882 bezieht, denn die Schiffsbewegung von 1881 war noch geringer und würde also eine noch etwas schlechtere Figur machen.

Parallele zwischen Wasser- und Bahn-verkehr.

Taf. IV und V.

Was ergibt sich aus der Vergleichung beider Karten?

Dass im Norden, wo auf dem Canal St. Quentin 1,810.000 t circuliren, die parallele Nordbahn auf ihren beiden Aesten 1,824.700 t + 2,156.800 t, zusammen 3,981.500 t führt, also 2·2mal so viel als die Wasserstrasse;

dass zwischen Paris und Rouen auf der Seine 690.100 t circu-liren, auf der Bahn aber 1,525.800 t, also wiederum 2·2mal so viel;

dass nach Nanzig der Marne-Rhein-Canal 540.400 t führt, die Ostbahn aber 1,031.300 t, fast 2mal so viel;

dass von Paris nach Lyon der Burgunder Canal 141.000 t und der Centralcanal 416.300 t, zusammen also 558.200 t führen, während die Hauptbahn allein 1,831.600 t, also 3·3mal so viel transportirt;

dass im Rhonethal von Lyon nach Avignon, wo auf jedem Ufer eine Bahn besteht, die linksuferige nach Marseille 2,387.600 t, die rechtsuferige nach Nimes 1,077.900 t aufweist (welche aber auf der Karte aus Raummangel in einander hineingezeichnet sind), dass also einer Bahncirculation von 3,465.500 t die Rhone mit 190.400 t, d. i. nur dem 18. Theile, gegenübersteht;

dass zwischen Cette und Toulouse auf dem Midicanal 124.400 t, auf der Eisenbahn aber 1,342.800 t, also 10·8mal so viel circu-liren, u. s. w.

Diese Leistungen sind um so bemerkenswerther, als sie von Eisenbahnen herrühren, die neben dem Frachtengeschäfte einen sehr bedeutenden und eiligen Personenverkehr zu bewältigen haben; so insbesondere die Nordbahn und die Paris-Lyon-Mittelmeerbahn, deren gesammte Brutto-Einnahme je 190.000 Fr. — 91.000 fl. ö. W. pro Kilometer erreicht.

Angesichts solcher Resultate erscheint der Lehrsatz von der Untauglichkeit der Eisenbahnen für Massentransporte in eigenthümlichem Lichte und man kann begreifen, wie die Enquète-Commission, der wir uns nun zuwenden, sich den drohenden Untergang der Schifferei zu Herzen nehmen konnte.

9. Capitel.

Eine Enquète-Commission und ihre Folgen.

1871—1877.

Wir kehren nunmehr in die Zeitperiode zurück nach dem Frankfurter Frieden (10. Mai 1871).

Entstehung der Commission.

Während der langwierigen Belagerung der Stadt Paris war natürlich der Handelsverkehr vollständig zurückgestaut; da und dort bildeten sich ungeheure Anhäufungen von Massenproducten, und als sich endlich die Thore der Hauptstadt wieder öffneten, erwiesen sich die vielfach zerstörten Verkehrswege und Transportmittel zur sofortigen Bewältigung des Andranges als unzulänglich und es entstand eine sehr ernste Transportkrisis, zu deren Behebung die National-Versammlung, welche damals alle öffentlichen Gewalten in sich vereinigte, eine aus 30 Mitgliedern bestehende Communications-Commission (*Commission d'enquète sur les chemins de fer et les voies de transports*) ernannte.

Diese Commission erwählte zu ihrem Berichterstatter über die Wasserstrassen den schon wiederholt genannten nachmaligen Senator Krantz, dessen erster Bericht dem Hause am 8. Juni 1872 unter Nr. 1206 vorgelegt wurde.*)

*) Der fragliche Bericht, wie auch der später zu erwähnende Nr. 2474 vom 13. Juni 1874 sammt zugehöriger Karte, sind in deutscher Uebersetzung, mit einem Vorwort von Ernest Pontzen, in Wien bei Engel & Sohn 1873, beziehungsweise bei Lehmann & Wentzel 1875 erschienen. — Ein interessanter Bericht derselben Commission über eine Eisenbahn von Calais nach Marseille findet sich auch in des Verfassers Schrift über die »Entwickelung des französischen Eisenbahnnetzes«, Wien, Waldheim, 1875.

ATLANTISCHER OCEAN

UMGEGEND VON NIMES UND AVIGNON.

Die Breite der rothen Streifen ist der Frachten Zirkulation proportio-
nal im Maßstab von 1ᵐᵐ für 200000 Tonnen. Die eingeschriebenen
schwarzen Ziffern bedeuten die zirkulirenden Tonnen.
Abwärts von Lyon bestehen im Rheinthal zwei Parallelbahnen, die
eine nach Nimes die andere nach Avignon. Da sich in der Haupt-
karte beide decken, wurde des leichteren Verständnisses halber die
Umgegend von Nimes und Avignon im größeren Maßstabe beigezeichnet

S P A N

Lithographie und Sc

IV.

Erster Commissions-Bericht.

Der fragliche, gleichsam als Einleitung dienende Bericht unter- *Bedrohung der Binnenschifffahrt.*
sucht der Reihe nach die Beschwerden der Binnenschifffahrt (*batellerie*),
welche, wenn ihr nicht geholfen würde, in Folge der Eisenbahn-Concurrenz sammt dem in den Wasserstrassen investirten ungeheuren
Capitale zu Grunde gehen (*s'effondrer*) müsste.

Vor Allem wird hervorgehoben, dass das vorhandene Wasser- *Lücken im bestehen-*
strassen-Netz noch bedenkliche Lücken aufweise, welche behoben werden *den Wasserstrassen-Netze.*
sollten, wozu die Commission die nächstbetheiligten Interessenten
heranziehen möchte, da die damit verbundene Last dem durch die
Kriegsanlehen bedrängten Staatsschatze unmöglich aufgebürdet werden,
andererseits aber auch eine Betheiligung des Anlage suchenden Privat-
capitals nicht mehr, wie in früheren Zeiten, im Wege der Concessions-
ertheilung erwartet werden könne. Der in dieser Richtung eingetretene
Umschwung wird eingehend auseinandergesetzt.

Die der Commission vorliegenden Baukosten für 5037 km Canäle *Anlagekosten der Wasserstrassen.*
und 5700 km schiffbar gemachte Flüsse belaufen sich durchschnittlich
pro Kilometer für die Canäle auf 165.500 und für die Flüsse auf
59.500 Franken.

Die jährlichen Erhaltungskosten werden folgendermassen beziffert: *Jährliche Erhal-tungskosten.*

	Canäle	Flüsse
Gewöhnliche Erhaltung . .	1040	290 Franken
Grössere Wiederherstellungen		
(*grosses réparations*) . . .	391	240 »
Zusammen .	1431	530 Franken.

Diese Ziffern sind offenbar exclusive des Personals des *Corps des
Ponts et chaussées* zu verstehen.

Da ferner die durchschnittliche Frachten-Circulation für die *Gesammtkosten des Wassertransportes.*
Canäle 267.400 t, für die Flüsse aber nur 108.477 t betrage, so findet
der Berichterstatter, unter Zugrundelegung eines 5°/oigen Zinsfusses
als wirkliche Kosten für das thatsächlich transportirte Tonnenkilometer:

Ausgabsrubriken	Canäle	Flüsse	Canäle	Flüsse
	Centimes		d. i. Kreuzer ö. W.	
Zinsen aus dem investirten Capital	3·12	2·70	1·50	1·80
Erhaltung der Wasserstrassen . .	0·51	0·50	0·24	0·24
Summe der eventuell durch die				
Wassermauth zu deckenden				
Kosten	3·63	3·20	1·74	1·54
Eigentliche Schiffsfracht	1·47	2·—	0·71	0·96
Gesammtkosten pro Tonnenkilometer	5·10	5·20	2·45	2·50

Aus diesen Ziffern werde es klar, warum in den vergangenen Zeiten die Wasserstrassen vom Ackerbau und der Industrie als eine so grosse Wohlthat aufgefasst wurden, weil sie nämlich gestatteten, das Tonnenkilometer, welches auf den Landstrassen mindestens 25 Centimes (12 Kr.) kostete, um 5 Centimes, das ist den fünften Theil, zu bewältigen. Diese Ziffern erklären aber auch, warum im Zeitalter der Eisenbahnen die Wasserstrassen in der öffentlichen Meinung gesunken seien, nämlich darum, weil die Eisenbahnen, indem sie ihre Verzinsung aus anderweitigen Transporten schöpfen, ihre Tarife für Rohproducte auch so ziemlich auf dieselbe Höhe herabsetzen können, wie die Wasserstrassen. Früher habe zwischen letzteren und den allein concurrirenden Landstrassen eine Kostendifferenz von 20 Centimes pro Tonnenkilometer bestanden, und diese Differenz habe eine reichliche Verzinsung des in Wasserstrassen investirten Capitals gesichert und Concessionswerber angelockt, während jetzt die Frachtdifferenz zwischen Wasserstrassen und Eisenbahnen höchstens 2 Centimes pro Tonnenkilometer betrage und fernere nutzbringende Investitionen in Wasserstrassen ausschliesse.

Die Commission möchte deshalb, wie bereits erwähnt, die Interessenten heranziehen, zumal als, wie sie sehr richtig bemerkt, alle Betheuerungen über die Gemeinnützigkeit einer begehrten Unternehmung nicht so beweiskräftig seien, als deren thatsächliche Unterstützung durch freiwillige Geld- und andere Beiträge. Die Commission stand dabei offenbar unter dem Eindrucke der im Osten zu Tage getretenen Bewegung; allein auch dort blieb ihre Hoffnung thatsächlich nur ein frommer Wunsch, denn schliesslich wurde ja auch der Canal im Osten ausschliesslich vom Staate hergestellt und alle gemachten Vorschüsse sammt Zinseszinsen, wie wir gesehen, von letzterem zurückerstattet.

Die Verschiedenheit der Schleusendimensionen und der Wassertiefe hervorhebend, kommt die Commission zu dem Schlusse, dass, um gegenüber dem einheitlichen Eisenbahnnetze die Wasserstrassen concurrenzfähiger zu machen, auch für diese, wenigstens auf den Hauptadern, einheitliche Bedingungen zu schaffen seien.

Gegen die von der Schifferei heftig angegriffenen Differential-Tarife der Eisenbahnen scheut sich die Commission einen Antrag zu stellen.

In Betreff der begehrten Aufhebung der Wassermauth auf den staatlichen Wasserstrassen macht die Commission geltend, dass das jährliche Erträgniss dieser Mauth sich auf 3,975.000 Fr. brutto, rund 3,500.000 Fr. netto, also auf nur ungefähr 40% der vom Staate jährlich auf die einfache Erhaltung seiner Wasserstrassen verwendeten Summe belaufe; dass diese Mauth demnach ihre volle Berechtigung habe und unmöglich drückend sein könne, da sie successive auf den geringen Durchschnitts-Betrag von 0·21 Centimes ($\frac{1}{10}$ Kr.) pro Tonnenkilometer reducirt worden sei. Vergebens hoffe man von ihrer Aufhebung einen neuen Aufschwung der Schifffahrt, nachdem die bisherigen Herabsetzungen einen merklichen nicht zur Folge gehabt, was mit nachstehender Tabelle belegt wird:

		1847	1859	1861	1868
Durchschnittlich pro Tonnenkilometer eingehobene Wassermauth	Centimes	0·67	0·48	0·26	0·21
	Kreuzer	0·32	0·23	0·12	0·10
Durchschn. Frachten-Circulation in Tonnen		161.000	155.000	169.000	186.000

»Wäre es also bei unserer dermaligen finanziellen Lage gerechtfertigt, eine an sich legitime, factisch mässige und vollständig eingelebte Abgabe aufzulassen, während wir andererseits auf jegliche Weise durch stets bedenkliche neue Auflagen unsere ungeheuren Lasten zu bedecken suchen? Gewiss nicht!«

Nachdem sich die Commission in dieser Weise gegen die Auf- Wasserstrassen-Verstaatlichung unzeitgemäss. hebung der Mauth ausgesprochen, kommt sie zu demselben Resultate in Betreff der Verstaatlichung der noch in Händen von Concessionären befindlichen 1036 km Wasserstrassen, von denen nur 759·7 km mit dem allgemeinen Schifffahrtsnetze in Verbindung stehen. Durch die Verstaatlichung würde die Mauth nicht aufgehoben, nur herabgesetzt, was von grosser Wichtigkeit nicht sei. Ehe der Staat Millionen auf den Rückkauf verwende, solle er sie lieber dem Ausbau der fehlenden Lücken und der Vereinheitlichung des bestehenden Netzes zuwenden.

Zeitgemäss wäre es auch, die Ladevorrichtungen durch Auf- Bessere Ausrüstung der Wasserstrassen. stellung von Kranichen, Erbauung von Magazinen zu verbessern und die stationär gebliebenen Zugsmethoden da und dort durch die moderne Tauerei mit versenkter Kette zu ersetzen.

Schliesslich berichtet die Commission, dass sie in alle betheiligten Kreise Fragebogen versendet und bei der grossen Ausdehnung des Wasserstrassen-Netzes ihre speciellen Anträge strombeckenweise stellen werde.

Spätere Berichte. — Beantragte Bauten.

Dieser Aufgabe ist die Commission in einer Reihe von Berichten Inhalt der Berichte. nachgekommen, mit deren Abfassung sie wieder fast ausschliesslich ihren bewährten Referenten betraute und welche der National-Versammlung der Reihe nach in der Periode vom August 1872 bis Juni 1874 vorgelegt wurden.[*] Die Frucht einer dreijährigen Arbeit

---

[*] Nr. 1402, 2. August 1872: Seine; — Nr. 1568, 23. Jänner 1873: Rhone; — Nr. 1573, 25. Jänner 1873: Golf von Gascogne; — Nr. 1965, 26. Juli 1873: Loire; — Nr. 2177, 21. Jänner 1874: Garonne; — Nr. 2178, 21. Jänner 1874: Charente und Sèvre; — Nr. 2417, 3. Juni 1874: Manche und Nordsee; endlich Nr. 2474, 13. Juni 1874: Schlussbericht, mit einer Karte. — Diese Berichte finden sich unter anderem in den *Annales de l'Assemblée nationale* (Reichsraths-Bibliothek in Wien).

eines der angesehensten Fachmänner und ebenso warmen als eleganten Schriftstellers enthalten die fraglichen, über 500 Quartseiten umfassenden Berichte, unter bestechender Form eine Fülle historischen, statistischen, technischen Materials über die darin einzeln behandelten anderthalbhundert Wasserstrassen. Aber gerade deshalb, weil es dem deutschen Leser doch an Localkenntniss und Localinteresse gebrechen würde und weil die in Rede stehenden Berichte schliesslich doch nur »schätzbares Material« geblieben sind, muss hier auf ein näheres Eingehen verzichtet werden.

Was den Verfasser betrifft, so hat ihn der Berichterstatter, so lange er sich auf dem verkehrsreichen Boden des Seinebeckens bewegt, mit ziemlich leichter Mühe hingerissen. Je mehr der Berichterstatter sich aber dem Süden und dem verkehrsarmen Westen nähert, je mehr sich inzwischen die Finanzlage gebessert hat — desto mehr wird man stutzig; man empfindet, dass Einem der Boden wankt und dass die Millionen allzuleicht in Fluss gerathen. Am Ziele der Reise angelangt, erschrickt man ordentlich über das Endresultat, welches in nachstehender Tabelle zusammengefasst ist:

Beantragte Bauten.

Strombecken	Bestehende Wasserstrassen			5%ige Zinsenlast pro tkm 1868	Weiter zu verausgaben
	Länge	Kosten	Verkehr 1868		
	Kilometer	Franken	Tonnenkilometer	Centimes	Franken
Seine	2551	471,490.000.	1,286.200.000	1·83	166,550.000
Rhone	1604	123,080.000.	238,000.000	2·58	114,500.000
Garonne	2136	157,460.000.	79,500.000	9·90	108,900.000
Golf v. Gascogne	439	4,070.000.	5,900.000	3·45	66,000.000
Charente u. Sèvre	551	25,600.000.	11,600.000	11·12	15,000.000
Loire	3192	238,510.000.	267,000.000.	4·50	333,270.000
Manche u. Nordsee	929	70,000.000.	244,800.000.	1·43	28,350.000
Zusammen .	11.402	1.090,210.000	2.133,000.000	2·55	832,570.000

Zur Vervollständigung des von der Commission in Betracht gezogenen Wasserstrassen-Netzes (der Osten und das Fluthgebiet der Ströme ist ausgeschlossen geblieben), welches rund eine Milliarde gekostet, sollten also noch weitere 833 Millionen verausgabt werden, welche sich derart unter die einzelnen Flussgebiete vertheilen, dass, während z. B. das Anlagecapital des Seinebeckens nur um ein Drittel erhöht, jenes der Rhone, der Garonne, der Loire mehr als verdoppelt würde.

Neu- und Umbauten.   Von den fraglichen 833 Millionen entfallen 537 auf Neubauten, das heisst Herstellung von 2925 km neuer Wasserstrassen, und der Rest von 296 Millionen auf Verbesserungen des bestehenden Netzes.

Rechnet man nur aus letzterer Summe die 5°/₀igen Zinsen und vertheilt sie auf den vorhandenen Verkehr, so ergibt sich, dass die nach obiger Tabelle pro effectives Tonnenkilometer bereits 2·55 Centimes betragende Zinsenlast sich durchschnittlich — wenn keine entsprechende Verkehrssteigerung einträte — noch um 0·69, also auf 3·24 Centimes, das ist mehr als 1¹/₂ Kr. pro Tonnenkilometer, erhöhen würde.

Welchen Standpunkt nahm die Commission ein, um sich zu solchen Vorschlägen bestimmen zu lassen? Der Berichterstatter deutet es wiederholt an: den Standpunkt »des illustren Brisson«, dem es 1829 gelungen ist, für ganz Frankreich ein allgemeines Wasserstrassen-Bauprogramm aufzustellen; welchem fast ausnahmslos alle seitdem zur Ausführung gelangten Projecte entlehnt sind, und auf den sich Jedermann gerne bezieht. »Nach einem ereignissreichen, inhalts-»schweren halben Jahrhunderte ihrerseits berufen, unser gesammtes »Wasserstrassen-Netz zu untersuchen, hält es die Commission für an-»gezeigt — so dunkel auch die Zukunft erscheint — Alles zu be-»zeichnen, was demselben noch fehlt, und mit fester Hand ein Bau-»programm zu entwerfen.«[*])

Standpunkt der Commission.

Die Commission selbst hat die von ihr vorgeschlagenen Herstellungen nach Massgabe ihrer grösseren oder geringeren Dringlichkeit in drei Kategorien eingetheilt, wonach sich das oben bezeichnete Gesammterforderniss von 832,570.000 Fr. folgendermassen zerlegt:

Relative Dringlichkeit der beantragten Bauten.

Perioden	Verbesserungs- und Vollendungsbauten	Neubauten	Zusammen
I	150,370.000 Fr.	285,000.000 Fr.	435,370.000 Fr.
II	67,500.000 »	124,000.000 »	191,500.000 »
III	77,700.000 »	128,000.000 »	205,700.000 »
Zusammen .	295.570.000 Fr.	537,000.000 Fr.	832,570.000 Fr.

Für die erste Periode nimmt die Commission eine Dauer von 8, für die zweite und dritte eine solche von je 6 Jahren, zusammen also eine Bauzeit von 20 Jahren mehr oder weniger hypothetisch in Aussicht, und zeigt, dass solchergestalt und mittelst einer Finanzoperation nach dem Vorbilde des Canals im Osten eine vom Staate 50 Jahre lang zu zahlende Annuität im Maximalbetrage von 36 Millionen Franken genügen würde, um den ganzen Plan durchzuführen.

Ganz besonders, gleichsam im Vorgefühle der späteren Ereignisse, betont dabei die Commission wiederholt, dass die Reihenfolge der einzelnen Bauausführungen von der Regierung *ne varietur* festgestellt und hernach, unbeirrt von jedem fremden Einflusse, festgehalten werden müsse. Damit war offenbar gemeint, man dürfe z. B. die Schleusen

---

*) Siehe u. s. Bericht Nr. 1402, Seinebecken, S. 77 und 90.

der Flüsse und Canäle der Bretagne erst dann nach der Type des
Nordens und Ostens umbauen, wenn vorher die Schifffahrtsverbindung
zwischen der Bretagne und dem Nordosten hergestellt sei.

Beantragte Um- und Zubauten.

Vereinheitlichung
der Typen.

Was diese Unificirung anbelangt, so scheint übrigens die Commission etwas weit gegangen zu sein. Nachdem wir gesehen, dass
die durchschnittliche Transportdistanz 110 km nicht übersteigt, gehört
der Fall, dass ein und dasselbe Fahrzeug ganz Frankreich von Nord
bis Süd, von der Ostgrenze bis an den Ocean durchschiffe, gewiss in
das Gebiet der seltenen Ausnahmen, wo nicht gar der reinen Hypothese, der man nicht Millionen zu opfern braucht. Wo ein ausgesprochener Verkehr bereits factisch besteht, da wird man allerdings die
unterwegs bestehenden Hemmnisse je eher je lieber beseitigen müssen.
So hat man gewiss Recht, die mitten auf der Hauptlinie von Paris
nach Lyon gelegenen, eine Wassertiefe von nur 1·25 m und Schleusen
von nur 33 m Nutzlänge aufweisenden Canäle des Loing und von
Briare entsprechend umzubauen.

Aber eine handgreifliche Uebertreibung ist es, wenn man*) über
diese Ungleichheiten schrieb und in D e u t s c h l a n d wiederholt: »Dieser
»Zustand ist genau derselbe, in dem sich die Eisenbahnen befinden
»würden, wenn man den Bau in einzelnen kurzen Längen, eine jede
»mit b e s o n d e r e r S p u r w e i t e, einer grossen Zahl von Einzelunter-
»nehmern anvertraut hätte.« Einmal besteht der grosse theoretische
Unterschied, dass auf der Eisenbahn nicht nur der n o r m a l s p u r i g e
Wagen n i c h t auf die Schmalspur übergehen kann, sondern dass auch
der s c h m a l s p u r i g e Wagen von der Normalspur ausgeschlossen
bleibt, während nichts im Wege steht, dass ein kleines Canalschiff
auch die grösseren Stromschleusen benütze. Und praktisch ist dies in
Folge der historischen Entwickelung der gewöhnliche Fall in Frankreich. So erfolgt z. B. oder erfolgte wenigstens in früheren Zeiten der
Transport der Pflastersteine von Fontainebleau zu Thal nach Paris
von Alters her in mächtigen Schiffen, zu deren Aufnahme die Seineschleusen mit 12 m lichter Weite erbaut wurden. Daneben circuliren
aber auch auf der Seine die 5metrigen Schiffe des Central- und des
Burgunder Canals, welche in den breiten Seineschleusen paarweise
Platz finden. Was ist gegen diesen Zustand einzuwenden?

Man kann freilich behaupten, die Pflastersteine von Fontainebleau
würden auch nach Lyon gehen, wenn der Burgunder Canal gleichfalls
12 m breite Schleusen hätte. Aber zu beweisen dürfte es schwer sein,
denn die Steine könnten ja auch jetzt, wenn dafür ein Bedürfniss vorhanden wäre, in den gewöhnlichen französischen Canalschiffen (mit
250 bis 280 t Tragfähigkeit) ohne Umladung dahin gelangen.

*) Nicht die Enquête-Commission.

Wenn man schon eine Vergleichung machen will, so wäre die des französischen Canalnetzes mit dem Landstrassen-Netze viel zutreffender. Auch auf letzterem können Post- und grosse Frachtwägen nur auf den Hauptadern verkehren und doch hat noch Niemand verlangt, dass alle Vicinalwege in Reichsstrassen umgebaut werden.

Man kann also mit der Massregel der Unificirung im Allgemeinen einverstanden sein und sie doch in gewissen Fällen überflüssig finden. So insbesondere für isolirt gelegene Canäle oder Zweigcanäle. *Der schmale Canal von Berry.*

Man höre, was ein Mitglied der Enquête-Commission, Herr Gallicher, über diesen Canal von Berry sagt, dessen Schleusen nur 2·70 m breit, 1·50 m tief, 27·75 m lang sind, und dessen Schiffe, in Folge Wassermangels meist nur 1·10 m tauchen und nur 54 t laden.*)

»Nichts ist ökonomischer, als die Art der Ziehung dieser kleinen *Zugkosten auf dem Canal von Berry.*
»Schiffe. In den meisten Fällen ist das Schiff Eigenthum seines Führers.
»Ein Capital von 12—1500 Fr. reicht aus zur Anschaffung des Schiffes,
»seiner Ausrüstung, sowie des Esels, welcher unter der Aufsicht der
»Frau oder Kinder, ohne jeglichen fremden Beistand, das Schiff zieht.
»Das Schiff beherbergt die Familie, den Esel, der auf den Canal-
»böschungen sein Futter sucht, sowie etwas Geflügel, das gewisser-
»massen von den Anrainern lebt. Eben in Folge ihres kleinen Fassungs-
»raumes sind die Schiffe immer voll beladen, laufen äusserst selten
»leer und legen in 24 Stunden mindestens 16 km zurück.«

Die effectiven Transportkosten, »die niedrigsten in ganz Frankreich«, beziffert der Berichterstatter pro Tonnenkilometer, wie folgt:
»Eigentliche Zugskosten und Amortisation des
  Schiffes . . . . 0·919 Ctms.
»Gewinn des Schiffers und Assecuranz . . . . 0·281 »
»Unvorhergesehenes . . . . 0·036 »
                    Zusammen . 1·236 Ctms. = 0·50 Kr.
»Hiezu die Wassermauth (Durchschnitt von 1871) 0·264 »
          Gesammte Schiffsfracht . 1·5 Ctms. = 0·72 Kr.

»Die Erbreiterung des Canals von Berry auf die Type der Ca-
»näle des Nivernais und du Centre wurde von den Generalräthen wieder-
»holt angeregt, aber nach dem, was vorstehend gesagt wurde, wird man
»es sich begreiflicherweise zweimal überlegen.«

---

*) Bericht an die National-Versammlung vom 23. Juli 1873, Nr. 1939, über die Canäle des linken Loire-Ufers. — Herr Gallicher steht als Grundeinlösungs-Commissär der unter der Leitung des Verfassers im Berry erbauten Eisenbahnen bei demselben in bestem Andenken. »Berrichon« von Geburt und Civil-Ingenieur seines Zeichens, kennt Herr Gallicher die industriellen Bedürfnisse seines engeren Vaterlandes aufs Genaueste und sein Urtheil flösst dem Verfasser umsomehr Vertrauen ein, als es mit seinen eigenen Wahrnehmungen und Erinnerungen vollkommen stimmt.

Herr Gallicher klagt nur über Eines: über die Unzulänglichkeit der Speisung, welche in trockenen Jahren ausser der durch den Frost bedingten Unterbrechung noch eine zweite im Sommer veranlasst. Diese Unterbrechungen betrugen:

1870, Sommer und Winter 177 Tage
1871,   dto.   189 »
1872,   im Sommer allein   50 »

Trotzdem, es muss das ganz besonders betont werden, betrug die Circulation auf dem Canal von Berry (Hauptarm von Moulluçon an die Loire), obwohl der projectirte Zubringer aus dem Allierfluss von Moulins nach Sancoins noch immer nicht ausgeführt ist:

Im Jahre 1878 . . . . 354.300 Tonnen
  »   »   1880 . . . . 389.400 »
  »   »   1881 . . . . 486.400 »
  »   »   1882 . . . . 509.300 »

Nichtsdestoweniger, trotz dieser unerwarteten Leistungsfähigkeit, hat die Commission den Canal von Berry, abgesehen von 10 Millionen für neue Speisungsteiche, noch mit 15 weiteren Millionen behufs Vertiefung und Umbau der Schleusen bedacht und in die erste Kategorie der Dringlichkeit versetzt, allerdings in Anhoffnung, dass sich in Folge dieser Massnahmen der Verkehr verdreifachen werde. In Betreff der Berg- und Hüttenproducte, die, wie wir gesehen, fast die Hälfte des Verkehrs ausmachen, kann der Aufschwung, weil technisch und commerciell begrenzt, jedenfalls kein plötzlicher sein.

Trotz ihrer ausgesprochenen Vorliebe für Canäle nach der Normaltype mit 6·20 m Schleusenbreite und 2 m Wassertiefe, findet auch die Commission, und zwar aus Anlass des Ourcq-Canals, Gelegenheit, die Leistungsfähigkeit der kleinen Canäle zu bestätigen. Die Schleusen des Ourcq-Canals sind nur 3·20 m breit und doch beträgt seine Circulation 268.000 t für 1868, 261.000 t für 1882.

Auch bei Besprechung der zwischen den Canälen und Eisenbahnen Nordfrankreichs bestehenden Concurrenz macht die Commission einen Gesichtspunkt geltend, welcher indirect zu Gunsten der kleinen Schiffe und Canäle in die Wagschale füllt: »Die Nordbahn transportirt »noch heute mehr Kohle, als die concurrirenden Canäle. Es ist dies »begreiflich. Auf einen Industriellen, der für seinen Bedarf eine ganze »Schiffsladung zu beziehen in der Lage ist, kommen dreissig andere, »die nur eine Wagenladung mit einem Male brauchen und nicht Willens »sind, einen Vorrath am Lager zu halten. Die Eisenbahn bringt ihnen »regelmässig und über Bestellung die kleinen Quantitäten, deren sie »bedürfen, und wird deshalb von ihnen der Wasserstrasse, welche sie »mit grossen Lieferungen überlastet, vorgezogen. Für diesen Vorzug »zahlen sie der Bahn lieber höhere Preise.« *)

—
*) Schlussbericht Nr. 2474, S. 38.

Margin notes (left column):

Ungenügende Speisung des Canals von Berry.

Leistungsfähigkeit des Canals von Berry.

Commissionsantrag, betreffend diesen Canal.

Leistungen des schmalen Ourcq-Canals.

Grosse Schiffscaliber fördern die Eisenbahn-Concurrenz.

Eine hervorragende Stelle unter den Verbesserungsbauten beansprucht die Commission für die auf 14½ Millionen veranschlagte Vertiefung des Fahrwassers der Unter-Seine auf 3 m. Diese ungewöhnliche
Tiefe, welche seitdem auf 3·20 fixirt wurde und in voller Ausführung
begriffen ist, verdient eine specielle Erläuterung.

Von Alters her war R o u e n, die alte, ehrwürdige Hauptstadt der
Normandie, mit ihren 100 000 Einwohnern, der eigentliche Seehafen
für das Seinebecken und Paris. Dorthin gelangten die nöthigenfalls
gelichterten Seeschiffe unter Benützung der Fluth, deren Wirkung sich
bis 23 km oberhalb Rouen erstreckt. Dort begann und endete die
Flussschifffahrt, welche bis zum zweiten Kaiserreich die Seine so
ziemlich in ihrem schlechten Naturzustande fand. Erst seit Erfindung
der beweglichen Wehre war man bemüht, zwischen Rouen und Paris
eine Wassertiefe von 1·60 m zu sichern, die aber auch noch im Jahre
1868 stellenweise nur 1·10 m betragen haben soll.

Seinen Höhenpunkt erreichte der Hafen von Rouen wohl im Jahre
1843 durch die Eröffnung der Eisenbahn von Paris nach Rouen, welcher
jedoch schon 1847 die Vollendung der Strecke Rouen-Le Havre folgte.
Von diesem Momente an hob sich das damals keine 30.000 Einwohner zählende Havre (harbour, Fluthhafen) ganz erstaunlich und die
Seineschifffahrt fand sich durch die Eisenbahn-Concurrenz ernstlich
bedroht. Es wurde deshalb durch Decret vom 11. August 1866 ein
weiterer Credit von 6½ Millionen eröffnet, um ein Fahrwasser von
2 m Tiefe herzustellen. Diese Arbeit, durch die Kriegsereignisse unterbrochen, war zur Zeit der Enquête noch nicht vollendet.

Aber nicht nur Rouen und Havre, deren Bevölkerung sich bereits
1881 gleichstellte (106.000 Einwohner), ringen um den Besitz des
Umschlages zwischen der Seeschifffahrt und der Eisenbahn oder Flussschifffahrt; auch Paris möchte Seehafen werden. Der Vorschlag dazu
stammt aus der Zeit des grossen Canalbaues von 1822 und seitdem
ist »Paris port de mer!« ein populäres Schlagwort geblieben, zumal die
Stadt Paris von Alters her ein Schiff als Stadtwappen führt. Der
Wunsch der Hauptstadt ist begreiflich. Hat doch auch die Stadt
M a n c h e s t e r in diesen Tagen 5 Millionen Pfund gezeichnet, um sich
für die grössten Seeschiffe zugänglich zu machen. Freilich ist der
Wunsch der Pariser leichter zu erklären als zu befriedigen. Der Vorschlag, durch blosse Baggerung der Seine, die in Folge ihrer Windungen
von Paris nach Rouen 235, von Rouen nach Havre 129 km lang ist
und in Paris eine Meereshöhe von 26 m erreicht, dürfte kaum ernst zu
nehmen sein.

Sei dem, wie ihm wolle, der Wettbewerb der drei Städte um
den Seine-Seehafen besteht, und Alles, was zu Gunsten der einen
geschieht, erregt natürlich den Missmuth der beiden anderen.

Der angenommene Tiefgang von 3·20 m ist im Grunde eine halbe Massregel, die auf die Dauer wohl Niemand befriedigen wird. Die Commission liess sich zu dem Antrage einfach durch die Erwägung bestimmen, dass der Tiefgang von 3 m nur um 7 Millionen Franken mehr koste, als der Tiefgang von 2 m, und dass dieses Opfer nicht zu gross sei, um leichten Küstenfahrern den Zugang zur Hauptstadt zu eröffnen.

Beantragte Neubauten.

Was nunmehr die Anträge betreffend Neubauten anbelangt, so ist die Commission dabei von zwei Hauptgesichtspunkten ausgegangen, nämlich: 1. der Absicht, alle bereits vorhandenen Canalnetze unter sich zu verbinden; 2. von der Rücksicht auf die Concurrenz mit den Eisenbahnen.

In Betreff des ersten Punktes wird nach dem im geschichtlichen Theile Gesagten vielleicht die Frage aufgeworfen werden, ob denn die gewünschte Verbindung der verschiedenen Flussbecken nicht schon längst bestehe? Nun! Theoretisch, d. h. nach der Landkarte allerdings, factisch aber nicht, weil die scheinbaren Hauptadern, die Rhone und die‚Loire, gerade in ihrem unteren Laufe, erstere zwischen Lyon und Arles, letztere von Orleans bis Nantes, alle Versuche der Kunst, eine regelmässige Schifffahrt herzustellen, zu Schanden gemacht oder zum Voraus entmuthigt haben. Hierzu kommt, dass die vier kleinen Wasserstrassen-Netze des Adour (Bayonne), der Charente (Rochefort), der Sèvre niortaise (La Rochelle), sowie endlich des Cotentin (Cherbourg) bis jetzt allerdings jeder Verbindung unter sich sowohl als mit dem grossen Binnenschifffahrts-Netze entbehren.

In Betreff des zweiten Punktes, der Concurrenz mit den Bahnen, hat die Commission ihre Anschauungen eindringlich und wiederholt auseinandergesetzt. Zu deren richtigem Verständniss muss hier in Erinnerung gebracht werden, dass die zuerst im Jahre 1848 von »den Rothen« begehrte und später, im Jahre 1870, wieder auf die Tagesordnung gebrachte Eisenbahnverstaatlichung zur Zeit der Enquête-Commission durchaus nicht ernst genommen wurde, dass ihr insbesondere die Minister und Vertretungskörper, sowie die Handelskammern, aus Gründen, die hier unerörtert bleiben können, damals abhold waren.

Der Schlussbericht der Commission entwickelt im Einklang mit einer sehr verbreiteten Anschauung, dass gegen das Monopol der Eisenbahngesellschaften in der Errichtung von Parallelbahnen nichts auszurichten sei, weil ein schliessliches Einverständniss unausbleiblich wäre und durch den Doppelbetrieb nur die Unkosten vermehrt würden: dass die Errichtung von parallelen Canälen, wenn ihr Verkehr freigegeben sei, viel wohlthätigere Wirkungen habe, einestheils, weil die

Canäle sich nur der Massengüter bemächtigen, welche, wenn billig gefahren, den Bahnen mehr Unlust als Gewinn bereiten und bis jetzt auch den einzigen Anlass zu begründeten Klagen seitens des Publicums boten; anderntheils, weil ein Einverständniss zwischen den Bahnverwaltungen und den unzähligen einzelnen Schiffern der Natur der Sache nach ausgeschlossen sei.

An anderem Orte *) bemerkt die Commission, dass der verhältnissmässig geringe Verkehr auf dem Marneflusse von den Transportunternehmern der verfrühten Einhebung der Wassermauth, von den Schiffsleuten dem noch ungenügenden Fahrwasser zugeschrieben werde, und fügt bei: »Der wahre Grund ist vielleicht in der zu spät unter- »nommenen Canalisirung des Flusses zu suchen, welche die Ostbahn- »Gesellschaft Zeit gelassen hat, sich des Verkehrs zu bemächtigen. »Es wird eines heissen Kampfes bedürfen, um ihr denselben wieder zu »entreissen. Wenn sich gewisse Handelszüge einmal eingelebt haben, »so sind sie viel schwerer umzugestalten, als man es glauben sollte.« — Immer kehrt der Concurrenzgedanke wieder. In demselben Berichte heisst es: **) »Man muss den Gewinn, welchen das Land aus seinen »Wasserstrassen zieht, weniger nach den von ihnen wirklich transpor- »tirten Massen beurtheilen, als nach denjenigen Transporten, die ihnen »zwar entgangen sind, für deren niedrige Tarifirung auf der Eisenbahn »sie aber massgebend waren.«

Ueber die Vereinigung der Canäle und Eisenbahnen des Südens in der Hand einundderselben Gesellschaft wird die Commission geradezu unwirsch und meint: »So lange dieser Fehler nicht gut ge- »macht wird, ist es ganz überflüssig, an Verbesserungen oder Neubauten »auf den in Rede stehenden concedirten Canälen oder auf deren Neben- »linien zu denken; gegen die übermässigen Tarife der Concessionäre »würde keine Verbesserung Stand halten.« — In der That enthält sich die sonst nicht karge Commission jedes Antrages in Betreff von Neubauten in jener Region!

Die in ihrem Schlussberichte als dringlich bezeichneten und als in erster Linie auszuführenden N e u b a u t e n sind:

Zunächst vorgeschlagene Neubauten. — Taf. VII.

Vorgeschlagene Canäle erster Kategorie	Länge Kilometer	Muthmass-liche Kosten Millionen Franken
A. Verbindung der Oise mit der Aisne oder eigentlich des Canals St. Quentin mit dem Aisne-Marne-Canal	48	14
B. Verbindung des Marne-Seitencanals mit den Canälen von Burgund und Briare, von Vitry-le-François über Troyes nach Montargis	168	25·5
Uebertrag .	216	39·5

*) Bericht 1402, Seinebecken, S. 33.
**) Bericht 1402, S. 89.

Vorgeschlagene Canäle erster Kategorie	Länge Kilometer	Muthmass-liche Kosten Millionen Franken
Uebertrag .	216	39·5
C. Rhone-Seitencanal von Lyon nach Arles	300	90
D. Canal von Boue nach Marseille	35	9·5
E. Verbindung des Canals von Orleans mit dem Loir, der Sarthe, der Mayenne und der Vilaine, über Orleans, Vendôme, la Flèche, Segré u. Châteaubriand	358	41
mit Abzweigung von Château-du-Loir nach Tours	44	8
F. Verbindung des Canals von Berry mit der Unter-Loire, von St. Amand über Châteauroux und Châtelleraut nach Chalonnes	314	52
G. Canal von Bordeaux nach Bayonne durch das Maransin	296	33
Zusammen . .	1563	273

Alle diese Canäle erster Kategorie, welche im Vorstehenden zur leichteren Orientirung, so weit thunlich, durch die nächstgelegenen grösseren Städte bezeichnet wurden, sowie die der zweiten und dritten Kategorie angehörenden, hier nicht aufgezählten Projecte, zusammen 2025 km neuer Wasserstrassen, sind in der dem Schlussberichte der Commission beigegebenen Karte roth eingetragen, und man begreift wohl, dass ihr Anblick die Lüsternheit des Auslandes erregen konnte. Der Leser dürfte aber einverstanden sein, wenn die näheren Erläuterungen hier auf die Linien *A—G* beschränkt bleiben.

Taf. VII.

A. Oise-Aisne-Canal.

Der Scheitelcanal *A* liegt auf dem schon jetzt 540.000 t starken Verkehrswege von den französischen Kohlengruben nach Châlons-sur-Marne, schneidet den 58 km betragenden Umweg von Chauny über Compiègne und Soissons ab und vermeidet zugleich die vielen Klagen ausgesetzte Schifffahrt auf der canalisirten Aisne zwischen Compiègne und der Mündung des Aisne-Marne-Canals.

B. Gürtelcanal.

Der vier Scheitel überschreitende Gürtelcanal *B* setzt den Osten Frankreichs in directe Verbindung mit Orleans und Nantes, unter Vermeidung des beträchtlichen Umweges über Paris und Fontainebleau.

C. Rhone-Seitencanal.

Der Rhone-Seitencanal *C* ersetzt das Rhonebett, dessen misslicher Zustand die Frachten-Circulation bisher auf keine 200.000 t kommen liess.

D. Canal von Boue nach Marseille.

Der bereits auf dem linken Rhone-Ufer zwischen Arles und Boue bestehende, bis jetzt aber nur 85.400 t führende Seitencanal erfüllt seinen Zweck höchst unvollkommen, so lange er ins offene Meer mündet, wo Canalschiffe ohne grösste Gefahr ihren Weg nach Marseille und *vice versa* nicht fortsetzen können. Darum die Verlängerung *D* von Boue bis Marseille.

Der vier secundäre Wasserscheiden überschreitende Canal *E* er- *E. Canal auf dem rechten Loire-Ufer.*
setzt die unwirthliche, nur 7000 t führende Loire auf ihrem rechten
Ufer und verbindet die factisch isolirte Seestadt Nantes und das See-
Arsenal Brest mit Paris und dem übrigen Frankreich.

Der Canal *E* ersetzt gleichfalls die Loire auf ihrem linken Ufer *F. Canal auf dem linken Loire-Ufer.*
und öffnet den Kohlengruben und Eisenwerken des Berry einen Ab-
satzweg nach Nantes, eventuell nach Bordeaux.

Der Canal *G* endlich schafft der Bahn Bordeaux-Bayonne eine *G. Canal von Bordeaux nach Bayonne*
Concurrenz, verbindet den Adour mit der Garonne und entwässert
mittelst einer nur 18 m über dem Meere gelegenen, 156 km langen
Haltung, die hinter dem Dünenrande sumpfende, grosse gasconner
Heide *(grandes landes)*.

Dass alle diese Linien dem von der Commission aufgestellten *Kritik dieser An-träge.*
Programm zum Theile glücklich entsprechen, liegt ausser Zweifel.
Weniger klar, ja sogar bedenklich erscheint aber die Frage, ob sie
sich auch eines dem finanziellen Opfer entsprechenden Verkehrs —
(von Rentabilität ist ja überhaupt nicht die Rede!) — zu erfreuen
haben würden. »Eine Linie von Hüningen (am Ober-Rhein) nach Bordeaux« mochte zur Zeit Brisson's, der von Eisenbahnen keine Ahnung
hatte, ihre Bedeutung haben, aber heute, wo die Wasserstrassen an-
erkannter Weise nur auf Massentransporte angewiesen sind, ist ihre
Lebenszone zusammengeschrumpft, sind ihre Vorbedingungen nur noch
in einzelnen Relationen vorhanden. Sagt doch die Commission selbst:[*)]
»*Les matières qui constituent la clientèle des canaux ne se créent pas à
volonté! (Die Stoffe, welche den Schiffsverkehr bilden, lassen sich
»nicht willkürlich erschaffen.) Nichts beweist, dass im Cotentin neu
»anzulegende Wasserstrassen mehr benützt würden, als die dort be-
»stehenden. Schon jetzt oder in naher Zukunft ist die Halbinsel in
»allen Richtungen von Eisenbahnen durchschnitten und die Landes-
»producte (Getreide, Oel, Vieh) können deren höhere Tarife füglich
»zahlen . . . . Es ist begreiflich, dass man vor Erbauung der Eisen-
»bahnen darauf Bedacht genommen, das See-Arsenal Cherbourg mittelst
»Binnenschifffahrt zu versorgen, aber die Eisenbahn entspricht jetzt
»allen Anforderungen und gestattet, rasch und wohlfeil Mannschaft,
»Munition und Kriegsmaterial dahin zu befördern. Ein Canal würde
»keine weiteren Dienste leisten und wahrscheinlich sehr wenig benützt
»werden.«

Sollte, was für das Cotentin und Cherbourg richtig ist, nicht
auch im weiteren Kreise, z. B. für Brest gelten? Darum dürfte auch
der Canal von Nantes nach Brest heute schwerlich mehr gebaut werden,
und der projectirte Canal von der Loire nach Bordeaux kaum gerechtfertigt sein, zumal die Land- und Seekriege in unserer Zeit ja nur

*) Nr. 2417, Manche, S. 15—18.

von kurzer Dauer sind und der unterbrochene Seeweg alsdann um so
eher durch die Eisenbahnen ersetzt werden kann, als eine kleine Preisdifferenz in Kriegszeiten nicht in die Wagschale fällt und man keinen
Anstand nimmt, einen Theil des ohnedies abnehmenden Civilverkehrs
nöthigenfalls einzustellen. Zu Kriegszwecken wird eine zweite Eisenbahn mehr leisten, als ein vielleicht gerade eingefrorener Parallel-Canal.

Die politische und finanzielle Lage während und nach der Enquête.

Die Verfassungs-
kämpfe.

Die Anträge einer Enquête-Commission mögen noch so wohl
erwogen sein; um sich in Thatsachen umzusetzen, bedürfen sie der
ministeriellen Mitwirkung, und dazu waren im vorliegenden Falle die
politischen Verhältnisse nicht günstiger, als die finanziellen. Während
die Commission tagte, erfolgte der Rücktritt Thiers' von der Präsident-
schaft der Republik (24. Mai 1873) und sodann eine royalistische
Bewegung, welcher durch die Errichtung des Septennats zu Gunsten des
Marschalls Mac-Mahon (19. November 1873) ein Ziel gesetzt wurde.
Die Verfassungskämpfe dauerten aber fort bis zu den constituirenden
Gesetzen vom 16. Juli 1875, auf Grund deren sich die National-
Versammlung am 31. December 1875 auflöste. Mit der Bildung des
Ministeriums Dufaure — Finanzminister Léon Say, Bautenminister
Christophle — (9. März 1876) schienen sich zwar die Zustände zu
consolidiren, zumal auch die Finanzlage sich merklich gebessert hatte.
Die Budget-Commission, damals von Gambetta präsidirt, liess sich
bewegen, die Dotation für die Staatsbauten pro 1877 merklich zu

Gründung eines
Extraordinariums
im Budget.

erhöhen und den Mehrbetrag in ein *ad hoc* eröffnetes Extraordinarium
einzustellen, das durch ein eigenes Anlehen in Form von Obligationen
mit 30jähriger Amortisation bedeckt werden sollte. Das Finanzgesetz
erschien am 20. December 1876, aber nicht mehr mit der Unterschrift
Dufaure's, der, des Clericalismus' angeklagt, seine Entlassung genommen
und durch Jules Simon als Ministerpräsident ersetzt worden war. Die
Finanz- und Bautenminister waren wohl im Amte geblieben, aber auf
wie lange? Am 16. Mai 1877 verdrängte sie das sogenannte Kampf-
ministerium: Herzog von Broglie Präsident, Caillaux Finanzen, Paris
Staatsbauten. Die Deputirtenkammer wurde aufgelöst, Thiers starb
am 4. September und Gambetta verkündete: »Marschall Mac Mahon
müsse sich *soumettre ou se démettre.*«

Das waren keine Zeiten ruhiger Arbeit, des ersehnten volkswirthschaftlichen Aufschwunges! Ihr Spiegelbild findet man natürlich
in dem Staatshaushalte jener Periode.

Budgetmässige Credite für Wasser-strassen	nach dem Finanz-Gesetze vom					
	30. März 1872	Dec. 29. 1873	Dec. 5. 1873	Aug. 1874	Aug. 1875	Dec. 1876
in den Jahren	1872	1873	1874	1875	1876	1877
	in Millionen Franken					
Im Ordinarium.						
Laufende Arbeiten:						
Flüsse	4·8	4·8	4·8	4·8	4·8	5·0
Canäle	4·8	4·8	4·8	4·8	4·8	5·0
Ausserordentliche Arbeiten:						
Verbesserung der Flüsse — Ausgaben . . .	6·8	6·8	6·8	6·8	7·5	6·840
Rückersätze von Vorschüssen .	.	.	.	.	.	2·145
Verbesserung und Herstellung von Canälen — Ausgaben . . .	2·7	2·7	2·7	2·7	3·0	3·850
Rückersätze von Vorschüssen .	.	.	.	.	.	0·075
	19·1	19·1	19·1	19·1	20·1	22·91
Im Extraordinarium:						
Verbesserung von Flüssen . . .						12·3
Herstellung und Verbesserung von Canälen			.	.	.	2·5
Zusammen im Ordinarium und im Extraordinarium . . .	19·1	19·1	19·1	19·1	20·1	37·71

Zu vorstehenden Ziffern ist zu bemerken, dass sie sich ausschliesslich auf eigentliche Bauauslagen beziehen und dass in anderweitigen Ansätzen Vorsorge getroffen ist: für das *Corps des Ponts et chaussées*, dessen Ingenieure und ständiges Hilfspersonal, die Schleusen- und Brückenwächter, Hafenmeister u. s. w.

Was die Verwendung der Gelder für ausserordentliche Arbeiten anbelangt, so vertheilen sie sich unter eine beträchtliche Anzahl von Flüssen und Canälen, mehr oder weniger unter Berücksichtigung der Commissionsanträge. Unter den Canalarbeiten waren noch mehrere von der kaiserlichen Regierung begonnene. Unter den Flüssen mag die Canalisirung der Sohne besonders erwähnt werden. Aber das Hauptgewicht fiel auf die Rhone, die Unter- und Ober-Seine, die Yonne, auf welchen zusammen in sechs Jahren rund 90 Millionen Francs verausgabt werden wollten, 90 Millionen, welche den Anlass gaben zur Errichtung des Extraordinariums, das sich nur durch die eigenartige Bedeckung, nicht durch seine Bestimmung vom Ordinarium unterscheidet.

Die Erhöhung des Budgets 1876 war durch Sturm- und Ueberschwemmungsschäden in den Jahren 1875 und 1876 veranlasst.

Das „Budget der Armen".

Bei der Berathung des Budgets 1877 fiel eine Bemerkung, die wohl verdient, hier verzeichnet zu werden, weil sie die Leichtigkeit erklärt, mit der sich die radicalen Elemente zur grenzculosen Erhöhung des Staatsbauten-Budgets entschliessen. Ein früherer Minister*) habe das Staatsbauten-Budget mit Recht das »Budget der Armen« genannt: schon jetzt, in Folge des wiedererwachenden Unternehmungsgeistes, stünden die Arbeitslöhne nicht nur in Paris, sondern in ganz Frankreich höher als je! Darüber müsse sich jeder Patriot freuen! »Wenn wir »die Hoffnungen der niedergeworfenen Parteien gründlich *(à tout jamais)* »zerstören wollen, so können wir das nicht besser erreichen, als indem »wir der nationalen Arbeit einen kräftigen Impuls geben.«

10. Capitel.

Herrn von Freycinet's Programm.

1877—1879.

Ankündigung und Vorbereitung.

Botschaft des Präsidenten der Republik

Gambetta hatte Recht behalten: der Ausfall der Wahlen verscheuchte das Ministerium˙Broglie und der Marschall-Präsident musste sich unterwerfen. Am 14. December 1877 erschien ein Ministerium der Versöhnung, Dufaure an der Spitze, Léon Say Finanzminister, Freycinet Bautenminister, ... und verlas in beiden Häusern eine Botschaft des Präsidenten der Republik, in der es hiess: »Das Ende »der Krise werde der Beginn sein einer Aera des Wohlstandes . . . »Frankreich werde sich, wie immer, wieder erholen durch Arbeit, Spar- »samkeit und seine Liebe zur wahren Ordnung und Freiheit.«

Eisenbahn- Programm.

Am 2. Jänner 1878 erklärte Herr von Freycinet in einem Berichte an den Marschall-Präsidenten: die Regierung habe am 14. December die ziemlich deutliche Verpflichtung übernommen, den Staatsbauten einen mächtigen Impuls zu geben. Es seien noch 10.000 km, mit Inbegriff bereits concedirter Linien noch 16.000 km Eisenbahnen zu bauen und dazu zum Durchschnittspreise von 200.000 Fr., rund 3 Milliarden erforderlich. Das dermalen 21.000 km messende Betriebsnetz werde dann 37.000 km betragen.

Die schliesslich beantragte Ernennung sogenannter regionaler, vorwiegend aus General-Inspectoren *des Ponts et chaussées* bestehender Commissionen, zur regionsweisen Begutachtung des festzustellenden Linien-Programms, erfolgte sofort.

---

*) Ohne Zweifel der 1848er Bautenminister Lacrosse.

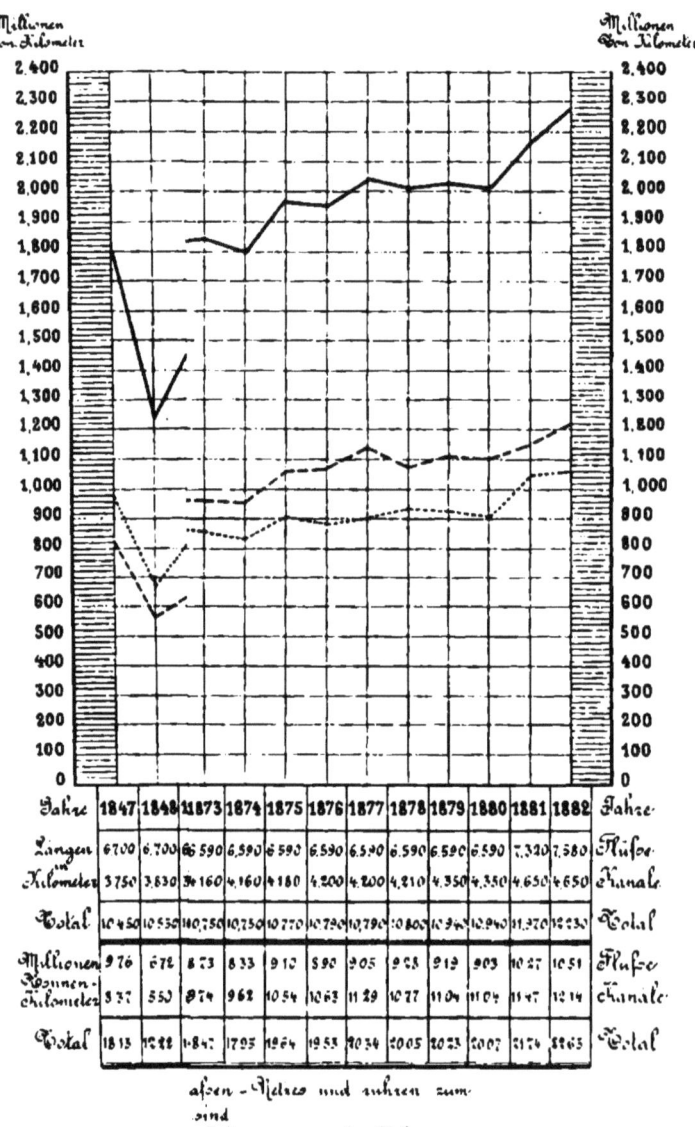

Millionen Ton-Kilometer													
Jahre	1847	1848	1873	1874	1875	1876	1877	1878	1879	1880	1881	1882	Jahre
Längen Kilometer	6700	6.700	6.590	6.590	6.590	6.590	6.590	6.590	6.590	6.590	7.320	7.580	Flüsse
	3750	3.630	4.160	4.160	4.180	4.200	4.200	4.210	4.350	4.350	4.650	4.650	Kanäle
Total	10.450	10.530	10.750	10.750	10.770	10.790	10.790	10.800	10.940	10.940	11.970	12.230	Total
Millionen Tonnen-Kilometer	976	672	873	833	910	890	905	928	919	903	1027	1051	Flüsse
	837	550	974	962	1054	1063	1129	1077	1104	1104	1147	1214	Kanäle
Total	1813	1222	1847	1795	1964	1953	2034	2005	2023	2007	2174	2265	Total

afien - Nehes und anhren zum
sind
Jahre 1873 an als Flüsse —

In einem zweiten Berichte an den Präsidenten, vom 15. Jänner 1878,*) beantragte der Minister, dieselben Commissionen auch mit der Ausarbeitung eines analogen Programms für die Wasserstrassen zu betrauen, und skizzirte dessen Umriss folgendermassen: 10.000 km bestehende Wasserstrassen seien umzuwandeln, 2000 bis 2500 km neue hinzuzufügen.

»Den Wasserstrassen,« heisst es, »gehören die schweren, gering- »werthigen Güter, die nur unbedeutende Transportkosten vertragen, »die den Bahnen nur illusorischen Gewinn bieten und dieselben mehr »überlasten, als zu nähren vermögen. Die Wasserstrassen erfüllen noch »eine andere Bestimmung. Durch ihr blosses Vorhandensein mässigen »und beschränken sie die Frachtsätze für jene Güter, welche die Eisen- »bahn vorziehen; sie sind für die Bahn-Concessionäre eine Warnung, »diejenige Grenze nicht zu überschreiten, jenseits welcher der Handel »nicht anstehen würde, die Raschheit des Transportes seiner Wohlfeil- »heit zu opfern. In dieser Beziehung sind die Wasserstrassen viel »wirksamer, als Concurrenzbahnen, indem letztere, gerade weil sie »mit gleichen Waffen kämpfen, sich schliesslich immer lieber ver- »gleichen, als gegenseitig zu Grunde richten, während der Wasser- und der »Schienenweg sich den jedem von beiden naturgemäss zukommenden »Verkehr aneignen. — Ich fürchte nicht, von den Thatsachen lügen- »gestraft zu werden, wenn ich mir die Versicherung erlaube, der Be- »trag von 1 Milliarde, zu drei Vierteln für die Binnen-Wasserstrassen »und einem Viertel für die Seehäfen, werde nicht überschritten werden.«

Nach dem Original-Programme des Ministers v. Freycinet waren also 3 Milliarden für die Eisenbahnen, 1 Milliarde für die Schifffahrt, zusammen 4 Milliarden in Aussicht genommen.

Einen ersten Angriff hatte es in der Kammersitzung vom 28. Jänner 1878 zu bestehen, in welcher der Deputirte Laroche-Joubert den Standpunkt vertrat, alle hinfortan noch auf Wasser-strassen zu verwendenden Gelder seien buchstäblich ins Wasser ge-worfen. Eine ernstere Anfechtung widerfuhr dem Programme im Senate (7. Mai) seitens des früheren Minister-Präsidenten Buffet. Anstatt hunderte von Millionen alljährlich auf Neubauten von zweifel-hafter Rentabilität zu verwenden, wäre es besser, noch zehn Jahre lang fortzufahren, aus dem Steuererträgnisse 1 bis 2 Milliarden von den Kriegsschulden zu tilgen. Man rechne immer mit dem stetig zu-nehmenden Ertrage der Steuern, aber um alle Hilfsquellen zum Vor-aus zu engagiren, »habt Ihr denn einen Pact mit der Vorsehung geschlossen?« — »Einen Pact freilich nicht,« erwiderte Herr v. Frey-cinet, »aber wir vertrauen auf eine Entlohnung ehrlicher Arbeit;« — 400 Millionen für alljährliche Bauten scheinen ihm nicht zu viel, »um

---

*) Journal officiel vom 3. und 16. Jänner 1878. — Der unübertreffliche Styl dieses Documentes ist in der Uebersetzung nicht zu erreichen.

den Arbeitsdurst des Landes nach siebenjährigem Hader zu stillen.« Diese Anschauung entsprach offenbar der allgemeinen Neigung, die Schleusen der Freigebigkeit immer weiter zu öffnen; denn der Finanzminister musste den Popularitätshaschern in der Deputirtenkammer (14. März) in Erinnerung bringen, dass es nicht angehe, grossartige Staatsbauten auszuführen und gleichzeitig die Steuern herabzusetzen!

Amortisirbare
Rente.

Am 11. Juni 1878 erfolgte das Gesetz, betreffend die Emission einer neuen Rentensorte, *rente amortissable* benannt und den im ganzen Lande beliebten 3%igen Eisenbahn-Obligationen nachgebildet. Damit waren die Geldmittel für die bevorstehenden Bauten geschaffen!

Formulirung des
Programms.

Indess hatten die Regional-Commissionen so wacker gearbeitet, dass drei, die legislative Formulirung des grossen Bauprogramms bezweckende Gesetzesentwürfe nach einander eingebracht werden konnten.

Gesetze, betreffend die Eisenbahnen und die Seehäfen.

Eisenbahn-
Programm-Gesetz.

Am frühesten eingebracht (4. Juni 1878) und am frühesten erledigt wurde das Gesetz vom 17. Juli 1879, betreffend die Immatriculirung (*Classement*) der Eisenbahnen. Nicht weniger als 181 neue Linien sind darin aufgezählt! Ueber die Längen und Kosten schweigt das Gesetz, aber man flüsterte bereits von 4 bis 5 Milliarden.

Endschicksal der
beschlossenen
Eisenbahnen.

Der grösste Theil dieser fast ausnahmslos in die gesellschaftlichen Bahnnetze eingekeilten Linien sollte aus Staatsmitteln gebaut werden. Die Entscheidung über die Art und Weise ihrer Betriebsführung blieb vorbehalten und erfolgte erst nach der im Staatsschatze eingetretenen Ebbe, durch Gesetz vom 20. November 1883. Nach letzterem haben die grossen Gesellschaften den Bau der Linien weiterzuführen und fast die gesammten Geldmittel dazu vorzustrecken; sie übernehmen den Betrieb auf ihre eigene Gefahr und Kosten, aber der Staat hat jeder Gesellschaft alljährlich die gesammten Lasten zu ersetzen, die ihr aus den von ihr (zur Bauvollendung für Rechnung des Staates) contrahirten Schulden factisch erwachsen. Und da der auf den neuen Linien drohende Betriebskosten-Abgang den Reinertrag der alten Netze gefährden könnte, so musste der Staat obendrein gewisse Minimal-Dividenden garantiren.

Seehäfen-Programm-
Gesetz.

Das Gesetz, betreffend die Seehäfen, wurde am 28. Juli 1879 perfect und umfasst nicht weniger als 75 Seehäfen! Auch hier kann man sich des Eindruckes nicht erwehren, dass dem Principe der *Egalité*, der Gleichberechtigung, allzu weitgehende Zugeständnisse gemacht wurden, dass das Interesse des Ganzen jenem der Theile zum Opfer fiel

Gesetz, betreffend die Wasserstrassen.

Eingebracht am **4. November 1878**, kam das Gesetz über die Wasserstrassen in letzter Linie zu Stande. Die technischen Regional-Commissionen müssen an den von der Enquête-Commission gestellten Anträgen viel gemäkelt haben, denn in die Regierungsvorlage ist von den beantragten Linien der Enquête-Commission eigentlich nur der Oise-Aisne-Canal (*A*) übergegangen. Der Rhone-Seitencanal (*C*) soll durch die Verbesserung des Strombettes ersetzt werden. Die Linie *D* ist wegen ungenügender Vorarbeiten verschoben. Die beiden mit der Loire parallel geführten Canäle *E* und *F* sind durch einen einzigen Loire-Seitencanal ersetzt. Die Canäle *B* und *G* endlich sind einfach übergangen.

Dagegen erscheint schon in der Regierungsvorlage eine ganze Reihe neuer Projecte, welche in ihrer parlamentarischen Behandlung in den Commissionen und Subcommissionen keine neue Einbusse, sondern nur neue Zuthaten erleidet. Wir müssen uns auf die wesentlichsten Citate aus den umfangreichen Acten beschränken und schicken denselben, der leichteren Uebersicht halber, den Wortlaut des schliesslich zu Stande gekommenen Gesetzes voraus.

Gesetz vom 5. August 1879,
betreffend die Immatriculirung und Verbesserung der Wasserstrassen.

Art. I. Die Wasserstrassen des Landes werden je nach ihrer Wichtigkeit in zwei Classen eingetheilt, und zwar:

1. Haupt-Wasserstrassen *(lignes principales)*,
2. Neben-Wasserstrassen *(lignes secondaires)*.

Erstere sind vom Staate zu verwalten; letztere können mit oder ohne Staatssubvention, auf eine bestimmte Zeit, Genossenschaften oder Privaten concedirt werden.

Art. II. Die Haupt-Wasserstrassen sollen mindestens nachstehende Dimensionen haben:

. Wassertiefe . . . . 2·00 m
Lichte Breite der Schleusen . . . . 5·20 »
Länge der Schleusen zwischen der Sehne der Fallmauer und dem Falze der unteren Thore . . . 38·50 »
Lichte Höhe der Durchfahrt unter den, Canäle überspannenden Brücken . . . . 3·70 »

Nur im Wege eines Gesetzes darf von diesen Bestimmungen abgewichen werden.

Art. III. Als Haupt-Wasserstrassen werden immatriculirt:

6*

Bestehende und im Bau begriffene Linien.

1. Die Linie von Paris an die belgische Grenze bei Mons, über die Seine, die canalisirte Oise, den Oise-Seitencanal, den Canal von Manicamp, den Canal von St. Quentin, die Schelde, den Canal von Mons nach Condé.

2. Abzweigung von der vorigen Linie gegen Charleroy, über den Sambre-Oise-Canal und die canalisirte Sambre.

3. Verbindung der Oise mit der Maas, über die canalisirte Aisne, den Aisne-Seitencanal und den Ardennen-Canal.

4. Verbindung der Schelde mit der Nordsee, über den Sensée-Canal, die mittlere Scarpe, die Deule, den Aire-Bassée-Canal, den Neuflossé-Canal, die Aa und die Canäle von Calais und Bourbourg.

5. Abzweigungen von der vorigen Linie an die belgische Grenze: a) Canal von Dünkirchen nach Furnes und Canal von Bergues; b) Colme-Canal; c) die canalisirte Lys; d) Deule-Canal und Canal nach Roubaix; e) die Unter-Scarpe und f) die Schelde ab Condé.

6. Somme-Canal, von St. Simon am Canal von St. Quentin an die Bucht der Sommemündung.

7. Linie von Paris an die Ostgrenze, über die Marne, den Marne-Seitencanal, den Marne-Rhein-Canal und die canalisirte Mosel.

8. Der Canal im Osten ,de l'Est), von Givet nach Port-sur-Saône, über die canalisirte Maas, den Marne-Rhein-Canal, die Mosel und den Mosel-Sohne-Canal, mit Abzweigungen nach Nanzig und Epinal.

9. Rhone-Rhein-Canal.

10. Verbindung d. Linien nach Norden u. Osten: Aisne-Marne-Canal.

11. Linie von der Manche aus Mittelmeer, über die Seine, die Yonne, den Burgunder Canal, die Sohne und die Rhone.

12. Verbindung des Canals im Osten mit der vorigen Linie mittelst der Sohne von Port-sur-Saône bis St. Jean-de-Losne.

13. Canal der Ober-Marne, von Vitry-le-François am Marne-Rhein-Canal bis Donjeux.

14. Verbindung der Seine mit der Loire mittelst der Canäle des Loing, von Briare und von Orleans.

15. Seitencanal der Loire: von Roanne nach Digoin, und von Digoin nach Châtillon-sur-Loire.

16. Verbindung der Sohne mit der Loire: Centralcanal.

17. Linie vom Ocean ans Mittelmeer, über die Garonne, den Garonne-Seitencanal und den Canal im Süden (du Midi).

18. Verbindung dieser Linie mit der Rhone, über den Canal von Beaucaire, den Radelle-Canal und den Canal der Küstenseen (des étangs).

19. Südwestliche Linien: die Charente, die Sèvre niortaise, der Canal von Marans nach la Rochelle.

20. Canal von Berry und canalisirter Cher.

Neue Linien:

21. Verbindung der Oise mit der Aisne.

22. Verbindung der Marne mit der Sohne.

23. Verbindung des Doubs mit der Sohne, von Mömpelgard (Montbéliard) nach Conflandey.

24. Verbindung der Schelde mit der Maas.

25. Loire-Seitencanal von Orleans nach Nantes.

26. Verbindung des Beckens der Loire mit jenem der Garonne.

27. Seitencanal längs dem Küstensee von Thau.

28. Verlängerung des Loire-Seitencanals von Roanne bis St. Rambert und la Fouillouse.

29. Canal zur Verbindung der Industriebezirke des Nordens mit Paris.

30. Canal vom Havre nach Tancarville.

Art. IV. Die nicht als Haupt-Wasserstrassen immatriculirten schiffbaren Flüsse und Canäle sind als Neben-Wasserstrassen anzusehen und den Bestimmungen des Art. II nicht unterworfen.

Art. V. Die Flüsse und Canäle, welche durch das gegenwärtige Gesetz als Haupt-Wasserstrassen immatriculirt sind und sich derzeit in Händen von Concessionären befinden, sind, sobald es die Geldmittel des Staates und die Umstände gestatten, zu verstaatlichen.

Art. VI. Die Vorarbeiten und Einleitungen zur Durchführung der Neu- und Umbauten, welche die dem gegenwärtigen Gesetze beigeschlossene Tabelle*) näher specificirt, sind auf Grund der bestehenden Gesetze und Verordnungen und in Uebereinstimmung mit dem obigen Art. II durchzuführen.

Art. VII. Die Herstellungs- oder Umgestaltungsbauten der fraglichen Wasserstrassen haben in der Reihenfolge zu geschehen, welche am besten ihrer Wichtigkeit und den von den Departements, Gemeinden oder Privaten etwa anzubietenden Beitragsleistungen entspricht.

Art. VIII. Die auflaufenden Baukosten sind durch die alljährlich im Staatshaushalt auszuwerfenden ausserordentlichen Geldmittel zu bedecken.

— —

Die durch das vorstehende Gesetz als Wasserstrassen I. Ranges bezeichneten, bereits bestehenden Linien 1—20 treffen grösstentheils

— —

*) In dieser Tabelle, deren Wiedergabe hier zu weit führen würde, sind nicht weniger als 42 Flüsse, 31 bestehende und 21 neu zu erbauende Canäle behandelt. Unter letzteren befinden sich die bereits im Art. III bezeichneten Hauptlinien Nr. 21—30 und 11 Nebenlinien.

mit den im Capitel 8 besprochenen Hauptverkehrsströmen zusammen
und es ist nichts Weiteres darüber zu bemerken. Zu den neuen
Linien Nr. 21—30 dagegen dürften specielle Commentare will-
kommen sein.

21. Oise-Aisne-Canal.

Ad 21. Der Oise-Aisne-Canal wurde bereits seitens der Enquête-
Commission begründet und (unter *A*) beantragt.

Indessen war auch schon die Gemeinnützigkeits-Erklärung erfolgt,
über welche nur noch beizufügen ist, dass nach einem Commissions-
berichte der Deputirtenkammer (26. Juni 1879) die Schifffahrt auf der
c a n a l i s i r t e n Aisne alljährlichen, 3—4 Monate langen Unterbrechungen durch Hochwasser ausgesetzt wäre. Ein am Jahresbeginn
von Dünkirchen nach Nanzig (über St. Omer, St. Quentin, Soissons,
Rheims, Châlons, Bar, etwa 675 km und ebensoviel zurück) abgehendes
Schiff komme in Folge dieser und anderer Fährlichkeiten in der Regel
vor Jahresschluss nicht wieder nach Hause. — Man mag der sicht-
lichen Uebertreibung Rechnung tragen, aber eine bedenkliche Mittheilung bleibt es immerhin. *)

22. Marne-Soône-Canal.

Ad 22. Da der Marne-Seitencanal zwischen Vitry und Donjeux
noch von der kaiserlichen Regierung in Angriff genommen wurde, so
handelt es sich hier nur mehr um die 151 km lange Lücke zwischen
Donjeux und Pontailler an der Soûne. Auch diese Immatriculirung war
sozusagen selbstverständlich, nachdem bereits durch Gesetz vom
3. April 1879 die Gemeinnützigkeit ausgesprochen worden war. Wie
aber war letzteres Gesetz zu Stande gekommen?

Ein lehrreicher Aus-schluss.

Die Enquête-Commission, Berichterstatter Krantz, **) hatte diese
Linie in die dritte, d. h. mindest wichtige Kategorie eingereiht. Seitdem war aber der Canal im Osten beschlossen worden, der ihr auf
höchstens 90 km Entfernung parallel läuft, der denselben Zielpunkt
Pontailler erreicht und in der That die Verbindung Donjeux-Pontailler
ganz überflüssig zu machen scheint. Der Minister v. Freycinet selbst
hatte noch am 19. Februar 1878 eine Vorlage eingebracht, wonach
nur die 22 km lange, auf 4·3 Millionen Francs veranschlagte Strecke
Donjeux-Bologne gebaut werden sollte; und der zur Begutachtung
berufene Ausschuss der Deputirtenkammer hatte sich vollkommen einverstanden erklärt. Bei Bologne befänden sich die letzten Hüttenwerke,
bei Bologne das letzte sichere Speisewasser; jenseits, auf dem die
Wasserscheide bildenden dürren Plateau von Langres (das vielfach an
die schwäbische Alp erinnert), 338 m über dem Meere, müssten Sammelteiche angelegt werden u. s. w. Allein, plötzlich geht ein neues Licht
auf! Könnte man nicht die trefflichen algerischen Eisenerze in den
Hütten der Ober-Marne verarbeiten? »Sind jetzt nicht Regierung und

*) Ihr Urheber ist mit Namen genannt: Herr Commines de Marcilly, Director
der weltbekannten Gruben-Gewerkschaft von Anzin.

**) Bericht Nr. 1102, Seinebecken.

›Kammern geneigt, die Vollendung der Wasserstrassen mit mehr Kühn-
›heit und Entschlossenheit anzufassen?‹ Aus diesen Gründen erklärt
die Kammer (8. März 1879) die Gemeinnützigkeit und genehmigt 44
statt der ursprünglich begehrten 4·3 Millionen!

Ad 23. Aehnlich ging es mit dem 82 km langen, auf 22 Millionen *23. Doubs-Saône-Canal.* veranschlagten Scheitelcanal von Conflandey, am Canal im Osten oberhalb Port-sur-Saône, nach Mömpelgard am Doubs. Zu seiner Begründung
wurden keine verkehrsstatistischen Belege, nur Allgemeinheiten vor-
gebracht. Auch er wurde durch Specialgesetz vom 8. April 1879, v o r
dem in Rede stehenden Programm-Gesetze genehmigt.

Ad 24. Diese Linie soll von der canalisirten Schelde zwischen *24. Schelde-Maas-Canal.*
Cambrai und Valenciennes ausgehen und parallel mit der belgischen
Grenze bis nach Mézières-Charleville an der Maas geführt werden. Sie
ist 148 km lang und wegen eines längeren Tunnels und schwieriger
Sammelteiche auf 67 Millionen veranschlagt. Dieser Canal sei die
nothwendige Folge des Canals im Osten, welcher sonst nur gebaut
wäre, um der belgischen Kohle von Charleroy den Vorrang zu sichern
vor der französischen von Valenciennes, und dem Hafen von Antwerpen für das ganze östliche Frankreich den Vorrang vor jenem von
Dünkirchen.

Ad 25. Der Canal von Orleans nach Nantes soll, im Loirethale *25. Loire-Seitencanal bis Nantes.*
selbst, die beiden Canäle *E* und *F* der Enquête-Commission ersetzen,
ist aber auf 100 Millionen veranschlagt.

Ad 26. Die hier gedachte Verbindung zwischen der Loire und *26. Canal von der Loire nach Bordeaux.*
Bordeaux soll von Bourges oder Montluçon ausgehen; die Vorarbeiten
waren zu unvollständig, um einen präcisen Entschluss zu fassen.

Ad 27. Dieser etwa 20 km lange Canal ist bestimmt, die *27. Thau-Seiten-canal.*
unbequeme Schifffahrt mitten durch den Küstensee von Thau (zwischen
Béziers und Montpellier) zu vermeiden.

Ad 28. Die Verlängerung des bestehenden Loire-Seitencanals *28. Loire Seitencanal bis St. Rambert*
thalaufwärts von Roanne bis St. Rambert bezweckt, dem reichen Kohlen-
becken von St. Etienne näher zu rücken. Von St. Rambert möchte
man dann den Canal bis Rive-de-Gier fortsetzen und in Givors durch
den bestehenden gleichnamigen kleinen Canal in die Rhone einmünden.
Dadurch würde der Wasserweg von Paris nach Marseille um rund
100 km abgekürzt und das Kohlenbecken von St. Etienne in den
directen Schiffsverkehr einbezogen. Das fehlende Canalstück von St. Ram- *Project St. Rambert-Rive-de-Gier.*
bert bis Rive-de-Gier ist nicht 30 km lang. Allein, die eine Trasse
durch den Sattel von Fürens hinter St. Etienne ersteigt die Meereshöhe von 476 m, erheischt einen Tunnel von 3200 m Länge, führt
in bedenklicher Weise über Kohlengruben hin und kostet 25 Millionen
(fast eine Million pro Kilometer). Eine andere Trasse erklimmt nur die
Meereshöhe 380 m, erfordert aber einen 16 km langen Tunnel. Das
bedenkliche Stück St. Rambert-Rive-de-Gier wurde deshalb vorläufig
nicht immatriculirt

Ad 29. Dieser Canal soll ungefähr von Douai ausgehen, mit dem bestehenden Canal St. Quentin auf der Westseite parallel laufen und bei Compiègne die Thalsohle der Oise erreichen, sich jedoch von dort als Seitencanal bis Paris fortsetzen. Er bezweckt: 1. Die canalisirte Oise zu vermeiden, weil die Hochwässer der Oise jährlich fast einen Monat lang die Schifffahrt in der Art behindern, dass sich manchmal mehr als 700 Schiffe oberhalb Janville, am dermaligen Ende des bestehenden Seitencanals, ansammeln; 2. den an der Grenze seiner Leistungsfähigkeit angelangten, Verkehrsstockungen ausgesetzten, 5669 m langen, einspurigen Tunnel von St. Quentin zu umgehen; 3. den Weg nach Paris abzukürzen und der Kohle des französischen Nordens die Concurrenz mit der englischen zu erleichtern. Die Vertiefung der Seine zwischen Rouen und Paris komme nämlich wesentlich dem englischen Kohlenimport zu Gute; die Schiffsfracht vom Departement *Pas-de-Calais* nach Paris betrage dermalen 7 Fr. für 350 km, d. i. 2 Ctms. pro tkm; der neue *Canal du Nord* sei nur eine nothwendige Compensation. Die Enquête-Commission war anderer Ansicht gewesen; sie meinte, dass die Beseitigung der gerügten Schifffahrtshindernisse genügen würde, um begründete Klagen verstummen zu machen, und dass »der begehrte zweite Canal ein Luxus wäre«. *)

Ad 30. Gegenüber vom Havre ist die Seine kein Strom mehr, sondern ein 10 km breiter Meeresarm, auf dem die ungedeckten Seineschiffe allen Fährlichkeiten der Seeschifffahrt ausgesetzt sind. Diese Gefahren zu beseitigen, die Binnenschifffahrt bis Havre zu sichern und die Seeschifffahrt bei Ebbe von den Sandbänken unabhängig zu machen, ist der Zweck des vom Havre landeinwärts anzulegenden, 25 km langen Seitencanals Havre-Tancarville, welcher mit Rücksicht auf die Vertiefung der Seine eine Wassertiefe von 3·50 m erhalten soll.

Die soeben besprochenen drei letzten Linien Nr. 28, 29 und 30 waren in der Regierungsvorlage nicht enthalten und wurden von der Commission der Deputirtenkammer hinzugefügt, weil sie, obwohl das Erforderniss für die Wasserstrassen allein auf eine Milliarde schätzend, »es nicht über sich vermocht, auch nur eine einzige Linie zu streichen, sondern bemüht war, den zahlreichen Amendements entgegenzukommen«. Ein guter Theil der Zugeständnisse scheint jedoch nicht in dem Texte des Gesetzes, sondern in dessen schon oben erwähnter Beilage (Art. VI), ja auch in mündlichen Zusagen der Minister gesucht werden zu müssen.

Am 2. August 1879 erfolgte der Sessionsschluss in Versailles, von wo beide Kammern endgiltigen Abschied nahmen. Nur drei Tage vorher, am 30. Juli, gelangte das von der Deputirtenkammer beschlossene Wasserstrassen-Programm vor den Senat, mit dem Antrage auf Dringlichkeit. Senator **Caillaux** constatirte: die Vorlage sei nicht seit 24 Stunden in Druck gelegt und vertheilt; er habe kaum Zeit gehabt,

---

*) Bericht Krantz', Nr. 2417, Becken der Nordsee, S. 71.

sie durchzulesen, und warne vor Ueberstürzung. In Betreff der Ver-
besserung der bestehenden Wasserstrassen sei er mit dem Herrn
Bautenminister völlig einverstanden; Alles, was behufs Vermehrung
der Wassertiefe, Sicherung der Canalspeisung, Verlängerung kurzer
Schleusen u. s. w. projectirt werde, sei vortrefflich. Er billige auch
die Herstellung neuer Canäle, sofern sie die Verbindung bestehender
Linien bezwecken. Allein, man verlange auch einen neuen Canal von
Paris an die Nordgrenze, wegen der angeblichen Hindernisse bei
St. Quentin; — und einen neuen Canal von Bordeaux an die Loire,
trotz der vorhandenen Küstenschifffahrt, trotz der vorhandenen Eisenbahn! Einen Canal, der statt der angeblichen 96 Millionen möglicherweise 200 verschlingen werde. Freilich behaupte man, das Monopol
der Bahngesellschaften solle durch die Canäle gebrochen werden, aber
dann sollte man, um wenigstens consequent zu bleiben, nicht gleichzeitig auch die Verstaatlichung der Eisenbahnen verlangen! — Minister
v. Freycinet erwiderte, er müsse Werth darauf legen, dass die drei
engverwandten Gesetze, betreffend die Eisenbahnen, die Seehäfen und
die Binnenwasserstrassen, gleichzeitig vor der öffentlichen Meinung
(devant l'opinion publique) erscheinen. Und so wurde, mit Rücksicht
darauf, dass die blosse Immatriculirung von Linien kein entscheidender
Schritt sei, die Dringlichkeit des Gesetzes und sofort sein Wortlaut,
ohne Commissionsberathung, man kann sagen ohne Debatte, angenommen.
Dies die Vorgeschichte des Gesetzes vom 5. August 1879!

Politischer und administrativer Erfolg der drei Programm-Gesetze.

Wenn die drei Gesetze einen vorwiegend politischen Zweck hatten,
so ist derselbe unstreitig erreicht worden. Denn der, der gesammten
Industrie, der nationalen Arbeit im weitesten Sinne des Wortes ertheilte
Impuls schuf ein Wohlbehagen, das Jeder constatiren konnte, der
Frankreich zur Zeit der Weltausstellung und in den darauffolgenden
Jahren besuchte, ein Wohlbehagen, das wesentlich zur Befestigung der
neuen Regierungsform beigetragen hat. Anders mögen die Gesetze
beurtheilt werden, wenn man sie vom wirthschaftlichen, finanziellen
und administrativen Standpunkte ins Auge fasst. „Ce qu'on a appelé le
programme de Mr. de Freycinet est un cadre demeuré ouvert, élastique, suscep-
tible de s'étendre indéfiniment.«[*] Ein elastischer Rahmen, an dem unablässig 500 Deputirte und 300 Senatoren in den verschiedensten Richtungen ziehen und reissen, ist offenbar ein unbequemes und manchmal gefährliches Geräthe!

*) Privatbrief eines hohen Beamten der Staatsbauten-Verwaltung, vom 8. Juni
1884. — Die alltägliche Einmischung der französischen Volksvertreter beider Kammern
in alle und jede laufenden Geschäfte bildet eine der grössten Schwierigkeiten, welche
die einst vortreffliche französische Staatsmaschine zu überwinden hat.

11. Capitel.

Die Durchführung des Wasserstrassen-Programms.

Die erfolgten Gemeinnützigkeits-Erklärungen.

Bedeutung der „Gemeinnützigkeit“. Ein grösserer Neu- oder Umbau irgend einer Verkehrslinie ohne vorausgegangene »Gemeinnützigkeits-Erklärung« *(déclaration d'utilité publique)* ist in Frankreich deshalb nicht wohl denkbar, weil die Grundeinlösung, auch im gütlichen Wege, ohne die Basis des Expropriationsgesetzes sehr umständlich wäre, und weil das Expropriationsgesetz eben erst durch die Gemeinnützigkeits-Erklärung seine Anwendbarkeit erhält. Will man sich also auf einfachstem Wege Rechenschaft darüber geben, welche von den, im Gesetze vom 5. August 1879 immatriculirten Linien einen Schritt weiter zu ihrer Verwirklichung gethan, so braucht man nur die erfolgten Gemeinnützigkeits-Erklärungen zusammenzusuchen.

Die auf den Umbau der bestehenden Linien bezüglichen sind sehr zahlreich und können füglich übergangen werden, aber die ungleich interessanteren Entscheidungen, betreffend die neuen Linien, sollen hier in ihrer Zeitfolge vollständig aufgezählt werden.

a) — Gesetz vom 3. April 1879. — Scheitelcanal zwischen Donjeux (Marne) und Poutailler (Sohne), Nr. 22 des Programms, 151 km.

b) — Gesetz vom 7. April 1870. — Scheitelcanal zwischen der Oise und Aisne, Nr. 21 des Programms, 47 km.

c) — Gesetz vom 8. April 1879. — Scheitelcanal von Mömpelgard nach Conflandey, Nr. 23 des Programms, 82 km.

d) — Gesetz vom 8. April 1870. — Zweigcanal von Saint-Dizier (Ober-Marne) nach Wassy, 21 km lang, eine im Hauptprogramme nicht erwähnte Nebenlinie, welche einer dortigen Hüttengewerkschaft mit einer Staatssubvention von zwei Drittel der Kosten concedirt wird.

e) — Gesetz vom 19. Juli 1880. — Seitencanal vom Havre nach Taucarville, Nr. 30 des Programms, 25 km lang.

Die Exportläufe der Eisenbahn. Bei der Verhandlung dieses für die Stadt Havre vortheilhaften Gesetzes konnte natürlich der Deputirte Rouens nicht umhin, eine Lanze für den bedrohten Staatsschatz einzulegen. Es sei allerdings richtig, dass es den französischen Seehäfen an Rückfracht (Export) fehle, und angeblich solle der neue Canal hauptsächlich Pariser Gyps (anerkannt vorzüglicher Qualität) ohne Umladung nach dem Havre bringen, um dort den Ballast zu ersetzen; aber dazu bedürfe es des Canals nicht, denn die Westbahn transportire ja bereits den Gyps zu dem mässigen Satze von 2·07 Ctms. pro Tonnenkilometer.

f) — Gesetz vom 3. August 1880. — Verlängerung des Sauldre-Canals um 3¹/₂ km, rein localen Interesses, dem Anhange des Programms entnommen.

g) — Gesetz vom 26. Juli 1881. — Chiers-Seitencanal, von der canalisirten Maas bei Sedan nach den Eisenwerken bei Longwy, 85 km lang. Dieser von der Nanziger Handelskammer und den Industriellen der Ardennen begehrte Canal wird als »nothwendige Folge« des Schelde-Maas-Canals, Nr. 24 des Programms, dargestellt, damit die Moselerze und nordfranzösische Kohle wohlfeil und ohne Umladung bis Longwy gelangen können. Erhoffte Circulation 400.000 t.

h) — Gesetz vom 26. Juli 1881. — Meurthe-Seitencanal, von Dombasle, am Marne-Rhein-Canal bei Nanzig, nach Saint-Dié, der Vaterstadt des Minister-Präsidenten J. Ferry, in den Vogesen; Länge 70 km, Kostenvoranschlag 285.000 Fr. pro Kilometer wegen der vielen Schleusen. Es ist eine industriereiche Gegend, welche, um ihr grosses Interesse an dem Bau zu bethätigen, wie der Berichterstatter sagt, die Kosten der Vorarbeiten zu tragen, sich bereit erklärt hatte! Auch diese Linie, für welche ein Verkehr von 400.000 t in Aussicht gestellt wird, ist, wie die vorige, dem »Anhange« entnommen.

i) — Decret vom 28. März 1882. — Verlängerung der Canalisirung der Souchez um 8 km bis Lens, im Departement des Pas-de-Calais.

k) — Gesetz vom 8. Juli 1882. — Verbindung der Schelde mit der Maas, Nr. 24 des Programms, 141 km.

l) — Decret vom 14. December 1882. — Zweigcanal nach Tourcoing (unweit Lille), 1¹/₂ km lang, dem Anhange des Programms entnommen. Die industrielle Stadt Tourcoing soll ein Drittel, der Staat zwei Drittel der auf 900.000 Fr. veranschlagten Kosten tragen.

m) — Der Nordcanal, Nr. 20 des Programms, ist in seiner Gänze auf 115 Millionen Francs veranschlagt und zerfällt in zwei Theile: Von Courcelles-les-Lens nach Janville (bei Compiègne) 56 Millionen, und Janville-Paris ungefähr 49 Millionen. Für den ersteren, nördlichen Theil, welcher aber an den betonten Mängeln der Oise-Flussschifffahrt nichts zu ändern vermag, wurde der Gesetzesentwurf, betreffend die Gemeinnützigkeit, am 14. Jänner 1882 eingebracht und von der Deputirtenkammer am 10. März 1883 angenommen. Seit 15. März 1883 ist derselbe vor dem Senate anhängig.

Die Gesammtlänge der durch vorstehende eilf Gesetze (*a—l*) gemeinnützig erklärten Linien beträgt . . . . 635 km

Länge der gemeinnützig erklärten Canäle.

Da Ende 1879 108 km im Entstehen begriffen waren, davon aber seitdem 38 km (Vitry-Donjeux) eröffnet wurden, —
Differenz . . 70 »

— so sind mit Ende 1883 im Entstehen . . . . 705 km.

Die Budgets der Wasserstrassen von 1878—1885.

Um uns von der weiteren Durchführung des 1878—79er Programms Rechenschaft zu geben, wenden wir uns nun, wie für die vorausgegangene Periode, an die Staatsvoranschläge.

Budgetmässige Credite für Wasserstrassen	nach den Finanzgesetzen vom							Regierungsvorlage
	30. März 1878	22. Dec. 1878	31. Dec. 1879	22. Dec. 1880	29. Juli 1881	29. 30. Dec. 1882	29. Dec. 1883 30. Jän 1884	
in den Jahren . . .	1878	1879	1880	1881	1882	1883	1884	1885
	in Millionen Franken							
Im Ordinarium.								
Laufende Arbeiten:								
Flüsse	5·1	5·0	5·0	5·0	5·15	5·25	5·25	5·22
Canäle	5·1	4·5	4·5	4·6	4·75	5·65	6·65	0·005
Ausserordentliche Arbeiten:								
Verbesserung der Flüsse — Ausgaben . .	4·090	·				1·75	1·57	1·11
Verbesserung der Flüsse — Rückersätze von Vorschüssen .	2·685	1·265	1·27			·	·	·
Verbesserung u. Herstellung von Canälen — Ausgaben . .	3·600	·				1·05	0·875	0·875
Verbesserung u. Herstellung von Canälen — Rückersätze von Vorschüssen .	0·115	2·145	2·45			·	·	·
	20·69	12·91	13·22	9·6	9·9	13·70	13·345	7·21
Im Extraordinarium.								
Verbesserung von Flüssen .	13·15	20·0	30·0	30·0	30·0	33·46	17·0	11·5
Herstellung u. Verbesserung von Canälen	1·65	12·0	35·0	54·5	50·0	57·95	22·0	15·0
Zusammen im Ordinarium und im Extraordinarium .	35·49	44·91	78·22	94·1	89·9	105·61	52·345	33·71

Zur richtigen Würdigung dieser Ansätze ist wieder ein kleiner historischer Commentar nicht überflüssig.

Berichte des Bautenministers. Am 29. December 1879 wurde Herr v. Freycinet Minister-Präsident. Bei seinem Scheiden aus dem Bautenministerium erläutert er selbst in einem Berichte an den Präsidenten Grévy*) den damaligen Stand der Durchführung seines Programms, welches in seiner definitiven Fassung 6 Milliarden, nämlich 4¹/₂ für die Vollendung eines Bahnnetzes von 42.000 km, 1 Milliarde für die Wasserstrassen und eine halbe Milliarde für die Seehäfen erheische.

Zwischen der idealen Conception einer Eisenbahn oder Wasserstrasse und dem ersten Spatenstich, sagt der Minister, sei ein Zeitraum von nahezu drei Jahren erforderlich, wenn die technischen und

*) Journal officiel vom 31. December 1879.

administrativen Vorarbeiten (Trassirung und Projectverfassung, Gemeinnützigkeits-Erklärung, Expropriations-Verfahren, Bauvergebung
u. s. w.) mit der wünschenswerthen Sorgfalt durchgeführt werden
sollen. Dieser dreijährige Termin gebe erst mit dem Jahre 1880 zu
Ende und in der Zwischenzeit haben nur die schon früher eingelei-
teten Bauarbeiten mit Energie betrieben werden können. So erkläre
es sich, dass in den Jahren 1877—1879 nur 68, bezw. 108 und
202 Mill. auf Grund des dreifachen Programms verausgabt worden
seien; man dürfe aber hoffen, dass in den Jahren 1880—1882 die jährlichen Ausgaben successive die Höhe von 300, 400 und 500 Millionen erreichen werden. — In einem ähnlichen Berichte des Bautenministers S a d i - C a r n o t*) tritt das Bestreben, »den Enthusiasmus der
»öffentlichen Meinung für das Programm und ihr Vertrauen in die
»republikanische Regierung« durch reichliche Staatsausgaben zu nähren,
noch mehr hervor. Die »leidenschaftliche Theilnahme des Publicums«
scheint sich übrigens auf die Eisenbahnen zu concentriren. Für die
Wasserstrassen bewegen sich (nach den Berichten) die factischen Ausgaben in nachstehenden, relativ bescheidenen Grenzen:

Auf das Programm im Ganzen	1878	1879	1880	Zusammen
(für Eisenbahnen, Wasser-strassen und Seehäfen) ver-wendete Staatsmittel, Mill. Fr.	108·5	202·6	300·4	617·5
davon für die Flüsse . » »	9	16	27	52
„ „ „ Canäle » »	19	24	40	83
Zusammen .	28	40	67	135

Factische Veraus-
gabungen 1878 bis
1880.

Die wirklichen Ausgaben sind also in dieser Periode um etwa
20 °/₀ hinter den Budgetansätzen zurückgeblieben.

Mit dem Jahre 1881 dürfte »der Enthusiasmus« seinen Höhepunkt
erreicht haben. Eine Anleihe von 1 Milliarde war unter günstigen
Bedingungen zu Stande gekommen und gestattete, alle von Departements, Städten, Handelskammern und Creditanstalten für Wasser-
strassen- und Seehafenbauten geleisteten Vorschüsse auf einmal im
Betrage von 135,109.000 Fr. (Gesetz vom 8. Juli 1881) heimzuzahlen,
weswegen die betreffenden Annuitäten nunmehr aus dem Budget ver-
schwinden.

Am 14. November 1881 erfolgte die Bildung des Cabinets G a m-
b e t t a, dessen Finanzminister Allain-Targé am 23. Jänner 1882 den
Staatshaushalt für 1883 noch mit einem Extraordinarium von 501 Mill.
für Staatsbauten allein einbringt. Jedoch schon am 30. Juni 1882
übernimmt F r e y c i n e t wieder die Leitung der Geschäfte mit L é o n
S a y als Finanzminister und V a r r o y als Bautenminister. »Ni emprunt,

Milliarden-Anleihe.
Rückzahlung der
Vorschüsse.

Finanzgesetz für
1883.

---

*) Journal officiel vom 6. Jänner 1880 und 10. August 1881.

ni rachat, ni concersion! (Weder Anleihe, noch Verstaatlichung, noch Rentenconversion!) ist die Losung des neuen Cabinets, welches den Staatsvoranschlag wieder zurückzieht, um ihn nach Möglichkeit zu reduciren. Bei Bauten, die in vollem Zuge sind, ist das nicht immer zugänglich und das Budget von 1883 bleibt für die Wasserstrassen das reichlichste von allen; allerdings mit der wesentlichen Einschränkung, dass die betreffenden Credite nur in dem Falle factisch in Anspruch genommen werden dürfen, wenn aus den Vorjahren mindestens ebenso hohe unverwendete Restbeträge erübrigen, was so viel heisst, als: dass für 1883 eigentlich gar kein neues Extraordinarium bewilligt, sondern nur die Verwendungsdauer der Credite der Vorjahre ausnahmsweise über den 31. December 1882 hinaus erstreckt wurde.

Finanzgesetze für 1884 und 1885.

Für das Jahr 1884 sinkt das Budget bereits auf die Hälfte von 1883 und für 1885 enthält der den Kammern vorgelegte Budgetentwurf für die Wasserstrassen nur 33·71 Millionen, also weniger als in den Jahren 1877 und 1878, und der Bautenminister musste sich verpflichten, keine neuen Bauten mehr in Angriff zu nehmen, sondern nur die begonnenen allgemach zu vollenden.

Wirklich verwendete Summen.

Gesammtausgaben.

Wären alle durch die Finanzgesetze von 1877—1883 für Flüsse und Canäle ausgeworfenen Credite vollständig zur Verausgabung gelangt, die zur Realisirung des Wasserstrassen-Programmes gemachten Ausgaben müssten sich mit Ende 1883 (ohne den Canal im Osten) auf mindestens 400 Millionen belaufen. Thatsächlich betragen sie aber nur etwas über 300 Millionen, nämlich:

Für Verbesserung der Flüsse und Ströme . . . 158,416.251 Fr.
Für Verbesserung der bestehenden Canäle . . 83,535.080 »
Für Herstellung neuer Canäle . . . . 60,300.600 »

Zusammen . 302,312.830 Fr.

Verbesserungsbauten auf den Flüssen.

Unter den 158·4 Millionen für Verbesserung der Flüsse befinden sich: 42,773.000 Fr. für die Vertiefung der Seine in Paris und von Paris bis Rouen, im Voranschlage von 49 Millionen, zu denen das Seine-Departement 6, das Unter-Seine-Departement 1·2 und die Stadt Rouen 0·5 Millionen beitragen; 20,711.000 Fr. für die Canalisirung der Sohne von Port-sur-Saône bis und in Lyon, im Voranschlage von 26 Millionen; 33,200.000 Fr. für die Regulirung der Rhone unterhalb Lyon, im Voranschlage von 45 Millionen. Der Restbetrag von rund 62 Millionen vertheilt sich unter nahezu dreissig verschiedene Flüsse. Zur Fertigstellung all' dieser begonnenen Flussverbesserungen sind nach den Voranschlägen noch gegen 120 Millionen erforderlich. Es dürfte darüber also noch eine Reihe von Jahren verstreichen.

Die 83½ Millionen vertheilen sich unter etwa 25 ältere Ca- *Verbesserungs-bauten auf beste-henden Canälen.* näle und wurden fast ausnahmslos auf Vermehrung der Wassertiefe, Verlängerung der Schleusen, Vervollständigung der Speisungsanlagen verwendet.

Die in Ausführung begriffenen neuen Canäle, sechs an der *Bau neuer Canäle.* Zahl, sind:

Nummer des Programms	G. N. Erkl.	Bezeichnung der Canäle	Länge km	Voran-schlag Mill. Fr.	Ende 1883 verausgabt Fr.
22	a	Scheitelcanal von Donjeux nach Pontailler . . .	151	44	37,128.800
21	b	Oise-Aisne-Scheitelcanal . .	47	15	14,993.400
23	c	Scheitelcanal von Mömpel-gard nach Conflandey . .	82	22	3,080.700
Anhang	d	Zweigcanal von St. Dizier nach Wassy	21	4·8	3,053.400
30	e	Canal vom Havre nach Tan-carville*)	25	19·5	1,530.000
Anhang	f	Verlängerung des Sauldre-Canals	3·5	0·6	574.300
		Zusammen .	329·5	105·9	60,360.600

Bilanz des Wasserstrassen-Programms.

Welchen Nutzen Frankreich aus den bis Ende 1883 verausgabten *Nutzen der veraus-gabten Gelder.* 300 Millionen bisher gezogen hat oder demnächst ziehen wird, wäre schwer zu sagen. Denn ausser dem *Canal de l'Est,* dessen Kosten in den 300 Millionen nicht enthalten sind, und ausser den alten, in den Jahren 1870 und 1880 eröffneten Strecke des Marne-Seitencanals von Saint-Dizier nach Donjeux wurde seit dem Kriege kein einziges Kilo-meter neuer Wasserstrasse eröffnet.

Man hat in der That nach der amtlichen Längenstatistik: *Erzielter und bevor-stehender Zuwachs des Canalnetzes.*

Länge der Ende 1870 im Betrieb stehenden Canäle 4920 km
hievon an Deutschland abgetreten . . . . —401 »

4528 km

Hierzu: Canal im Osten 473, St. Dizier-Donjeux 38 km +511 »
Länge der Ende 1883 im Betrieb stehenden Canäle 5039 km.

---

*) Dieser Canal hätte eigentlich hier übergangen werden können, denn seine Kosten werden im Capitel: Seehäfen verrechnet. Das Departement Seine infr., die Stadt Havre und die dortige Handelskammer leisten zusammen einen Beitrag von 6 Millionen.

In Folge einiger stattgehabten Verstaatlichungen vertheilt sich diese Länge, wie folgt:

Canäle zu Ende 1883	Im Betrieb	Im Entstehen	Zusammen
Auf ewig concedirt	433	.	433
» Zeit »	464	31	495
In Händen des Staates	4142	674	4816
Zusammen .	5039	705	5744

In den 13 Jahren von 1870—1883 hat also das im Betrieb stehende Canalnetz nur um 110 km zugenommen!

Nach verlässlichen Erkundigungen dürfte auch in den Jahren 1884 und 1885 keinerlei Neueröffnung stattfinden. Was die Umbauten anbelangt, so wird bis 1886 der Vollendung der Seine-Arbeiten von Paris ans Meer (3·20 m Wassertiefe) entgegengesehen. Weitere Angaben liegen uns nicht vor. Es ist aber klar, dass, so lange z. B. die letzte Schleuse einer Wasserstrasse nicht erbreitert oder verlängert ist, das auf alle übrigen Schleusen verwendete Capital nutzlos schlummert. Hätte man, anstatt so Vieles gleichzeitig in Angriff zu nehmen, den weisen Rath der Enquête-Commission befolgt und von Anfang an, womöglich schon im Gesetze vom 5. August 1879, eine unwandelbare Reihenfolge bestimmt und eingehalten, wie anders wäre die Lage nunmehr! Aber ein solcher Rath ist leichter zu ertheilen, als zu befolgen, und am wenigsten verantwortlich dafür ist wohl der wechselnde »verantwortliche« Minister.

Rückständige Canäle.

Noch nicht in Angriff genommen sind:

Von den bereits gemeinnützig erklärten Linien:

G. N. Erk. g Chiers-Canal, Sedan-Longwy . . .	85 km	27 Mill. Fr.	
» h Meurthe-Canal, Dombasle-Saint-Dié	70 »	20 » »	
» i Canalisirte Souchez	8 »	1·5 » »	
» k Schelde-Maas-Canal (Nr. 24) . . .	141 »	67 » »	
» l Zweigcanal nach Tourcoing . . .	1·5 »	0·9 » »	
	Zusammen . 305·5 km	116·4 Mill. Fr.	

Von den übrigen Linien des Programms:

Prog. Nr. 25. Loire-Seitencanal, Orleans-Nantes	100 Mill. Fr.
» » 26. Verbindung der Loire mit der Garonne .	100 » »
» » 27. Seitencanal von Thau	5 » »
» » 28. Loire-Seitencanal, Roanne-St. Rambert . .	25 » »
» » 29. Nordcanal	105 » »
	Zusammen . 451·4 Mill. Fr.

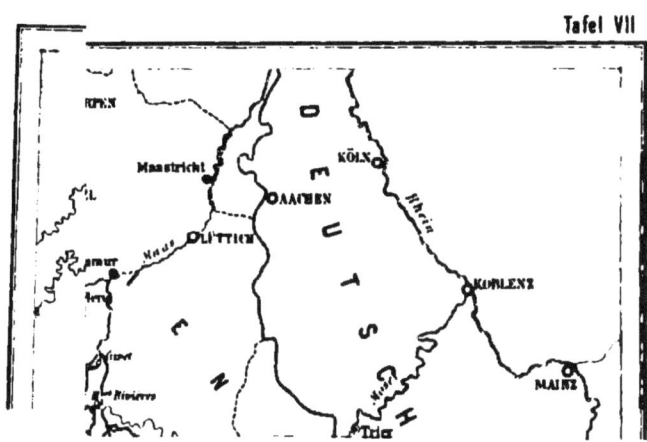

Ob und wann vorstehende Canäle, namentlich die letzteren, noch werden zur Ausführung gelangen? Wer vermöchte es zu sagen? Zum Schlusse eine kleine Parallele.

In derselben dreizehnjährigen Periode, in der das Canalnetz nur 110 km Zuwachs erfuhr, ist das französische Bahnnetz von 17.735 km (Ende 1870) trotz seiner Verluste an Deutschland, Ende 1883 auf 29.452 km (im Betriebe) angewachsen. Die Zunahme beträgt also 11.717 km, **h u n d e r t m a l** so viel, als für die Canäle! *Parallele zwischen Canal- und Eisenbahnbau. Taf. VIII.*

Wäre der Schluss erlaubt: **D i e h e u t i g e n F r a n z o s e n l e g e n d e n E i s e n b a h n e u h u n d e r t m a l m e h r W e r t h b e i, a l s i h r e n C a n ä l e n ?**

12. Capitel.

Bau und Erhaltung der französischen Canäle.

Kosten der älteren Canäle.

In seinem schon wiederholt citirten Werke gibt Lucas die Bau- und Umgestaltungskosten von 56. d. h. fast sämmtlichen Canälen Frankreichs in einer Gesammtausdehnung von 4754 km seit ihrer Entstehung bis Ende 1870. Seine Angaben wurden auch von der Enquête-Commission benützt und sind unstreitig das Verlässlichste, was man über die Baukosten des älteren französischen Canalnetzes überhaupt erfahren kann. Als Durchschnittspreis pro Kilometer findet Lucas 165.300 Fr. und Krantz bemerkt dazu,[*] dass, wenn man die nicht inbegriffenen Kosten des höheren Baupersonals (*Ingénieurs* und *Conducteurs des Ponts et chaussées*), sowie die Intercalar-Zinsen hinzurechne, sich daraus ein Durchschnittspreis von rund 180.000 Fr. (86.400 fl. ö. W.) ergebe. Um letztere Ziffer arithmetisch zu rechtfertigen, muss ein sehr niedriger Zinsfuss und eine sehr kurze Bauzeit angenommen werden. Allein auch die Grundziffer von 165.300 Fr. müsste Bedenken erregen, wenn man sie nicht als historisch-statistisches Resultat, sondern als Grundlage für die Kostenberechnung eines in der Gegenwart auszuführenden Baues auffassen wollte. In der Lucasischen Zusammenstellung sind nämlich auch die Canäle der vergangenen Jahrhunderte, also aus einer Zeit aufgenommen, wo das Geld einen viel höheren Werth hatte. Dann finden sich darin auch einige canalisirte Flüsse, theils als solche benannt, wie z. B. die Oise und die Sambre, theils unbemerkt, wie der im Canal von Berry inbegriffene canalisirte Cher. Aus diesen Gründen, sowie aus Rücksichten der Raumersparniss beschränken wir uns auf nachstehenden, vorzugs-

Herrn Lucas Ermittelungen.

[*] Erster Bericht Nr. 1206, S. 8.

Nördling. Die Wasserstrassen-Frage.   7

Baukosten einiger französischer Canäle.

Er-öffnungs-Jahr	Bau-Be-schluss	Bau-zeit	Bezeichnung der Canäle	Länge km	Breite des Wasser-spiegels m	Wasser-tiefe m	Schleusen Anzahl	Breite m	Länge m	Ausgaben bis Ende December 1870 im Ganzen Fr.	pro Kilometer Fr.
1862	?	?	Colmar-Canal (von Watten an die belgische Grenze)	28·3	11·—	1·65	3	5·20	46·—	1,300,000	47,000
1832	1744	48	Burgunder-Canal (von La Roche an der Yonne nach St. Jean-de-Losne)	242·0	17·—	1·80		5·20	34·—	57,044,000	22,600
1833	1784	49	Rhone-Rhein-Canal (St. Symphorien-Strassburg und Hüningen)	350·1	15·40	1·50	164	5·30	30·30	29,000,000	113,100
1835	1821	14	Ardennen-Canal (v. Vieux-les-Asfeld an die Maas)	100·0	15·20	1·90	44	5·20	37·30	14,640,000	146,700
1836			mit Abzweigung nach Vouziers	57·8	14·90	1·90	14	5·20	33·—	9,910,000	177,600
1834	1830	8	Loire-Seitencanal von Roanne nach Dijon nach Briare, sammt Abzweigungen	206·3	14·90	1·40	38	5·20	34·60	33,946,000	164,500
1839	1822	16		340·0	15·40	1·90	235	4·70	29·40	54,760,000	132,100
1834	1822	14	Canal von Nantes nach Brest	51·5	14·90	1·80	8	5·20	37·—	5,830,000	113,000
1840	1837	68	Aisne-Seitencanal (Vieux-les-Asfeld nach Celles)	175·6	14·50	1·50	116	5·10	33·10	33,532,000	191,000
1841	1837	4	Canal von Nivernais (Auxerre nach Decize)	106·1	14·90	1·90	34	5·20	38·10	16,290,000	73,700
1842	1784		Marne-Seitencanal v. Dizy nach Vitry-le-Fr.	317·5	14·90	1·60	141	5·20	38·10	75,360,000	237,900
1845	1837		v. Vitry nach Saint Dizier							133,300	114,100
1867	1861	6	Marne-Rhein-Canal (von Vitry bis Strassburg)								
1853	1836	16	Garonne-Seitencanal (von Toulouse nach Castets) sammt Abzweigungen	210·6	17·60	2·20	72	6·—	35·50	62,600,000	142,700
1856	1838	17	Aisne-Marne-Canal (von Berry-au-bac nach Condé-sur-Marne)	58·1	15·—	1·65	34	5·20	37·—	20,750,000	357,100
1860	1840	20		13·3	13·40	1·50	1	5·25	30·30	1,633,000	139,300
1864	1861	3	Zweigcanal nach Colmar	76·6	15·—	1·90	30	5·20	38·10	16,040,000	212,000
1866	1861	5	Saar-Seitencanal (v. Saarburg nach Saargemünd)	236·0						433,534,000	

weise nur neuere, in Staatsregie ausgeführte Canäle in ihrer chronologischen Reihenfolge enthaltenden Auszug aus der Lucasischen Tabelle. Wie es Herr Lucas mit der gewiss schwierigen Unterscheidung zwischen Erhaltungskosten und Baukosten gehalten hat, ob dieselbe im Sinne der Erhöhung oder der Erniedrigung der Baukosten gewirkt haben mag, ist nicht bekannt.

Je mehr man sich der Gegenwart nähert, desto höher im Verhältniss zu den Terrainschwierigkeiten gestalten sich die Kosten. Fasst man nur die fünf letzten Linien zusammen, so ergibt sich ein Durchschnittspreis von 201.800 Fr. = 125.700 fl. ö. W.

Und die in Rede stehenden, bis Ende 1870 erhobenen Ausgaben erleiden durch die im Zuge befindlichen Umgestaltungsbauten einen neuen, nicht unbeträchtlichen Zuwachs. Vor Abschluss der Bauten kann natürlich von seiner Feststellung nicht die Rede sein und wir beschränken uns auf die Andeutung, dass, nach den eröffneten Crediten zu schliessen, der Zuwachs z. B. für den Aisne-Marne- und Marne-Rhein-Canal ungefähr 10%, für den Burgunder und Nivernais-Canal 30%, für den Ardennen- und Rhone-Rhein-Canal sogar 40% betragen würde.

Kosten der neuen Canäle.

Die Zunahme der Baukosten tritt noch mehr hervor bei dem 1882 eröffneten Canal im Osten und bei den noch im Bau oder in Vorbereitung befindlichen Linien, deren Voranschlagsziffer amtlich festgestellt ist. Und doch ist kaum anzunehmen, dass die Voranschläge so hoch gehalten seien, dass sie bei der Ausführung nicht werden erreicht werden.

Voranschläge.

Bezeichnung der Canäle	Länge	Kostenvoranschlag		
		im Ganzen	pro Kilometer	
	km	Franken	Fr.	fl. ö. W.
Canal im Osten:				
Canalisirte Maas, erbaut 1874—1880	274	54,230.000	197.900	95.000
Scheitelcanal » 1874—1882	174	48,720.000	280.000	134.000
Zusammen (vergl. S. 47 u. 48)	448	102,950.000	229.800	110.300
Im Bau oder im Entstehen:				
Zweigcanal Saint-Dizier-Wassy	21	4,800.000	228.600	109.700
Scheitelcanal Mömpelgard-Conflandey	82	22,000.000	268.300	128.800
Meurthe Canal, Dombasle-St. Dié	70	20,000.000	285.900	137.200
Scheitelcanal Donjeux-Pontailler	151	44,000.000	291.400	139.800
Chiers-Canal, Sedan-Longwy	85	27,000.000	317.700	152.500
Oise-Aisne-Scheitelcanal	47	15,000.000	319.200	153.200
Schelde-Maas-Canal	111	67,000.000	475.200	228.100
Havre-Tancarville	25	19,500.000	780.000	374.000
Zusammen	622	219,300.000	352.600	169.200

Die beträchtliche Steigerung der kilometrischen Baukosten ist nur bei dem Canal von Tancarville in fühlbarem Grade der stärkeren Dimensionirung zuzuschreiben.

Auch in den vorstehenden Schätzungen sind weder Personalkosten noch Zinsen während der Bauzeit enthalten.

Bauzeit.

Lange Bauzeit der Canäle. In Betreff der Bauzeit ist hervorzuheben, wie lang sie im Allgemeinen gewesen, insbesondere für die Scheitelcanäle: 15 Jahre für den Marne-Rhein-Canal, 17 Jahre für den Garonne-Seitencanal, 20 Jahre für den Aisne-Marne-Scheitelcanal. Finanzielle Rücksichten auf das Gleichgewicht des damaligen Staatshaushaltes und gemächlichere, durch die Locomotive noch nicht aufgerüttelte Gewohnheiten haben dabei mitgewirkt. Allein auch unter entgegengesetzten Verhältnissen, beim Canal im Osten, finden sich 6 Baujahre für die Canalisirung der Maas und 8 Baujahre für den Scheitelcanal. Die längere Bauzeit der Canäle im Vergleich mit den Eisenbahnen muss also mit dem Wesen der ersteren zusammenhängen und erklärt sich auch durch die ganz besondere Sorgfalt, welche sowohl bei der Ausführung des Mauerwerkes, als der Erdarbeiten nothwendig ist, um ihre Wasserdichtheit zu sichern. Und wenn man endlich fertig zu sein glaubt und das *Inwassersetzung der Canäle.* Wasser einleitet, dann beginnt erst recht die Periode der Enttäuschungen. Als man den Rhone-Rhein-Canal füllen wollte und zu diesem Behufe durch die Hüninger Schleuse dem Rhein 20 cbm pro Secunde entnahm, verschwand diese Speisewassermasse so rasch in dem 30 km langen Hüninger Zweigcanal, dass lange kein Tropfen davon in den Hauptcanal, geschweige denn nach Colmar oder Strassburg gelangte. Erst allmälig verschlämmte sich das Canalbett durch den Schlickgehalt des Rheinwassers. Aehnlich ging es mit dem durch die Kreideformation führenden Aisne-Marne-Canal und in der Juraformation auf gewissen Strecken des Marne-Rhein-Canals. Hier hatte man übrigens zum Voraus und mit gutem Erfolg an den bedrohteren Punkten ausgedehnte Betonnirungen vorgenommen; allein wollte man letztere auch auf alle zweifelhaften Strecken ausdehnen, — die so gerne behauptete Wohlfeilheit der Canäle würde noch entschiedener ins Gegentheil umschlagen.

Sommersperre.

Festsetzung der Sperrzeit. Nicht nur allfällige Vollendungs- oder Verbesserungsbauten, auch die gewöhnlichen Erhaltungsarbeiten der Canäle erfordern je und je deren Trockenlegung, trotz der damit verbundenen Schifffahrtseinstellung. In Frankreich ist es eine eingelebte Tradition, dass diese Verkehrseinstellung sowohl auf den Canälen, als auch auf den canalisirten Flüssen in den Sommermonaten stattfindet. Früher erfolgte sie über

Kundmachung der einzelnen Präfecten und da geschah es dann nicht
selten, dass die eine Hälfte einer Wasserstrasse im Juni und Juli,
die andere im August oder September unterbrochen wurde, was zu
gerechten Klagen Anlass gab. Nunmehr werden die Perioden der Be-
triebsunterbrechung (*chômage administratif*) alljährlich im Ministerium
combinirt, und zwar für Nordfrankreich im Einvernehmen mit der
belgischen Regierung, da auf den belgischen Canälen ähnliche Sperrzeiten üblich sind. Es werden schon seit geraumer Zeit ernste Anstrengungen gemacht, um mit eingewurzelten Gewohnheiten zu brechen
und die zur Entleerung der Canäle benützte Sommersperrzeit auf den
einzelnen Wasserstrassen nur mehr alle paar Jahre eintreten zu lassen
und auf ein Minimum zu reduciren, aber welch' überraschenden Um-
fang sie noch im vorigen Jahre hatte, darüber bietet ein amtliches
Document einen überaus belehrenden Einblick.*) Nach demselben
dauerte die Sommersperre im Jahre 1883 unter anderen: Für

Paris-Lyon 1. Route	Canäle von Loing und Briare vom	10. Juli bis	10. Sept.	60	Tage	Dauer der Sommersperre 1883.
	Loire-Seitencanal . . . . »	20. »	» 5. »	45	»	
	Centralcanal . . . . »	10. »	» 5. »	55	»	
Paris-Lyon, 2. Route (Burgunder Canal) . .		20. Aug. »	20. »	30	»	
Paris-Mons u. Charleroy (Canal von St. Quentin)		7. Juli »	6. Aug.	30	»	
Ardennen-Canal		25. Juni »	16. »	50	»	
Marne-Rhein-Canal (westliche Hälfte) . . .		25. »	» 16. »	50	»	
Canal im Osten (canalisirte Maas)		1. Juli »	21. Juli	20	»	
Canalisirte Lot		15. »	» 16. Sept.	60	»	
Flüsse Sarthe		1. »	» 1. Oct.	90	»	

Für die hier aufgeführten Wasserstrassen sind fast ganz die- Sommersperre 1884.
selben Sperrzeiten auch für 1884 bestimmt worden.**) Nur der Burgunder Canal wird dieses Jahr keine Unterbrechung erleiden, dagegen
aber der Canal im Osten, und zwar eine sechzigtägige (15. Juni bis
15. August) in seiner Scheitelstrecke.

   Dabei ist es allerdings möglich, dass die Sommersperren für
1883 und 1884 mit Rücksicht auf die im Zuge befindlichen Umgestaltungsbauten etwas länger bemessen wurden, als es sonst der Fall
gewesen wäre.

Betriebsunterbrechungen durch Frost.

   Ueber die auf den französischen Wasserstrassen durch Eis ver- Allgemeines.
ursachten Unterbrechungen werden, wie es scheint, keine Aufschreibungen geführt und jedenfalls nicht veröffentlicht, weil der Sache dort

---

*) Die soeben (1884) erschienene *Statistique graphique*, Blatt Nr. 23: *Carte
figurative des chômages des voies navigables en 1883*.

**) *Bulletin du Ministère des Travaux publics*, März 1884.

keine Wichtigkeit beigelegt wird und — zu werden braucht.*) Im Norden
und Westen ist eben das Klima, wie in England, ein sehr gemässigtes,
ohne grosse Kälte, wie ohne grosse Hitze. In Brest z. B. sinkt das
Thermometer selten unter Null, und an der Garonne und unteren
Rhone gehören Eisbildungen ohnedies zur Ausnahme. Im Nordosten,
von Lothringen bis ins Berry, sind Fröste allerdings keine Seltenheit,
aber meist von kurzer Dauer, und das ist für die Fahrbarkeit von
Canälen wichtig. Es mag Gegenden geben, die dieselbe Durchschnitts-
Temperatur aufweisen und sich doch in Beziehung auf Schiffsverkehr
verschieden verhalten, wenn nämlich in der einen Gegend vorwiegend
Nachtfröste herrschen, während in der andern die Kälte mehrere Tage
anhält. Im ersteren Falle werden die sich bildenden dünnen Eiskrusten
von den sich bewegenden Schiffen noch zerbrochen und verursachen
keine Unterbrechung, auch wenn die Summe der Eisdicken grösser
wäre, als die einer einzigen (mehr als etwa $2\frac{1}{2}$ cm starken) Eis-
decke, welche die Schiffe festhält und dann nur durch Schmelzen
langsam wieder verschwindet.

Es will damit nicht gesagt sein, dass nicht auch Frankreich je
und je durch strenge Winter heimgesucht werde. So waren um's
Neujahr 1879–80 nicht nur die Seine und ihre Nebenflüsse, sondern auch die Sohne vollständig gefroren und boten hernach das
Schauspiel eines mit Anschoppungen begleiteten Eisganges. Der Unterschied ist aber der, dass solche Erscheinungen in Oesterreich und
Deutschland zu den gewöhnlichen gehören, während ein französischer
Berichterstatter darüber schreiben kann:**) *Ce sont des phénomènes ex-
ceptionnels, presque séculaires!*

Unter solchen Verhältnissen liegen über die durch Eis ver-
anlassten Schifffahrtsunterbrechungen nur sehr wenige concrete, ziffer-
mässige Angaben vor.

In den Enquête-Berichten heisst es: Dass dieselben auf der
Seine durchschnittlich 6—7 Tage im Jahre und auf dem Burgunder
Canal, dem höchstgelegenen unter den französischen Canälen (378 m
Meereshöhe), in 20jährigem Durchschnitt e i n e n Monat betrage.

Auf dem Marne-Rhein-Canal werden die durchschnittlichen Unterbrechungen von den mit der Verwaltung betrauten Ingenieuren folgendermassen geschätzt:***)

Westl. Strecke bei Vitry-le-François (100 m Mrsh.) . 4 bis 5 Tage
Scheitelhaltung bei Mauvages (281 m Mrsh.) . . . 8 » 10 »
Schleusentreppe Mauvages-Toul . . . . 4 » 5 »
Toul-Nanzig (200 m Meereshöhe) . . . . 20 »
Gegen die deutsche Grenze . . . . 30 »

*) Ueber Anregung des Verfassers will sich die amtliche Statistik künftig
auch auf diese *Chômages naturels* erstrecken.
**) *Annales des Ponts et chaussées* 1880.
***) Brief des Herrn E. Jacquind, Insp. général a. D., vom 28. September 1884.

Die mindere Dauer der Unterbrechungen zwischen Vitry und Toul ist nicht sowohl der geringeren Meereshöhe und Entfernung vom Ocean, als dem Umstande zuzuschreiben, dass in der fraglichen Strecke die Speisung aus Quellen und aus Wasserläufen erfolgt, deren verhältnissmässig naher Ursprung dem Speisewasser eine höhere Temperatur sichert. Zur Bekämpfung des Eises wird während der Frostzeit die Speisung nach Möglichkeit gesteigert und unter andern das Ornain-Flüsschen vollständig eingeleitet. Oestlich von Toul erfolgt die Speisung aus der Mosel und Meurthe, deren Wasser in ihrem langen Laufe viel mehr erkaltet ist.

Die vorstehenden Angaben sind wir in der Lage, für den deutsch gewordenen Theil des Marne-Rhein-Canals durch Erhebungen der reichsländischen Behörden zu vervollständigen.

Für die sechs Winter von 1878—1884 (frühere Aufschreibungen fehlen) ergibt sich eine durchschnittliche Unterbrechung, und zwar:

bei Lagarde (Grenze, 235 m Meereshöhe) von . . . 36 Tagen
» Niederweiler(Vogesen-Wasserscheide,262 m Mrsh.)v. 52 »
von Lützelburg (212 m Mrsh.) bis Hochfelden (156 m
Meereshöhe) von . . . . 48 »
bei Wendenheim (Rheinebene, 140 m Mrsh.) von . . 40 »

Ob diese Unterbrechungen in einer einzigen oder in mehreren Perioden erfolgten, ist nicht gesagt.

Für den elsässischen Theil des Rhone-Rhein-Canals fehlen die Rhone-Rhein-Canal. Aufschreibungen bis 1876. — Im Winter 1877—78 dauerte die Unterbrechung, in zwei Perioden, von Strassburg bis zur Napoleonsinsel 30 Tage, von da bis zur Grenze 48 Tage; im Winter 1878 bis 1879, gleichfalls in zwei Perioden, für die nördliche Strecke 45 Tage, für die südliche 37 Tage. Fasst man den Transit ins Auge, so muss man für den ganzen Canal wohl je die längere Dauer in Rechnung ziehen. Für die folgenden Jahre ist die Unterbrechung ohne Unterschied der Strecken constatirt, und zwar für 1879—1880 mit 85 Tagen, für 1880—1881 mit 52 Tagen, für 1881—1882, in zwei Perioden, mit 41 Tagen. In den zwei folgenden Wintern, 1882—1884, erlitt die Canalschifffahrt keine Unterbrechung.

Als siebenjähriger Durchschnitt ergibt sich somit für den Rhone-Rhein-Canal (elsässischen Theil mit der 345 m hohen Wasserscheide) eine Unterbrechung von 39 Tagen.

13. Capitel.

Frankreichs Flüsse und Ströme.

Kosten der Canalisirungen.

Herrn Lucas' Er-
mittelungen.

Wie für die Canäle, so gibt Herr Lucas auch für die canalisirten
Flüsse eine baustatistische Uebersicht, welche 30 solcher Wasserstrassen umfasst, mit einer Ausdehnung von 3,322·0 km, auf welche
bis Ende 1870 die Summe von 249,810.000 Fr., d. i. pro Kilometer
75.200 Fr., verwendet war.

Wenn man in diese Liste auch die canalisirte Oise und
Sambre, welche oben aus den Canälen ausgeschieden wurden, einbezieht und dagegen die maritime Aulne, die mit der Binnenschifffahrt
nichts zu thun hat, sowie einige Nebenflüsse streicht, deren Länge
eingerechnet ist, obwohl ihre Baukosten, weil unbekannt, ausblieben,
so findet man anstatt der obigen Ziffern: 3294·2 km: Ausgaben
254.942.000 Fr.; kilometrische Kosten 77.400 Fr.

Vom statistisch-buchhalterischen Standpunkte ist an diesem
Ergebniss wohl nichts auszusetzen; aber man wäre groben Irrthümern
ausgesetzt, wollte man es als Grundlage eines Kostenvoranschlages
verwenden. Da der factische Verkehr den sichersten Probirstein der
Leistungsfähigkeit bildet, so werden wir den vorliegenden Flusscomplex
zunächst in drei Kategorien zerlegen: I. Flüsse mit einer jährlichen
Circulation von mehr als 100.000 t; II. solche mit einer Circulation
von 10.000 bis 100.000 t; endlich III. solche mit einer Circulation
von weniger als 10.000 t.

Eintheilung der
canalisirten Flüsse
in drei Kategorien.

Canalisirte Flüsse	Länge	Baukosten bis Ende 1870	Kilometrische Kosten	
	km	Franken	Franken	fl. ö. W.
III. Circul. unter . . . . , 10.000 t	613·1	31,750.000	51.800	24.900
II. » von 10.000—100.000 t	1024·1	53.710.000	49.100	23 600
I. über . . . 100.000 t	1587·0	169.482.000	106.800	51.300
Zusammen .	3294·2	254.942.000	77.400	37.100

Vergleichung der III.
Kategorie mit den
Landstrassen.

Wenn man bedenkt, dass auf den französischen Landstrassen
noch gegenwärtig durchschnittlich 40.000 Tonnen Nutzlast jährlich
verkehren, so wird man wohl sagen können, dass ein Verkehr von

weniger als 10.000 t für eine Wasserstrasse gleich Null zu rechnen
ist und dass die auf die Flüsse der III. Kategorie verwendeten
31.750.000 Fr. nunmehr als verloren zu betrachten sind. Es ist das
kein Vorwurf gegen die Männer, die im 17. Jahrhundert den Schleusen-
bau auf dem Lot, dem Tarn, welche in die III. Kategorie fallen,
beginnen liessen; sie konnten nicht ahnen, dass 200 Jahre nachher
die Eisenbahnen erfunden werden würden. Anders freilich stellt sich
die Frage in Betreff der Millionen, welche neuester Zeit wieder auf
diese und andere Flüsse der drei Kategorien verwendet werden. Der Vergl. Beilage A.
Verkehr auf dem Lot und dem Tarn, der 1868 noch 16.200 und
4000 Tonnen betrug, ist im Jahre 1883 bereits auf 7600 und 450
gesunken und man wird ihn wohl vergeblich zu galvanisiren suchen.

Nicht viel besser steht es um die Flüsse der II. Kategorie, in   II. Kategorie.
der sich die Charente, die Dordogne, die Mayenne, Sarthe u. s. w.
befinden. Auch auf diesen Flüssen ist der Verkehr fast ausnahmslos
in merklichem Rückgange begriffen. Und selbst eine Circulation von
100.000 Tonnen ist der Mühe kaum werth für eine Wasserstrasse.
Ein solcher Verkehr (mit ¼ Rückfracht) wird ja von 10 täglichen
Eisenbahnwägen bewältigt! Man kann also wohl sagen, dass auch
die obige II. Kategorie Flüsse bereits von den sie umklammernden
Eisenbahnen ausgesogen ist, dass das darin investirte Capital von
53·7 Millionen heute nicht mehr fructificirt.

Wir kommen nun zu den canalisirten Flüssen I. Kategorie und   Canalisirungskosten
lassen darüber die von Lucas gegebenen Ziffern mit jenen der neuesten   der Flüsse I. Kate-
Verkehrsstatistik folgen.   gorie.

Man sieht aus dieser Zusammenstellung, dass die wichtigsten
canalisirten Flüsse bis Ende 1870 durchschnittlich 106.800 Fr. =
51.300 fl. ö. W. pro Kilometer, also ungefähr 60% der Canäle, gekostet haben. Diese Kosten werden aber noch durch die im Zuge
befindlichen Um- und Vervollständigungs-Bauten (vergl. S. 94) zum
Theil sehr beträchtlich erhöht werden.

Canalisirungs-Kosten der Flüsse I. Kategorie.

Strom-gebiet	Fluss	Endpunkte	Länge im km	Verkehr im Jahre 1882 Tonnen	Wassertiefe nor-male Meter	ge-ringste	Schleusen Anzahl	Breite Meter	Länge	Gesammt-Ausgaben b. Ende 1870 Franken	Kilometrische Baukosten Fr.	d. a. W.
Nordsee	Aa	von Saint-Omer nach Gravelines	29.3	646,600	2.—	2.—	1	3.50	42.—	4,301,000	146,700	70,400
	Schelde	Cambray an die belgische Grenze	63.1	1,367,700	2.—	2.—	16	3.50	38.—	6,300,000	103,000	49,400
Schelde	Lys	Aire bis an die Deule	33	140,500	1.30	1.50	6	5.20	37.—	3,400,000	64,200	30,800
	Scarpe	Arras an das Scarpe-Fort	30.8	303,000	1.30	1.30	12	4.30	33.20	2,300,000	64,500	31,350
	Scarpe	vom Scarpe-Fort an die belgische Grenze	36.1	393,501	1.45	1.65	6	5.20	42.—	2,220,000	61,500	29,500
Maas	Sambre	von Landrecies	34.4	27,680	2.—	2.—	9	3.10	41.90	3,000,000	55,100	26,400
	Maas	Marcilly über Montereau nach Paris	141.6	984,500	1.50	0.80	20	7.70	44.—	17,700,000	97,500	46,800
Seine	Seine	in Paris	12.8	1,464,500	2.—	2.—	1	12.—	120.—	12,200,000	953,100	457,500
		von Paris nach Rouen	235.5	699,000	2.—	1.10	8	10.—	105.—	26,700,000	113,400	54,400
		Rouen ans Meer	125	1,479,400	2.—	2.—	20	12.—	120.—	12,500,000	100,200	48,000
	Oise	Janville bis an die Seine	104.2	1,600,900	2.—	4.—	7	51.—	51.—	2,762,000	26,500	12,700
	Aisne	Condé-sur-Vailly bis an die Oise	56.5	386,400	1.60	1.60	7	8.—	51.—	3,290,000	56,600	27,200
	Marne	Dizy bis an die Seine	17.8	181,700	1.60	1.60	22	5.20	38.70	24,000,000	134,600	64,700
	Yonne	Auxerre bis an die Seine	112.8	140,900	1.40	0.80	20	8.30	101.—	16,000,000	142,600	68,500
Rhone	Seine	Bray bis an die Rhone	314	32,200 / 234,500	1.60	0.80	17	5.20	35.—	33,000,000	105,100	50,400
		Zusammen	1387							169,082,000	106,800	51,300

Relativer Werth der Canäle und canalisirten Flüsse.

Anderntheils entsteht die Frage, ob die canalisirten Flüsse auch dieselben Dienste leisten, wie die Canäle? Für die obenanstehenden flandrischen Flüsse mit schwachem Gefäll und geringen Hochwässern mag sie allenfalls bejaht werden; schon zweifelhafter wird sie für die Seine, besonders den oberen Theil von Marcilly bis Montereau; und verneint muss sie werden für die Mehrzahl ihrer Zuflüsse! *Die Seine*

Wir haben oben gesehen, dass die Klagen über die Oise- und *Die Oise und Aisne.* die Aisne-Schifffahrt als Hauptgründe geltend gemacht wurden für den Bau des Oise-Aisne-Scheitelcanals und eines zweiten Nordcanals. Da die Aisne in der fraglichen Strecke nur 17, die Oise sogar nur 13 cm pro Kilometer, also sehr vortheilhafte Gefälle aufweist, so muss die Schuld an den Schwankungen der Wassertiefe liegen.

Was die Yonne anbelangt, so waren auf derselben bereits be- *Die Yonne.* deutende Umgestaltungs- und Vervollständigungsbauten in vollem Zuge, als im Laufe des Jahres 1884 das *Conseil général des Ponts et chaussées* entschied, dass von ihrer Mündung in die Seine aufwärts bis Laroche (Mündung des Burgunder Canals) auf 90 km das Flussbett der Yonne gänzlich zu verlassen und ein ununterbrochener Seitencanal anzulegen sei. Auch über die, als Bestandtheil des Canals im Osten ausgeführte Canalisirung der Maas hörte der Verfasser im Jahre 1883 *Die Maas (Canal im* in Nanzig aus sehr competentem Munde ein abfälliges Urtheil. Die *Osten).* erzielte Bauersparniss stehe ausser Verhältniss zu der Erschwerung der Bergfahrt durch die Strömung des Wassers und zu den durch die Hochwässer verursachten Störungen. Ja auch in Betreff der in voller Ausführung begriffenen, auf mindestens 45 Millionen veran- schlagten Regulirungsarbeiten der Rhone zwischen Lyon und Arles *Die Rhone.* werden immer wieder Zweifel laut über die Möglichkeit des end- lichen Gelingens, und Stimmen zu Gunsten des von der Enquête- Commission in Vorschlag gebrachten, wenn auch sehr theueren Seitencanals.

Gefälls- und Hochwasser-Verhältnisse.

Da die Lösung der einschlägigen Fragen wesentlich von den Gefälls- und Hochwasser-Verhältnissen bedingt ist, so dürften zur besseren Orientirung einige Daten über die besprochenen Flussstrecken nicht unerwünscht sein. Dieselben sind theils dem *Cours de navigation intérieure* an der *Ecole des Ponts et chaussées* von Malézieux, theils den Enquête-Protokollen entnommen.

Gefälls- und Hochwasser-Verhältnisse einiger französischen Flüsse.

NB. Die Entfernungen und Gefälle beziehen sich immer auf die ganze, je durch horizontale Striche begrenzte Strecke; die Abflussmengen theils auf die Strecke, theils auf ihre Endpunkte, je nach der Stellung der Ziffern. — Die Ortschaften folgen sich in der Ordnung von der Quelle zum Meer.

Flüsse	Städte und sonstige Punkte	Ent- fer- nung	Kilo- metri- sches Gefäll	Abflussmengen in der Secunde		Ver- hält- niss
				bei Nieder- wasser	bei Hoch- wasser	
		km	cm	cbm		
Schelde	von Cambray an die belg. Grenze	63	47			
Lys	von Aire an die Deule	53	15			
Sambre	von Landrécies an die belg. Grenze	54	21			
	Auxerre (Canal von Nivernais)	27	66	13	500	1 : 38
Yonne	La Roche (Burgunder Canal)	93	34	17	1000	1 : 60
	Seine bei Montereau					
	Dizy (Marne-Seitencanal)					
	Château-Thierry	171	16	8	950	1 : 119
	Lagny	23	20			
Marne	Joinville-St. Maur	13*)	30	14	1500	1 : 107
	St. Maurice	4	55			
	Seine					

*) Durch den bekannten Canaltunnel von St. Maur abgeschnitten.

Aisne	Condé (Aisne-Seitencanal)	57	17			
	Oise					
Oise	Jauville			4·5		
	Aisne-Mündung	104	13	19		
	Seine bei Conflans					
Seine	Marcilly (Aube-Mündung)	89	23	10	300	1 : 30
	Montereau (Yonne-Mündung)	98	19	27	1300	1 : 48
	Paris	242	10	90*)	3300	1 : 37
	Rouen	105	6			
	Meer					

*) 1858 nur 48 cbm.

Flüsse	Städte und sonstige Punkte	Ent-fernung	Kilo-metri-sches Gefäll	Abflussmengen in der Secunde		Verhält-niss
				bei Nieder-wasser	bei Hoch-wasser	
		km	cm	cbm		
Loire	Roanne (oberes Ende d. Seitencls.)					
	Digoin (Centralcanal)					
	Decize (Canal von Nivernais)	178	58			
	Allier-Mündung					
	Briare (Canal von Briare)	95	45	30	9000	1 : 300
				40	8660	1 : 216
	Orleans (Canal von Orleans) . . .	83	41	45	7500	1 : 167
	Cher-Mündung	141	37			
	Saumur	50	28	103	6300	1 : 61
	Ponts-de-Cé bei Angers	42	19	110	6100	1 : 55
	Meer	139	11	300	6100	1 : 20

Die Hochwasserangaben beziehen sich auf das Hochwasser 1856, das höchste bekannte. Dass die pro Secunde abfliessende Hochwassermasse der Loire nach unten stets vermindert, ist wiederholt beobachtet und durch verschiedene Gründe erklärt worden. Das Gefälle der Loire nimmt von ihrer Quelle bis ans Meer ganz regelmässig ab.

Flüsse	Städte und sonstige Punkte	Ent-fernung	Kilo-metri-sches Gefäll	Abflussmengen in der Secunde		Verhält-niss
Saône	Port-sur-Saône (Canal im Osten) .	116	77	8	1200	1 : 150
	Ray	82	26			
	Gray			15	1500	1 : 100
	Pontailler (Marne-Sohne-Canal)					
	St. Symphorien (Rhone-Rhein-Canal)	115	14			
	St. Jean-de-Losne (Burgunder Canal)					
	Verdun (Doubs-Mündung)					
	Chàlon s. S. (Centralcanal)	131	4	40	3000	1 : 75
	Trévoux					
Rhone	Lyon (Vereinig. d. Sohne u. d. Rhone)	35	20	60	4000	1 : 66
				235	8000	1 : 34
	Arles . . .	283	55	500	13.900	1 : 28
	Mittelländisches Meer	48	5			

Von Gray bis Trévoux (246 km) ist die Sohne wohl der schiffbarste Fluss Frankreichs. In Folge einer seltenen Anomalie nimmt das Gefälle unterhalb Trévoux (St. Bernard), noch mehr aber unterhalb Lyon wieder stark zu und macht aus der Rhone einen reissenden Strom.

Flüsse	Städte und sonstige Punkte	Ent-fernung	Kilo-metri-sches Gefäll	Abflussmengen in der Secunde		Verhält-niss
Garonne	Toulouse			37	4800	1 : 133
	Moissac (Tarn-Mündung)	84	61			
	Aiguillon (Lot-Mündung)	84	60	8500		
	Castets (Ende des Seitencanals) . .	70	31	86	7500	1 : 88
	Bordeaux . .	54	4			
Gironde	Ocean	100	2			

Die Gironde aus d. Zusammenflusse d. Garonne und Dordogne gebildet ist bis 16 km breit.

Die vier Ströme Frankreichs.

Die Seine.

Von den vier grossen Strömen, zu deren Verlängerung und Verbindung das gesammte französische Canalnetz ersonnen und ausgeführt worden ist, besitzt dermalen nur noch die Seine mit einer Circulation von 1—2 Mill. Tonnen oberhalb Paris und von 700.000 t unterhalb Paris den factischen Charakter einer grossen Wasserstrasse.

Die Loire.

Die Loire ist bereits auf 270 km zwischen Roanne und Briare durch Seitencanäle ersetzt und in ihrem mittleren, 300 km langen Theile, wo ihr Verkehr nur noch 7000 t beträgt, also so gut als aufgehört hat, ist sie als Wasserstrasse aufgegeben. Man hat den Kampf gegen den Wassermangel und die Geschiebe als nutzlos erkannt und wird sich glücklich schätzen, wenn es gelingt, die reichen Städte und Thalgefilde durch standhafte Deiche gegen die Hochwässer zu schützen, der Binnenschifffahrt aber einen weiteren Seitencanal zu eröffnen.

Die Garonne.

Die Garonne ihrerseits ist auf ihre ganze Länge von Toulouse bis zu ihrem Fluthgebiete (Castets) durch einen Seitencanal ersetzt und besitzt nur noch eine Circulation von 22.100 t.

Die Rhone.

Die Rhone endlich hat auf ihren oberen 154 km nur 03.400 t und zwischen Lyon und Arles 190.000 t Circulation. Die Schifffahrt zu Berg hat mit der reissenden Geschwindigkeit von 3—4 m zu kämpfen und am Ende wird, wie schon oben bemerkt, auch nichts übrig bleiben, als zu der *ultima ratio*, dem Seitencanal, zu greifen oder auf die Schifffahrt zu verzichten und das Wasser, wie es mehrseitig begehrt wird, zu Bewässerungen zu verwenden.

Eine offene Frage.

Diese ziemlich trostlose Lage der drei grössten französischen Ströme ist wohl geeignet, darzuthun, dass die Canalisirung oder Regulirung der Flüsse noch keine allgemeine Lösung gefunden hat und dass man sich hüten muss, dieselbe zum Schlagwort zu erheben.

Niveau-Kreuzungen von Flüssen.

Project eines Loire-Aquäductes bei Briare.

Noch ein Umstand zeigt, wie die Franzosen die Flüsse zu meiden anfangen. In Briare mussten bisher die vom linksufrigen Loire-Seitencanal kommenden Schiffe die Loire kreuzen, um sich in den rechtsufrigen Canal von Briare zu begeben, und umgekehrt.

Da die Einmündung des Briare-Canals ungefähr 800 m unterhalb jener des Seitencanals liegt, insbesondere aber die Bergfahrt auf dem Zwischenstück der Loire von Anfang an Schwierigkeiten bot, so wurde schon vor 40 Jahren vorgeschlagen, den Canal von Briare um 1½ km zu verlängern und ihn mittelst zweier Schleusen mit der Loire zu verbinden, der einen bereits vorhandenen, 800 m unterhalb, der andern, neuzuerbauenden, ebensoviel oberhalb der Einmündungsschleuse des gegenüberliegenden Seitencanals. Auf diese Weise hätten die, die Loire kreuzenden Canalschiffe, indem sie abwechselnd die obere und die untere Schleuse von Briare benützt hätten, die Stromrichtung niemals gegen sich gehabt. Anstatt dieser Verbesserung soll nunmehr die Verbindung zwischen den beiderseitigen Canälen durch Erbauung einer zweispurigen Canalbrücke über die Loire bewerkstelligt werden. Obwohl das bereits vorliegende Project auf nicht weniger als 14 Mill. Fr. veranschlagt ist, dürfte es doch zur Annahme gelangen, »da von seiner »Ausführung ein gänzlicher Umschwung in dem Wasserverkehr zwischen »Paris und Lyon erwartet wird«.

Weiter oben, bei Digoin, communicirt derselbe Loire-Seitencanal (Circulation 416.3C0 t) schon seit Anbeginn mittelst eines ähnlichen Aquäductes über die Loire mit dem auf dem jenseitigen, rechten Ufer beginnenden Centralcanal (Circulation 433.400 t). *(margin: Loire-Aquäduct bei Digoin.)*

Bei Decize, zwischen Digoin und Briare gelegen, besteht eine dritte Schiffsverbindung zwischen beiden Loire-Ufern, und zwar diese wieder »im Niveau«, zur Herstellung des Verkehrs zwischen dem Seitencanal und dem Canal von Nivernais. Hier wurde auf der rund 2 km langen, durch ein bewegliches Wehr gesicherten Zwischenstrecke der Loire ein Tauereibetrieb eingerichtet. Bei der geringeren Wichtigkeit des (nicht immatriculirten) Canals von Nivernais (Circulation 111.800 t) scheint diese Lösung keiner Anfechtung zu unterliegen. *(margin: Loire-Kreuzung bei Decize.)*

Tauerei auf Flüssen und Canälen.

Im Allgemeinen hat die Tauerei in Frankreich, insbesondere auf den Canälen, keine grosse Ausdehnung gewonnen, wie aus nachstehender, aus amtlicher Quelle stammenden Tabelle zu ersehen:

Im Juni 1884 bestehende Tauerei-Betriebe.

(Services de touage à chaîne noyée.)

Decrete*) oder Ministerial-Erlässe	Wasserstrassen	Endpunkte	Entfernung km	Bemerkungen
		a) Flüsse.		
D. 6. April 1854	Seine u. Oise	Paris-Pontoise . .	83	Société du touage de la Basse-Seine et de l'Oise, mit 30jähr., später auf 50 Jahre verlängerter Concession.
D. 13. Aug. 1856	Seine	Paris-Montereau	104	Comp. du touage de la Haute-Seine mit 30jähr. Concession.
D. 25. Juli 1860	„	Conflans (Oise-Mündung)-Rouen . .	172	Comp. du touage de Conflans à la mer, mit 30jähr. Concession.
D. 6. März 1869	Loire	Kreuzung bei Decize zw. d. C. v. Nivern. u. d. Loire-Seit.-Cl.	2	30jährige Concession.
D. 18. Jän. 1873	Yonne	Montereau La Roche (Mündg. d. Burg. Cls.)	90	50
		Zusammen .	451	

*) Die französischen »Decrete« sind vom Staatsoberhaupte gefertigt.

Decrete oder Ministerial-Erlässe	Wasser-strassen	Endpunkte	Entfer-nung km	Bemerkungen
		b) Canäle.		
Erl. 28. Jän. 1865	St. Quentin	Scheitelhaltung (mit zwei Tunneln) .	20	Staatsregie.
D. 28. April 1866	Burgunder	Scheitelhaltung (mit dem Tunnel von Ponilly, ...	6	
D. 21. Juni 1878	Marne-Rhein	Scheitelhaltung (mit dem Tunnel von Mauvages) . . .	9	»
D. 15. März 1880	im Osten	Tunnel bei Ham, an der Maas . . .	1?	»
D. 24. Jän. 1882	Oise-Seiten-canal	Chauny-Janville .	34	30jähr. Concession, deren Betrieb jedoch noch nicht eröffnet zu sein scheint.
			70	

Ausser den obigen Decreten finden sich auch noch andere in den Verordnungssammlungen; dieselben scheinen aber ihre Wirksamkeit nicht erlangt oder wieder verloren zu haben.

Der bis jetzt auf Canaltunneln beschränkte Tauereibetrieb in Staatsregie ist ein ausschliesslicher, d. h. es wird ausser dem Dampfbetrieb kein anderes Förderungsmittel gestattet. Letztere Bestimmung ist schon durch die Einspurigkeit der fraglichen Tunnel bedingt, deren Hauptdimensionen wir hier folgen lassen:

Tunnel von St. Quentin. — Gewölbsdurchmesser 8 m, lichte Höhe (inclusive Wassertiefe) 8 m, Breite des Fahrwassers 6·60 und des Leinpfades 1·40 m.

Tunnel von Arzweiler (franz. Archewiller), nunmehr im Reichslande. — Gewölbsdurchmesser 8 m, lichte Höhe (immer inclusive Wassertiefe) 8·70, Breite des Fahrwassers 6 m und des Leinpfades 1·30 m.

Tunnel von Mauvages. — Gewölbsdurchmesser 7·80 m, lichte Höhe 8 m, Breite des Fahrwassers 6·10 m und des Leinpfades 1·40 m. Die verwendeten Dampfmaschinen sind ohne Feuer und Rauch nach dem System Francq, das auch auf dem Tramway von Rueil nach Port-Marly im Gebrauch ist. Das Wasser in den Dampfkesseln wird auf der Fahrt ausserhalb des Tunnels auf mehrere Atmosphären Druck überhitzt. Die Fahrt durch den 4877 m langen Tunnel geschieht in Zügen von 20 bis 25 Schiffen und dauert rund 4 Stunden. Die Geschwindigkeit beträgt also nur 1·2 km pro Stunde.

Tunnel von Pouilly. — Gewölbsdurchmesser 6·20 m, lichte Höhe 6·65 m, Breite des Fahrwassers 6 m. Ein Leinpfad ist nicht vorhanden.

Tunnel von Ham. — Gewölbsdurchmesser 6·40 m, lichte Höhe 7·20 m, Breite des Fahrwassers 6·40 m. Auch hier besteht kein Leinpfad.

Die vorhandenen, die Fahrrinne verengenden Leinpfade sind, dem Vernehmen nach, seit Einführung der Tauerei abgetragen worden. Ein in früherer Zeit in den Tunneln ohne Leinpfad beliebtes Förderungsmittel soll einfach darin bestanden haben, dass sich die Schiffer oben auf der Schiffsladung auf den Rücken legten und sich mit den Füssen an die Gewölbsleibung stemmten.

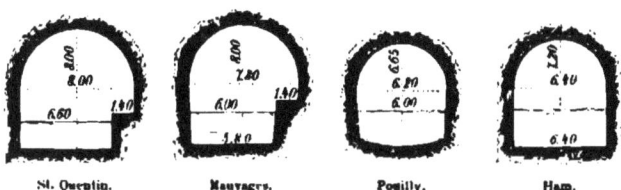

St. Quentin.   Mauvages.   Pouilly.   Ham.

Die concedirten Tauerei-Unternehmungen dürfen auf Grund ihrer *Privatbetrieb.* Bedingnisshefte keine andere Zugsweise behindern.

Die einzuhebenden Tarife sind durch die Decrete bestimmt und *Tauerei-Gebühren.* beruhen auf sehr abweichenden Grundlagen.

Für die Unter-Seine (Decret vom 25. Juli 1860) lautet der Tarif: Wenn die Schiffe mindestens zur Hälfte beladen sind, für das Tonnenkilometer Nutzlast 1 Ctm. zu Berg, 0·4 Ctm. zu Thal. Leere Schiffe zahlen 20 bis 50 Ctms. pro Kilometer, je nach ihrer Tragfähigkeit.

Auf dem Marne-Rhein-Canal (Decret vom 21. Juni 1878) beträgt der Preis ¹/₂ Ctm. pro Tonnenkilometer. Leere Schiffe sind frei, wenn sie sich an beladene anhängen.

Für den Oise-Seitencanal (Decret vom 24. Jänner 1882) berechnet sich die kilometrische Tauereigebühr nach doppelter Grundlage: nämlich 0·12 Ctm. für jede Tonne Tragfähigkeit (*jauge possible*), also auch für leere Schiffe, und ebensoviel für jede Tonne Nutzlast (*chargement effectif*).

Auffallenderweise besteht auf der Rhone noch kein Tauereibetrieb, *Tauerei-Versuche* obwohl man sich dort in Folge des reissenden Wassers ganz besondere *auf der Rhone.* Dienste von derselben versprechen sollte. Es erklärt sich das aus dem Umstande, dass die in fortwährender Bewegung befindlichen Rhonegeschiebe die versenkte Kette sehr rasch verschütten. Nun wurde aber im vorigen Jahre unter der Leitung des berühmten Panzerschiffbaumeisters (*Ingénieur des constructions navales*) Dupuy de Lôme ein höchst interessanter Versuch gemacht, dessen Gelingen nach einer der franz. Akademie der Wissenschaften am 22. Oct. 1883 gemachten Mittheilung ganz neue, unverhoffte Perspectiven eröffnet.*) Es handelt sich nicht mehr um eine auf die ganze Länge des zu befahrenden Stromes versenkte Kette, sondern um eine Kette ohne Ende (*chaîne sans fin*) *a b c d e f*, welche etwas mehr als zweimal so lang ist als das Schiff und von diesem selbst mitgebracht wird.

Die durch den Versuch klargestellte Thatsache ist, dass die Reibung des auf dem Boden liegenden Stückes *a b* der 46 kg pro laufendes Meter wiegenden Kette gross genug ist, um dem stromaufwärts tauernden Schiffe den nöthigen Rückhalt zu bieten, obwohl die Rhone

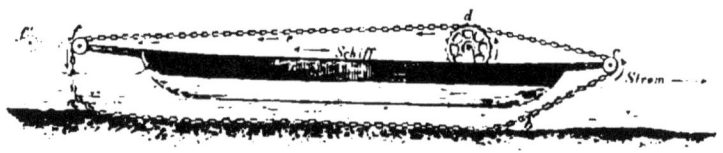

auf der Versuchsstrecke ein Gefälle von 73 cm pro Kilometer, eine von 1·50 — 6·50 m wechselnde Tiefe und Strömungen von 3 m pro Secunde aufwies. Um Verwirrungen der Kette auf dem Grunde zu vermeiden, war eine besondere Vorrichtung getroffen, um bei wechselnder Wassertiefe durch horizontale Verschiebung der Rolle *f* nach *f'* die Spannung der Kette entsprechend ändern zu können. Die erwähnte Reibung der Kette auf dem Grunde beträgt nach anderweitigen Versuchen nicht weniger als 83 bis 120°/₀ des Gewichtes (in der Luft gewogen) des aufliegenden Theiles der Kette.

Des leichteren Verständnisses halber war bisher nur von einer einzigen Kette die Rede, aber thatsächlich wirkten bei dem Versuche zwei gleiche, unter sich völlig unabhängige Ketten, eine auf jeder Seite des Schiffes und von zwei verschiedenen Locomobilen getrieben. Um eine vollkommene Steuerung zu erzielen, genügte es, eine der Ketten schneller laufen zu lassen, als die andere.

Soweit der fragliche Versuch, der nicht im Kleinen, sondern mit einem gehörig adaptirten, 33 m langen Rhoneschiff angestellt wurde.

*) *Annales des Ponts et chaussées 1883.*

14. Capitel.

Wasserstrassen-Verstaatlichung, Wassermauth und Schiffsfracht.

Nicht verstaatlichte Wasserstrassen.

In Ausführung des Art. V des Gesetzes vom 5. August 1879 (Programm Freycinet) wurden noch einige Canäle eingelöst, so insbesondere der Canal von Beaucaire. Abgesehen von unbedeutenden Nebenlinien, befinden sich dermalen nur noch nachstehende Wasserstrassen in Händen von Concessionären: *Noch nicht eingelöste Concessionen.*

Immatriculirungs- Nummer	Benennung der Wasserstrassen	Länge km	Circulation 1882 Tonnen	Ende der Concession
2	Canalisirte Sambre	54	393.500	1890
2	Sambre-Oise-Canal	67	374.600	1937
—	Oureq-Canal	108	260.900	ewig
—	Canal St. Denis	7	1,168.200	»
—	Canal St. Martin	5	526.600	»
17	Garonne-Seitencanal	204	120.700	1960
17	Canal du Midi	279	124.400	ewig
		724	—	

Die von den Concessionären auf der canalisirten Sambre und dem Sambre-Oise-Canal contractmässig eingehobene Wassermauth beträgt 3 Centimes pro Tonnenkilometer für Kohle, etwas weniger für Steine u. s. w. und sichert den Concessionären einen jährlichen Reinertrag von rund 550.000 Fr. für die Sambre, von 800.000 Fr. für den Canal. So hoch die Mauth auch erscheint, hindert sie doch nicht einen namhaften Verkehr, und die Enquête-Commission, so sehr sie auch die Einlösung wünschte, war der Ansicht, der Staat könne seine Gelder nutzbringender verwenden, zumal die eine Concession in 6 Jahren abläuft. *Die Sambre und der Sambre-Oise-Canal.*

8*

Die drei Canäle von St. Denis, St. Martin und Ourcq vereinigen
sich in dem, am höchsten Punkte der Stadt Paris gelegenen, sehr
beliebten Hafenbecken der Villette und bilden insoferne ein untrennu-
bares Ganzes, als der Ourcq-Canal der Zubringer für die beiden anderen Canäle ist. Alle drei gehören auf ewige Zeiten der Stadt Paris
und es ist um so weniger Grund, an diesem Verhältnisse etwas zu
ändern, als die Interessen der Schifffahrt mit jenen der Hauptstadt
Hand in Hand gehen und 'die drei Canäle keinen integrirenden Bestandtheil einer Hauptwasserstrasse bilden und auch nicht als solche
immatriculirt sind. Auf den Canälen St. Denis und St. Martin wird
für die hauptstädtische Casse eine Wassermauth von fast 10 Centimes pro Tonnenkilometer eingehoben, deren Höhe nur durch die
Kürze dieser Canäle erträglich wird.

Dass sich der Midi- und Garonne-Seitencanal in Händen der
Südbahngesellschaft befinden und nur gleichzeitig mit der Eisenbahn
eingelöst werden können, wurde oben erläutert, auch dass dieses Verhältniss zu scharfer Kritik Anlass gegeben. Zum richtigen Verständniss der Sachlage muss hervorgehoben werden, dass die Südbahngesellschaft keine eigenen Schiffe besitzt; dass ihre Canäle gerade wie
die Staatscanäle Jedermann offen stehen und unter Staatsaufsicht von
der Gesellschaft in gutem Zustande erhalten werden müssen; dass
mit einem Worte kein anderer Unterschied besteht, als dass die
Wassermauth von der Bahngesellschaft in erhöhten Sätzen eingehoben
wird und in dieselbe Casse fliesst, wie die Bahneinnahmen.

Die Wassermauth ist folgendermassen normirt:

Auf dem Midicanal (279 km lang) bestehen 5 Classen zu 6. 5,
4, 3 und 2 Centimes pro Tonnenkilometer, wovon die oberste In-
dustriefabricate, die zweite Wein, Eisen u. s. w., die letzte Eisenerze
u. s. w. enthält. Nach einer Mittheilung der Direction hat die im
Jahre 1883 factisch eingehobene Mauth im Durchschnitte 3·74 Centimes pro Tonnenkilometer und die Gesammteinnahme 1,148.853 Fr.
betragen. Es entspricht dies einer kilometrischen Roheinnahme von
4119 Fr.

Auf dem Seitencanal (204 km) bestehen nur zwei Güterclassen,
dagegen aber ein Unterschied zwischen Berg- und Thalfahrt, wegen
der parallel fliessenden Garonne. Für die I. Classe (Wein, Getreide,
Eisen u. s. w.) beträgt die gesetzliche Mauthgebühr 4 Centimes zu
Berg, 3 zu Thal; für die II. Classe (Kohle, Kalk, Erz u. s. w.) 3 Centimes zu Berg und 2 zu Thal. Factisch eingehoben wurden voriges
Jahr im Durchschnitte 2·56 Centimes. Die Gesammteinnahme betrug
814.003 Fr., d. i. 3903 Fr. pro Canalkilometer.

Beide Canäle zusammen (483 km) haben für das Jahr 1883
nachstehende Betriebsresultate ergeben:

Betriebsergebnisse 1883 des vereinigten Midi- und Garonne-Seitencanals	Im Ganzen	Pro Kilometer
	Franken	
Einnahmen.		
Wassermauth für Frachtgüter	1,563.730	3237
» » leere Schiffe, leere Fässer und Verschiedenes	63.700	132
Verschiedene Einnahmen, und zwar:		
Verpachtung der Fischerei 4.160		
Verpachtung der Böschungen (Gras) . . 47.825		
Miethe aus Grundstücken u. Gebäuden 39.653		
Baumpflanzungen 66.099	334.367	701
Ertrag der Werkstätten 32.625		
Wasserkräfte 86.048		
Bewässerungen 36.731		
Stempel u. s. w. 25.226		
Gesammteinnahmen .	1,965.857	4070
Ausgaben.		
Centralverwaltung 97.763		
Steuern, Assecuranz u. s. w. 117.346	1,072,083	2219
Erhaltungsarbeiten 797.408		
Mautheinhebung 59.566		
Reinertrag .	893.774	1851

Der Reinertrag beider Canäle von 893.774 Fr. war nicht genügend, um den contractmässigen Pacht an die Concessionäre des einen Midicanals und die Zinsen einiger anhaftenden Schulden zu bezahlen und es verblieb ein Betriebsdeficit von rund 60.000 Fr., welches aus den Eisenbahn-Einnahmen gedeckt werden musste.

Man hat bisher das Verhältniss zwischen der Eisenbahn und dem Canal vorwiegend in dem Sinne aufgefasst, als wäre der Canal der Bahn geopfert; allein wenn man die beiderseitigen Circulationen ins Auge fasst, kommt man in Versuchung, das Verhältniss in anderem Lichte zu betrachten. *Verhältniss der südlichen Canäle zu der Schwesterbahn.*

Circulation im Jahre 1881.

Waarengattungen	Bordeaux-Toulouse			Toulouse-Mittelmeer	
	Seitencanal	Garonne-Strom	Bahn	Midicanal	Bahn
	Tonnen				
Mineralische Brennstoffe .	13.800	100	unbekannt	3.700	unbekannt
» Baumaterialien	16.000	2.000	»	14.500	»
Brenn- und Nutzholz . .	13.700	1.400	»	10.700	»
Wein, Getreide u. s. w. .	52.000	24.200	»	68.900	»
Sonstige Güter	13.500	600	»	10.200	»
Zusammen .	109.000	28.300	736.400	118.000	1,342.800

Es ist nämlich zu bemerken, dass zwischen Bordeaux und Toulouse die Bahncirculation mit 736.400 t mehr als fünfmal so stark war, als auf dem Seitencanal und der Garonne mit zusammen 137.300 t. Und zwischen Toulouse und dem Mittelmeer transportirte die Bahn mehr als eilfmal so viel als der Canal, obwohl in beiden Fällen der Schiffsverkehr zur Hälfte bis Zweidrittel aus Wein und Getreide, also aus Artikeln besteht, die die Bahn an sich zu reissen im Stande sein sollte. Da für die französischen Bahnen eine Statistik nach Waarengattungen nicht veröffentlicht wird, so ist schwer zu wissen, aus welchen Artikeln die Bahncirculation besteht, aber es ist anzunehmen, dass sie nicht viel geringwerthige Güter enthält und dass, wenn der Schiffsverkehr deren auch so wenig aufweist, nicht die Bahnconcurrenz daran Schuld trägt, sondern die geringe Entwickelung der dortigen Industrie. Welches Interesse hätte auch die Bahngesellschaft, die Wasserstrassen ihres natürlichen Verkehrs zu berauben, da doch der Bahncasse von jeder Tonne, die auf der Wasserstrasse ein Kilometer zurücklegt, ein Reingewinn von 2·50 bis 3·71 Centimes (d. i. der Betrag der Mauthgebühr, vgl. S. 116) gesichert ist. Wir sagen Reingewinn, weil die Canalerhaltungs- und Mauth-Einhebungskosten absolut constant sind und mit dem Verkehre nicht wachsen.

Welche Bahntarife müsste die Gesellschaft aufstellen und der Handel sich gefallen lassen, um der Bahn pro Tonnenkilometer geringwerthiger Güter einen gleich hohen und gleich mühelosen Gewinn zu sichern?

Diese und ähnliche Rücksichten mögen es auch erklären, dass die Enquête-Commission, so sehr sie auch vom theoretischen Standpunkte die Einlösung des Midi- und des Garonne-Seitencanals betonte, dieselbe praktisch an die Bedingung knüpfte, dass durch die mit der Verstaatlichung verknüpfte Herabsetzung oder Aufhebung der Canal-Wassermauth die Einnahmen der Südbahngesellschaft nicht dermassen geschmälert würden, um ihre Staatsgarantie wieder wirksam zu machen.*)

Diese Rücksichten mögen auch den Minister bei Abschluss, und die Kammern bei Genehmigung des neuen Uebereinkommens mit der Südbahngesellschaft durch Gesetz vom 20. November 1883 bestimmt haben, das Verhältniss dieser Gesellschaft zu den südlichen Canälen wieder auf eine unabsehbare Reihe von Jahren fortbestehen zu lassen.

Ueberhaupt scheint der Eifer für die Wasserstrassen-Verstaatlichung wieder zu erkalten. In seiner Sitzung vom 14. Juni 1884 hat der Senat die von der Regierung befürwortete Einlösung des Canals von Givors und des Dropt (Zuflusses der Garonne) — zweier Nebenlinien — verworfen.

*) Bericht Nr. 2177, Garonnebecken, pag. 60.

Wassermauth auf den Staats-Wasserstrassen.

Auf den Staats-Wasserstrassen war die Mauth zuletzt durch Höhe der staatlichen Decret vom 27. Februar 1867 folgendermassen festgesetzt: Wassermauth.

Waarengattungen	Auf Canälen	Auf Flüssen
	Centimes	
Güter I. Classe, pro Tonnenkilometer	0·5	0·2
» II. » »	0·2	0·1
Flossholz II. Classe, pro Festmeter-Kilometer	0·2	0·02

So ausserordentlich niedrig diese Sätze sein mögen, so wurde Haltung der doch je und je um ihre Abschaffung petitionirt. Aber noch am National-Versammlung. 15. Juli 1872 verwarf die National-Versammlung ein derartiges Bittgesuch, obwohl es von Anrainern des Canals von Nantes nach Brest gestellt war, welche den mauthfreien Transport von Kalk zur Düngung ihrer granitischen Felder begehrten. Es geschah dies ganz im Sinne des erörterten Gutachtens der Enquête-Commission, aber zu einer Zeit, wo man den finanziellen Interessen des Staatsschatzes noch ernste Berücksichtigung angedeihen liess. Bei Berathung des »Programms« (Juni 1879), als sich die Finanzlage gebessert hatte, nahm der Berichterstatter der Deputirtenkammer Anlass, darauf hinzuweisen, dass es an der Zeit wäre, eine Mauthgebühr aufzuheben, welche — *horribile dictu* — an die Strassenmauth erinnere!

Eine Strassenmauth wurde in Frankreich schon im 17. Jahr- Frühere Strassen-hunderte eingehoben, aber gleich bei Beginn der Revolution gleich- mauth. zeitig mit den Feudalabgaben eingestellt. Die Feudalabgaben waren gründlich verhasst, weil sie grösstentheils für Dienste entrichtet wurden, die längst aufgehört hatten, geleistet zu werden. In diese Kategorie gehörte nun freilich die Strassenmauth nicht. Sei dem, wie ihm wolle, im Jahre 1797 waren die Landstrassen in einen solchen Verfall gerathen, dass durch Gesetz vom 24. Fructidor die Strassenmauth wieder eingeführt wurde. Aber der Widerwille war so gross, dass sie im Jahre 1806, diesmal definitiv, aufgehoben, d. h. durch ein Salzgefäll ersetzt wurde, das vor der Revolution unter dem Namen *gabelle* auch schon dagewesen war und zu ihrem Ausbruche beigetragen hatte.

Die erwähnte, vom Berichterstatter gemachte Anregung fiel auf Aufhebung der staat-günstigen Boden. In das Budget von 1880 wurde ein Artikel auf- lichen Wassermauth. genommen, dass die Wassermauth auf den staatlichen Wasserstrassen mit 1. October 1880 aufzuhören habe. Aber noch vor diesem Termin,

am 19. Februar 1880, kam ein Specialgesetz zu Stande, welches die
sofortige Aufhebung verfügte, nicht aus wirthschaftlichen Gründen,
sondern aus Gründen der Symmetrie und der Opportunität. Die
Schiffer sollten einer »grossen Scheererei« enthoben werden!

Weitere Bestimmun-
gen des Gesetzes vom
19. Februar 1880. Ob letzterer Zweck erreicht worden, kann mehr als zweifelhaft
erscheinen; denn der Art. II des Gesetzes verfügt, dass die Schiffer
nach wie vor unter harten Geldstrafen ihre Papiere vorweisen müssen —
im Interesse der Statistik. Für selbstbewusste, vielleicht übel ge-
launte Schiffsleute ist das ein etwas idealer Zweck!

Statistik des Wasser-
verkehrs. Eine weniger zweifelhafte, hocherfreuliche Wirkung des neuen
Gesetzes ist, dass die Wasserstrassen-Statistik aus den Händen der
Steuerverwaltung in den Wirkungskreis der Verwaltung der *Ponts
et chaussées* übergegangen ist und seitdem mit rühmenswerther Raschheit und in musterhafter Form erscheint.

Schiffsfrachtpreise.

Nach der Enquête-
Commission. Die eigentlichen Wasserförderungskosten (exclusive Wassermauth)
wurden von der Enquête-Commission pro Tonnenkilometer auf 1·47 Centimes (0·70 Kr. ö. W.) für die Canäle und auf 2 Centimes (0·96 Kr.)
für die Flüsse beziffert. Für den Canal von Berry wurden sogar nur
1·236 Centimes (0·59 Kr.) angegeben.

Es ist fast selbstverständlich, dass sich in Wirklichkeit, und
zwar nach den eigenen Angaben der Enquête-Commission, da und dort
auch höhere Preise vorfinden.

So vom Pas-de-Calais nach Paris: für Kohle 2 Centimes; auf
dem Marne-Rhein-Canal: für Kohle 1·0, Industrieproducte 1·8, Feld-
früchte 2·2 Centimes.

Zwischen Lyon und Paris, über den Burgunder Canal und die
Yonne: für Wein 3·1; Cement 2·6; Ziegel, Holz u. s. w. 2·5 Centimes (inclusive staatlicher Wassermauth); über den Canal von Nivernais: Getreide und Wein 3·5; Baumaterialien 2·5; Kohle 2 Centimes.

Auf der Sohne, zwischen St. Symphorien und Chalon durchschnittlich 1·4 Centimes zu Thal, 2 zu Berg; zwischen Chalon und
Lyon 1·4 zu Thal, 1·7 zu Berg. Auf der Rhone, von Lyon zu Thal,
mit Rücksicht auf den Zustand des Stromes, 3—6 Centimes.

Vor der Eröffnung der Eisenbahn soll — immer der Enquête-
Commission zufolge — die Schiffsfracht auf der Route Paris-Lyon
ziemlich allgemein 6 Centimes = 2·9 Kr. ö. W. pro Tonnenkilometer betragen haben.

Nach Herrn Lucas. Herr Lucas sagt über die Schiffsfracht im Allgemeinen:[*] »Der
»Preis von 2 Centimes« (d. i. 0.96 Kr. ö. W.) »pro Tonnenkilometer
»kann als Minimum, jener von 4 bis 5 Centimes als Maximum gelten.
»Im Durchschnitte vollziehen sich unsere Wassertransporte zu

---

[*] In dem mehrcitirten amtlichen Werke. S. 131.

»3 Centimes das Tonnenkilometer.« — 3 Centimes zum Cours von 48 machen 1·44 Kr., Alles inbegriffen.

In Betreff der Concurrenz zwischen Wasserstrassen und Eisenbahnen, fügt derselbe Schriftsteller, speciell auf Grund der im Kohlentransporte, auf den Canälen Nordfrankreichs gewonnenen Erfahrung bei, dass mit Rücksicht auf die weniger gewundene Trasse der Eisenbahnen, wonach auf 1 km Wasserstrasse gewöhnlich nur 800 m Eisenbahn kommen, sich die beiderseitigen Transportpreise ungefähr wie 2 : 3 stellen, dass also die Bahn um rund 50% mehr einhebe, als die Wasserstrasse, dass aber in Folge der durch die Unzukömmlichkeiten des Wassertransportes bedingten Vorliebe der Verfrächter für die Eisenbahn »die fraglichen beiderseitigen Transportpreise von »den Verfrächtern als äquivalent betrachtet werden«.

Da ein Theil der französischen Canäle in deutschen Besitz übergegangen ist, so lassen sich vorstehende Angaben durch neuere deutsche Erfahrungen controliren. Die Frage der Canalfrachten wurde insbesondere im preussischen Herrenhause*) einer eingehenden Debatte unterzogen, aus der sich Folgendes ergibt: *(Nach preussischen Quellen.)*

Die Kohlenfracht von Saarbrücken über den Saar-Canal, Marne-Rhein- und Rhein-Rhone-Canal nach Mülhausen, 265 km, schwankte in den ersten Jahren nach der Annexion zwischen 3 und 13 Mark, d. i. 1·13 bis 4·9 Pf., also durchschnittlich 3 Pf. pro tkm. Später hat sich der Preis mehr befestigt und betrug im Hochsommer 3·10, im Winter 3·60 Mark, d. i. 1·17—1·35 Pf. pro Tonnenkilometer. Seit 1877 war der Preis nicht mehr höher, als 1·40 Pf. und der wirkliche Durchschnitt beträgt 1·2 Pf. — 0·71 Kr. ö. W. pro Tonnenkilometer. Dabei wurde eine Wassermauth nicht eingehoben, aber auch in der Regel keine Rückfracht transportirt.

Bei Entfernungen von weniger als 80 km wird die Wasserstrasse für Kohlentransporte nicht benützt.

15. Capitel.

Nebendienste der Schifffahrts-Canäle.

Man hört nicht selten in Betreff der Verwerthung der Canäle zu Nebenzwecken Hoffnungen laut werden, welche sich theils gegenseitig ausschliessen, theils nur in bescheidenem Masse mit dem Hauptzwecke vereinbar sind. Die Einen erwarten von den Schifffahrts-Canälen *(Arten der Nebendienste.)*

*) Sitzung vom 30. Juni 1883.

ausgedehnte Bewässerungen oder Entwässerungen; Andere rechnen auf
die Wasserkräfte zur Hebung der Landesindustrie; noch Andere auf
die Beseitigung der Ueberschwemmungsgefahr durch die Anlage von
Sammelteichen u. s. w. In Frankreich hat hundertjährige Erfahrung
gelehrt, so verschiedenartige Zwecke getrennt zu verfolgen.

Bewässerungscanäle.

Canäle der Provence. Am bekanntesten unter den französischen Bewässerungscanälen
ist der 1839 concedirte, im Jahre 1850 eröffnete Marseiller Canal mit
seinem berühmten, 85 m hohen Aquäduct bei Roquefavour, vielleicht
dem schönsten gemauerten Werke der modernen Technik. Der Marseiller Canal entnimmt der, mindestens 80 km entfernten Durance
5³/₄ cbm Wasser pro Secunde und ergiesst es über die Stadt und ihre
Umgebung, wo dasselbe auf einst ausgebrannten Felsen Wunder der
Vegetation hervorgezaubert hat.

Eine ähnliche Ausdehnung haben die älteren Canäle *des Alpines*
und von Craponne, welche sich gleichfalls aus der Durance speisen
und das linke Rhone-Ufer bewässern.

Durch Decret vom 20. Mai 1863 wurde die Provence mit einem
vierten Bewässerungscanale dotirt, dem Verdon-Canal, welcher dem
gleichnamigen Flusse 6 cbm pro Secunde entnimmt, um damit 9000 ha in
der Umgegend der Stadt Aix zu beriesefn. Der Verdon-Canal hat eine
Länge von 82 km, wovon 20 in Tunneln mit 5 m breiter und 1·50 m
tiefer Rinne. Er erhielt eine Staatssubvention von 1¹/₂ Millionen Fr.

Weiter nördlich, in der Ebene von Avignon und Orauien, gleichfalls auf dem linken Rhone-Ufer, trifft man die Bewässerungscanäle
von Carpentras und Pierrelatte, für deren, auf 6 Millionen veranschlagte Verlängerung durch Gesetz vom 2. August 1880 eine Staatsgarantie von 4·05% gewährt wurde.

Noch weiter oben, bei Valence, immer auf dem linken Rhone-
Ufer, findet sich der Bourne-Canal mit seinen Verzweigungen.

Canäle der Gascogne. Aehnliche Bewässerungscanäle bestehen am Fusse der Pyrenäen
bei Pau, bei Tarbes, bei St. Gaudens und Toulouse. In letzterer Stadt
endet der 60 km lange Canal Saint-Martory.

Forez-Canal. Auch im oberen Loirethale ist ein grossartiges Werk in Ausführung
begriffen: Der am 20. Mai 1863 dem Loire-Departement concedirte Canal
du Forez, dessen 36 km langer Stamm, mittelst 60 km Aesten und
418 km kleineren Zweigen, die bei Montbrison gelegene Forez-Ebene
mit Loirewasser begiessen soll. Zu der auf 7 Millionen veranschlagten
Bausumme hat der Staat vorerst 1.112.000 und dann durch Gesetz
vom 7. August 1882 eine weitere Subvention von 1.220.000 Francs
beigesteuert. Im Jahre 1885 soll der fragliche Canal vollendet werden.
Unter 45° 30' geographischer Breite gelegen, ist er wohl der nörd-
lichste unter den bedeutenderen Bewässerungscanälen (*Canaux d'irri-
gation*) Frankreichs.

Seit der **Phylloxera-Seuche** ist eine neue Kategorie von Bewässerungscanälen in Schwung gekommen, sogenannte *Canaux de
submersion*, zur Unterwassersetzung der Weingärten im Winter.

Ein solcher Canal, im Voranschlag von 2,400.000 Franken aus
Staatsmitteln in den Aude- und Hérault-Departements zu erbauen und
aus dem Midicanal (im Winter) zu speisen, wurde durch Gesetz vom
3. April 1880 beschlossen. Jedes unter Wasser gesetzte Hectar soll
jährlich 50 Fr., wovon 35 Fr. für den Staatsschatz, entrichten.

Auf ähnliche Unternehmungen geringerer Ausdehnung im Betrage von 80, 130 und 320.000 Fr. beziehen sich Decrete vom 22. September 1880, 3. März 1881, 17. August 1881 u. s. w.

Die in den erwähnten französischen Bewässerungcanälen ab-
fliessenden Wassermengen von je 5 bis 6 cbm pro Secunde sind
wahre Kleinigkeiten im Vergleiche zu den norditalienischen, unter
denen der *Naviglio grande* 50, der Canal Cavour sogar 110 cbm pro
Secunde abführt. Man begreift aber doch, dass man sie füglich weder
Sammelteichen entnehmen, noch durch frequente Schifffahrts-Canäle
leiten kann. Die beiden, den Midicanal speisenden, zusammen
8,050.000 cbm fassenden Sammelteiche würden in 16 Tagen geleert,
wenn sie einen regelmässigen Abfluss von 6 cbm pro Secunde erlitten.
Andererseits reducirt sich der 24 qm betragende nasse Querschnitt
eines Schifffahrts-Canals nach französischer Type bei Kreuzung zweier
beladenen Schiffe auf 6 qm und wenn durch denselben 6 cbm zu
Bewässerungszwecken abfliessen sollen, so setzt das, ganz abgesehen
von dem eigenen Speisungswasser, eine Wassergeschwindigkeit von
1 m voraus, welche schon als eine Hemmung der Schifffahrt zu
betrachten wäre.

Allein was noch mehr als die Rücksichten auf die Schifffahrt
die Verwerthung der Canäle zu Bewässerungszwecken einzuschränken
geeignet ist, das sind die Trassenverhältnisse. Die Grundsätze zur
Trassirung eines Schifffahrts- und eines Bewässerungscanals sind
radical verschieden. Der Midi- und der Garonne-Seitencanal, welche
natürlich ohne Rücksicht auf Bewässerungen trassirt worden sind,
welche aber ein gesegnetes, fruchtbares Land durchziehen, das an
Sonne Ueberfluss hat und Wasser wohl brauchen sollte, sind bisher
über ein äusserst bescheidenes Mass der Leistung als Bewässerungscanäle nicht hinausgekommen, obwohl die Südbahnverwaltung bei der
schwachen Canal-Circulation keinen Grund hat, mit dem Wasser zu
geizen, und zur landwirthschaftlichen und industriellen Verwerthung
desselben durch ihr Bedingnissheft ausdrücklich ermächtigt ist. Im
Winter 1883—84 sind von dem Midicanal nur ungefähr 2670 ha
Weinberg unter Wasser gesetzt worden, d. i. wenn man diese Fläche
auf die ganze Länge des Canals vertheilt, ein Streifen von durchschnittlich 95 m Breite. Die im Betriebsjahre 1883 von beiden Canälen zusammen für Bewässerungen erzielte Einnahme beträgt nicht

mehr als 36.731 Fr., d. i. bei einer Länge von 483 km ein Erträgniss von 76 Fr. pro Kilometer Canal.

Und doch wird in Südfrankreich in geeigneten Lagen der Genuss eines Liters Wasser pro Secunde auf 50 bis 60 Fr. pro Jahr geschätzt.

Canalprojecte für das rechte Rhone-Ufer

Diese Verhältnisse machen es erklärlich, warum die Interessenten des rechten Rhone-Ufers zwei getrennte Canäle begehren; einen Schifffahrts-Canal und einen Bewässerungs-Canal. Bisher widersetzte sich die Handelskammer in Lyon der Ableitung des Rhonewassers zu Zwecken der Landwirthschaft, weil die Stromschifffahrt an Wassermangel leide. Wäre ein Seitencanal gebaut, so würde dessen Speisung aus der Rhone nur noch eine geringe Wassermenge erheischen und der Ueberschuss könnte an die lechzende Landwirthschaft der Departements des Gard und Hérault abgegeben werden.

Entsumpfungen.

Trassenverhältnisse.

Was von der Unversöhnlichkeit der Trassirungsgrundsätze für Schifffahrt und Bewässerung gesagt wurde, gilt wohl in noch höherem Masse, wenn es sich um Entwässerungen handelt. In den meisten Fällen wird es sich als viel erspriesslicher und wohlfeiler herausstellen, einen eigenen Entwässerungsgraben zu eröffnen. Canäle mögen gelegentlich, wenn im Einschnitte, so gut wie Eisenbahnen entwässern und drainiren, aber dann meist nicht zum Frommen der Anrainer, weil sumpfige Gründe selten so hoch liegen, dass man Anlass hat, darin Einschnitte zu eröffnen. Die gewöhnlich vorkommenden Canaleinschnitte erregen wie die Bahneinschnitte viel eher Ersatzansprüche, indem sie die Quellen abzapfen. Und da, wo der Canal nicht im Einschnitte ist, kann ja von Entwässerung ohnedies nicht die Rede sein und lautet in der Praxis die gewöhnlichste Klage der Anrainer auf — Versumpfung!

Benützung der Wasserkräfte.

Nadelwehre im Allgemeinen.

Die industrielle Verwerthung der durch Wehre in Flüssen erzeugten Wasserkraft ist etwas so Hergebrachtes, dass man sie auch bei Nadelwehren als etwas fast Selbstverständliches zu betrachten versucht ist. Und doch hat es mit den beweglichen Wehren als Mühlwehren seine eigenthümliche Bewandtniss.

Es ist bekannt, dass auch bei fixen Wehren, wenn das Wasser steigt, zum Verdrusse der Müller die Sturzhöhe abnimmt und dass, je höher das Hochwasser, desto mehr die Niveaudifferenz zwischen Oberwasser und Unterwasser verschwindet. Wie viel mehr muss dies bei den beweglichen Wehren der Fall sein, deren specieller Zweck es ja ist, bei steigendem Wasserstande den Ausgleich zwischen Ober-

und Unterwasser zu beschleunigen! So wohlthätig also die beweglichen Wehre für die Anrainer puncto Ueberschwemmungsgefahr sind, so abträglich erweisen sie sich der industriellen Ausnützung einer — ihrem Wesen nach intermittirenden — Wasserkraft.

Die Erfahrung bestätigt diesen theoretischen Einwurf! Unter den 21 beweglichen Wehren, welche auf der Seine zwischen Rouen-Paris-Montereau erbaut worden sind, befindet sich nur ein einziges, dessen Wasserkraft zu einem geringen Theile verwerthet wird, nämlich das Wehr in Marly, von wo die weltberühmten Versailler Wasserkünste (auf Staatskosten) gespeist werden.*) Wenn das in dem industriereichen Seinethale, in der nächsten Umgebung von Paris möglich ist, was lässt sich da von den Nadelwehren als Motoren für andere Gegenden und Länder erhoffen? *[margin: Die beweglichen Wehre der Seine.]*

Die Seitencanäle sind in dieser Beziehung in günstigerer Lage, als die canalisirten Flüsse; allein ihre motorische Leistungsfähigkeit ist durch die Wasserabfluss-Verhältnisse beschränkt. *[margin: Seitencanäle.]*

Die französische Südbahngesellschaft brachte es bis jetzt auf dem Garonne-Seitencanal auf 1200 Pferdekraft, die bei einer durchschnittlichen Sturzhöhe von 2·50 m je 30 Liter pro Secunde, also zusammen 36 cbm, natürlich auf verschiedenen Punkten, verbrauchen. Der Miethzins beträgt durchschnittlich 55·70 Fr. pro Pferdekraft. Die Gesammteinnahme, welche der Geschäftsbericht der Südbahn als Erträgniss der Werkstätten und Wasserkräfte im Jahre 1883 ausweist, beträgt 118.672 Fr., d. i. bei 483 km Länge pro Canalkilometer 245 Fr. Dieses an sich schon äusserst bescheidene Resultat erleidet noch eine moralische Schmälerung durch den Umstand, dass die nothwendig werdenden Trockenlegungen des Canals trotz aller Stipulationen bei den betroffenen Müllern stets Verdruss erwecken. Der Löwenantheil an obigem Erträgnisse (vergl. S. 117) entfällt selbstverständlich auf den Garonne-Seitencanal. *[margin: Die Canäle der Südbahngesellschaft.]*

Die französischen Scheitelcanäle, die ja trotz ihres halbhundertjährigen Bestandes und unablässiger Verbesserung ihrer Speisungsverhältnisse wenigstens in trockenen Jahren immer noch mit Wassermangel zu kämpfen haben, konnten kaum in Versuchung kommen, Wasserkräfte zu verpachten. Nur in den seltensten Ausnahmsfällen dürfte es geschehen sein, obwohl beispielsweise die Sammelteiche des Centralcanals 14, jene des Burgunder Canals 20 Millionen cbm fassen. Dass das Füreus-Reservoir trotz seines mehr als zehnmal kleineren Fassungsraumes Mühlräder zu treiben im Stande ist, erklärt sich einfach aus dem Umstande, dass es eben wesentlich ein Mühlteich ist, von denen hunderte und tausende bei Mühlen, Eisenwerken u. s. w. in ganz Europa bestehen, und dass es keinen Schifffahrts-Canal zu speisen und noch weniger nach der Sommersperre wieder zu füllen hat. *[margin: Scheitelcanäle.]* *[margin: Sammelteich des Füreus.]*

*) S. Boulé, Oberingenieur der Seine, Mémoires des Ingénieurs civils, Septb. 1884.

Das Fürens-Becken.

Da das Füreus-Reseivoir von den Förderern der Schifffahrts-Canäle den Ueberschwemmten gerne als Trost, und den Wasserkraft Suchenden als Hoffnung vorgehalten wird, so ist es wohl der Mühe werth, die ganz besonderen Verhältnisse des Fürensthales hier in Erinnerung zu bringen.

Der Fürensbach, ein etliche und 20 km langer Zufluss der oberen Loire, entspringt im Urgebirge, 1200 m über dem Meere, 700 m über der Stadt St. Etienne, welche er nach einem Laufe von 12 bis 14 km durchströmt. Seine Wassermenge beträgt gewöhnlich 350 Liter pro Secunde, sinkt aber während der Sommerdürre auf 100 Liter und steigt bei heftigen Gewittern wieder plötzlich auf 93.000 Liter oder 93 cbm pro Secunde. Es ist das nur der hundertste Theil des Loire-Hochwassers; man begreift aber doch, dass er bei dem schrecklichen Gefälle in der Stadt Verheerungen anrichten konnte und um so mehr Missmuth erregen musste, als das Füreus-Hochwasser meist in weniger als einer Stunde verläuft und im Ganzen höchstens 400.000 cbm abführt. Der unablässige Wechsel zwischen Wassersnoth und Wassermangel musste um so mehr zu dem Gedanken führen, den Wasserabfluss zu reguliren, als die rasch aufblühende, einst unbedeutende, jetzt zur Departements-Hauptstadt erhobene und 124.000 Einwohner zählende Kohlen-Metropole nicht mehr das nöthige Trinkwasser besass. Die Natur erleichterte über Erwarten eine allseitig befriedigende Lösung. An der Thallehne bemerkte man eine Mulde, nach unten durch ein Felsenthor geschlossen, an dem durch Aufführung einer 56 m hohen und an der Krone nur 100 m langen Mauer ein Becken geschaffen werden konnte, das einen Fassungsraum von 1,600.000 cbm bietet. Das Project wurde im Jahre 1859 genehmigt. Seine vollständige Durchführung kostete 5 Millionen Fr., zu denen der Staat 610.000 Fr. beisteuerte, und erreichte den dreifachen Zweck: die Wasserberechtigungen der Müller und Fabrikanten zu schonen, die Stadt mit Wasser zu versorgen und sie gegen Hochwässer zu schützen; all dies auf folgende Weise. Das Sammelbecken wird regelmässig nur 50 m hoch, bis zu 6 m unter die Mauer-Oberkante gefüllt und dadurch ein Vorrath von 1,200.000 cbm geschaffen, der um so mehr zur Speisung der Stadt und der Mühlräder ausreicht, als durch die hohe Lage des Reservoirs über der Thalsohle die Wasserkraft bedeutend erhöht wurde. Der über diesem normalen Wasservorrath zur Verfügung bleibende, 5·50 m hohe leere Raum fasst noch 400.000 cbm, genügt also, um ein allfälliges Hochwasser in seiner Gänze aufzunehmen.

Die vom Fürens-Wildbache gestellte Aufgabe wurde also meisterhaft gelöst und die Lösung macht ihren Schöpfern die grösste Ehre, ist aber eben schwer nachzuahmen, weil sich ähnliche Verhältnisse nicht leicht irgendwo wieder finden.

Schutz gegen Wassersnoth.

Die Idee, sich durch Anlage von Sammelteichen gegen die Hochwässer zu schützen, wurde nach den fürchterlichen Loire-Ueberschwemmungen im Jahre 1856 von dem wohlmeinenden Kaiser N a p o l e o n persönlich auf die grosse Tagesordnung gesetzt. Man kann sich denken, wie damals die Generalinspectoren *des Ponts et chaussées* in Bewegung gesetzt wurden, um die kaiserliche Idee auch nur irgendwo zu verwirklichen; man kann es sich aber nicht denken, wenn man es nicht aus ihrem Munde vernommen hat, in welch' peinlicher Verlegenheit sich diese erfahrenen, ernsten Männer plötzlich befanden. Wo z. B. den Raum finden, um nur einen nennenswerthen Bruchtheil der Wassermassen der Loire zurückzustauen, welche schon allein bei Briare 9000 cbm pro Secunde, 32 Millionen pro Stunde abführte? Und wenn auch der Raum gefunden wäre, wo das riesige Baucapital hernehmen, das ausser allem Verhältnisse stünde zu dem eventuell zu deckenden Ueberschwemmungsschaden? Ja noch mehr! Es könnte der Fall eintreten, dass durch ungeschickte Handhabung irgend einer der Stauvorrichtungen in einem ausgedehnten Stromgebiete das Uebel noch ärger würde, denn es handelt sich nicht darum, das Wasser nur beliebig zurückzuhalten, sondern es in einem Momente abfliessen zu lassen, wo es nicht unterwegs mit dem Hochwasser anderer Seitenflüsse zusammentrifft und so ein künstliches Maximum hervorbringt, höher als das, welches die Natur, sich selbst überlassen, hervorgebracht hätte.

Aber sei dem wie ihm wolle! Gesetzt auch, die Hochwässer könnten durch eigens erbaute Sammelbecken zurückgehalten und vermieden werden — in keinem Falle können diese Sammelteiche dieselben sein, wie für die Speisung der Scheitelcanäle, denn die e r s t e r e n m ü s s e n ja fortwährend, so viel wie möglich l e e r g e h a l t e n w e r d e n, die letzteren aber voll! Es besteht da eine radicale, unheilbare Incompatibilität, der man auch am F ü r e n s nur scheinbar entgangen ist, indem man das eine leer zu haltende Becken n i c h t n e b e n, s o n d e r n ü b e r dem andern vollzuhaltenden anlegte.

16. Capitel.

Rückblick und Schlussfolgerungen.

Fassen wir nunmehr die gewonnenen Thatsachen zusammen und trachten wir, sie uns zu Nutze zu machen.

Das Jahrhunderte alte französische Canalnetz erhielt seine volle Ausdehnung in den Jahren 1820—1848 und erlitt in der darauffolgenden Eisenbahnära einen vollständigen Stillstand.

Erst in den Sechziger-Jahren wurde ihm, als Gegengewicht gegen das Monopol der Eisenbahngesellschaften, wieder einige Aufmerksamkeit zugewendet.

Canal im Osten. Durch die Abtrennung von Elsass-Lothringen erhielt es einen Riss, welcher in patriotischer Regung mit einem Aufwande von mehr als 100 Millionen Franken durch den Bau des »Canals im Osten« wieder geheilt werden sollte. Es ist dies die einzige neue Wasserstrasse, welche seit dem Kriege eröffnet worden ist. Wenn schon ihr Entstehungsgrund jede Nachahmung ausschliesst, so ist auch ihr volkswirthschaftlicher Erfolg vorläufig nicht geeignet, dazu anzueifern. Der noch schwache Verkehr des jungen Canals kann zwar und wird sich zweifellos in der Folge noch entwickeln; ehe aber Schlüsse daraus gezogen werden, wird die Thatsache abzuwarten sein.

Bedrängniss des Schiffsvolkes. Eine zur Behebung der Nachwehen des Krieges im Communicationswesen eingesetzte Enquête-Commission constatirte die bedrängte Lage der Binnenschifffahrt in Folge der Eisenbahn-Concurrenz und formulirte die Mittel, um derselben wieder aufzuhelfen! Schon die grosse Zahl der von der Binnenschifffahrt lebenden französischen Staatsbürger machte daraus eine politische Nothwendigkeit. In ähnlicher Weise sind alle Regierungen bestrebt, die durch die Fabriksindustrie bedrohten Hausindustrien zu schützen; aber da, wo solche nicht von Alters her bestehen, sucht man nirgends, sie nachträglich zu begründen.

Das grosse Bautenprogramm. Die von der Enquête-Commission befürworteten Neu- und Umbauten blieben fromme Wünsche, bis ein kühnes Ministerium, im Jahre 1878, das Vorbild der Amerikaner nach dem Secessionskriege verschmähend, die von Thiers geschaffenen glänzenden Steuerüberschüsse von der Tilgung der Kriegsschuld abzog und der Ausführung eines grossen politischen Staatsbauten-Programms zuwendete. Dass in diesem Programm auch die Wasserstrassen bedacht wurden, ist wiederum für das Ausland um so weniger ein entscheidendes Nachahmungsmotiv,

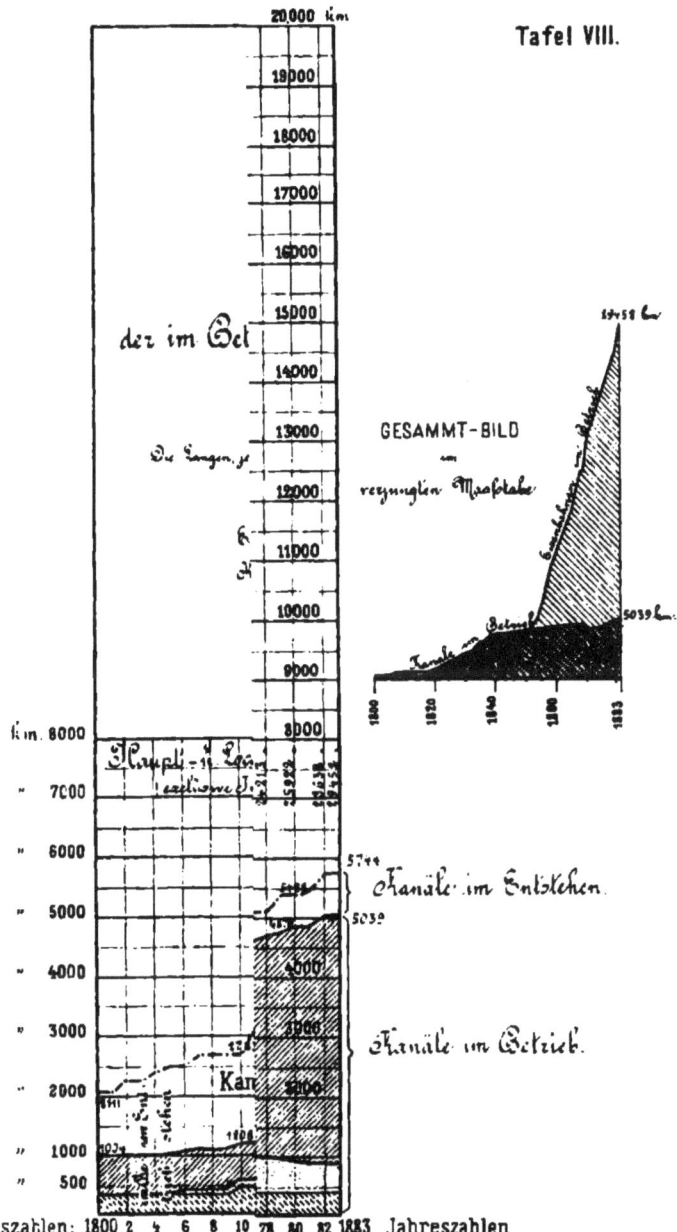

Tafel VIII.

GESAMMT-BILD
im
regungten Maßstabe.

als die Wasserstrassen im Grunde eine verhältnissmässig geringe Dotirung erhielten, insofern ihnen von den für Communicationsbauten in Aussicht genommenen sechs Milliarden nur der sechste Theil zugedacht wurde.

Thatsächlich wurden jedoch auch hiervon bis Ende 1883 nur rund 400 Millionen Franken verausgabt, nämlich 240 für Verbesserungen bestehender Wasserstrassen, 100 für den Canal im Osten und nur 60 Millionen für sonstige neue Canäle.

Am meisten zu billigen sind gewiss die Verbesserungsbauten, allein auch über ihren ökonomischen Werth wird das einzige inappellable Urtheil der Erfahrung abgewartet werden müssen. Derzeit sind die fraglichen Bauten noch nicht oder kaum vollendet und erst in einigen Jahren wird es sich herausstellen, ob die gehoffte Hebung des Wasserverkehrs sich auch in gebührendem Masse verwirlicht. *Erfolg der Verbesserungsbauten noch ausständig.*

Von den im Nordosten Frankreichs in Ausführung begriffenen, zusammen auf 86 Millionen Franken veranschlagten neuen Canälen kann man dermalen nur das Eine mit einiger Bestimmtheit aussprechen, dass, wenn sie nicht begonnen wären, man sie schwerlich in Angriff nehmen würde. *Die Neubauten noch unvollendet.* Die finanzielle Lage Frankreichs hat sich seitdem allzusehr verdüstert. *Finanzielle Lage Frankreichs.* Man kann nicht sagen, diese Verdüsterung sei ausschliesslich durch unrentable Communicationsbauten hervorgerufen worden, aber unstreitig ist, dass dieselben ihr gutes Theil dazu beigetragen haben. Und auch hierin liegt für das Ausland eher eine Warnung, als eine Aneiferung.

Die Art und Weise der Durchführung des grossen Bautenprogramms war gleichfalls keine glückliche. *Unstete Durchführung des Programms.* Man hat zu viel auf einmal in Angriff genommen und allzu hastig betrieben. Erst war das technische Personal, die Zahl der verfügbaren Arbeiter, die Leistung der vorhandenen Eisenwerke, Cementfabriken u. s. w. ungenügend und jetzt, nachdem man die gewünschte Steigerung künstlich herbeigeführt, muss die Thätigkeit wieder plötzlich erlahmen und die eingetretene Krisis verschärft sich durch die Entlassung von Beamten und Arbeitern, durch die Ueberproduction der betheiligten Industriezweige. Nichts ist wichtiger bei den Staatsbauten, als eine gewisse Stetigkeit; um an den todten Punkten der nationalen Thätigkeit solche Bauten im Gange zu erhalten, sollte man sich inmitten der Prosperität um so mehr Mässigung auferlegen. —

Im Augenblicke, von Frankreich Abschied zu nehmen, begegnen wir noch einer unvermeidlichen Frage, der Frage: „Was denn von der Zukunft der französischen Wasserstrassen zu halten sei? *Die Zukunft der französischen Wasserstrassen.* Nichts ist verfänglicher, als derartige Fragen. Wie haben sich seiner Zeit die bedeutendsten Männer über die Zukunft der Eisenbahnen geirrt! Trotzdem und obwohl der Leser kaum im Zweifel geblieben sein dürfte, will der Verfasser mit seinem subjectiven Eindrucke nicht zurückhalten.

Er glaubt, dass die französische Binnenschifffahrt bereits ihren Höhenpunkt überschritten habe und langsamem Niedergange verfallen sei. Möglich, dass ihre Circulation absolut noch zunimmt; relativ, d. h. im Verhältniss zum Eisenbahnverkehr, wird sie doch abnehmen. Die grossen Eisenbahngesellschaften haben auf Grund ihrer neuen Verträge keinen Grund, den Niedergang der Schifffahrt zu beschleunigen. Ihre alten Hauptlinien sind nicht ferne von der Grenze ihrer Leistungsfähigkeit; auf sie passt vollständig, was Herr von Freyciuet in so beredten Worten sagte. Allein, während eine Erweiterung des Wasserstrassen-Netzes im grossen Style sehr problematisch geworden ist, werden unablässig neue Bahnlinien eröffnet. Durch jede derselben wird das Feld der Wasserstrassen virtuell weiter eingeengt und die Entfremdung der Verfrächter, denen das letzte Wort gehört, vermehrt. Und so werden die neuen, grosstentheils mit Betriebsdeficit bedrohten Bahnlinien den bisherigen Wasserverkehr immer mehr an sich ziehen. Dieser Process kann ein sehr langwieriger sein und möglicherweise nie zum Abschlusse kommen.

Ein ähnlicher Vorgang spielt sich auf den Landstrassen ab, welche von den Eisenbahnen längst in den Hintergrund gedrängt sind, aber doch fortfahren, Dienste zu leisten.

Was übrigens auch die Zukunft sein mag, die den französischen Wasserstrassen beschieden ist, für uns ist es ziemlich gleichgiltig, denn der Zweck der gegenwärtigen Schrift ist nicht, die möglichen Ereignisse einer fernen Zukunft vorauszusagen, sondern die Massnahmen zu beleuchten, welche von den Regierungen in der Gegenwart auf dem Gebiete des Wasser- und Canalbaues verlangt werden, — und hierzu bietet das angerufene Vorbild Frankreichs dermalen nur negative Anhaltspunkte.

Negatives Schlussresultat.

III. ABSCHNITT.

Die preussischen Wasserstrassen.

17. Capitel.

Ihre Vergangenheit und Gegenwart.

Die norddeutschen Ströme.

Auf Grund einer Bereisung der französischen Ströme sagt Prof. J. Schlichting: »Die günstigeren Gefällsverhältnisse, die geringe Masse und Fortbewegung der Sinkstoffe (Geschiebe), der seltenere Wechsel der Wasserstände und die längere Dauer der Schifffahrtsperiode sind Vorzüge der deutschen Flüsse im Vergleich zu den Flüssen Frankreichs.« Vergleich zwischen den norddeutschen und den französischen Strömen.

In wie hohem Grade dieser Ausspruch begründet ist, davon kann man sich unter anderem überzeugen, wenn man die Entfernungen vom Meere vergleicht, in welcher jeder der fraglichen Ströme in der Meereshöhe von 100 m fliesst: 100 m Meereshöhe.

Ströme	100 m Meereshöhe findet sich:	Entfernung von der Mündung km
Rhone	bei Valence	215
Garonne	unterhalb Toulouse	360
Loire	2 km oberhalb Orleans	398
Weser	8 » » Karlshafen	399
Oder	43 » unterhalb Breslau	524
Seine	oberhalb Marcilly	556
Rhein	gegenüber von Karlsruhe	621
Elbe	23 km unterhalb Dresden	682

Noch überzeugender tritt diese Ueberlegenheit der deutschen Ströme aus nachstehender, amtlichen Documenten *) entnommenen Zusammenstellung hervor:

*) Die Gefälle nach dem XV. Bd. der Statistik des Deutschen Reiches; die Wassertiefen nach der preussischen Denkschrift von 1877.

9*

Strecken der Wasserstrasse	Entfer-nung von der Mün-dung	Meeres-höhe des Wasser-spiegels	Gefälle pro km	Nutzbare Wassertiefe bei gewöhnlichem Wasserstande	
				bis 1877	seit 1877 erzielt oder angestrebt
	km	m	cm	m	m
Rhein.					
Basel	824·4	245·63	86		
Strassburg	697·3	136·31	35		
Mannheim (Ludwigshafen) .	566·1	90·29	11	1·30—1·50	
Mainz	493·4	82·48	26		2·50
St. Goar	436·4	67·87	19	—	
Koblenz	401·5	60·56	23	2—3	3·—
Köln	306	38·64	15		3·50
Emmerich	143·5	12·54	8		
Rotterdam	0	— 0·23			
Ems.					
Rheine	265	28·92	11	1·—	1·20
Mündung bei Borkum . .	0	0			
Weser.					
Münden	436	117·48	39	1·—	1·20
Minden	232	34·28	21	1·20	1·50
Bremen	70	3·36	5	2·30	
Bremerhafen	0	0			
Elbe.					
Melnik	847	156·42	32		
Aussig	775	133·69	29		
Dresden	685	106·97	23	1·50	1·80
Saale-Mündung	441	49·95	19	1·70	2·—
Wittenberge	275	18·15	13	2·—	2·30
Lauenburg	160	3·50	2		
Cuxhafen	0	0			

Strecken der Wasserstrasse	Entfernung von der Mündung	Meereshöhe des Wasserspiegels	Gefälle pro km	Nutzbare Wassertiefe bei gewöhnlichem Wasserstande	
				bis 1877	seit 1877 erzielt oder angestrebt
	km	m	cm	m	
Oder.					
Oesterreichische Grenze ..	812	195·53			
			32		
Oppeln	669	149·34			
			33		
Breslau	568	116·02			
			28	1·—	1·50
Küstrin	205	12·38			
			14	1·20	2·—
Schwedt . .	126	1·04			
			1	3—5	
Stettin	72	0·48			
			1		
Swinemünde	0	0			

Vergleicht man obige Gefälle mit jenen der französischen Flüsse, so überzeugt man sich, dass so günstige Verhältnisse, wie sie der Rhein bis Mannheim und die Elbe bis Dresden aufweisen, sich nur auf der Unter-Seine, Dank ihrer endlosen Windungen, und auf der Sohne von Lyon bis zur Mündung des Canals im Osten wiederfinden. Ein Gefäll von 37 cm auf das Kilometer, wie es die Loire schon oberhalb Tours (Cher-Mündung) darbietet, trifft sich in der ganzen vorstehenden Tabelle nur im obersten Laufe der Weser wieder; und das Gefäll, welchem man auf der Garonne schon beim Austritt aus dem Fluthgebiete begegnet (31 cm), findet man auf der Elbe und Oder erst gegen die österreichische Grenze. Ein Analogon endlich des Gefälls, mit dem die Rhone fast 300 km weit von Lyon ab dem Meere zueilt (55 cm), bietet unsere Tabelle nur auf der Rheinstrecke oberhalb Strassburg.

Vergleich mit Frankreich.

Die günstigen Gefällsverhältnisse, welche die deutschen Hauptströme aufweisen, finden sich natürlich mehr oder weniger auch auf ihren Nebenflüssen wieder, insbesondere jenen der norddeutschen Tiefebene. Was aber vielleicht den Hauptvorzug der deutschen Flüsse als Wasserstrassen bildet, das ist ihr gleichmässigerer Wasserstand. Während auf den französischen Flüssen die in der Secunde abfliessende Wassermasse bei Hochwasser meist 50—100mal so viel beträgt, als bei Niederwasser, ein Verhältniss, das sich sogar für die mittlere Loire auf 1:300 steigert, — sinkt dasselbe beispielsweise auf dem Rheine bei Basel auf 1:14 und bei Emmerich (holländische Grenze) auf 1:7.

Wasserstände.

Unter solch' überaus günstigen Verhältnissen konnte es nicht ausbleiben, dass sich die Binnenschifffahrt auf den deutschen Wasserstrassen auch in deren Naturzustande frühzeitig entwickelte und aufblühte.

Frühe Blüthe der deutschen Binnenschifffahrt.

Die gesammte Ausdehnung der natürlichen, wenn auch allmälig künstlich verbesserten Wasserstrassen (mit Ausschluss der Canäle), welche sich in den verschiedenen norddeutschen Stromgebieten herausgebildet haben, dürfte etwa folgendermassen zu beziffern sein:

Im Rheingebiete	2230	km
» Emsgebiete	370	»
» Wesergebiete	910	»
» Elbegebiete	2080	»
» Odergebiete	1310	»
» Weichselgebiete	320	»
» Memel- und Pregelgebiete	550	»
	7770	km.

Die preussischen Canäle.

Die in Rede stehenden sieben Stromgebiete sind bekanntlich zum Theil durch ausserordentlich niedrige, fast unbemerkbare Wasserscheiden getrennt, und der Gedanke lag nahe, die geschiedenen Schifffahrtsnetze künstlich zu verbinden. Die preussischen Fürsten, in ihrer weisen Vorsorge, haben es auch nicht versäumt, frühzeitig dieser Aufgabe ihre Aufmerksamkeit zuzuwenden.

Schon im Jahre 1548 wurden mit Kaiser Ferdinand Verhandlungen eingeleitet wegen Errichtung eines, die Niederlausitz berührenden Schifffahrts-Canals zwischen der Oder und Elbe (Spree), des sogenannten Friedrich Wilhelms-Canals, welcher noch heutzutage Schlesien mit Berlin verbindet. Die Bauten wurden auf gemeinschaftliche Kosten thatsächlich in Angriff genommen, kamen aber nach 1562 wieder ins Stocken. Erst 1662 wurden sie durch den Grossen Kurfürsten wieder aufgenommen und 1669 beendet.

Der fragliche Canal, auch Müllroser-Canal genannt, ist nur 23 km lang, steigt von der Spree aus mittelst einer einzigen Schleuse zur Scheitelhaltung, welche in der Meereshöhe von rund 42 m gelegen, durch das Tugwasser der waldreichen Umgegend gespeist wird, und fällt von hier, theilweise im Bette des Schlaube-Flusses geführt, mittelst acht Schleusen zur Oder herab, welche er oberhalb Frankfurt in der Meereshöhe von 22 m erreicht.

Eine zweite Verbindung zwischen Oder und Elbe (Havel) wurde 1740—1746 durch Friedrich den Grossen, unter dem Namen Finow-Canal, zu Stande gebracht. Auch dieser Canal war schon 1540 projectirt und 1620 mit hölzernen Schleusen ausgeführt worden, die jedoch nicht Stand hielten. Der Finow-Canal verlässt die Havel zwischen Liebenwalde und Oranienburg und erreicht die Oder bei Hohensaaten, mit einer Länge von 58 km. Die Wasserscheide (Meereshöhe 30·50 m) ist so niedrig, dass die Speisung aus der Havel erfolgen konnte. Der Abstieg gegen die Oder, welche in der Meereshöhe von

2·85 m erreicht wird, geschah ursprünglich mittelst neun, seitdem aber vermehrten Schleusen.

Eine weitere, geographisch höchst wichtige Schifffahrtsverbin- *Bromberger Canal.* dung kam unter Friedrich dem Grossen zu Stande: Der 1773—1774 erbaute, 26½ km lange Bromberger Canal, welcher die obere Netze, einen schiffbaren Seitenfluss der Oder, mit der Brahe, einem schiffbaren Seitenfluss der Weichsel, verbindet. Der Bromberger Canal steigt von der Netze bei Nackel (Mrsh. 50·47 m) mittelst 2 Schleusen bis zu der 16·2 km langen Scheitelstrecke, welche ganz im Torfmoor, 50·10 m über dem Meere liegt, und fällt mittelst 7 Schleusen zur Brahe, in welche er bei Bromberg in der Höhe von 32·50 m mündet.

Da anderseits die Weichsel durch die beiden Haffe mit der Pregel und Memel mit grösster Leichtigkeit in Communication gesetzt worden war, so bestand also seit 1774 eine Wasserverbindung zwischen Memel, Königsberg, Berlin, Breslau, Dresden und Hamburg.

Die Binnenschifffahrt war zu einer Hauptrolle im Verkehrswesen *Sonstige Canäle.* berufen und Gegenstand unablässiger Verbesserungen. Dank der überaus günstigen orographischen Verhältnisse entstand eine ganze Reihe weiterer Canäle, von denen zum Theil schwer zu sagen ist, ob sie als Scheitel- oder als Seitencanäle zu betrachten sind. So z. B. der Plauer Canal, 1743—1746 zwischen Elbe und Havel angelegt, um den Weg von Magdeburg nach Brandenburg um 100 km zu kürzen; er wird aus der Elbe gespeist und steigt mittelst drei Schleusen mit einem Gesammtgefäll von 5·33 m zur Havel hinab. Es wäre zwecklos, diese Canäle hier aufzuzählen. Es genügt, zu erwähnen, dass die Gesammtlänge der preussischen Schifffahrts-Canäle 1883 nicht weniger *Länge der preussischen Wasser-straßen.* als 1070 km betrug, neben 6160 km schiffbarer Flüsse,[*]) und dass zur stetigen Verbesserung dieses Wasserstrassen-Netzes von 1873 bis 1883 rund 150 Millionen Mark verwendet worden sind. [**])

Der Frachtenverkehr auf den norddeutschen Wasserstrassen.

Man würde sich sehr einseitigen und irrigen Anschauungen aussetzen, wollte man ein Verkehrsnetz ohne dessen thatsächlichen Verkehr in Betracht ziehen. Wir werden deshalb versuchen, an der Hand der neuesten deutschen Statistik hier auch noch den Verkehr auf den norddeutschen Wasserstrassen (Betriebsjahr 1880 [***]) zu skizziren.

[*) Erklärung des Ministers im preuss. Abgeordnetenhause, 13. Februar 1883.
[**) Sitzung vom 5. Juni 1883.
[***) Band LII. Derselbe enthält äusserst vollständige und klare Angaben über einzelne Hafenplätze und Durchgangspunkte der deutschen Wasserstrassen, aber auch nur über einzelne. Es lässt sich deshalb auch die durchschnittliche Circulation jeder Wasserstrasse und die durchschnittliche Transportdistanz nicht ermitteln und noch weniger eine den Ueberblick so ungemein fördernde graphische Darstellung des Gesammtverkehrs entwerfen.

Rhein.

In Emmerich, an der holländischen Grenze, gehen zu Thal: 1,505.000 t mineralische Kohle, 303.000 t Steine, Kalk u. s. w., 176.000 t Eisen, Stahl u. s. w., 315.000 t sonstige Artikel, zusammen also nicht weniger als 2,359.000 t. — Minder beträchtlich ist der Transport zu Berg: Feld- und Waldfrüchte 499.000 t, Erze und Mineralien 404.000 t, Eisen und Stahl 121.000 t, Colonialwaaren 85.000 t, ausserdem 206.000 t, zusammen 1,315.000 t.

Die Circulation in beiden Richtungen beträgt also 3,674.000 t, gewiss eine »des Vaters Rhein« würdige Ziffer, und die es erklärlich macht, dass man dem Rhein bis Köln 4 m Tiefe geben möchte.

Mannheim versendet zu Thal 35.000 t Nutzholz, 15.000 t Ziegel, 34.000 t Verschiedenes, zusammen 84.000 t. Es langen dort an: 364.000 t Steinkohle, 113.000 t Weizen, 164.000 t Verschiedenes, zusammen 641.000 t zu Berg.

Da die Rhein-Schifffahrt in Mannheim nahezu aufhört, so ergibt sich also als Circulation bei Mannheim 641.000 t + 84.000 t, d. i. 725.000 t, und als Durchschnitt für die ganze, lange Rheinstrecke von Mannheim bis Emmerich ½ (725.000 + 3,674.000) t, d. i. rund 2,200.000 t! Nahezu eine ähnliche Circulation, aber nur auf sehr kurze Entfernungen, bietet die Seine in unmittelbarer Nähe der Stadt Paris und der Canal Saint-Quentin.

Ems.

Die Ems macht neben dem Rhein eine schlechte Figur: ihre Circulation beträgt bei Leer nicht mehr als 124.000 t und bei Meppen nur noch 12.000 t.

Weser

Die Weser oberhalb Bremen transportirt zu Thal 79.000 t, zu Berg 55.000 t, zusammen 134.000 t. Diese Circulation reducirt sich an der Zollgrenze auf 120.000 t, und bei Hameln auf 56.000 t.

Elbe.

Mehr als zehnfach ist der Verkehr auf der Elbe. Oberhalb Hamburgs transportirt sie zu Thal 764.200 t, zu Berg 772.600 t — also nahezu die gleiche Rückfracht! — zusammen: 1,536.800 t. Darunter befinden sich alle möglichen Artikel, in mässigen Quantitäten; nur zwei Artikel erscheinen mit mehr als 100.000 t, und zwar Steinkohle und Getreide, beide zu Berg.

Vor Schandau (zwischen Dresden und der österreichischen Grenze) passiren zu Berg: 49.300 t, zu Thal: 1.208.300 t. Die Circulation der Elbe bei Schandau beträgt also 1,257.600 t.

Unter den Nebenflüssen der Elbe verdienen besondere Erwähnung die Havel und die Spree wegen ihres hauptstädtischen Verkehrs.

Havel.

Die Havel transportirt bei Rathenow 54.000 t zu Thal, 253.000 t zu Berg, d. h. in der Richtung Berlins; und bei Brandenburg 185.000 t zu Thal und 530.000 t zu Berg. In letzterer Ziffer befinden sich 106.000 t Kohle, offenbar böhmische über den Plauer Canal, und 234.000 t Dach- und Mauerziegel.

Auf der Spree unterhalb Berlins gehen zu Berg und werden in *Spree.*
B e r l i n ausgeladen 2,471.000 t, zu Thal, in Berlin eingeladen 198.000 t.
Oberhalb Berlins gehen zu Thal und werden in Berlin ausgeladen
762.000 t und zu Berg, in Berlin eingeladen 60.000 t. Ausserdem
passiren in Berlin im Durchgangsverkehr zu Thal 223.000 t und zu
Berg 70.000 t.

Hiernach ergibt sich für die Spree u n t e r h a l b B e r l i n s eine
Circulation von 2,963.000 t und o b e r h a l b von 1,115.000 t. Addirt
man diese beiden Ziffern zusammen, so findet man fast genau dieselbe Ziffer, wie für die Seine ober- und unterhalb Paris', woraus hervorgeht, dass diese beiden Hauptstädte nahezu denselben Wasserverkehr
besitzen.

Bei der grossen Bedeutung des Berliner Wasserverkehrs ist es *Berliner Wasser-*
interessant, denselben näher zu analysiren. *verkehr.*

Die 2,471.000 t, welche die S p r e e h i n a u f n a c h B e r l i n gehen,
bestehen aus 955.000 t Dach- und Mauerziegeln, 305.000 t Brennholz,
294.000 t Bau- und Nutzholz, 182.000 t Kohle, 127.000 t Steine,
108.000 t Roggen, 56.000 t Torf, 55.000 t Lehm und Sand, und
389.000 t Allerlei. — Davon kommen: Von Spandau, Potsdam, Brandenburg, auf der unteren Havel mit 90 km Maximal-Distanz 768.000 t;
auf der oberen Havel von Oranienburg, Eberswalde u. s. w., also
gleichfalls aus der Nähe, 466.000 t; von Stettin über den Finow-Canal
(101 km) 490.000 t; von Hamburg (397 km) 148.000 t; von Bromberg 64.000 t, u. s. w.

Die 762.000 t, welche die S p r e e h i n a b n a c h B e r l i n gelangen, bestehen aus 263.000 t Dach- und Mauerziegel, 252.000 t
Lehm, Kies, Sand, 156.000 t Kalkstein, 27.000 t Brennholz, 20.000 t
Steine, 44.000 t Sonstiges. Dieselben kommen: 236.000 t aus Cöpenik (12 km), 146.000 t aus den Rüdersdorfer Kalkbrüchen (30 km),
143.000 t von Mittenwalde (40 km), also nicht weniger als 541.000 t
oder 70% aus nächster Nähe; ferner 14.000 t von Breslau, 2000 t
von Frankfurt a. O., u. s. w.

Was endlich die v o n B e r l i n a b g e g a n g e n e n Wasserfrachten
betrifft, so bestehen die z u B e r g gehenden 60.000 t sonderbarer
Weise zu mehr als der Hälfte wieder aus Lehm, Kies und Sand, die
für die nächste Nähe: Stralau und Cöpenik, bestimmt sind.

Unter den z u T h a l versendeten 198.000 t sind die wichtigsten
Artikel: 80.000 t (bearbeitete?) Steine, 16.000 t Spiritus, 10.000 t
Brennholz, 10.000 t Bau- und Nutzholz, 8000 t Steinkohlen, 6000 t
Oelkuchen, 5000 t Eisen u. s. w., und es gehen davon ungefähr
100.000 t in die nächste Nähe (Charlottenburg, Spandau, Potsdam,
Oranienburg, Eberswalde); 44.000 t nach Hamburg. 32.000 t nach
Stettin, 6000 t nach Magdeburg, 1000 t nach Danzig u. s. w.

Der Verkehr auf der Oder ist verhältnissmässig gering. Bei S w i n e m ü n d e beträgt derselbe: Zu Berg 204.000 t, zu Thal 43.000 t, zusammen 247.000 t. Bei K ü s t r i n: Zu Berg 73.000 t, zu Thal 60.000 t, zusammen 133.000 t; bei O h l a u (oberhalb Breslau): Zu Berg 1000 t, zu Thal 36.000 t, zusammen 37.000 t.

Die Weichsel weist auf: Bei D a n z i g zu Berg 187.000 t, zu Thal 124.000 t, zusammen 311.000 t; bei T h o r n: Zu Berg 87.000 t, zu Thal 107.000 t, zusammen 194.000 t.

Die Memel: Bei T i l s i t zu Berg 24.000 t, zu Thal 132.000 t, zusammen 156.000 t; an der russischen G r e n z e zu Berg 17.000 t. zu Thal 96.000 t, zusammen 113.000 t. —

Nachdem wir mit den Strömen zu Ende, betrachten wir auch noch die sie von Ost nach West verbindende Transversal-Linie Königsberg, Bromberg, Küstrin, Liebenwalde, Spandau, Magdeburg.

In B r o m b e r g passiren nach Osten 34.000 t, nach Westen 67.000 t, zusammen 101.000 t. Auf dem Bromberger Canal (westlich von Bromberg): Nach Osten 18.000 t, nach Westen 60.000 t, zusammen 78.000 t.

In E b e r s w a l d e verkehren auf dem Finower Canal, hauptsächlich in Folge der Relation Stettin-Berlin: Nach Osten 20.500 t, nach Westen 989.700 t, zusammen 1,010.200 t.

Auf dem Plauer Canal endlich, zwischen Brandenburg und Magdeburg, finden wir: Nach Osten 300.000 t, nach Westen 180.000 t. zusammen 480.000 t. — Die Hauptstadt Berlin bildet also auf der gesammten Transversallinie den, den Verkehr anziehenden Pol.

Auch der Friedrich Wilhelms-Canal (Oder-Spree) weist noch eine leidliche Circulation auf, nämlich nach Osten 67.000 t, nach Westen 77.800 t, zusammen 144.800 t.

Aber die meisten übrigen, von der Hauptstadt entfernten Canäle haben einen sehr schwachen Verkehr. Auf dem E l b i n g-O b e r l ä n d e r Canal finden wir eine Circulation von nur 43.000 t; auf der M a s u r i s c h e n Wasserstrasse (bei Lötzen) 28.000 t; auf dem K l o d n i t z e r Canal (zwischen Kosel und Gleiwitz in Oberschlesien) sogar nur 2000 t!

Stellen wir zum Schlusse die in Betracht gezogenen Wasserstrassen, in Ermangelung ihrer durchschnittlichen Circulation, nach ihrer Maximal-Circulation zusammen, so erhalten wir folgende Reihe:

Rhein	3.674.000 t	Maximal-Circulation
Spree	2,962.000 t	⌐ ⌐
Elbe	1,573.700 t	⌐ ⌐
Finow- (Havel-Oder) Canal	1,010.200 t	⌐ ⌐
Havel	715.000 t	⌐ ⌐
Plauer (Elbe-Havel) Canal	480.000 t	⌐ ⌐
Weichsel	311.000 t	⌐ ⌐
Oder	247.000 t	⌐ ⌐

Memel	156.000 t	Maximal-Circulation
Friedrich Wilhelms- (Spree-Oder) Canal	144.800 t	» »
Weser	134.000 t	» »
Ems	124.000 t	» »
Bromberger (Oder -Weichsel) Canal	101.000 t	» »

Die Concurrenz zwischen der Elbeschifffahrt und den Eisenbahnen.

Was im Vergleich zu dem französischen Binnenschifffahrts- *Lebhaftigkeit des Wasserverkehrs.* verkehr in obiger Zusammenstellung hauptsächlich auffallen muss, ist der hervorragende Antheil, welchen die natürlichen Wasserstrassen, insbesondere der Rhein und die Elbe, an der norddeutschen Schifffahrt nehmen. Dass die Natur das ihrige dazu beigetragen, haben wir bereits erläutert; es erübrigt uns, hier auch noch die Verhältnisse der Eisenbahn-Concurrenz in Betracht zu ziehen. Wir beschränken uns jedoch auf die uns am nächsten liegende Elbe. Die Spree kommt wegen ihres eigenartigen Verkehrs hier überhaupt nicht in Frage und die Verhältnisse am Rhein dürften sich von denen an der Elbe nicht wesentlich unterscheiden.

Zur Vergleichung mit der französischen Statistik haben wir ver- *Der Elbeverkehr nach der französischen Waaren Classification.* sucht, den Elbeverkehr in die französischen Waarengattungen zu zerlegen, und sind zu folgendem Ergebnisse gelangt:

Waarengattungen	Hamburger Zollgrenze			Schandauer Zollgrenze		
	zu Berg	zu Thal	zusammen	zu Berg	zu Thal	zusammen
			Tonnen			Tonnen
1 Steinkohle	149.800	22.200	172.000	100	1,029.200	1,029.300
2 Baumaterialien . . .	13.800	54.500	68.300	1.500	23.800	25.300
3 Dünger	45.300	13.400	58.700	200	.	200
4 Brenn- und Nutzholz	26.200	69.500	95.700	1.900	12.000	13.900
5 Maschinen	700	1.000	1.700	300	.	300
6 Hüttenproducte . . .	156.000	46.100	202.100	17.100	2.700	19.800
7 Industrieproducte . .	79.000	76.900	155.900	14.800	3.900	18.700
8 Landw. Producte . .	274.000	470.000	744.000	13.100	136.500	149.600
9 Verschiedenes . . .	27.800	10.600	38.400	300	200	500
Zusammen .	772.600	764.200	1,536.800	49.300	1,208.300	1.257.600

Steinkohle, Baumaterialien, Holz, Hüttenproducte sind die ge- *Hervorragende Rolle der Körnerfrüchte, Colonialwaaren u. s. w.* wöhnlichen Verkehrsartikel der Wasserstrassen. Was aber in den vorstehenden Zahlen auffallen muss, zumal sie seit 1880 in Folge

der Entwickelung der Umschlagstation Laube noch beträchtlich ge-
wachsen sein dürften, das ist die hervorragende Circulation von landwirthschaftlichen Producten (Körnerfrüchten, Colonialwaaren u. s. w.).
Dieselbe beträgt bei Hamburg nicht weniger als 744.000 t. In Frankreich erreicht dieselbe nur 200.000—240.000 t und ganz ausnahmsweise auf der Seine, zwischen Paris und Rouen, 300.000—380.000 t.
Aehnlich verhält es sich mit den Producten der Industrie, deren bei
Hamburg 155.000 t circuliren, während das Maximum in Frankreich,
gleichfalls zwischen Paris und Rouen, 60.000—70.000 t nicht übersteigt.

Elbe-Frachtsätze.
Es war dem Verfasser vergönnt, Einblick zu nehmen in die von
einer der Elbe-Dampfschifffahrts-Gesellschaften in der Zeit vom 1. Juli
1883 bis 15. October 1884 factisch eingehobenen Frachten. Es ergibt
sich daraus, dass die Frachtsätze von Monat zu Monat, ja fast von
Woche zu Woche schwankten, so zwar, dass die höchsten Preise den
Monaten September bis November, die niedrigsten den Sommermonaten
entsprechen.

Thalfahrt Laube-Hamburg.
In der Relation Laube-Hamburg (640 km) zu Thal wurde der
höchste Satz erzielt für Raffinade im November 1883 mit 18·70 M.,
d. i. pro Tonnenkilometer 2·9 Pf. = 1·71 Kr. ö. W. Für Getreide
und Mehl wurden eingehoben im November 1883 das Maximum
von 10·80 M., d. i. pro Tonnenkilometer 1·7 Pf. = 1·0 Kr.; im Juli
1884 das Minimum von 4·20 M., d. i. 0·66 Pf. = 0·39 Kr.; durchschnittlich 6·90 M., d. i. 0·92 Pf. = 0.54 Kr. pro Tonnenkilometer.

Bahntarif.
Diesen wandelbaren Sätzen gegenüber hielt die beträchtlich
kürzere Parallelbahn (545 km) einen Satz von 25·50 M. fest, d. i. pro
Tonnenkilometer 4·7 Pf. = 2·8 Kr. ö. W. Bei den Sommerpreisen
wäre der Bahn die Concurrenz in der Thalfahrt offenbar schwer gefallen; aber nach den mitgetheilten Sätzen scheint sie dieselbe überhaupt nicht versucht zu haben.

Bergfahrt Hamburg-Laube.
Bei der Bergfahrt Hamburg-Laube wurde der höchste Satz
erzielt im September 1883 für Twiste und Garne in Fässern mit
21·50 M., d. i. pro Tonnenkilometer 3·36 Pf. = 1·98 Kr. Dieser Wasserfracht stand gegenüber eine Bahnfracht von 34 M., d. i. pro Tonnenkilometer 6·2 Pf. = 3·7 Kr. Auch dieses Verhältniss deutet auf keine
Concurrenzbestrebung hin.

Die niedrigste Wasserfracht bei der Bergfahrt zahlte
das Roheisen (im April 1884) mit 6·30 M., d. i. pro Tonnenkilometer
0·98 Pf. = 0·58 Kr. Der Frachtpreis dieses Artikels schwankte zwischen diesem Minimum und 12 M. und betrug im Durchschnitt 7·60 M.,
d. i. pro Tonnenkilometer 1·19 Pf. = 0·70 Kr. Dieser Wasserfracht
stand auch die niedrigste Bahnfracht gegenüber, betrug aber
immerhin noch fast das Doppelte, nämlich 13 M., d. i. pro Tonnenkilometer 2·4 Pf. = 1·4 Kr.

Aus diesen Angaben, die wir für richtig halten müssen, scheint *Unbeugsamkeit der Bahntarife.* hervorzugehen, dass, wenn die Elbeschifffahrt neben der Eisenbahn so gut prosperirt, es zum Theil auch dem Umstande zuzuschreiben ist, dass die Bahntarife längs der Elbe eben dieselben sind, wie auf allen übrigen preussischen Staatsbahnen. Vielleicht ist diese Unbeugsamkeit eine unvermeidliche Folge des Staatsbetriebes.

Vielleicht stehen wir aber auch vor dem Resultate einer weisen *Unterscheidung zwischen einer bestehenden und einer zu erbauenden Wasserstrasse.* Berechnung. Gesetzt, es gelänge der Bahn, mittelst Tarifermässigungen den Stromverkehr an sich zu ziehen; was wäre der Vortheil für das Gemeinwesen? Die Brachlegung einer natürlichen Wasserstrasse, also die Verschmähung eines von der Natur geschaffenen Capitals und obendrein, wegen der Rückwirkungen, vielleicht ein Ausfall in den Bahneinnahmen, ohne die Wohlthat niedrigerer Tarife für das Publicum.

Etwas anderes ist es, wenn durch Herabsetzung der Tarife der kostspielige Bau einer künstlichen Wasserstrasse vermieden werden kann. In diesem Falle tritt das Gemeinwesen in den Genuss niedrigerer Tarife und erspart überdies die Zinsen aus dem Baucapitale.

18. Capitel.

Zukunfts-Projecte.

Denkschriften der preussischen Regierung.
1877—1882.

Ende 1877 legte die königliche Regierung dem preussischen *Erste Denkschrift.* Landtage eine Denkschrift vor, in der Absicht, zur Lösung der Frage beizutragen: »Ob und in welchem Umfange es angezeigt erscheine, »die vorhandenen natürlichen und künstlichen Wasserstrassen des preus- »sischen Staates erforderlichen Falles im Anschluss an diejenigen der »Nachbarländer durch neue Schifffahrtswege zu vermehren, beziehungs- »weise abzukürzen oder auf einen höheren Grad der Leistungsfähigkeit »zu bringen.« Diese, von einer sachkundigen und nüchternen Feder verfasste Denkschrift enthält so viel Beherzigenswerthes, dass wir die wichtigsten Stellen daraus hier um so mehr wiedergeben zu sollen glauben, als die Originalschrift jetzt sehr schwer zu beschaffen ist.

»Nach dem Vorgange Frankreichs und unter Berufung auf die *Regungen zu Gunsten der Wasserstrassen.* »Wasserstrassen-Systeme Englands, Belgiens und vor allen der nord- »amerikanischen Freistaaten hat sich das öffentliche Interesse in neuerer »Zeit mit besonderer Lebhaftigkeit nicht allein der Vervollkommnung »der vorhandenen Wasserwege, sondern auch in beinahe noch höherem

»Grade der Herstellung neuer Schifffahrts-Canäle von grosser Leistungs-
»fähigkeit, im Gegensatz zu dem, seit geraumer Zeit mehr in den
»Vordergrund getretenen Bau von Eisenbahnen, zugewendet. . . .

»Man hat nicht nur den Bau einzelner, mehr oder minder um-
»fangreicher Canallinien, sondern auch den Ausbau eines, für ganz
»Deutschland in grossen Zügen entworfenen Canalnetzes in Vorschlag
»gebracht. Allerdings haben bei der Aufstellung dieses Canalnetzes
»die unleugbar vorhandenen technischen Schwierigkeiten, insbesondere
»diejenigen der Speisung der Canäle mit Wasser und der Ueberwindung
»grösserer Höhen-Unterschiede nicht überall die ihnen gebührende
»Würdigung gefunden: auch scheint die Frage, ob im gegebenen Falle
»in einem Canale mehr als in einer Eisenbahn das richtige Mittel zur
»Erfüllung des obwaltenden Bedürfnisses nach einem neuen Transport-
»wege gesucht werden müsse, nicht überall ausreichend erwogen worden
»zu sein.

»In letzterer Beziehung ist es nothwendig, daran zu erinnern,
»dass im Allgemeinen die Eisenbahnen als Concurrenten der Wasser-
»strassen in ihrer Anlage weit weniger von der Terraingestaltung ab-
»hängig sind, als die Canäle. Man kann behaupten, dass überall, wo
»ein Canal ausführbar ist, auch eine Eisenbahn gebaut werden kann,
»nicht aber umgekehrt; ein Umstand, der sich zum Nachtheil der
»Wasserstrassen überall da geltend macht, wo es darauf ankommt, die
»Stätten der Rohproduction, insbesondere der Montan-Industrie, in un-
»mittelbare, keine Umladungen bedingende Verbindung mit einer grossen
»Transportstrasse zu bringen ; ferner da, wo es sich um die Verkürzung
»von Umwegen handelt, wie solche bei Wasserstrassen, zumal den
»natürlichen, unvermeidlich sind. Die Eisenbahnen sind aber auch,
»abgesehen davon, dass schon mässig coupirtes Terrain einer Canal-
»anlage Schwierigkeiten entgegenstellt und die Speisung mit der er-
»forderlichen Wassermenge in seltenen Fällen ohne kostspielige Neben-
»anlagen erreichbar ist, im grossen Durchschnitt in ihrer ersten Anlage
»nicht theurer, als Canäle. Denn schon bei jeder Hauptbahn, noch mehr
»aber bei den vorzugsweise für Gütertransporte bestimmten Secundär-
»bahnen ist die Breite des beanspruchten Grund und Bodens geringer,
»die Zerstückelung der Grundstücke weniger intensiv, die erforderliche
»Erdbewegung, namentlich in bergigen Gegenden, in welchen die Ca-
»näle überdies nicht selten kostspieliger Vorrichtungen zu ihrer Dich-
»tung bedürfen, von erheblich geringerem Umfange, als bei Canälen.
»Auch die Bauwerke zur Aufrechterhaltung des öffentlichen Verkehrs
»sind bei den Eisenbahnen meist von geringerer Bedeutung. Der
»Unterschied der Baukosten fällt aber zu Gunsten der letzteren be-
»sonders da ins Gewicht, wo grössere Steigungen oder Gefälle vor-
»kommen, welche von Canälen nur durch Errichtung kostspieliger und
»dabei ein bleibendes Verkehrshinderniss bildender Schleusen oder ge-
»neigter Ebenen überwunden werden können. Fälle, in welchen gelegent-

»lich der Anlage eines Schifffahrts-Canals grössere Landesmeliorationen
»ausgeführt und dadurch die im Schifffahrts-Interesse aufzuwendenden
»Baukosten in erheblichem Masse herabgemindert werden können, ge-
»hören zu den Ausnahmen, sind aber auch bei der Erbauung von Eisen-
»bahnen nicht ausgeschlossen. Während endlich bei diesen etwaige
»Stockungen des Verkehrs durch Frost und Schnee nur in ungünstigeren
»Jahren und stets nur in geringer Dauer eintreten, unterliegen die
»Canäle meist für noch längere Zeit, als die natürlichen Wasser-
»strassen, alljährlich unvermeidlichen Verkehrsstockungen durch den
»Winter, welche um so störender wirken, als sich ihr Beginn und
»ihre Dauer niemals mit Sicherheit vorhersehen lassen und zu ihnen
»bei den Canälen nicht selten noch Sperrungen der Schifffahrt durch
»Reparatur und Räumungsarbeiten hinzutreten.« . . .*)

Die »auch für die preussischen Canäle als jährliche Betriebszeit *(Jährliche Schiff-fahrtsdauer.)*
»anzusetzende Zahl« schätzt die Denkschrift auf 250 Tage.

»Als Bedingung für die Lebensfähigkeit eines Canal-Unter- *(Technische und wirthschaftliche Vorbedingungen der Canäle.)*
»nehmens wird im Allgemeinen die Erfüllung der Forderung anzu-
»sehen sein, dass der Canal nur eine geringe Zahl von Schleusen
»oder von sonstigen, zur Ueberwindung der Gefälle dienenden Vor-
»richtungen, also möglichst wenige Betriebshindernisse habe, dass
»derselbe reichlich mit Wasser gespeist werden könne, und dass seine
»Leistungen in angemessener Weise durch Eisenbahnen unterstützt
»werden. Ausserdem wird mehrfach nach den im Auslande ge-
»wonnenen Erfahrungen und auf Grund gegenseitiger Abwägung der
»durchschnittlichen Bau- und Betriebskosten grosser Canäle, so weit
»bisher über beide annähernd ein Bild gewonnen werden konnte, für
»neue Canal-Unternehmungen die Sicherstellung eines jährlichen Trans-
»portquantums von mehr als 500.000 t verlangt. . . .**)

»Dass der Rhein in seiner Leistungsfähigkeit alle übrigen Ströme *(Ausnahmsverhält-nisse des Rheins.)*
»weitaus überragt, hat seine wesentlichste Ursache in den natürlichen
»Vorzügen, welche derselbe in Folge seiner nachhaltigen Speisung mit
»Wasser vor den übrigen Strömen voraus hat. Indem die Grösse und
»Bedeutung seines Verkehrsgebietes hinzutritt, mit dessen Produc-
»tionsfähigkeit sich kein anderes preussisches Stromgebiet messen
»kann, ist es erklärlich, dass auch die thatsächlichen Leistungen des

---

*) Seite 71—74.
**) Seite 133.
In Schmoller's Jahrbuch, 3. Heft, 1884, schätzt Geh. Regierungs-Rath
Prof. A. Meitzen die fragliche Grenze auf 2 Millionen Tonnen und befürwortet auf
Grund derselben für Preussen den Bau dreier grossen Canäle: von Oberschlesien
nach Hamburg, von Dresden nach Stettin und von Königsberg nach Venlo. Er fügt
bei, dass die ungünstigen Erscheinungen auf den französischen Canälen auf dem
Umstande beruhen, dass ihnen die nöthige Fracht überhaupt mangle. Nach obigem
Massstabe (2 Millionen Tonnen Minimal-Circulation) würden freilich von dem ge-
sammten französischen Netze nur 76 km Gnade finden.

»Rheins, obwohl die auf beiden Ufern vorhandenen Eisenbahnen der
»Wasserstrasse Concurrenz machen, von den übrigen preussischen
»Strömen nicht erreicht werden. Seine Verhältnisse sind überhaupt
»so eigenartige, dass das so oft herangezogene Beispiel des Rheins
»in Bezug auf die Forderungen, welche an die Schiffbarkeit der
»übrigen Ströme gestellt werden, und bezüglich der Erwartungen,
»welche man für die Verkehrsentwickelung auf den projectirten neuen
»Wasserstrassen anzuregen bemüht ist, schwerlich als massgebend
»anzusehen sein dürfte. . . .

Regulirung oder
Canalisirung der
Flüsse?

»Eben so wenig begründet sind die neuerdings aufgetretenen Be-
»strebungen, welche ganz allgemein und ohne Beachtung der Natur
»unserer Ströme und des Charakters der meisten Flussthäler die bis-
»herigen Bemühungen um die Regulirung des natürlichen Fahrwassers
»verwerfen und an ihre Stelle die Canalisirung der Ströme durch
»Stauwerke setzen wollen.

Flache Fahrzeuge.

»Die Versuche, möglichst flachgehende Fahrzeuge zu bauen,
»welche sich der Natur der von ihnen zu befahrenden Gewässer an-
»passen, haben diejenige Nachahmung nicht gefunden, welche im
»Interesse der Verfrächter und der Schiffer auf der einen und den,
»die Geldmittel zu den Strombauten aufbringenden Gesammtwesens
»auf der andern Seite dringend zu wünschen ist.«*)

Schiffskaliber.

Auf Grund dieser und ähnlicher Betrachtungen spricht sich die
Denkschrift schliesslich für Canalschiffe von 250 t Tragkraft und die
oben (S. 132) mitgetheilten Stromregulirungs-Tiefen aus und empfiehlt
der öffentlichen Aufmerksamkeit eine Reihe von Canal-Projecten,
auf die wir unten zurückkommen werden.

Moor-Canäle.

Nur eines derselben, welches jetzt bereits nahezu vollendet ist,**)
mag hier sofort Erwähnung finden, nämlich der Ems-Jade-Canal
und die Moorcanäle im mittleren Emsgebiete. Diese Moorcanäle
durchziehen etwa 700 qkm Hochmoore auf dem linken Emsufer längs
der holländischen Grenze und circa 300 qkm auf dem rechten Ufer
und bezwecken die vollkommene Entwickelung der Moorcolonien dadurch, »dass es den Colonisten möglich gemacht wird, den Torf nach
»grösseren Verbrauchsorten abzusetzen und die nöthigen Dungmassen
»aus weiteren Entfernungen, vorzugsweise aus der unteren Ems und
»dem Dollart zu beziehen. Hierzu genügen einfache Entwässerungs-
»canäle nicht, vielmehr liegt das einzige Mittel, durch welches be-
»friedigende Culturzustände erreicht werden können, in der Erweiterung
»der Abwässerungscanäle zu wirklichen Schifffahrts-Canälen.«

Ems-Jade-Canal.

Bei dem Ems-Jade-Canal tritt zu dem landwirthschaftlichen und Ver-
kehrs-Interesse auch noch das Interesse der Marinen-Verwaltung, indem
derselbe für die militärischen und Marinen-Etablissements in Wilhelms-

---

*) Seite 68—70.
**) Schreiben S. E. des Herrn Ministers der öffentlichen Arbeiten v. 1. Octb. 1884.

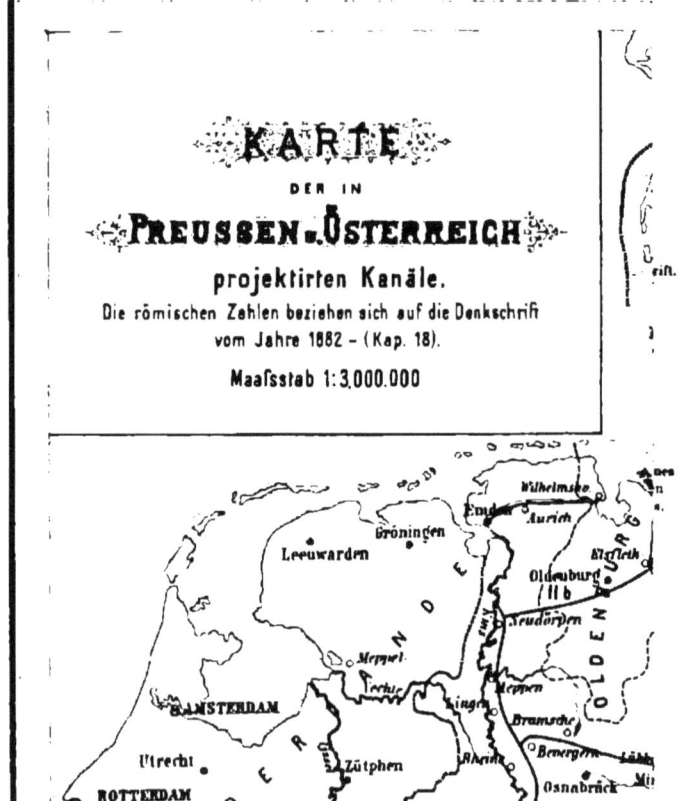

KARTE

DER IN

PREUSSEN-ÖSTERREICH

projektirten Kanäle.

Die römischen Zahlen beziehen sich auf die Denkschrift
vom Jahre 1882 - (Kap. 18).

Maafsstab 1:3.000.000

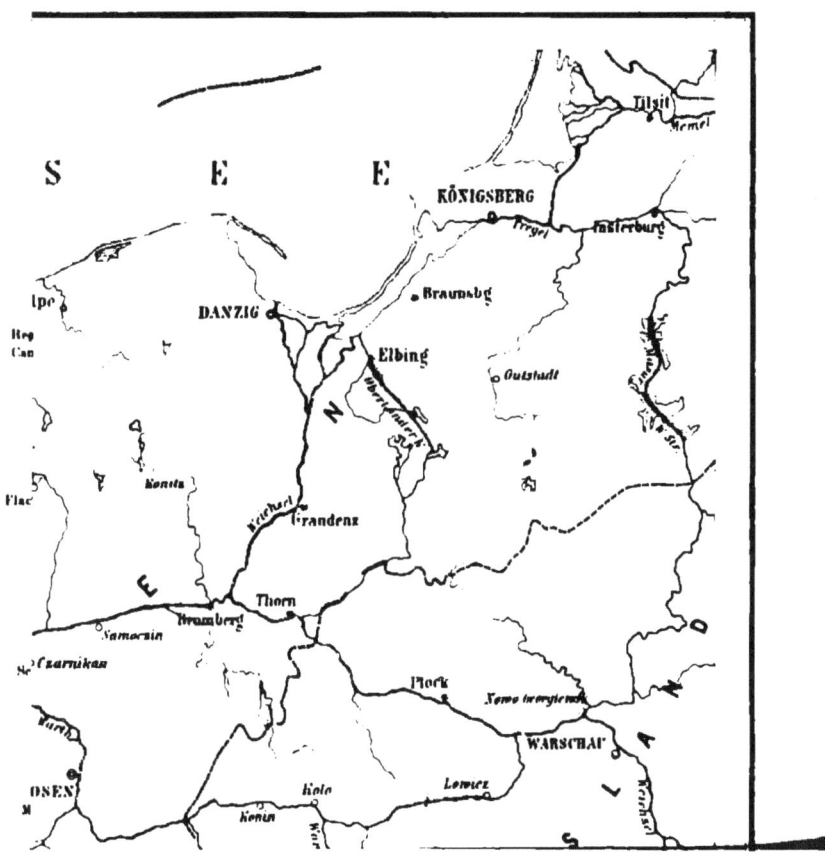

haven nicht nur einen wichtigen Zufuhrweg bildet, sondern auch die
Möglichkeit gewährt, die Speisung des dortigen Hafens mit Binnen-
wasser anstatt mit dem schlickhaltigen Aussenwasser der Jade zu
bewirken. Die Länge des Canals vom E m d e n über Aurich bis W i l-
h e l m s h a v e u beträgt 74 km. Er hat eine Sohlenbreite von 8·50 m,
eine Wassertiefe von 2 m und Schleusen von 6·50 m lichter Weite und
33 m nutzbarer Kammerlänge.

Vier Jahre, während welcher das v. Freycinet'sche Programm Zweite Denkschrift.
zur Entfaltung gelangte und die preussischen Canal-Vorarbeiten aufs
eifrigste betrieben worden waren, — vier Jahre nach der ersten Denkschrift, im Jänner 1882, legte die königliche Staatsregierung dem
Landtage eine zweite vor, unter dem Titel: Denkschrift, betreffend
die geschäftliche Lage der preussischen Canalprojecte.

Diese Denkschrift spricht sich über mehrere principielle Fragen aus.

Die Organisation des Transportdienstes betrachte die königliche Unzulässigkeit eines
Staatsregierung als eine offene Frage. Das Comité des Elbe-Spree- ausschliesslichen Transportrechtes.
Canals verlange das Recht, eine ausschliessliche Transport - Unter-
nehmung zu bilden, was jedoch füglich nicht zugestanden werden
könne.

In Betreff der Rolle des Staates heisst es:

»Es ist nach den bisherigen Erfahrungen kaum noch zweifelhaft, Staatsbau.
»dass, falls das eine oder andere Project verwirklicht werden soll,
»der Staat die Ausführung auf seine Kosten bewirken muss. Der
»Weg der speculativen Privatunternehmung erweist sich durchweg
»als nicht gangbar, weil auf eine Verzinsung der Anlagekosten nicht
»wohl gerechnet werden kann. Würde aber der Staat für die Bau-
»kosten, wie ihm in der Regel zugemuthet wird, eine Zinsengarantie
»übernehmen oder einen grossen Theil derselben mit Vorzugsrechten
»für das in das Unternehmen gesteckte Privatcapital aufbringen, so
»würde derselbe doch die Hauptsache thun.« Ausser Staatsgeldern
sollen also nur Beiträge der Provinzen und Interessenten verwendet
werden.

Der interessanteste Theil der zweiten Denkschrift ist jedoch Linien-Programm
jener, welcher ein vollständiges Wasserstrassen-Programm aufstellt,
indem — wie nachstehend — diejenigen C a n a l l i n i e n aufgezählt
werden, »welche gegenwärtig ü b e r h a u p t i n B e t r a c h t k o m m e n
k ö n n e n« und deren Vorbereitung so weit gediehen ist, dass einer
Entscheidung nichts im Wege stehen würde.

A. Westöstliche Canalverbindung.   Taf. IX.

  I. Rhein-Maas-Canal ;
 II. Rhein -Weser-Elbe-Canal, und zwar

    a) nach der Denkschrift von 1877, über Ruhrort, Minden,
       Hannover, Magdeburg ;

h) nach neueren Vorschlägen, über die Unterems und
    Bremen nach Stade;

III. Verbesserung der Wasserwege durch Berlin;
IV. Oder-Spree-Canal: Berlin-Kienitz.

B. Südnördliche Verbindung.

V. Elbe-Spree-Canal;
VI. Abzweigung nach Schwedt.

C. Anschlusscanäle nördlich der Linien *A*.

VII. Nordsee-Ostsee-Canal;
VIII. Elbe-Trave- (Stecknitz-) Canal;
IX. Canalverbindung Rostock-Berlin.

D. Anschlusscanäle südlich der Linien *A*.

X. Canalisirung des Mains unterhalb Frankfurt;
XI. Canal Leipzig-Elbe;
XII. Donau-Oder- und Oder-Lateral-Canal. --

Wir werden diese Projecte einzeln besprechen.

Rhein-Maas-Canal.

Dieser Canal soll die Maas bei Venlo verlassen und über Crefeld
den Rhein bei Uerdingen, 14 km oberhalb Ruhrort, erreichen. Seine
Länge beträgt nicht mehr als 47 km, wovon 7 km auf holländischem
Gebiet. Die Scheitelstrecke liegt in der Meereshöhe von 33 m und
hat eine Länge von 35 km. Der Abstieg in die Maas erfolgt mittelst
acht Schleusen mit zusammen 23 m Gefäll; der Abstieg in den Rhein
mittelst drei Schleusen mit 7·20 m Gefäll. Die Schleusen sind mit
7 m Weite, 50 m nutzbarer Länge und 2·10 m Tiefe für Schiffe von
300 t projectirt; die Sohlenbreite mit 15 m. Der summarische Kostenanschlag beläuft sich, inclusive Intercalar-Zinsen, auf 11·0 Mill. Mark.

Der Rhein-Maas-Canal, auf holländischem Boden nach Südwesten
bis zum Zuid-Willemsvaart verlängert, würde eine fast geradlinige,
äusserst kurze Verbindung von Crefeld und dem Ruhrbecken mit
dem Seehafen Antwerpen herstellen. Aus diesem Grunde, ohne
Zweifel, hat die niederländische zweite Kammer vorläufig jede Bei-
hilfe abgelehnt; die preussische Regierung gibt jedoch die Hoffnung
auf ein schliessliches Einvernehmen nicht auf.

Rhein-Weser-Elbe-Canal.

a) Ruhrort-Hannover-Magdeburg.

Bedeutung des
Projectes.
Taf. IX.

»Der Rhein-Weser-Elbe-Canal ist bestimmt, die Handelsstrassen
des Rheingebietes mit den Wasserwegen der Ems, Weser und Elbe
in Verbindung zu setzen und im Anschluss an die von der Elbe aus

»weiter nach Osten hin bereits bestehenden Wasserstrassen in der
»Richtung von Westen nach Osten eine d u r c h g e h e n d e Q u e r -
»v e r b i n d u n g für die Binnenschifffahrt herzustellen, welche von den
»R h e i n m ü n d u n g e n b i s z u m M e m e l s t r o m e reichen würde.
»Von den in der Richtung von Süden nach Norden in die Nordsee
»und Ostsee sich ergiessenden schiffbaren Strömen rechtwinklig durch-
»kreuzt, würde der Canal namentlich bei Anwendung der in den
»Projecten vorgesehenen Abmessungen eine grossartige Strasse für
»den Weltverkehr bilden, und ausserdem für die durchschnittenen
»Landestheile das bieten, was ein grosser Strom den Bewohnern seines
»Schifffahrtsgebietes gewährt.«

Mit diesen einleitenden Worten führte die Denkschrift vom
Jahre 1877 das Canalproject Ruhrort-Magdeburg ihren Lesern vor
und es ist schwer, sich dafür, wäre es auch nur vom künstlerischen
Standpunkte, nicht mehr oder weniger zu erwärmen.

Die zwischen Rhein und Weser zu überwindende Wasserscheide *Längenprofil. Taf. XI.*
liegt nur 32·30 m über dem Rhein, 17 m über der Weser; und die
Wasserscheide zwischen Weser und Elbe nur 17·90 m über ersterem,
17·60 m über letzterem Strome. Nach dem ursprünglichen Projecte
sollte die Weser bei Minden mittelst zweier Schleusentreppen im
Niveau gekreuzt werden, allein die zweite Denkschrift hebt hervor,
dass die Niveaukreuzung besser durch einen Aquäduct, mit einer einzigen Schleusentreppe, ausschliesslich zur Verbindung mit der Weser,
ersetzt werde. Dadurch reducirt sich die Anzahl der Schleusen auf
dem 501·3 km langen Hauptcanal auf 23, nämlich:

Aufstieg vom Rhein . . . . . 13 Schleusen, Gesammthöhe 32·30 m
Abstieg zum Weser-Aquäduct   2   »   »   5·— »
Aufstieg vom   »   »   .   2   »   »   5·90 »
Abstieg zur Elbe   6   »   »   17·00 »

Zusammen . 23 Schleusen, Gesammthöhe 60·80 m.

23 Schleusen auf 501·3 km. gibt ein Verhältniss v o n 4·6 S c h l e u- *Schleusenzahl des Projectes und der französischenCanäle.*
s e n a u f 100 km. Nach Herrn Lucas befinden sich auf 4754 km fran-
zösischer Canäle 1955 Schleusen, d. i. 41 pro 100 k m. Allein in diesen
Canälen sind auch zahlreiche Seitencanäle inbegriffen; auf den Scheitelcanälen allein, z. B. dem Marne-Rhein-Canal finden sich 57, auf dem
Burgunder Canal sogar 79 Schleusen auf 100 km.

Dividirt man die zu überwindende Gesammthöhe durch die *Länge der Haltungen. Durchschnittlgefäll.*
Länge des Canals, so findet man ein durchschnittliches Gefälle von
nur 12 cm pro 100 km, also noch weniger als auf dem Rheine zwischen Köln und Emmerich. Darum weist aber auch der projectirte
Canal drei Haltungen auf von 63·0, 124·5 und 165 km Länge. Und
diese grossen Längen sind nicht etwa durch bedeutende Erdarbeiten
erkauft; auf der ganzen Trasse kommen nur mässige Einschnitte vor
und die Speisung der Scheitelhaltungen erfolgt mittelst kurzer Zubringer aus den gekreuzten Flüssen.

10*

Mit vollem Recht kann es die erste Denkschrift aussprechen: »Solch' günstige Verhältnisse finden sich auf keinem »von allen Canälen Deutschlands, Frankreichs und »Englands wieder.«

Der Kostenvoranschlag würde sich (nach der zweiten Denkschrift und einem Motivenbericht vom 31. December 1882) folgendermassen combiniren:

Project II a	Länge	Kosten-voranschlag	Preis pro Kilometer	
	km	Mark	Mark	fl. ö. W.
Ruhrort-Henrichenburg	44·3	22,550.000	509.000	—
Henrichenburg-Bevergern	96·8	25,000.000	258.000	—
	141·1	47,550.000	337.000	199.000
Bevergern-Weser	135·7	30,600.000	225.000	—
Weser-Elbe	224·5	38,300.000	171.000	—
	360·2	68,900.000	191.000	113.000
Zusammen: Rhein-Elbe	501·3	116.450.000	232.000	137.000

Diese, wider Erwartung hohen Ziffern lassen sich nur durch die zu Grunde gelegten starken Dimensionen erklären. In der zweiten Denkschrift sind, wenigstens für die Strecke Henrichenburg-Bevergern, Schiffe zu 500 t, eine Sohlenbreite von 16 m, eine Tiefe von 2 m, ein Wasserspiegel von 24 m und Schleusen mit 8·60 m lichter Weite, 67 m Länge und 2·50 m Drempeltiefe, angenommen.

b) Von Ruhrort über die Unterems und Bremen nach Stade.

Der vorstehenden Trasse wird von der zweiten Denkschrift der Vorwurf gemacht, dass ihre Fortsetzung von Magdeburg nach Berlin durch den vorhandenen Plauer Canal ungenügend wäre, und dass, obwohl die Ruhrkohle der Haupttransportartikel des neuen Canals sein müsste, dieselbe doch lange keinen erhöhten Absatz finden würde, und zwar in der Richtung nach Magdeburg wegen des unvermeidlichen streckenweisen und deshalb langwierigen Baues, nach den Seehäfen aber, weil über Magdeburg die Nordseehäfen überhaupt nur schlecht und die Ostseehäfen gar nicht erreicht würden.

Ohne die Alternativ-Trasse *a* aufzugeben, wird deshalb von Bevergern aus eine neue, mehr nördliche Richtung über die Unter-Ems und Oldenburg nach Stade vorgeschlagen und beigefügt, dass über Wunsch der Stadt Hamburg der neue Canal von Stade auch noch bis Harburg verlängert werden könnte. Am südwestlichen Ende wird, wie auch im Falle der Trasse *a*, von Henrichenburg nach Dortmund ein Zweigcanal geführt. Für alle diese Linien sind eine Wassertiefe von 2 m und 8·60 m breite, 67 m lange Schleusen in Aussicht genommen und nachstehender Kostenvoranschlag aufgestellt:

Project II b	Länge	Voranschlag	Preis pro Kilometer	
	km	Mark	Mark	fl. ö. W.
I. Dortmund Henrichenburg .	11·1	5,650.000	508.000	—
Henrichenburg-Bevergern .	96·8	25,000.000	258.000	—
Bevergern-Ems	99·3	19,650.000	198.000	—
	207·2	50,300.000	243.000	143.000
II. Ruhrort-Henrichenburg . . .	44·3	22,550.000	509.000	300.000
Neudörpen-Oldenburg . . .	60·9	18,000.000	296.000	
Oldenburg-Elsfleth (Hunte-				120.000
Regulirung)	25·8	900.000	35.000	
	131·0	41,450.000	316.000	186.000
III. Vegesack-Stade	82·5	20,250.000	245.000	145.000
Alle Linien zusammen . .	420·7	112,000.000	266.000	157.000

Wasserwege durch Berlin.

Bei dem oben geschilderten, äusserst rege gewordenen Wasserverkehr in und durch Berlin ist die Verbesserung der dortigen Wasserwege etwas so natürliches, dass sie hier keiner Erläuterung bedarf.

Oder-Spree-Canal.

Die Zweckmässigkeit der Anlage eines dritten Canals zwischen Spree und Oder wird durch die ungenügende Leistungsfähigkeit des Finow- und des Friedrich Wilhelms-Canals, sowie durch den Wunsch motivirt, den Weg von Berlin nach dem Osten über die Warthe abzukürzen.

Nach dem, im Auftrage des Herrn Ministers der öffentlichen Arbeiten aufgestellten und in Berlin 1880 veröffentlichten Projecte beginnt der neue Wasserweg in Cöpenick, verlässt die Spree bei Erkner und erreicht über Friedland die Oder bei Kienitz, 15 km unterhalb der Warthe-Mündung bei Küstrin, mit einer Baulänge von 76·9 km. Der Wasserweg Berlin-Küstrin, welcher dermalen über den Finow-Canal 165 km und über den Friedrich Wilhelms-Canal 159 km beträgt, wird durch die neue Trasse auf 107 km reducirt, also um 52 und 58 km abgekürzt; allein durch welche Mittel?

Die 48·90 m hohe Wasserscheide wird durch eine 20 km lange Scheitelhaltung in der Meereshöhe 42·50 m durchschnitten und da das nöthige Speisewasser nicht aufzubringen ist, einerseits mit der Spree durch einen 10·30 m hohen verticalen Aufzug und anderseits mit dem Oderbruch durch eine 37·60 m hohe, 1220 m lange schiefe Ebene in Verbindung gesetzt.

Der technische Bericht sagt dazu: »Eine senkrechte, hydrau-»lische Schiffshebung von 15·30 m Hubhöhe, allerdings nur für Schiffe »von 125 t Tragfähigkeit, befindet sich seit 1875 in England bei

Amtliches Project

Senkrechte Schiffshebung statt der Schleusen.

»Anderton auf dem Trent- und Mersey-Canal mit ausgezeichnetem
»Erfolge in Anwendung.*) Das Princip der Einrichtung besteht darin,
»dass die auf und nieder zu befördernden Schiffe schwimmend von
»beweglichen Schleusenkammern aufgenommen werden. Diese, als
»eiserne Kasten, der Schiffsform entsprechend gebildet, werden zwi-
»schen eisernen Säulen derart geführt, dass, während die eine Kammer
»aufsteigt, die andere niedersinkt. Jede Kammer ruht, ähnlich den
»bekannten Aufzügen *(lifts)*, in grösseren Hôtels, auf einem
»Presskolben, welcher, in einem Cylinder senkrecht stehend, durch
»Wasserdruck gehoben, beziehungsweise durch Ablassen des im
»Cylinder befindlichen Wassers zum Niedergang gebracht werden
»kann. Dadurch, dass die Presscylinder durch Röhren mit einander
»in Verbindung stehen, wird bewirkt, dass die zu bewegenden Ge-
»wichte einander nahezu ausgleichen. Wie die Bellingrathische Schrift
»nachweist, lässt sich das Princip der Schiffshebung von Anderton
»für die Bewegung so grosser Schiffe, wie solche auf dem Oder-Spree-
»Canal verkehren sollen, dadurch umgestalten, dass die Zahl der
»unter jeder Kammer anzubringenden Presskolben dem grösseren Ge-
»wicht entsprechend vermehrt wird, wobei nur dafür Sorge zu tragen
»ist, dass durch geeignete mechanische Vorrichtungen der gleich-
»mässige Gang sämmtlicher Presskolben unter einander sicher gestellt
»wird.«

Es handelt sich also, wie man sieht, um einen ziemlich com-
plicirten Mechanismus, der seine praktische Probe noch nicht bestanden hat.**)

Schiefe Ebene. Was die geneigte Ebene anbelangt, so besteht eine solche allerdings seit einer Reihe von Jahren auf dem Elbing-Oberlän-
dischen Canal in Preussen, aber nur für Schiffe von 60—70 t
Tragfähigkeit, welche aus dem Wasser gezogen und auf einer Seilbahn
in der Art der Ofener oder der bei Wien bestandenen Kahlenberger
Bahn befördert werden. Diese Art der Schiffahrt ohne Wasser, d. h.
des Transportes der beladenen Schiffe auf Eisenbahnen, könnte sehr
weit ausgedehnt werden, aber verdient sie auch noch ihren Namen?
Glücklicherweise ist jedoch inzwischen eine »anderweitige Einrichtung
»der geneigten Ebene bekannt geworden, welche in Nordamerika beim
»Cheasapeake-Ohio-Canal unter dem Namen Dodge-Schleuse in

---

*) Nach siebenjähriger guter Dienstleistung ist der Apparat am 18. April 1882
gebrochen und eine der eisernen Schleusenkammern in die Tiefe
gestürzt!

**) Die französische Regierung lässt gegenwärtig (1884) einen derartigen
Aufzug, mit 13·13 m Hubhöhe, für Schiffe von 300 t bei Les Fontinettes, auf dem
Neuffossé-Canal, nach einem neuen Princip construiren. Einer seiner Urheber meint
in Betreff der Wirkung des Frostes: »Das Beste werde sein, während der Frostzeit
den Apparat gänzlich zu entleeren und ausser Thätigkeit zu lassen.« — Der Frost
in der dortigen Gegend (Flandern) ist eben eine Seltenheit.

»Anwendung steht. Sie unterscheidet sich von der vorstehend er-
»wähnten wesentlich dadurch, dass die Schiffe nicht aus dem Wasser
»gehoben zu werden brauchen«, sondern auch auf der Eisenbahn in
eisernen Küsten schwimmen, wie bei dem senkrechten *lift*.

Ob diese neuen Einrichtungen nicht häufigeren Betriebsstörungen
und Unterbrechungen ausgesetzt sein werden, als die alterprobte einfache Kammerschleuse, und ob dadurch das den Schleusencanälen
vorgeworfene Uebel der Langsamkeit und Unzuverlässigkeit nicht noch
vermehrt würde, wird die Erfahrung allein lehren können. Zu einem
Experiment würde sich der projectirte Oder-Spree-Canal insofern ganz
besonders eignen, als im Falle einer Unterbrechung immerhin der
Finow-Canal zur Verfügung stände, der 1880 nur 1,000.000 t transportirte und deren doch so gut wie der Canal Saint-Quentin 2 Millionen sollte befördern können, wenn der unternommene Umbau seiner
Schleusen auf 5·30 m lichte Weite und 2 m Tiefe vollendet ist.

Sei dem, wie ihm wolle, der neue Canal ist für Schiffe von 270 t
mit 2 m Tiefe, 14 m Sohlenbreite und Schleusen mit nachstehenden
Abmessungen projectirt: 6·75 m lichte Weite,· 13 m Kammerbreite,
48 m nutzbare Länge.

Der Kostenanschlag lautet auf 17,600.000 M. für 76·9 km (inclusive der benützten Spree und der durchschnittenen Seen), d. i.
229.000 M. das Kilometer. Die »Schiffshebungsanlagen«, deren Haupt-
verdienst ist, wenig oder kein Speisewasser zu erheischen, figuriren
darin wie folgt:

1 senkrechte hydraulische Schleusenhebung mit voll-
    ständiger mechanischen Einrichtung . . . . . .   740.000 M.
1 zweigeleisige geneigte Ebene, ebenso . . . . 1,595.000 »
2 zweischiffige Schleusen im Oderbruch . . . . . .   733.000 »
                         Zusammen . 3,068.000 M.

Wir haben das in Rede stehende, amtliche Project hier eingehender besprochen, weil es die neuere Tendenz gut illustrirt, müssen
jedoch beifügen, dass in der Sitzung des Abgeordnetenhauses vom
6. Juni 1883 der Regierungsvertreter dasselbe, seiner technischen und finanziellen Schwierigkeiten wegen, als aufgegeben
erklärte.

Elbe-Spree-Canal.

»Der Elbe-Spree-Canal soll die reichen Productionsgebiete Sach-
»sens und Böhmens mit Berlin und somit mit den Schifffahrtswegen
»der östlichen Provinzen Preussens, sowie mit der Ostsee in möglichst
»directe Verbindung bringen.«

»Es ist gelungen, eine Trasse von solcher Beschaffenheit auf-
»zufinden, dass, mit Ausnahme einer kurzen Zwischenstrecke von 12 km,
»auf welcher der Niedergang zur Spree stattfindet, nur zwei Canal-

(Randnoten:)
Unerprobte Neuerungen.

Schiffskaliber.

Kostenvoranschlag.

Das fragliche Canal-Project wieder auf-gegeben.

„haltungen vorhanden sind, von denen die obere mit dem Niveau der
»Elbe, die untere mit dem der Spree, beziehungsweise ihres Seiten-
»flusses, der Dahme, zusammenfällt. Der Elbe-Spree-Canal hat dem-
»nach nur eine einseitige und einmalige Abdachung in der Richtung
»von der Elbe nach der Spree, zugleich in der Richtung der grössten
»Massenbewegung; seine Speisung kann also durch die Elbe erfolgen.«

Indem der Canal die Elbe bei Riesa verlässt und fast in gerader
Linie die nördliche Richtung einhält, würde die dermalige Wasser-
verbindung zwischen Dresden und Berlin, welche über den Plauer
Canal nicht weniger als 490 km beträgt, auf 220 km reducirt. Die
Länge der zu erbauenden Canalstrecke von der Elbe bis zu Königs-
Wusterhausen beträgt 134·6 km, wovon 101 km auf die oberste Elbe-
haltung kommen.

Das Gefälle, mittelst dessen der Canal in die Ebene der Spree
hinabsteigt, beträgt 64 m und soll auf zwei, durch eine horizontale
Zwischenstrecke von 10 km getrennte geneigte Ebenen vertheilt
werden.

Das Project wurde von einem Dresdener Comité aufgestellt und
durch Regierungsorgane überprüft. Das Resultat der Prüfung ist noch
nicht bekannt.

Abzweigung nach Schwedt.

Der fragliche, 72·3 km lange Canal zweigt von dem oben be-
schriebenen Oder-Spree-Canal am Fusse der geneigten Ebene, bei
Friedland, ab und entwickelt sich in dem wohlbebauten, tiefer als die
Oder liegenden Oderbruch, unter theilweiser Benützung alter Oderarme,
vorerst bis Oderberg, wo er den Finow-Canal kreuzt und sodann von
Hohensaaten bis Schwedt, wo er in die Oder mündet. ·Er bezweckt
sowohl eine bessere Entsumpfung des Oderbruches, als die Vermeidung der Oderschifffahrt zwischen Kienitz und Schwedt, welche mit
starker Strömung und ungenügender Tiefe zu kämpfen hat. Insoferne
ist der projectirte Canal ein eigentlicher Seitencanal, der die Distanz
von Berlin nach Stettin, jedoch nur um 1 km abkürzt. Er bildet einen
Theil des veröffentlichten, nun aber, wie oben erwähnt, wieder aufgegebenen Oder-Spree-Canalprojectes und ist dort inclusive eines
1·4 km langen Zweigcanals nach Freienwalde auf 12,470.000 M., d. i.
169.000 M. pro Kilometer, veranschlagt.

Die nördlichen Anschluss-Canäle

können hier sehr kurz behandelt werden: Der Nord-Ostsee-Canal
ist hinlänglich bekannt und liegt als Seeschiff-Canal ausserhalb
des Rahmens dieser Schrift. Der Elbe-Trave-Canal, d. h. die Verbesserung des bestehenden Stecknitz-Canals von Lauenburg nach

Lübeck würde nur dann wichtig werden, falls der Rhein-Elbe-Canal nach Stade oder Harburg erbaut würde. Die Rostock-Berliner Canalverbindung, durch die bestehenden Seen sehr begünstigt, wird von einem Comité betrieben, das seine ursprünglichen Ansprüche auf grosse Dimensionen aufgegeben und sich mit jenen des Finow-Canals einverstanden erklärt hat.

Canalisirung des Mains.

Die Stadt M a i n z empfängt auf dem Rheine zu Berg jährlich 69.500 t, und versendet zu Thal 17.500 t, zusammen 87.000 t. Die Stadt F r a n k f u r t dagegen erhält auf dem Main zu Berg nur 6700 t und versendet zu Thal 2500 t, zusammen 9200 t. Der grosse Unterschied muss dem Zustande der Mainschifffahrt zugeschrieben werden, und man begreift wohl, dass die nur 35 km vom Rheinstrome entfernte Stadt Frankfurt schon längst den Wunsch hegte, auch an der Rheinschifffahrt zu participiren. Es war von einem Seitencanale die Rede gewesen, zu dem aber das Geld nicht aufzubringen war. Schliesslich übernahm Preussen durch Uebereinkommen mit Bayern, Baden und Hessen vom 1. Februar 1883 die Canalisirung des Mains unterhalb Frankfurt auf eigene Kosten. Diese Arbeit ist nunmehr in Ausführung begriffen.

Canal von Leipzig an die Elbe.

Die wichtige Handelsstadt Leipzig befindet sich in einer ähnlichen Lage gegenüber der Elbeschifffahrt. Die dortige Handelskammer verfolgte das Project eines nördlichen Canals, welcher über Bitterfeld und Dessau direct die Elbe bei Wallwitzhafen erreichen sollte. In Folge der Schwierigkeit und Kostspieligkeit dieses 63 km langen, mit mehreren geneigten Ebenen behafteten Projectes wurde dasselbe schliesslich aufgegeben und die Bestrebungen einer Wasserstrasse über die Elster und Saale zugewendet. Die betreffenden Erhebungen und Verhandlungen dauern fort.

Donau-Oder- und Oder-Seitencanal.

Die erste Denkschrift sagt über dieses Project u. a.:
»Die Verbindung der Donau und Oder mittelst eines Canals »gehört zu den grössten derartigen Unternehmungen, welche bisher »geplant wurden, denn gegen Süden müssen die Schiffbarmachungs- »arbeiten bis Wien reichen, gegen Norden aber, wegen des W a s s e r - »m a n g e l s der o b e r e n O d e r in den Sommermonaten, über Oder- »berg hinaus bis Oppeln oder Breslau, je nach der Grösse der Schiffe, »deren durchgehenden Verkehr man sichern will, fortgesetzt werden. »Die Längenausdehnung der künstlichen Schifffahrtsstrasse würde so- »mit ungefähr 400—500 km betragen. . . .

»Die Besorgniss liegt nahe, dass ein solcher Wasserweg, bei der
»grossen Anzahl von Schleusen, welche er erfordert, die Con-
»currenz mit den Eisenbahnen nur schwer zu bestehen im Stande
»sein würde, zumal anzunehmen ist, dass bei den Temperaturverhält-
»nissen der von ihm berührten Gebirgsgegenden die Sperrung
»durch Eis alljährlich drei bis vier Monate dauern kann,
»während die Hauptverkehrsartikel, Steinkohle und Holz, gerade im
»Winter am meisten gebraucht werden.«

Die zweite Denkschrift fügt bei:

»Dass ein Oder-Lateralcanal etwa bis Brieg nur unter Ueber-
»windung besonderer Schwierigkeiten und mit verhältnissmässig sehr
»hohen Kosten hergestellt werden könne, haben die im Auftrage der
»schlesischen Provinzialvertretung angefertigten, in einer besonderen
»Schrift veröffentlichten Vorarbeiten überzeugend nachgewiesen. Da-
»gegen ist die Bauverwaltung neuerdings der Frage näher getreten,
»ob die Anlage eines Seitencanals nicht etwa durch Canalisirung der
»oberen Oder mittelst beweglichen Wehren und Schiffsschleusen ent-
»behrlich gemacht werden könne.« Die betreffenden Vorarbeiten wurden
angeordnet.

Baukosten-Voranschläge.

Der leichteren Uebersicht wegen stellen wir nachstehend die
oben erwähnten Voranschläge derjenigen Canalprojecte zusammen,
welche überhaupt eine greifbare Gestalt angenommen haben.

Canalprojecte	Länge	Voranschlag	Kilometrische Kosten	
	km	Mark	Mark	fl. ö. W.
Rhein-Weser-Elbe:				
Ruhrort-Henrichenburg	44·3	22,550,000	509,000	300,000
Dortmund-Henrichenburg-Bever-				
gern-Neudörpen-Ems . . .	207·2	50,300,000	243,000	143,000
Bevergern-Magdeburg	360·2	68,900,000	191,000	113,000
Neudörpen-Elsfleth	86·7	18,900,000	219,000	129,000
Vegesack-Stade	82·5	20,250,000	245,000	145,000
Oder-Spree:				
Cöpenick-Friedland-Kienitz	76·9	17,600,000	229,000	135,000
Friedland-Schwedt	72·3	12,470,000	169,000	100,000

19. Capitel.

Verhandlungen des preussischen Landtages.

Gesetzesvorlage.

Wenige Monate nach der zweiten Denkschrift, am 24. März 1882, legte die k. Regierung dem preussischen Landtage einen Gesetzesentwurf vor, betreffend den Bau eines Schifffahrts-Canals von Dortmund über Bevergern und Neudörpen an die untere Ems. Die Grundeinlösung im Betrage von rund 5 Millionen sollte von der Provinz getragen, der Restbetrag von rund 48 Millionen durch ein Anlehen gedeckt werden. Die jährlichen Erhaltungskosten waren auf 640.000 M., d. i. 3100 M. pro Kilometer. veranschlagt. — Diese Vorlage blieb unerledigt, wurde aber am 31. December 1882 erneuert. — In den beiden Motivenberichten wurde betont, dass die Hauptaufgabe der neuen Wasserstrasse darin bestehe, der Ruhrkohle neue Absatzgebiete zu eröffnen, die englische Kohle aus den Nordseehäfen zu verdrängen und die Ruhrkohle exportfähig zu machen. Dazu sei es unerlässlich, die jetzigen Frachtpreise zu ermässigen; die Ermässigung könne aber durch Herabsetzung der Eisenbahntarife deshalb n i c h t erzielt werden, weil sonst R ü c k w i r k u n g e n zu befürchten wären und ähnliche Forderungen an anderen Stellen nicht zurückgewiesen werden könnten, mithin eine Richtung eingeschlagen würde, deren finanzielle Tragweite völlig unübersehbar wäre.

Wenn erst der Bau von Dortmund an die Ems gesichert sei, werde dann in erster Linie die Verlängerung an den Rhein und später jene an die Elbe zu folgen haben.

Berathung des Abgeordnetenhauses.

In der Commission des Abgeordnetenhauses fand die Gesetzesvorlage insoferne einen günstigen Boden, als der Gedanke, die Wasserstrassen zu entwickeln, mit allseitigem Beifalle begrüsst wurde. Dies hinderte aber nicht, dass im Plenum über a r g e E n t t ä u s c h u n g geklagt wurde. Man habe die F o r t s e t z u n g d e s W e r k e s F r i e d r i c h's d e s G r o s s e n d u r c h d i e n e u e r w o r b e n e P r o v i n z (H a n n o v e r) e r w a r t e t und nun biete die Regierung ein Stückwerk, das nicht einmal die Verbindung mit dem Rheine gewähre, nur wenig Kohlenzechen berühre und in den Emshäfen einen nennenswerthen Absatz nicht zu erzielen vermöge. Die stärkste Opposition ging

jedoch von den Interessenten der »mittelländischen« Linie (Hannover-
Magdeburg) aus, so wie von den Schlesiern, welche in dem Entwurfe
eine einseitige Begünstigung des Ruhrbeckens erblickten. Nachdem
sich der Handelsminister gegen »das starke Stück Particula-
rismus« erhoben, zugleich aber erklärt hatte, dass der Bau in der
Richtung von Stade den Bau nach Magdeburg nicht ausschliesse und
dass auch für Schlesien etwas geschehen solle, wurde die Vorlage
nur in dem Sinne abgeändert, dass die zunächst zu bauende Strecke
von Dortmund an die Ems im Gesetze selbst als Theilstrecke
eines Rhein-Elbe-Canals erscheint. — Dank dieser Abänderung
wurde das Gesetz schliesslich mit grosser Majorität angenommen.
Ein Mitglied legte Verwahrung ein: »Preussens Becher sei nicht über-
schäumend genug«, um 400 bis 500 Millionen, unter Verzicht auf
eine Rente, Canalbauten zuzuwenden.

Berathung im Herrenhause.

Im Herrenhause entspann sich eine sehr umfangreiche, grosse
Sachkenntniss bekundende Debatte, welche seitens der principiellen
Gegner des Canalbaues in der Eisenbahnära mit besonderer Wärme
geführt wurde.

Wasserfrachtsätze.   Einer der Hauptpunkte der Discussion waren natürlich die
respectiven Selbstkosten des Canal- und Eisenbahn-Transportes. Thatsächlich, so wurde versichert, habe noch kein deutscher Canal das
Tonnenkilometer unter 1·6 Pf. (0·94 Kr. ö. W.) gefahren. Bellingrath, welcher für neue Canäle 0·27 Pf. pro Centnermeile, d. i. 0·70 Pf.
(0·41 Kr. ö. W.) pro Tonnenkilometer in Aussicht gestellt, habe sich
dabei lediglich auf theoretische Erwägungen und Hypothesen, nicht
auf concrete Beispiele bezogen; seine Beweisführung sei also in hohem
Grade anfechtbar. Der Regierungsvertreter musste zugeben,
dass, wenn auch die Verwendung der Dampfkraft auf dem projectirten Ems-Canale in umfassendem Masse zu hoffen sei, dafür doch
ausreichende Erfahrungen noch nicht vorliegen, und deshalb, um
sicher zu gehen, die Pferdebeförderung der Berechnung der
Transportkosten zu Grunde zu legen sei. Als niedrigste Erfah-
rungszahl wurde hiefür der Preis der elsass-lothringischen Canäle —
1·2 Pf. = 0·71 Kr. ö. W. pro Tonnenkilometer — beigebracht.

Weiters wurde geltend gemacht: von einer Capitalsrente könne
keine Rede sein.

Bestimmungsgründe
der Regierung.   Ein Minister gab den Gegnern die ganze, schwierige Detail-
berechnung preis. Für die Regierung handle es sich gar nicht darum,
ob eine Rente abgeworfen werde oder nicht, auch nicht darum, ob
der Staat gar die Erhaltungskosten tragen müsse, sondern um die
Durchführung der inaugurirten Wirthschaftspolitik und im concreten

Falle um die Entwickelung der rheinisch-westphälischen Industrie, und die grosse sociale Frage, zu deren Lösung kein Opfer zu theuer.

Ein anderer Regierungsvertreter berief sich zu Gunsten der Canäle auf Gustav Adolph und Friedrich den Grossen, fand aber eine nur bedingte Unterstützung seitens des Feldmarschalls Grafen Moltke. »In militärischer Beziehung,« sagte dieser, »muss ich dem Ausbau »unseres Eisenbahnnetzes entschieden den Vorzug geben vor den »Canälen. Man wird auf den Canälen schwerlich jemals Truppen »transportiren; doch aber wird ein ausgebildetes Canalsystem auch in »militärischer Beziehung sehr vortheilhaft sein, namentlich zur Ver- »proviantirung unserer Grenzfestungen und Anhäufung der unermess- »lichen Magazine, welche für die Operations-Armee erforderlich sind.« *(Feldmarschall Moltke über Canäle.)*

Einige fanden, es wäre eine Ungerechtigkeit gegen den Westen der Monarchie, wenn er nicht auch mit Canälen dotirt würde, wie der Osten. Andere erwiderten, die Dotirung des Ostens habe vor dem Eisenbahnbau stattgefunden und sei eine Folge der historischen Ent- wickelung; zugleich warnten sie vor künstlichen Verschiebungen der Concurrenzfähigkeit der einzelnen Provinzen, zumal wenn sie auf Kosten des Staates *à fonds perdu* bewirkt werden sollen. *(Provinzielle Rücksichten.)*

Graf Brühl verlangte die Verwerfung. Als guter Hausvater könne man nicht auf das Ungewisse eine neue, in ihrer Höhe unberechen- bare Schuldenlast auf den Staat werfen. Wenn erst der vorliegende Canal gebaut sei, würden unzählige andere gebaut werden müssen. Wenn derselbe nicht rentire, werde man sagen, er sei isolirt und könne nicht rentiren; man müsse das Netz erst ausbauen, und dann werde die Rentabilität schon nachkommen. Das sei der oft gegan- gene Weg. *(Graf Brühl gegen die Vorlage.)*

In der That wurde schliesslich die Vorlage, wenn auch mit ge- ringer Majorität, verworfen, dagegen aber nachstehende Resolution an- genommen: *(Resolution an Stelle der Vorlage.)*

»Die königliche Staatsregierung zu ersuchen, den Plan zu einem, »die Monarchie von Ost nach West durchziehenden, ein- »heitlichen Canalnetze dem Landtage vorzulegen und die »Mittel dazu in einer Anleihe aufzubringen.«

Mit diesem am 30. Juni 1883 gefassten Beschlusse ist die Be- wegung zu Gunsten der Entwickelung der preussischen Binnenschiff- fahrt an ihren Anfangspunkt von 1877 zurückgekehrt.

20. Capitel.

Schlusswort über Preussen.

Es entsteht nun die Frage, was wohl jetzt in Preussen weiter geschehen werde. Darauf ist schwer zu antworten.

Eine rückläufige Strömung nicht ausgeschlossen. Während der Landtagsdebatte erklärte die Regierung, dass sie, falls die Vorlage verworfen würde, zu längerer Passivität in der Canalfrage gezwungen wäre. Sollte sich diese Drohung verwirklichen, so ist nicht ausgeschlossen, dass in der Zwischenzeit eine jener rückläufigen Strömungen eintrete, denen die öffentliche Meinung unterliegt, und von denen auch die preussische Regierung nicht unberührt bleibt.

Der Verfasser hält es jedoch für wahrscheinlicher, dass die königliche Regierung mit einer neuen Vorlage herantrete. Nach ihrer Absicht soll der eingeführte allgemeine Staats-Eisenbahntarif, abgesehen von einer sehr geringen Zahl von Ausnahmstarifen für Seehäfen und ähnliche besondere Relationen, überall, im directen wie *Preussische Staats-Eisenbahntarife.* im Localverkehr, in Geltung bleiben. Der niedrigste Satz dieses Tarifes (Specialtarif III) beträgt inclusive Expeditionsgebühr für 100 km 3·50 M., für 200 km 5·60, für 500 km 12·20 M. pro Tonne, d. i. pro Tonnenkilometer 2·06, beziehungsweise 1·65 und 1·44 Kr. ö. W. Neben solchen Minimalsätzen ist schon noch Raum für die Schifffahrt!

Beschluss neuer Canäle wahrscheinlich. Was die Landesvertretung anbelangt, so dürfte auch sie eine erneute Vorlage schwerlich wieder von der Hand weisen, erstens, weil unter allen Längengraden puncto Staatsbauten die Volksvertretungen seltener verweigern, als *ultra petita* gewähren, und zweitens, weil die Binnenschifffahrt in Preussen eines alterworbenen Rufes geniesst und es sich in der That darum handelt, ein vorhandenes, ausgedehntes Wasserstrassen-Netz zu vervollständigen, zu vollenden!

Nutzanwendung. Allein angenommen, Preussen beschliesse neue Wasserstrassen: die Vollendung der grossen Transversallinie oder den Bau von neuen Canälen nach seinen Seehäfen! Was würde aus seinem Beispiele für Oesterreich folgen?

Unterschied zwischen Preussen und Oesterreich. Wir werden diesen Schluss am Ende unserer Arbeit zu ziehen suchen und begnügen uns hier, darauf hinzuweisen, dass ein grosser Unterschied besteht zwischen der Vollendung und der Inangriffnahme eines Wasserstrassen-Netzes, zwischen einer Tiefebene, wie *Taf. XI.* der norddeutschen, mit Wasserscheiden von 50 m Höhe, und einem Gebirgslande, wie Oesterreich, mit 550 m hohen Wasserscheiden!

IV. ABSCHNITT.

Canäle anderer Länder.

Vorwort.

Da man sich auch gerne auf die Canäle Belgiens, Englands, Amerikas beruft, so hat es der Verfasser nicht unterlassen, sich gleichfalls über die Wasserstrassen der übrigen Länder zu orientiren, und es würde ihm nicht allzuschwer fallen, auf einem nicht mehr ganz ungewöhnlichen Wege sein Buch symmetrisch zu vervollständigen. Da er jedoch über inedirte oder schwer zugängliche Originaldocumente in Bezug auf diese Länder nicht zu verfügen hat, so wird er sich im Nachstehenden auf fragmentarische Bemerkungen und einige schlagende Citate beschränken, um so mehr als bei der ihm mehr und mehr abgehenden Localkenntniss er Gefahr laufen würde, seinerseits Irrthümer zu begehen oder solche fortzupflanzen. Derjenige Leser, dem noch Zweifel bleiben sollten, wird es gewiss vorziehen, die betreffenden Quellenwerke selbst in die Hand zu nehmen.

21. Capitel.

Bayern.

Der Ludwigs-Canal.
Taf. IX, X, XI

Seit nahezu 40 Jahren besitzt Bayern einen 172 km langen Scheitelcanal, der den ähnlichen Werken Frankreichs, Englands, Nordamerikas vollständig ebenbürtig ist. Er ersteigt mit 100 Schleusen, im Lichten 4·64 m breit, eine Meereshöhe von 418 m und trägt Schiffe von 136 Tonnen Ladungsfähigkeit. Es ist der bekannte und doch wenig gekannte Donau-Main-Canal, der nächstgelegene, am leichtesten zugängliche von allen. Man hört viel von französischen, von amerikanischen Canälen reden, vom Ludwigs-Canal hört man wenig oder nichts. Unsere Canalfreunde lieben ihn offenbar nicht und ignoriren ihn so viel wie möglich. Aber gerade deshalb müssen wir unsere Leser dringend bitten, mit uns einen Augenblick dabei zu verweilen. Der Fall lohnt sich der Mühe.

Aber — so hören wir einwenden — der Ludwigs-Canal, das ist doch allbekannt, hat ja zu kleine Dimensionen und keine genügende Fortsetzung in dem seichten Main und der reissenden Donau!

Der letztere Einwurf hat eine gewisse Berechtigung, erinnert aber doch stark an den Ausspruch des Grafen Brühl im preussischen Herren-

hause. Was jedoch die Dimensionen anbelangt, so brauchen wir nur an den Canal von Berry zu erinnern, der mit seinen 2·70 m breiten Schleusen und seinen Kähnen von 54 t Tragfähigkeit eine Circulation von 500.000 t bewältigt, während der Ludwigs-Canal mit seinen Schleusen von 4·64 m und Schiffen zu 136 t nur eine Circulation von 25.000

bis 30.000 t aufweist. — Wie wir zu dieser unwahrscheinlichen Ziffer kommen? Durch die Reichsstatistik, Band LII.

Es sind von Bamberg (1880) in der Richtung der Donau abgegangen 10.474 t und dort angekommen 9047. Circulation südlich von Bamberg: 19.521 t.

In Nürnberg sind von Norden angekommen 9314 t und dahin abgegangen 565; ausserdem sind dort durchgegangen 3273 t. Circulation nördlich von Nürnberg: 13.152 t.

Es sind in Nürnberg ferner von Süden angekommen 40.104 t und von dort dahin abgegangen 3509 t. Dazu der bereits erwähnte Transit von 3273 t gibt als Circulation südlich von Nürnberg 46.886 t.

In Kehlheim endlich sind von Norden angekommen 9077 t und dahin abgegangen 6372 t. Circulation nördlich von Kehlheim 15.049 t.

Für die Strecke Bamberg-Nürnberg ergibt sich also, da die Zwischenstationen unbedeutend sind, als approximative Durchschnitts-Circulation . . . . $\frac{1}{2}$ (19.521 + 13.152) = 16.336 t ebenso für die Strecke Nürnberg-Kehlheim . . . . $\frac{1}{2}$ (46.886 + 15.049) = 30.467 t und da letztere Strecke ungefähr doppelt so lang ist, als erstere, für den ganzen Ludwigs-Canal eine Circulation (1880) von . . . . 25.755 t.

Die bayerischen amtlichen Daten für 1882 bestätigen diese Ziffer genügend. Es wurden nämlich im Ganzen auf dem Ludwigs-Canale ausgeschifft 70.000 t und die mittlere Transportdistanz betrug 65 km. Daraus ergeben sich 4,589.000 Tonnenkilometer und eine Circulation (1882) von . . . . 26.000 t.

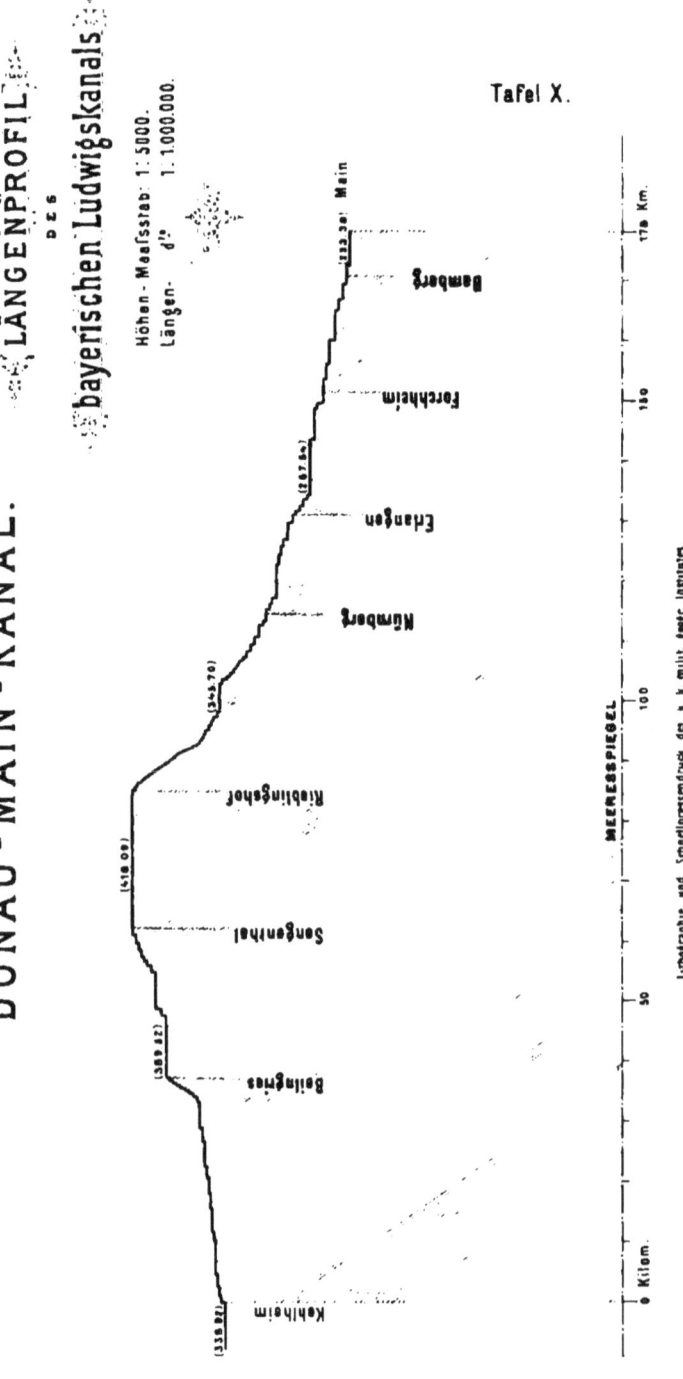

Geradezu verblüffend sind die Bewegungen der Zwischenhäfen. Erlangen erhielt durch den Canal 3216 t und verschickte 29 t, zusammen 3245 t. Fürth erhielt 8955 t und verschiffte 225 t, zusammen 9180 t. Neumarkt erhielt 2988 t und versandte 306 t, zusammen 3294 t. *)

Frachtenbewegung der Canalhäfen.

Nürnberg, der bei Weitem wichtigste Stapelplatz, versandte (1880) 4074 t und empfing 49.418 t, worunter 21.730 t Ziegel, 13.360 t Brennholz, 6880 t Steine, 4230 t Bau- und Nutzholz, 2600 t Weizen und Gerste, 618 t Sonstiges. Währenddem brachte die Eisenbahn 382.876 t nach Nürnberg und führte 128.680 t von dort ab (1882). Die Leistung der Eisenbahn beträgt also zehnmal so viel, als die des Canals!

Leistung der Eisenbahn.

Diese Thatsachen sind um so beherzigenswerther, als man hier nicht sagen kann, der Canal sei das Opfer einer rücksichtslosen, heimtückischen Concurrenz. Canal und Eisenbahn sind in ein und derselben Hand, der Hand einer Regierung, welche die staats- und volkswirthschaftlichen Interessen des Landes zu wahren versteht.

Der Ludwigs-Canal unter väterlicher Obhut.

Dazu kommt, dass die Lage sich von Jahr zu Jahr verschlechtert. Auch der letzte amtliche Bericht constatirt wieder auf dem Canale von 1881 auf 1882 eine Verkehrsabnahme von fast 10%.

Verkehr desLudwigs-Canals in Abnahme.

Schon jetzt, mit einer Circulation von 25.000—30.000 t, leistet der Ludwigs-Canal nur Zweidrittel von dem, was eine durchschnittliche französische Landstrasse (Circulation von 39.420 t), neben den Canälen und Eisenbahnen noch im Jahre 1882 factisch geleistet hat.

Seine Leistung geringer, als die einer französ. Landstrasse.

Die finanziellen Ergebnisse des Ludwigs-Canals sind natürlich nicht günstiger, als die volkswirthschaftlichen.

Finanzielle Ergebnisse.

Die Einnahmen betrugen (1882): aus dem Canalbetrieb (Schifffahrts-, Lagerhaus-, Krahnen-, Aichgebühren) 81.000 M.; Miethertrag von Gebäuden und Grundstücken 7291 M.; aus Fischerei 4166 M., aus Jagd 8 M., Wasserabgabe 4038 M. u. s. w.

Zusammen . . . 98.134, d. i. pro Can.-km 570 M.

Die Ausgaben:

Personal- u. Kanzleikosten 141.513
Unterstützungen . . . 6.759
Erhaltungsarbeiten . . 143.606
Umlagen u. Nebenauslagen 429

$\left.\vphantom{\begin{matrix}1\\2\\3\\4\end{matrix}}\right\}$ 291.307, d. i. » » » 1693 »

Passivrest . 193.173, d. i. pro Can.-km 1123 M.

Vorstehende Ziffern bestätigen aufs Neue, dass die Hoffnung auf ein ausgiebiges Nebenerträgniss aus der Verwendung des Canalwassers als motorische Kraft, zu Bewässerungen u. s. w. ebenso illusorisch ist, als die Voraussetzung: das blosse Vorhandensein eines

Die aus dem Ludwigs-Canale zu ziehende Lehre.

*) Statistischer Bericht über den Betrieb der königl. bayerischen Verkehrsanstalten im Verwaltungsjahre 1882.

Canals genüge zur Weckung eines regen Localverkehrs, zur Verwerthung der schlummernden Naturschätze.

Dauer der Winter-
sperre.
Zum Schlusse eine besonders für österreichische Projectanten
wichtige Notiz! »Erfahrungsgemäss beginnt die Schifffahrt auf dem
»(Ludwigs-) Canale jährlich in der ersten Hälfte des Monats März und
»schliesst gegen Ende November.«*) Hiernach dauert also die Wintersperre 90 bis 112, durchschnittlich 100 Tage. Allerdings ist die erstiegene Meereshöhe von 418 m die höchste bekannte, denn der Burgunder Canal erreicht nur 378 m, der *Canal de l'Est* 361 m u. s. w.

22. Capitel.

Belgien.

Wasserverkehr 1882.
Im Jahre 1882 betrug die Länge der belgischen Wasserstrassen
1631·8 km und es wurden darauf 32,401.063 t verschifft, welche
717,111.448 tkm zurücklegten. **)

Transportdistanz.
Die durchschnittliche Transportdistanz ist mit nur 22 km aus-
gewiesen, eine Ziffer, der wir kein Gewicht beilegen möchten, weil
die Grenzen des kleinen Königreiches als Endpunkte betrachtet und
gewisse Quantitäten bei ihrem Uebergange von einer Wasserstrasse
auf die andere offenbar als zum zweitenmale verschifft behandelt
worden sind.

Durchschnittliche
Circulation.
Als durchschnittliche Circulation ergeben sich 439.110 t; eine
ziemlich ansehnliche Ziffer.

Unter den fraglichen Wasserstrassen befinden sich jedoch auch
232·2 km S c h e l d e und 12 km ihres Seitenflusses R ü p e l, welche
als grosse natürliche Wasserstrassen wie der Rhein und die Elbe,
eine getrennte Behandlung verdienen. Nimmt man die Trennung vor,
so findet man:

Circulation der na-
türlichen und der
künstlichen Wasser-
strassen.

| Wasserstrassen | Länge | Tonnenkilo-
meter | Circulation
in Tonnen |
|---|---|---|---|
| natürliche . . . . | 244·3 | 418,169.987 | 1.714.000 |
| künstliche . . . . | 1387·5 | 298,941.461 | 215.000 |
| Zusammen . | 1631·8 | 717,111.448 | 439.000 |

*) Statistik des Deutschen Reiches. Bd. XV, S. 296.
**) *Annuaire statistique de la Belgique*, 1884.

Die 215.000 t bestehen zu 36·9% aus Kohlen und Coaks, 35·8%
aus Metallen, Erzen und Baumaterialien, 17·1% aus Bodenproducten
und Holz, endlich zu 10·2% aus Industrieproducten.

Die Durchschnittsziffer von nur 215.000 t für die Circulation
der künstlichen Wasserstrassen Belgiens macht anschau-
lich, dass auch diese oder wenigstens deren grösserer Theil der malen
nicht mehr bauwürdig wäre.

23. Capitel.

Schweden.

M. M. v. Weber, in seinem bekannten Berichte über die schwedischen Canäle vom 20. November 1879, nennt Schweden ein für die
Schifffahrt physikalisch prädestinirtes Land. Und dies wohl mit vollem
Rechte, denn bei der ungeheuren Ausdehnung ihrer Binnenseen ist
es den Schweden gelungen, sich mittelst einer Anzahl kurzer, zusammen nur 229 km langen »gebauten« Canäle ein Wasserstrassen-Netz
von 1740 km Fahrlänge zu schaffen und dadurch 5000 km Seeufer
aufzuschliessen. Die bestehenden Canäle sind fast alle vor den Eisenbahnen entstanden.

Die darauf verkehrenden, den Canalgesellschaften in keinem
Falle gehörenden Schiffe tragen: die Passagierschiffe 80, die Güter-
schiffe 200, die Schleppschiffe 250 t.

Unter den angedeuteten Verhältnissen war es möglich, mit einem
Gesammt-Baucapital von 31·5 Millionen Kronen (die Krone = 112
deutsche Pfennige = 66 Kr. ö. W.) ein Schifffahrtsnetz herzustellen,
dessen erbauten Canäle zwar 137.000 Kr. (90.000 fl.) pro Kilometer,
dessen wirkliche Fahrlänge aber nur 30.000 Kr. (19.800 fl.) pro Kilometer gekostet, und dessen Erhaltungskosten sich in demselben günstigen Verhältnisse ermässigen.

Demungeachtet sagt Weber: »Gewiss ist, dass das auf die Her-
»stellung der schwedischen Wasserstrassen gewandte Gesammtcapital
»sich mit einem so niedrigen Bruchtheile eines Perceuts verzinst,
»dass es ohne Weiteres als unverzinslich angelegt betrachtet
»werden kann.«

»Seit ungefähr vier Jahren ist der Canalbau in Schweden voll-
»ständig ins Stocken gerathen.«

»Auch in diesem, für den Wasserverkehr so prädestinirten Lande
»ist das Moment der Transportschnelligkeit so mächtig zur Geltung
»gekommen, dass es auch hier das Eisenbahnwesen, als Transport-
»mittel der Gegenwart. in den Vordergrund gestellt hat.«

Meereshöhe der
Scheitelcanäle.
Unter den schwedischen Canälen weisen die höchsten Scheitelhöhen auf: der Strömsholm-Canal mit 99 m, der Göta-Canal mit
91 m, der Kinda-Canal mit 52 m, der Trolhätta-Canal mit 43 m über
dem Meere.

Wintersperre.
Der Frostschluss der schwedischen Canäle erfolgt zwischen dem
15. November und 1. December und die Wiedereröffnung fällt zwischen
den 10. April und 10. Mai. Die Unterbrechung dauert demnach 140
bis 170 Tage; selbst in der südlichsten Spitze Schwedens nicht unter
90 Tage. Ein erschwerender Umstand dabei ist, dass die Termine
schwanken und an ein und demselben Orte sich 14 Tage früher oder
später einstellen, ohne dass die Schifffahrt die Schwankungen in gün-
stigem Sinne gehörig auszunützen vermöchte.

Einfluss der Meeres-
höhen auf den Eis-
schluss.
»Scheitelhöhen von 100 m sind genügend, um den Aufgang um
»mehr als eine Woche gegen den der tiefer liegenden Gewässer zu
»verzögern.« Wenn, wie es rationell scheint, auch der Eisschluss um
eben so viel früher eintritt, so würde in Schweden eine Mehr-
höhe von 60 m eine Verlängerung der Wintersperre um
14 Tage nach sich ziehen.

24. Capitel.

England.

Bericht der französi-
schen Enquête-Com-
mission
Die Vertreter des Canalbaues berufen sich auch — unvorsich-
tigerweise — auf England. Dort sei, um die Concurrenz mit den
Bahnen wirksamer zu machen, auf Zweifünftel der Canäle der um
40% billigere Dampfbetrieb eingeführt, und als Beleg wird auf den
Bericht Nr. 2835 der französischen Enquête-Commission an die National-
Versammlung (Berichterstatter Martenot) vom 27. März 1874 ver-
wiesen.

Herr v. Franqueville
über die englischen
Canäle.
Dieser Bericht enthält keine Originalnachrichten, sondern beruft
sich lediglich auf die Angaben des in amtlicher Mission zum Stu-
dium der dortigen Verkehrsanstalten nach England entsendeten Herrn
v. Franqueville junior. Hören wir Letzteren. *)

Ihre Entstehung.
Die englischen Canäle seien fast ausnahmslos von 1780 bis 1830
gebaut worden und haben zahlreiche Fabriken, auf den Wassertransport
eingerichtet, an ihre Ufer herangezogen. »Die Erfindung der Eisen-

---

*) Du régime des travaux publics en Angleterre, Paris 1875. II. Bd., 2. Aufl.,
S. 274—306. — Ein Theil dieses Werkes wurde von dem Verfasser ins Deutsche
übersetzt: Eisenbahn-Concurrenz und Eisenbahn-Fusionen, Wien, Lehmann und
Wenzel, 1875.

»bahnen,« heisst es weiter, »führte natürlich einen Stillstand herbei,
»zumal als alle wichtigen Wasserstrassen gebaut und alle Industrie-
»districte gehörig damit versehen waren. Die Erbauung eines weiteren
»Canals ist deshalb heutzutage ein Ausnahmsfall.«

Die Länge der in England und Wallis vorhandenen Canäle **Ihre Länge und Lage.**
und canalisirten Flüsse wird, »exclusive der zugeschütteten oder in
»Eisenbahnen, Tramways oder Landstrassen verwandelten,« folgendermassen beziffert:

Unabhängige Wasserstrassen . . . . 2803 km
Von den Eisenbahnen aufgekaufte Wasserstrassen   2462 »
                                                 ―――――――――
                                                 5265 km.

Wie auf einer (dem fraglichen Werke) beigefügten Karte zu
ersehen, erstrecken sich die englischen Canäle nach Norden kaum
über York hinaus und reichen weder nach Carlisle, noch nach New-
castle. Mit den schottischen Canälen ist keine Verbindung hergestellt.
Der Staat besitzt mit Ausnahme des Caledonian in Schottland und
einiger irischen Linien keine Canäle.

»Eine Zeit lang haben sich die Canäle gegen die Concurrenz **Canäle der Eisen-**
»der Eisenbahnen gewehrt, aber im Allgemeinen war dieser Con- **bahn-Concurrenz**
»currenzkampf für die Canäle in hohem Grade unheilvoll (*désastreux*).« **unterlegen.**

Nachdem die Gefahr klar zu Tage getreten, liessen sich viele
Canäle von den Bahngesellschaften aufkaufen und in den meisten
Fällen musste das Parlament, vor die Alternative des gänzlichen
Ruins oder des Aufkaufes gestellt, zu letzterem Ja sagen. Sobald aber
ein Canal oder eine Strecke davon in die Hände einer Bahngesellschaft gefallen ist, bringt diese die durch die Parlamentsacte bestimmten, meist sehr hohen Maximalgebühren auf der besagten Canalstrecke in Anwendung, und legt so den gesammten Wasserweg lahm.

Um die »Amalgamation« mit den Eisenbahnen hintanzuhalten, **Fusion der Canäle als**
wurde wohl eine Fusion der Canäle unter sich in Anregung gebracht. **Rettungsmittel.**
Aber man erkannte sofort, dass dadurch nur ein Canalmonopol geschaffen würde, das, ohne lange zuzuwarten, sich doch wieder mit dem
Eisenbahnmonopol kartelliren würde.

Es war auch von der Verstaatlichung der Canäle die Rede. **Verstaatlichung der**
Aber würde bei den in England herrschenden Anschauungen das **Canäle.**
Parlament sich entschliessen, den drohenden Betriebsausfall alljährlich
aus dem Steuererträgnisse zu decken?

Auf kurze Entfernungen (unter 100 km) gelinge die Concurrenz **Concurrenz auf kurze**
noch am ehesten. Dieser Umstand erklärt sich zum Theile daraus, **Entfernungen.**
dass viele Manufacturen an der Wasserstrasse selbst liegen und
keiner weiteren Zufuhrbahn bedürfen. Es erklärt sich aber auch aus
demselben Grunde, wie die Anwendung des Dampfes: aus dem hohen
Werthe der Zeit in England. Ein absolut verlässlicher Gewährsmann, **Eine Erklärung des**
Herr E. Malézieux, welcher in amtlicher Mission 1874 mit dem Director **Dampfbetriebes in England.**

der *Aire and Calder Navigation* per Dampf die Strecke von Leeds nach
Goole (Hull) befuhr, vernahm aus dem Munde des Letzteren, wie man
die Concurrenz betreiben müsse. »Die Leedser Kaufleute pflegen die
»Waaren nach Hull vor 7 oder 8 Uhr Abends nicht aufzugeben. Die
»Güterzüge legen die 80 km lange Strecke in 3—4 Stunden zurück:
»aber die Canalschiffe, die mit einer Geschwindigkeit von 11 km in
»der Stunde geschleppt werden, erreichen Hull auch noch des Mor-
»gens und können in neun Fällen von zehn die Waare im selben
»Augenblicke abliefern, wie die Bahn.« *)

Ueber den Verkehr der englischen Wasserstrassen fehlen ver-
lässliche Angaben.

Herr v. Franqueville fasst seine Anschauung in folgenden Worten
zusammen: »Ausser den direct oder indirect in den Händen der
»Eisenbahngesellschaften befindlichen Canälen sind fast alle übrigen
»in prekärer Lage. Es ist unschwer vorauszusehen, dass die Mehrzahl
»der Canalgesellschaften zwischen dem Ruin und einem Ausgleich
»mit den rivalisirenden Bahnen zu wählen haben wird. Auszunehmen
»dürften nur jene Canäle sein, die mit dem Meere in unmittelbarer
»Verbindung stehen, keine grosse Länge haben und sich in günstigen
»Bau- und Betriebsverhältnissen befinden. Aber diese vereinzelten
»und wenig wichtigen Fälle ausgenommen, kann nicht in Abrede
»gestellt werden (*il est impossible de nier*), dass die Canäle auf-
»gehört haben, den Eisenbahnen eine ernste Concurrenz
»zu machen, und dass es um diese Concurrenz ge-
»schehen sein wird, wenn der Staat nicht alle Wasser-
»strassen in seine Hand nimmt.«

Dem Berichterstatter Herrn Martenot entgeht die verzweifelte
Lage der englischen Canäle nicht, aber er tröstet sich mit dem Gedanken, dass die Verhältnisse in Frankreich ganz andere seien.
Schliesslich gibt er eine Aufzählung der Nebendienste, welche heutzutage die Canäle in England leisten: Dampfkesselspeisung, Dampf-
condensation, Spülung und Speisung von Städten, Betrieb von Mühlen

u. s. w. Der gewöhnliche Schwanengesang der unterliegenden Schifffahrts-Canäle und zugleich das sicherste Mittel, um nach dem Wunsche
der Bahngesellschaften den Schiffen das Fahrwasser zu entziehen!

---

*) *Les chemins de fer anglais* von E. Malézieux. *Rapport de mission publié
par ordre du Ministre.* Paris 1874. 2. Aufl., S. 90.

25. Capitel.

Nord-Amerika.

Für Amerika bezieht man sich insbesondere auf den dem Staate New-York gehörigen Erie-Canal, unter Verweisung unter anderem auf den vom Deputirten Legrand, Mitglied der oft erwähnten Enquête-Commission, am 25. Juli 1872 an die französische National-Versammlung erstatteten Bericht Nr. 1361.

Bericht der französischen Enquête-Commission.

Dieser Bericht erzählt, wie der Staat New-York zum Schutze seiner Canäle anfänglich den Eisenbahnen den Gütertransport überhaupt untersagt habe, dass jedoch seit 1851 freie Concurrenz bestehe und der Staat New-York am 28. April 1871 einen hohen Preis ausgesetzt habe, um den damals ausschliesslich üblichen Pferdezug durch Dampfkraft zu ersetzen. Ein Hauptpassus des Berichtes gilt einer Lobrede, welche in der New-Yorker Landesversammlung auf die Canäle gehalten worden — wohl zu bemerken, im Jahre 1838!! Im Uebrigen beruft sich Herr Legrand ausschliesslich auf Michel Chevalier und den amtlichen Missionsbericht des Herrn Malézieux,*) dessen Anschauung über die nordamerikanischen Canäle in dem Satze zusammengefasst ist: »Auch ihre Rolle sei noch nicht ausgespielt.« Diesem Ausspruche kann man ohne Widerstreben beitreten, denn jede Creatur, jede Creation wehrt sich ihres Lebens. Die Frage, vor die sich Europa gestellt sieht, ist aber die: ob es sich lohnt, neue Canal-Creationen ins Leben zu rufen?

Malézieux über die Zukunft der nordamerikanischen Canäle.

Was die auf die Dampfmotoren gegründeten Hoffnungen betrifft, so berichtet Herr Bergassessor Mosler, welcher die Vereinigten Staaten 1876 bereiste, darüber Folgendes: **)

Herrn Mosler's Bericht.

»Auf der 6 deutsche Meilen langen Scheitelstrecke (des Erie-»Canals) von Buffalo nach Lockport steht die Drahtseiltauerei mit in »Anwendung. Sie scheint aber den Verkehr nicht so gehoben zu haben, »wie man erwartet hatte. Auch im Uebrigen hat sich seither der »Gebrauch von Dampfkraft für Canalschiffe nicht bewährt. . . .

Dampfbetrieb.

»Die seit 1874 in Benützung gekommenen« (preisgekrönten Baxterischen) »Dampfboote haben nach den nunmehr vorliegenden »Ergebnissen den gehegten Erwartungen nicht entsprochen.«

---

*) Auszugsweise in den *Annales des Ponts et chaussées*, 1872.

**) Die Wasserstrassen in den Vereinigten Staaten von Amerika, im Auftrage des Herrn Ministers für Handel, Gewerbe und öffentliche Arbeiten. Berlin 1877. S. 17. 59. 66.

In Betreff des Verkehrs heisst es: »Die Frequenz auf den eigent-
»lichen Schifffahrts-Canälen hat, ungeachtet der Ermässigung der Zugs-
»kosten und Abgaben, sowohl absolut wie relativ, abgenommen und
»ist namentlich gegen die ausserordentliche Zunahme im Eisen-
»bahnverkehr sehr zurückgeblieben.« . . . »Im Gegensatze zu den
»Binnencanälen halten in den Vereinigten Staaten die sonstigen
»Wasserstrassen: die Küsten- und Seecanäle, die grossen Landseen
»und die schiffbaren Ströme, der wachsenden Eisenbahnconcurrenz

»erfolgreich Stand.« . . . »Was die Zukunft des Canalwesens in den
»Vereinigten Staaten anbelangt, so ist mit ziemlicher Wahrschein-
»lichkeit vorauszusehen, dass die stets wachsende Concurrenz der
»Eisenbahnen und der freien Binnenseen und Flussschifffahrt auch
»die noch belebten Schifffahrts-Canäle, mit Ausnahme der Küsten- und
»Seecanäle, allmälig zum Versiechen und schliesslich zum Erliegen
»bringen wird.«

Herr Ingenieur Kupka, welcher gleichfalls aus eigener Anschauung spricht, huldigt ganz denselben Ansichten.*) Er erzählt,
dass in den Vereinigten Staaten, genau wie in England, eine Menge
Canäle zugeschüttet und in Eisenbahnen umgewandelt, andere an
Bahngesellschaften verkauft worden. Bei dem Erie- und den übrigen
Canälen des Staates New-York waren in der Verwaltung solche Un-
ordnung und Unterschleife eingerissen, dass in die Staatsverfas-
sung ein Paragraph aufgenommen wurde, wonach für die Canäle
in jedem Jahre nur so viel verausgabt werden dürfe, als
im Vorjahre eingenommen worden. Kraft dieser Bestimmung
könnte eine gänzliche Sperrung der Canäle eintreten.

Unter der Voraussetzung, dass die Gesammtlänge des New-
Yorkischen Canalnetzes von 931 miles = 1493 km unverändert geblieben, lässt sich nach den Moslerischen Angaben sowohl seine
durchschnittliche Circulation, als die durchschnittliche Transportdistanz ermitteln.

Da gerne von dem Riesenverkehr des Erie-Canals gesprochen
und ihm eine Circulation von über 3 Millionen Tonnen beigelegt wird —
eine Ziffer, die offenbar auf einer Verwechslung mit der Anzahl der
verschifften (absoluten) Tonnen beruht, so wäre es interessant, die
genauen Daten in Betreff des Erie-Canals zu kennen. Die Moslerischen
Tabellen (Seite 20, 23 und 25) enthalten aber leider eine Lücke.
Man kann die Circulation des 363 miles = 584 km langen Erie-Canals
nur approximativ berechnen, indem man für ihn dieselbe mittlere
Transportdistanz annimmt, wie für das Netz, dessen Hauptader er
bildet. Die Ergebnisse sind:

*) Die Verkehrsmittel in den Vereinigten Staaten von Nord-Amerika. Leipzig
1883. S. 97, 109 u. s. w.

Jahre	Circulation des Cannlnetzes (1493 km)	Mittlere Transport-distanz	Approxim. Circulation des Erie-Canals (584 km)	Circulation des Erie-Canals und des New-Yorkischen Netzes.
	Tonnen	Kilometer	Tonnen	
1860	869.000	278	1,059.000	
1862	1,297.000	322	1,762.000	
1864	936.000	286	1,243.000	
1866	1,087.000	283	1,390.000	
1868	1,110.000	256	1,473 000	
1870	971.000	235	1,233.000	
1872	1,126.000	252	1,532.000	

Es geht daraus hervor: 1. dass die mittlere Transportdistanz *Schlussfolgerung.* etwa 2¹/₄mal so gross ist, als auf den französischen Wasserstrassen, entsprechend dem grösseren nordamerikanischen Massstabe; 2. dass die Circulation des Canalnetzes des Staates New-York in den zehn Jahren von 1862—1872 zurückgegangen oder wenigstens stationär ist; endlich 3. dass die Circulation des Erie-Canals jener der Elbe vergleichbar ist und hinter der der Spree und Seine zurücksteht.

Dem Verfasser ist auch nicht e i n e Schrift über Nord-Amerika *Weitere Gewährs-* unter die Hand gekommen, die mit den bisher angerufenen Gewährs- *männer.* männern im Widerspruche stände; dennoch glaubt er hier noch eine Autorität einführen zu sollen, deren Objectivität in Canalfragen über jeden Zweifel erhaben scheint: die Herren Lavoinne und Pontzen. *)

Ihrem bekannten Werke neueren Datums **) entnehmen wir nach- *Das Werk der Herren* stehende Angaben und Anschauungen. *Lavoinne u. Pontzen.*

Der Mississippi ist von seiner Mündung bis St. Paul, auf eine Länge *Die Mississippi-* von 3130 km, schiffbar. Abwärts von St. Louis, wo der bis Pittsburg *Schifffahrt.* schiffbare Ohio einmündet, trägt der Mississippi Schiffe von 600 t und 2·50 m Tiefgang und sein Gefälle reducirt sich auf 4·7 cm pro Kilometer (61 m auf 1287 km), d. i. den vierten Theil des Rheingefälles zwischen Köln und Emmerich.***) Die pennsylvanische Kohle geht von Pitts- burg in ganzen Schiffszügen nach Neu-Orleans zu dem fabelhaft bil- ligen Preise von 0·15 französische Centimes = 0·07 Kr. ö. W. pro Tonnenkilometer. Trotzdem und obwohl die Verbesserung der Missis- sippi-Mündung der Schifffahrt einen neuen Impuls gegeben, »ent- *Verkehr nach Süden* »wickelt sich der Schiffsverkehr in St. Louis entfernt nicht wie der *und Westen*

*) Herr E. Pontzen hat die französischen Enquête Protokolle deutsch ver- öffentlicht und gilt als Verfasser des Donau-Oder-Canalprojectes.

**) Les chemins de fer en Amérique. Paris 1882. Bd. II, S. 294—299.

***) Diese Gefällsbestimmung ist Herrn Malézieux entlehnt.

»Eisenbahnverkehr. In der Richtung nach dem Süden, zu Thal, geht
»die Hälfte des Verkehrs per Bahn, und der um die Hälfte stärkere
»Verkehr nach dem Westen (wo keine Canäle bestehen) geht natürlich
»ausschliesslich per Bahn.«

Verkehr nach Osten.   In der Richtung von Chicago nach dem Osten (aus Atlantische
Meer) »haben die Bahnen der Schifffahrt erst das Mehl, welches sich
»jetzt fast ausschliesslich auf den Schienen bewegt, abgenommen,
»dann die thierischen Producte, das Pöckel- und das frische Fleisch
»an sich gezogen; sie transportiren nun auch einen guten Theil des
»Getreides und Mais', die doch nur sehr billige Tarife vertragen.

Stillstand im Ver-   »Der Erie-Canal, dem der Hafen von New-York seine Blüthe
kehre des   »verdankt und der lange das Monopol des Getreidetransportes nach
Erie-Canals.   »diesem Hafen besessen, befördert jetzt nur noch einen geringen
Taf. XI.   »Theil des in Buffalo auf den Seen einlangenden Getreides.«

Der Eriesee-Hafen Buffalo ist bekanntlich der westliche Anfangspunkt des Erie-Canals, der im Osten bei Albany in den Hudsonstrom
mündet und sich durch diesen bis New-York fortsetzt. Die auf den
Canälen des Staates New-York 1870—1880 verschiffte Fracht stellt
sich, wie folgt:

Verkehr auf den   1870: 6,468.000 t (6,173.769 nach Mosler *)
New-Yorkischen   1872: 6,365.000 t (6,673.730 »   »)
Canälen.   1874: 5,805.000 t
             1876: 4,172.000 t
             1878: 5,171.000 t
             1880: 6,462.000 t

Ueberlegenheit der   Neben den Canälen transportirten die drei parallelen Hauptbahnen
Eisenbahnen.   zusammen: im Jahre 1870: 14·5, im Jahre 1880: 36·4 Millionen
Tonnen. Während also in dem letzten Decennium der Schiffsverkehr
stationär blieb, ist der Bahnverkehr auf das 2½fache gestiegen.

»Die Eisenbahnen,« so schliessen die Herren Lavoinne und
Pontzen, »Dank ihren Tarifermässigungen, Dank der Elasticität, der
»Stetigkeit (*continuité*) und Regelmässigkeit ihres Verkehrs, sind
»also überall im Zuge (*tendent partout*), über die Wasser-
Schiff-frachtsätze.   »strassen den Vorrang zu erringen, und zwar trotz der be-
»deutenden Herabsetzung der Schiffsfrachten, welche
»vor 10 Jahren . . 2·7 Centimes = 1·30 Kr. ö. W. pro tkm
»und jetzt nur noch 1·3 » = 0·62 » » » »
»betragen.«

*) Diese, glücklicherweise nicht bedeutende Differenz aufzuklären, ist der
Verfasser nicht in der Lage.

V. ABSCHNITT.

Schlussbetrachtungen.

26. Capitel.

Im Allgemeinen.

Den hohen Ruf, welchen sich die Canäle als Werkzeuge der Vortheile der Canäle Civilisation und des Wohlstandes erworben, verdanken sie wesentlich drei Eigenschaften: der Wohlfeilheit des Frachtentransportes, ihrer grossen Leistungsfähigkeit und ihrer allgemeinen Zugänglichkeit (freien Concurrenz).

So lange die Canäle nur den Landstrassen gegenüber standen, Ihr goldenes Zeitalter. war ihre Ueberlegenheit eine so grosse, dass sie gar keine besonderen Anstrengungen zu machen brauchten, um sich das thatsächliche Verkehrsmonopol zu wahren. Die Schiffsfracht betrug damals häufig $2\frac{1}{2}$ Kr. ö. W. pro Tonnenkilometer und die Ansprüche auf Raschheit der Beförderung waren so gering, dass der rege Schiffsverkehr sich nach einer eben so einfachen als bequemen Verwaltungsnorm abwickeln konnte: kein Schiff durfte dem andern vorfahren.

Durch das Erscheinen und Eingreifen der Eisenbahnen hat sich Folgen der Eisenbahn-Concurrenz. die Lage wesentlich verändert. Die Canalfrachtpreise mussten ermässigt werden und betragen jetzt, wie wir gesehen, pro Tonnenkilometer nur noch 1·20 Pf. = 0·71 Kr. in Elsass-Lothringen, 1·04 Pf. = 0·02 Kr. ö. W. im Staate New-York. Die grosse Uebereinstimmung dieser auf so verschiedene Verhältnisse bezüglichen Ziffern ist in hohem Grade bemerkenswerth! Trotz ihrer Frachtermässigung fühlen sich jedoch die Canäle überall in ihrer Existenz bedroht. Statt des früheren lebensfrischen Aufblühens zeigt ihr Verkehr unzweideutige Spuren wo nicht des Niederganges, doch des greisenhaften Stillstandes.

Vorwurf des Mangels an Einheitlichkeit. Man hat, namentlich in Frankreich, die Erklärung dazu in gewissen Ungleichheiten in den Abmessungen der Canäle gesucht und verbreitet auch hierzulande gerne den Glauben, der Mangel an Einheitlichkeit habe die Unebenbürtigkeit der französischen Wasserstrassen gegenüber den Eisenbahnen verschuldet. Trotz der darin liegenden Inconsequenz ruft man also einestheils die französischen Canäle als Begründer des dortigen Nationalwohlstandes an, weist aber anderntheils als zufällig und nicht massgebend alle unliebsamen Erscheinungen zurück, die sich bei dem französischen Canalwesen ergeben.

Hauptgebrechen der Canäle. Für uns jedoch kann nach der angestellten Rundschau kein Zweifel darüber aufkommen: der Hauptgrund des Siechthums der Canäle liegt in der ihrem Betriebe anhaftenden Langsamkeit und den zeitweisen gänzlichen Unterbrechungen (Sommer- und Wintersperren), welche mit den Anforderungen des modernen Verkehrs nicht mehr vereinbar sind.

Dampfbetrieb Die einsichtigen Freunde der Canalschifffahrt verschliessen sich dieser Thatsache nicht, vertrösten sich aber mit der Hoffnung auf Abhilfe durch Einführung des raschen Dampfbetriebes an Stelle des langsamen Pferdebetriebes. Der Verfasser vermag diese Hoffnung nicht zu theilen; nicht weil er die etwaige grössere Geschwindigkeit des Dampfbetriebes bezweifelt, sondern weil er sie für unvereinbar hält mit den übrigen Vorzügen des Canaltransportes, mit der Wohlfeilheit und der Freiheit der Zugförderung. Der Widerstand des Wassers gegen die Bewegung der Schiffe wächst sehr rasch bei zunehmender Geschwindigkeit, zumal in künstlichen Wasserstrassen, deren nasser Querschnitt einer unvermeidlichen Beschränkung unterliegt. Man bezeichne doch mit Namen den idealen Canal, der die Vereinigung der in Rede stehenden unvereinbaren Bedingungen praktisch verwirklicht hätte!

Man hat den belgischen Canal von Willebroeck genannt, welcher die Stadt Brüssel mit der Schelde und Antwerpen in Verbindung setzt und unter den belgischen Kunstwasserstrassen die regste Circulation aufweist (rund 1,000.000 t). Allein dieser Canal ist nur 28 km lang, fast schleusenlos und die dortige *Compagnie concessionnaire du tonage* geniesst, wie man versichert, das ausschliessliche Recht der Förderung.

Man hat sich auch auf den Aire-and-Calder-Canal berufen, aber dort war die rasche Förderung, wie wir gesehen, eine von der Bahnconcurrenz auferlegte Last. Und was endlich Frankreich betrifft, so ist ja dort der Dampfbetrieb auf wenige einspurige Canaltunnel beschränkt und wird mit einer Geschwindigkeit von 1·2 km pro Stunde, also mit einer Langsamkeit geübt, die selbst den Pferdezug noch unterbietet. Und auch dort lässt die Dampftauerei, obwohl in Staatsregie geführt, neben sich keine andere Schiffsförderung zu, in directem Widerspruche mit dem französischen Grundprincipe, also offenbar unter dem Drucke einer unabweislichen Nothwendigkeit.

Es ist unschwer vorauszusehen, was die Ausdehnung des exclusiven Dampfbetriebes auf grosse Längen für Folgen haben müsste. Die französischen Schiffer haben theils einfaches, theils zweifaches Pferdegespann. Im ersteren Falle bleibt das Schiff still liegen, so lange die Pferde ruhen: im zweiten ruht immer das eine Gespann an Bord, während das andere den Leinenzug leistet. Bei kurzer Länge der Dampfbetriebsstrecke mag es den Schiffern immerhin gelingen, ihre Fahrt so einzutheilen, dass die Dampftauerei als Ruhezeit für ihre Pferde verwerthet wird. Sowie aber die Dampfbetriebsstrecken an Zahl und Länge eine Ausdehnung gewinnen, welche das Ruhebedürfniss der Thiere überschreitet, so wird die Ausnützung der letzteren eine unvollständige und die Rechnung bis auf einen gewissen Grad mit doppelten Zugskosten belastet. Je kürzer die Lücken zwischen den Dampfbetriebsstrecken werden, desto mehr wird man in Versuchung kommen, auf das System des eigenen Gespanns für jedes Schiff überhaupt zu verzichten und für jede der Lücken, wie vormals in den Poststationen, stabile Pferde zu halten, mit der Bestimmung, alle durchfahrenden Schiffe der Reihe nach zu ziehen. Dann wird aber bald der Fall eintreten, dass die Pferde auf Schiffe warten, was wieder die Spesen erhöht, bald der Fall, dass die Schiffe auf die Pferde warten und dass die durch den Dampf gewonnene Zeit durch Warten wettgemacht wird. Das Warten spielt aber ohnediess schon eine furchtbare Rolle auf den Schleusencanälen, wie man sich durch einen Blick in die im Anhang enthaltene dermalige französische Canalordnung überzeugen kann.

Wer da glaubt, weil die Durchschleusung eines Schiffes 10 Minuten erfordert, zehn Schleusen werden in 100 Minuten passirt werden, verräth seine Unvertrautheit mit den Vorgängen auf den freizügigen Canälen.

Um das Warten bei der Canalschifffahrt auf ein Minimum zu reduciren, gäbe es nur ein Mittel: nämlich eine Art Fahrplan einzuführen, wie auf den Eisenbahnen. Dann erübrigt nur noch ein kleiner, fast unvermeidlicher Schritt: der Schritt zur ausschliesslichen Betriebsbefugniss, und ein neues Monopol ist fertig! Das Canalmonopol — wenn es nicht vom Staate selbst geübt wird — ist aber unabweislich auf ein Kartell mit dem Eisenbahnmonopol hingewiesen. Wo bleiben dann die gepriesenen Vortheile der freien Con-

Ausdehnung des Dampfbetriebes auf viele, längere Canalstrecken.

Vertheuerung und Verzögerung des Schiffszuges.

Beilage B.

Betrieb-monopol auf Canälen.

currenz?*) Darum hat sich auch die französische Regierung sowohl als die preussische bisher geweigert, ein derartiges Monopol zuzulassen.

Darum bleibt aber auch, wie es die preussische Regierung noch voriges Jahr ausgesprochen, die Einführung des Dampfbetriebes auf den Schleusencanälen vorderhand noch eine blosse — Hoffnung!

Beliebige Zugkraft, freies Anhalten. Trotzdem druckt man: »Es sollen zwei Ketten auf dem Canale »verlegt werden, damit Schiffe in jeder Richtung die Kette, ohne sie »beim Begegnen abwerfen zu müssen, benützen können. Es steht aber »Jedermann frei, mit eigenen Booten zu fahren und hiezu jede ihm »beliebige Zugkraft, Pferde- oder Ochsenzug oder Maschinenkraft zu »benützen.« Und dazu noch (mit einem einzigen Treppelwege oder Leinpfade): »Der Verfrächter kann an jedem Punkte des Canals »anhalten, ausladen oder einladen.«

Die neueste, von wohlwollenden und erfahrenen Männern revidirte französische Canalordnung sagt gerade das Gegentheil und wohl mit Recht, denn wie kann man sich einen raschen Schiffszug denken, wenn, abgesehen von den Schwierigkeiten des Kreuzens und Vorfahrens, der (einzige) Leinpfad etwa mit Steinen oder Feldfrüchten verlegt und die versenkten Tauerei-Ketten mit aus- oder einladenden Schiffen verstellt sind?

Die Nebenvortheile der Canäle. Nicht minder illusorisch, wie das freie Anhalten, erweisen sich die Hoffnungen auf allerlei Nebenvortheile der Schleusencanäle, als: Be- und Entwässerungen, Schaffung von Wasserkraft, Schutz gegen Ueberschwemmung u. s. w. Diese Punkte wurden bereits einzeln behandelt und es genügt wohl hier, auf das Gesagte zu verweisen.

Nur einen Gegenstand möchten wir noch einmal berühren: die Wahl des Kalibers für die in Deutschland und Oesterreich projectirten Canäle.

Schiffs- und Canal-Kaliber. Man verlangt Canalschiffe von 400—500 t Tragfähigkeit,**) während die meisten französischen Canäle, auch die neu umgebauten, nur solche von 250—280 t zulassen.

---

*) Selbst Herr Bellingrath in seinen bekannten »Studien« entgeht nicht dem Dilemma! S. 102 und 142 rühmt er die freie Concurrenz. — Aber S. 37 heisst es: »Wo die Canalgesellschaft den Betrieb selbst in die Hand nimmt«, wird eine Rentabilität erzielt. — Ferner S. 97: »Canäle mit durchaus freiem, d. h. ungeregeltem, »wilden Betriebe, ohne Befrachtungs Organisation, mit schneckenhafter Gangart der »Schiffe, werden das Ziel nicht erreichen. Jeder Canalbau ohne gleichzeitige Ordnung »des Betriebes darf als eine Vergeudung des Nationalvermögens angesehen werden.« — Endlich S. 144: »Andere Fortbewegungsmittel« (als die des Canalunternehmers), »welche nicht mindestens zu einem gleich raschen Fortkommen (täglich mindestens »75 km) und Einhaltung der danach zu bemessenden Fahrordnung befähigen, dürfen »nicht zugelassen werden.«

**) Nicht Bellingrath, der nur 350 t befürwortet.

Einen gewaltigen Vortheil bietet dieser Vorschlag unseren zeitgenössischen Canalfreunden; er gestattet ihnen, alle mit den bestehenden engeren Canälen gemachten unliebsamen Erfahrungen dem kleinen Kaliber auf das Kerbholz zu schreiben und von sich abzuwälzen. Allein auch hier muss man sich fragen, ob das Heilmittel nicht schlimmer wäre als das Uebel. Schon die französische Enquête-Commission hat darauf hingewiesen, dass das französische (kleine) Schiffskaliber durch seine grossen Dimensionen die Eisenbahnconcurrenz erleichtere. (s. S. 72.)

Am Canal von Berry haben wir gesehen, dass auch das kleinste Kaliber eine grosse Leistungsfähigkeit nicht ausschliesst und thatsächlich der Wohlfeilheit des Transportes keinen Eintrag thut. Andererseits hat man nie gehört, dass der grosse Transversalcanal im Garonnethal mit seinen 6 m breiten Schleusen und 2 m Wassertiefe billiger transportire als andere, und seine Circulation hat sich kaum auf das Viertel der Circulation des Canals von Berry gehoben. Solche Thatsachen sind wohl geeignet, den Wunderglauben an das grosse Kaliber zu erschüttern.

Parallele zwischen dem schmalen Canal von Berry und dem breiten Medicanal.

Es ist klar, dass eine Schiffsladung von 500 t schwerer zusammenzubringen ist, als eine solche von 250 t und dass man also Gefahr läuft, die durch raschere Fahrt einzubringende Zeit noch vor der Abfahrt durch Warten auf die Vervollständigung der Fracht wieder zu verlieren. Man kann allerdings auch mit halbbeladenen oder kleineren Schiffen fahren, aber dann hat man einen Theil des Baucapitals unnöthig verausgabt, verlängert unnöthig die Zeit der Durchschleusung und vergeudet obendrein das manchmal theure Speisewasser. Man sagt zwar, das Anlagecapital werde durch die Erbreiterung nur unbedeutend erhöht, und für Canäle in der norddeutschen Ebene mag dies zutreffen; aber für Canäle in unebenem Terrain, zum Theile an Lehnen, mit zahllosen Durchlässen und Oberfahrten, mit Aquäducten u. s. w., ist der Unterschied sehr bedeutend.

Nachtheile des grossen Kalibers.

Was endlich den Wasserverbrauch anbelangt, so ist nicht zu vergessen, dass die Durchschleusung eines vollen und eines leeren, eines grossen Schiffes und eines Nachens ganz dieselbe Wasserquantität erheischt.*) Für eine Schleuse, 65 m lang, 8 m breit, mit einem Gefälle von 3 m, beträgt die abzulassende Wassermenge 1560 cbm und repräsentirt eine mechanische Arbeit von 4.680.000 Kilogramm-Meter, d. i. eine theoretische Pferdekraft während 17 Stunden oder ungefähr 30 Stunden Arbeit eines thierischen Pferdes. Für einen blossen Nachen, um 3 m gesenkt oder gehoben, ist das ein übermässiger Kraftaufwand!

Wasserverbrauch beim Durchschleusen.

---

*) Bezeichnet man den Cubikinhalt der Schleusenkammer mit K und das vom Fahrzeug verdrängte Wasser mit F, so ist das erforderliche Wasserquantum beim Aufwärtsschleusen K + F, beim Abwärtsschleusen K—F, im Durchschnitt also K.

Dilemma. So grosse Erwartungen man übrigens von dem Dampfbetriebe als Mittel zur Beschleunigung des Canaltransportes hegen mag, hinter der Eisenbahngeschwindigkeit wird man doch immer zurückbleiben, zumal die Bahnen in Betreff der Lieferzeiten ihr letztes Wort noch nicht gesprochen haben und sich auf dem Continente mehr und mehr dem englischen Vorbilde werden nähern müssen. Ein Gewinn für das Publicum ist also in dieser Richtung seitens der Schifffahrt keinesfalls zu gewärtigen. Andererseits bleiben die Canal-Betriebsunterbrechungen, die wir im nächsten Capitel behandeln, aufrecht und die ererbten Vortheile der Canäle: Freizügigkeit und Wohlfeilheit, werden preisgegeben.

Wer weiss, ob man da am Ende nicht die alten Canäle vorziehen und auf sie den Spruch anwenden wird:

Sint ut sunt, aut non sint!

27. Capitel.

In Betreff Oesterreichs.

Unterschied zwischen natürlichen und künstlichen Wasserstrassen. Das Vorstehende gilt für Canäle! Die natürlichen Wasserstrassen befinden sich in wesentlich anderen, theils noch ungünstigeren, theils entschieden besseren Verhältnissen. Im ersteren Falle sind, wie wir gesehen, die meisten französischen Ströme, im letzteren der Mississippi, der Rhein, die Elbe, welche im Kampfe mit den Eisenbahnen eine Widerstandskraft entwickeln, welche, was auch das Ende sein mag, ihren Leistungen noch eine lange Zukunft sichert. Diesen Strömen schliesst sich die prächtige Donau in hervorragender Weise an.

Die Donau.

Die Donau und der Mississippi. Schon oft hat man die Donau als den mächtigsten Strom des Abendlandes bezeichnet und Jeder, der sich die Verhältnisse näher ansieht, muss in diese Auffassung einstimmen. Bietet der vaterländische Strom nicht eine schlagende Aehnlichkeit mit dem Mississippi? Die Donau ist bis Ulm auf 2630 km schiffbar, der Mississippi auf 3130 km. Die Ohio-Mündung ist 61 m über und 1287 km von dem Meere, die Theissmündung 69 m und beziehungsweise 1228 km. Die Meereshöhe von 100 m ist auf der Donau 7·7mal so weit vom Meere, als auf der Rhone, 2·8mal so weit, als auf dem Rhein und der Elbe.

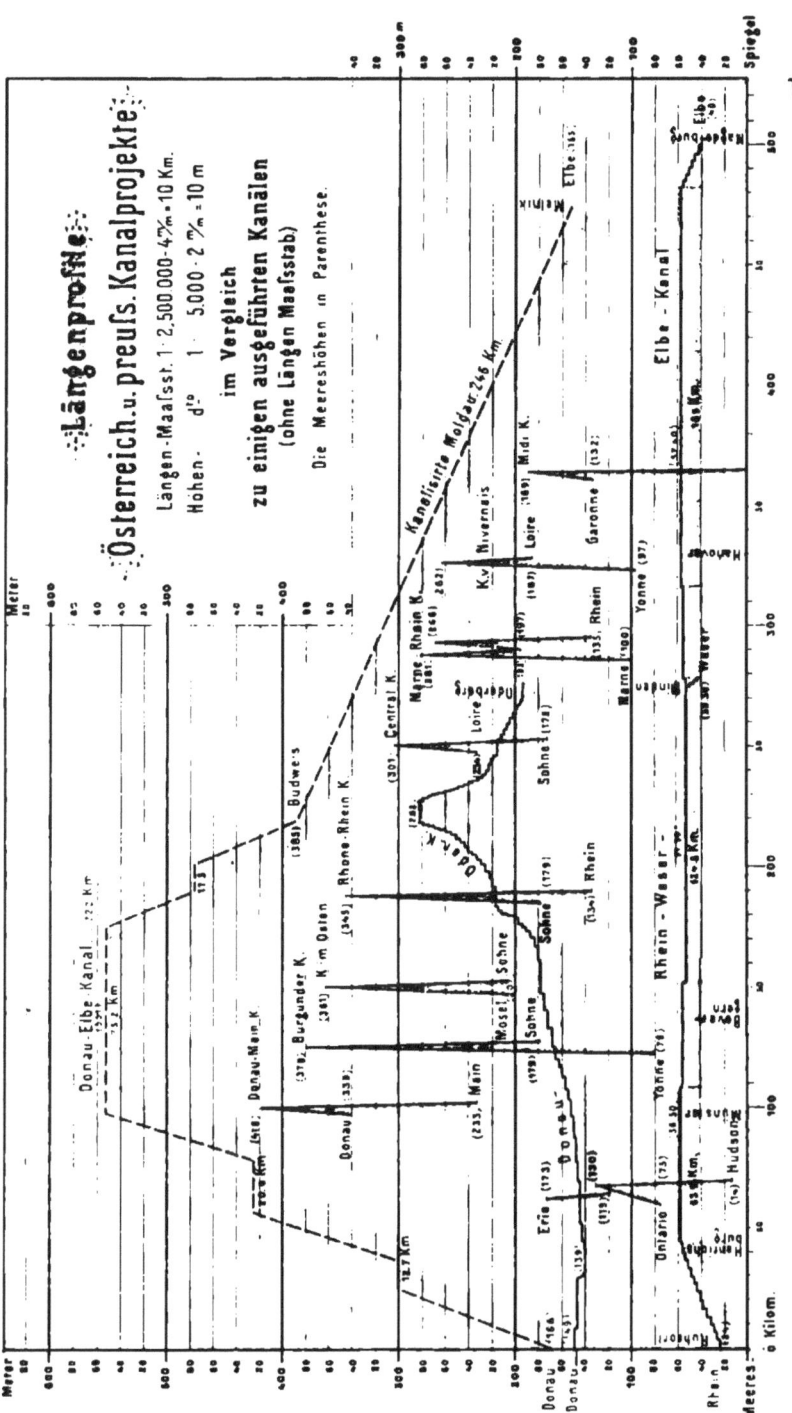

Tafel XI.

Die günstigen Gefällsverhältnisse der Donau erhellen noch deut- *Gefällsverhältnisse der Donau.*
licher aus nachstehender Tabelle: *)

Ent-fernung von der Mün-dung	Zwischenpunkte	Meeres höhe des Wasser spiegels	Länge der Zwischen strecke	Gefäll pro Kilo meter	Bemerkungen zu dem Gefälle
km		m	km	cm	
2630	Ulm	430·40			
			130	62·7	Garonne, unterh. Toulouse, 61 cm.
2500	Ingolstadt	408·84			Yonne, zwischen dem Nivernais-
2457	Kehlheim		75	68·3	und Burgunder Canal, 66.
2425	Regensburg . . .	357·62			Rhone, Lyon-Arles, 55.
			154	41·8	Loire, oberhalb Orleans, 41.
2271	Passau	293·16			
			91	45·8	Loire, oberhalb Briare, 45.
2180	Linz	251·44			
			209	45·5	
1971	Wien, Taborbrücke	156·40			Rhein, Strassburg Mannheim, 45.
1923	Theben, Marchmünd.	134·75			„ Koblenz-Köln, 23.
1911	Pressburg . . .	130·40			Seine, Yonne-Münd. Paris, 19.
1725	Gross-Maros . . .	99·98	293	20·5	Elbe, Saale-Münd.-Wittenberge, 10.
1678	Budapest	96·35			Oise, v. Janville in die Seine, 13.
			450	6·1	Rhein, Emmerich Rotterdam, 8.
1228	Slankamen,Theissm.	68.97			
967	Orsova	42·58			Mississippi, von der Ohio-Mündung
			1228	5·6	ins Meer, 4·7.
955	Eiserne Thor . . .	35·60			
0	Sulina	0			

Nur ihre grosse Wassermenge, welche bei Niederwasser schon *Wasserabfluss-menge.*
oberhalb Passau auf 800, unterhalb auf 1500 cbm pro Secunde
geschätzt wird, **) während die Loire (bei Niederwasser) nur
300, die Rhone 500 cbm ins Meer ergiessen, und die Seine in Paris
gar nur 90 cbm pro Secunde führt — nur dieser Reichthum erklärt
es, warum die Donau bei so günstigen allgemeinen Gefällsverhält-
nissen relativ reissend fliesst.

Leider hat die Donau Einen grossen Fehler, nämlich den, dass *Ein Fehler der*
sie, anstatt sich ins Adriatische oder Aegäische Meer zu ergiessen, in *Donau.*
dem der Civilisation noch auf lange entrückten schwarzen Moere
mündet. Dort ist nicht der Ort für ein Hamburg, ein Triest! Diesem
Umstande, verbunden mit ihrem streckenweise verwahrlosten Zustande,

*) Nach E. Laufranconi: Ueber die Wasserstrassen Mittel-Europas. Pressburg 1880.
**) Von demselben; wohl zu hoch?

ist es zuzuschreiben, wenn der Verkehr auf der Donau hinter jenem ihrer ebenbürtigen Geschwister merklich zurückgeblieben ist.

Der Güterverkehr auf der Donau.

Trotz emsiger Bemühung ist es dem Verfasser nicht gelungen, die Frachten-Circulation der Donau auf einigermassen sicherer Grundlage zu ermitteln;*) er schätzt dieselbe ungefähr, wie folgt:

Frachten-Circulation der Donau:

Oberhalb Passaus . . . . 100.000 t (?)
Unterhalb » . . . . . 200.000 t »
Oberhalb Wiens . . . . 400.000 t »
Unterhalb » . . . . . 600.000 t »

Der Verkehr scheint ziemlich stationär zu sein: wenigstens ergeben sich für die Hauptunternehmung, die Erste k. k. priv. Donau-Dampfschifffahrts-Gesellschaft, nach ihren Veröffentlichungen, nachstehende Durchschnittsziffern:

Leistungen der Donau-Dampfschifffahrts-Gesellschaft von 1864—1883.

Fünfjährige Perioden	Durchschnittlich geförderte		Mittlere Transportdistanz
	Tonnen (verschiffte)	Tonnenkilometer	Kilometer
1864—1868	1,137.600	519,662.000	456
1869—1873	1,068.200	464,785.000	435
1874—1878	1,262.600	580,570.000	460
1879—1883	1,492.400	720,285.000	483

Die Zahl der verschifften Tonnen hat sich also in 15 Jahren nur um 31% (jährlich 2%) und der geförderten Tonnenkilometer um 38% (jährlich 2½%) gehoben.

Im letzten Betriebsjahre (1883) wurden 861.000 t Kaufmannsgüter auf die mittlere Distanz von 424 km und 585.300 t Körnerfrüchte auf 603 km verschifft. — Auf das ganze Betriebsnetz, welches ausser der Donau ab Regensburg auch Strecken der Save, Drau, Theiss u. s. w., zusammen etwa 4300 km umfasst, ergibt sich eine durchschnittliche Circulation von rund 190.000 t (inclusive Regiekohle.)

Man macht der Donau-Dampfschifffahrts-Gesellschaft manchmal einen Vorwurf daraus, dass sie sich mit den Eisenbahnen kartellirt habe, und meint, der Verkehr würde sich viel mehr heben, wenn dieselbe rücksichtslose Concurrenz machte. Dabei könnte aber der Fall eintreten, dass sich der Verkehr höbe und der Reinertrag doch sänke, während jetzt schon die Dividende eine mässige ist. Es sind bereits mehrere Schifffahrtsgesellschaften der Reihe nach auf der Donau eingegangen: verlange man doch nichts, was das Gedeihen

---

*) Es besteht zwar ein Ueber-Reichthum von statistischen Angaben, aber fast überall bestehen Zweideutigkeiten oder es fehlt die eine oder andere entscheidende Ziffer.

der einzigen übrig gebliebenen gefährden könnte, und vergesse nicht, dass für ihr eigenes Interesse die Erwerbsgesellschaften doch in der Regel selbst am feinfühligsten sind.

Nach den Erfahrungen der zehnjährigen Periode von 1867 bis 1876 *Winterrsperre auf der Donau.* dauerte die jährliche Unterbrechung der Donauschifffahrt durch Eis *) im Minimum 31, im Maximum 116, durchschnittlich 69 Tage. Die frühzeitigste Betriebseinstellung erfolgte am 1. December, die späteste Wiedereröffnung am 1. April.

Allein der gänzlichen Betriebseinstellung geht in der Regel *Niederwasser.* eine um den 15. September beginnende, manchmal aber auch noch längere Periode der Betriebsstörung voraus, welche durch zu niedrigen Wasserstand hervorgerufen und um so empfindlicher ist, als sie mehr oder weniger mit dem beginnenden Getreidetransport zusammenfällt. Solchergestalt zerlegt sich das Donauschifffahrtsjahr durchschnittlich, wie folgt:

Tage ungestörten Betriebes . . 202
  » bedingter Fahrbarkeit . . 94 } 365
  » gänzlicher Stockung . . . 69

Dass man die Donauschifffahrt nach Möglichkeit von diesen *Regulirung der Donau.* Fesseln befreie, dem wird wohl Jedermann zustimmen, und zwar nicht nur für den unteren Lauf allein, sondern auch für die Strecke Wien-Linz, eventuell Passau; denn die obere Donau ist die von der Natur geschaffene Approvisionirungs-Wasserstrasse der Reichshauptstadt.

Die übrigen Flüsse Oesterreichs.

Dass etwas Aehnliches auch für Strecken der österreichischen Elbe, *Flussregulirungs-Programm.* der Moldau und vielleicht einiger anderen Flüsse der Monarchie geschehe, auch damit wird man sich innerhalb gewisser Grenzen einverstanden erklären können. Aber dabei wird man sich gegenwärtig halten müssen, dass die Schifffahrt auf den Nebenflüssen fast überall, nicht nur in Frankreich, sondern auch in Deutschland im Rückgange begriffen ist oder gar schon aufgehört hat; **) dass das Problem der richtigen Flussregulirungen, der Schutzbauten gegen Anfressung und Ueberschwemmung, der industriellen Ausnützung der Wasserkraft, eventuell der Be- und Entwässerung, mit einem Worte das Problem einer rationellen Wasser-

---

*) Nach L. Itzeles. Die Verkehrshemmnisse auf der Donau.

**) Nur ein Beispiel! — Die in dem Hafen von Cannstadt flatternden Wimpel der Kauffahrteischiffe und die Einweihung der unter der Oberleitung seines Grossvaters und Oheims erbauten einzelnen Schleusen durch Se. Majestät den König von Württemberg gehören zu den lebhaftesten Jugenderinnerungen des Verfassers. Und jetzt? — wird von Mannheim bis Heilbronn Tauerei getrieben und die 70 km lange canalisirte Neckarstrecke Heilbronn-Cannstadt ist verödet. Die deutsche Reichsstatistik bemerkt trocken: Cannstadt. — Im Jahre 1880 Güter weder aus- noch eingeladen.« Dieser Satz könnte wohl stereotypirt werden.

12*

wirthschaft schon an sich schwierig genug ist, um es nicht ohne reiflichste Ueberlegung, noch durch die schwierigste und kostspieligste Bedingung von allen zu verwickeln, die Bedingung: überall ein 2 m tiefes Fahrwasser herzustellen. Diese erschwerende Bedingung, welche meistens noch der so wichtigen Flösserei mehr abträglich als förderlich ist, macht in vielen Fällen das Problem geradezu unlöslich und ist deshalb sehr geeignet, die Lösung nur von Jahr zu Jahr zu verschleppen.

Schleusen in Oesterreich.

So viel von den natürlichen Wasserstrassen! Was die Schleusencanäle anbelangt, so möchten wir vor allen Dingen eine höchst merkwürdige Wandlung in den österreichischen Anschauungen verzeichnen. Vor 15 Jahren, als es sich darum handelte, die Stadt Wien vor Ueberschwemmung zu schützen und zur Absperrung des Donau-Canals zwischen einem Schwimmthor und einer Schleuse zu wählen, wurde die letztere Lösung so zu sagen als entehrend zurückgewiesen. Und jetzt auf einmal könnte man glauben, die Macht und der Wohlstand der Staaten sei nach der Anzahl ihrer Schleusen zu beurtheilen. Man klagt: Oesterreich besitze auch nicht eine einzige Kammerschleuse! — Der Verfasser vermag in diese Klage um so weniger einzustimmen, als sie nicht einmal thatsächlich begründet ist, und er muss sich erlauben, auch hier auf ein Werk hinzuweisen, das, obwohl gerne todtgeschwiegen, seines Erachtens doch eine sehr beherzigenswerthe Lehre enthält.

Der Wiener-Neustädter Canal.

Ursprünglicher Zweck.

Kaliber.

Der Canal von Wien nach Wiener-Neustadt*) wurde 1797 auf Staatskosten nach dem Entwurfe und unter der Leitung des Feldmarschall-Lieutenants Maillard erbaut und vor 1804 bis an die ungarische Grenze ausgedehnt, wo seine Länge ungefähr 67 km erreichte und von wo er nach der damaligen Absicht weiter bis nach Krain, ja sogar bis an den adriatischen Hafen von Porto-Rè hätte fortgesetzt werden sollen. Obwohl der Erbauer den Midicanal im Languedoc, grössten Kalibers, bereist hatte, entschied er sich doch, nicht nur aus bau-, sondern auch aus betriebsökonomischen Gründen, für das kleinste Canalkaliber. Die Schleusen erhielten eine lichte Weite von 2·50 m, eine nutzbare Länge von 24 m; der Canal eine Spiegelbreite von 8·80, eine Sohlenbreite von 5 m und eine Wassertiefe von 1·26 m. Die Tragfähigkeit der Schiffe war auf 500 Wiener Centner = 28 t berechnet.

---

*) Hormayr, Geschichte Wiens 1825. · Technischer Führer durch Wien von Prof. Winkler, 1873 — u. A.

So klein diese Dimensionen sind, so differiren sie doch nicht Vergleich mit dem Canal von Berry. allzusehr von jenen des so oft citirten Canals von Berry (Schleusenbreite 2·70 m, Schiffsladungen 54 t).

Der hauptstädtische Hafen des Wiener-Neustädter Canals befand Trasse. sich ursprünglich vor dem Invalidenhause, an der Stelle des dermaligen Eislaufs. Von da erhob sich der Canal mittelst einer Schleusentreppe längs der nunmehrigen Verbindungsbahn bis zum jetzigen Aspanger Bahnhof, von wo an derselbe noch fortbesteht. Die Zahl der Schleusen betrug ursprünglich 52, mit einem Gesammtgefäll von 55° = 104 m.

Der Verkehr, bestehend aus Brennholz und Ziegeln, Steinkohle, Ursprünglicher Verkehr. Salz, auch Kaufmannsgütern, scheint ziemlich lebhaft gewesen zu sein. »Graf Hoyos allein verfrachtete jährlich über 12.000 Klafter Holz.«

Im Jahre 1823 wurde der Canal vom k. k. Aerar an das Hand- Verkürzung und schliesslicher Verkauf des Canals. lungshaus Fries verpachtet. ˸ Mit der, 1841 erfolgten Eröffnung der Wiener-Neustädter Eisenbahn dürfte der Schiffsverkehr abgenommen haben, denn schon 1842 wurde die Auflassung der in der Vorstadt »Landstrasse« gelegenen Canalstrecke zum Behufe der Erbauung der Verbindungsbahn geplant. Noch vor der, 1857 erfolgten Eröffnung dieser Bahn bis zum Hauptzollamt musste der Canalhafen von dort in die Vorstadt, an die Stelle des jetzigen Aspanger Bahnhofs, verlegt werden, und dadurch war offenbar das Schicksal des Canals besiegelt. In der so wichtigen Ziegelbranche gewann die Concurrenz des Strassenfuhrwerks von den ohnedies nicht sehr entfernten Ziegeleien in die Stadt einen neuen Vorsprung. 1869 wurde der ganze Canal von dem Aerar um 350.000 fl. (5500 fl. pro Kilometer) an die »Erste österreichische Schifffahrtscanal-Actiengesellschaft« verkauft.

Im Jahre 1871 wurden noch 116.000 t verfrachtet und die Ein- Betriebsergebnisse 1871. nahmen betrugen: Für Frachten 78.528 fl., Pacht und Wasserverzinsung 22.726 fl., Eisgewinnung 12.206, zusammen 113.460 fl. Damals wurden schon an 19 Schleusen Mühlen und Papierfabriken mit Wasserkraft versorgt.

Durch den Bau der, 1881 eröffneten Wien-Aspanger Bahn, auf Bau der Aspanger Bahn. Verwandlung des Canals in einen Nutzwasser-Canal. den Gründen des Canals, wodurch letzterer auch seines vorstädtischen Hafens beraubt und vielfach, in Breite und Höhe, eingeengt wurde, hat der Wiener-Neustädter Canal, wie so viele englische und amerikanische Canäle, aufgehört, ein Schifffahrts-Canal zu sein. Im Jahre 1875 verfrachtete er noch 17 Millionen Ziegel = 72.000 t, im Jahre 1876 11 Millionen = 44.000 t, im Jahre 1877 9 Millionen = 36.000 t, aus den nur 17 km entfernten Ziegeleien in Guntramsdorf und Biedermannsdorf. Jetzt dient der Canal, Dank seiner reichlichen Speisung aus der Leitha bei Haderswörth und aus dem Kehrbache bei Neustadt, wesentlich nur noch als Nutzwasser-Canal.

Welcher Ursache ist dieses klägliche Ende des Wiener-Neustädter Canals, natürlich als localer hauptstädtischer Approvisionirungs-Canal in der Art der Berliner Wasserstrassen aufgefasst, zuzuschreiben?

Ist es die Eisenbahn-Concurrenz? In Ermangelung verkehrsstatistischer Daten aus den Dreissiger-Jahren wagen wir nicht, es zu behaupten.

Trägt das k l e i n e K a l i b e r die Schuld? — Gewiss nicht! Denn sonst müsste man annehmen, der Canal, nach dem Muster des Midicanals erbaut, würde prosperirt haben, was schwerlich Jemand wird behaupten wollen. Derselbe ist ja nicht an Plethora, sondern an Auszehrung und Schwäche verendet. An Plethora ist überhaupt noch kein Schifffahrts-Canal zu Grunde gegangen; wo sich dieselbe einstellte, wie auf dem Erie-Canal, hat man sich durch Umbau und Erbreiterung geholfen, und d a m i t allein bleibt der schmale Berry-Canal bedroht, wenn sein Verkehr fortfährt, sich zu heben.

Oder war die L ä n g e zu gering? — Auch nicht! Denn die massenhaften Berliner Materialtransporte kommen ja grösstentheils aus Bezugsorten, die viel näher liegen, als die Leitha von Wien.

Wäre Wien von einer Sandebene umgeben und die nächste Ziegelhütte, statt vor den Thoren der Hauptstadt, erst an der Leitha zu treffen — oder befänden sich etwa die Istrianer Marmorbrüche an der Leitha, ja dann wäre dem Wiener-Neustädter Canal, wie so vielen anderen, ein glänzendes Loos beschieden gewesen.

So aber beweist auch er nur: Dass Diejenigen, welche meinen, ein Canal müsse nicht nach vorhandenen, greifbaren Bezugsquellen gebaut werden, er werde schon selbst an seinen Ufern alle möglichen, jetzt unbekannten Massenartikel »erschliessen«, — sich grober Täuschung aussetzen.

Der projectirte Donau-Oder-Canal.

Unter allen, in Oesterreich möglichen Canälen nimmt gewiss der Donau-Oder-Canal den ersten Rang ein. Er soll zunächst das Ostrauer Kohlenrevier mit der Hauptstadt verbinden und wäre, wenn in Frankreich gelegen, gewiss, wo nicht im vorigen Jahrhundert, doch spätestens in den Zwanziger-Jahren zu Stande gekommen.

Das Längenprofil*) bietet keinerlei Besonderheit und ähnelt jenen der französischen Scheitelcanäle. Die Trasse verlässt die Donau unterhalb Wiens, der Mündung des sogenannten Donau-Canals gegenüber, durchschneidet das Marchfeld, folgt sodann dem Laufe der March und deren Seitenflusse Betschwa und erreicht die Wasserscheide in der Meereshöhe von 282 m, fast genau derselben, wie der Marne-Rhein-

*) Der Donau-Oder-Canal. Wien 1872. H. Engel & Sohn.

Canal bei Manvages. Die Speisung der Scheitelhaltung soll durch Anlage eines grossen ·Sammelteiches gesichert werden.

In Betreff der Kosten und des Schiffskalibers ist hervorzuheben, **Frage des Kalibers.** dass wir in der Einleitung die bezüglichen Daten entsprechend den Vorschlägen des Berichterstatters des Abgeordnetenhauses, des, französischen Anschauungen huldigenden, seligen Friedmann wiedergegeben haben. Nach neueren Kundgebungen scheinen jedoch die Förderer des Projectes, ihren ursprünglichen Vorschlägen getreu, an Schiffen von 450 t und entsprechenden Canaldimensionen festzuhalten. In dieser Hypothese ist statt einer Bausumme von 19 Millionen wieder **Baukosten** von 35—40 Millionen Gulden die Rede.

Nach dem Experten-Gutachten ist der zu erhoffende Verkehr (die **In Aussicht gestellter Verkehr.** Frachten-Circulation) auf 1,800.000 t beziffert, nämlich

Steinkohle	1,247.000 t
Andere Roh- und Massenproducte . .	376.000 t
Artikel, welche des geringeren Eigen- werthes wegen den Bahntransport nicht in Anspruch nehmen	177.000 t
Zusammen .	1,800.000 t.

Bei dem allgemeinen Standpunkte, den wir einnehmen, halten wir eine detaillirte Untersuchung der vorstehenden Ziffern nicht für nothwendig und beschränken uns auf eine allgemeine Beurtheilung derselben. Wenn sich, wie der Bericht versichert, der thatsächliche Verkehr auf der Strecke Wien-Oderberg (270 km) der Kaiser Ferdinands-Nordbahn folgendermassen beziffert:

Kohle	317,221.000 tkm,	also Circulation	1,170.000 t
Andere Roh- und Mas- senproducte	116,553.000 »	» »	432.000 t
Zusammen .	433,774.000 tkm,	also Circulation	1,608.000 t

so würde nach französischer Analogie und unter den französischen **Richtigstellung nach französischer Ana-** Verhältnissen nur der dritte Theil davon, d. i. 530.000 t statt 1,800.000 t **logie.** dem Canal zufallen. In der That haben wir gesehen, dass von dem Gesammtverkehr zwischen Paris und der Nordgrenze mit ihren Kohlengruben zwei Drittel die französische Nordbahn und nur ein Drittel den Wasserweg benützen. (S. S. 63.) Aber selbst dieses Drittel wäre für den Donau-Oder-Canal ein schwer zu erreichendes Maximum, und zwar aus vier Hauptgründen, die wir kurz erläutern wollen.

1. Die Kaiser Ferdinands-Nordbahn braucht nur, wie wir im **Concurrenz der Nordbahn.** Capitel 3 gesehen, ihre Tarife dem Selbstkostenpreise zu nähern, um den Canal trocken zu legen. Dieser Grund macht eigentlich die weiteren Gründe überflüssig.

2. Die Canäle Nordfrankreichs haben die dortige Industrie ge- **Eingewurzelte Ge-** schaffen und die Fabriken an sich herangezogen, ehe von Eisenbahnen **wohnheiten.** die Rede war. In Mähren, im Gegentheil, würde der Canal nach

der Bahn erscheinen und hätte die auf den Bahnbezug eingerichtete Industrie erst der Bahn zu entwöhnen. Unter so verschiedenen Verhältnissen könnte der mährische Canal unmöglich die gleiche Betheiligung erringen.

Ein Umschlag in Wien?

3. Die französischen Nordcanäle finden jenseits Paris' ihre Verlängerung gegen Lyon, Havre u. s. w. Der Donau-Oder-Canal soll, wenigstens vorläufig, in Wien enden. Und doch sind Kohlentransporte von der Oder nach Kärnten und Steiermark in die Rechnung einbezogen. Glaubt man, dass diese Kohle in der That bis Wien den Canal benützen und dort sich einem Umschlag unterziehen würde? Wir bezweifeln es und stützen uns dabei auf die, mit der Ruhr- und Saarkohle gemachte Erfahrung.

Die elsässischen Canäle von der Saarkohle über den Gotthard nicht benützt.

Von Jänner bis Ende Juni 1884 sind 2528 Wagenladungen Saarkohle nach Locarno, Como und Mailand abgegangen. Der Saar-Canal berührt bekanntlich die bedeutendsten Kohlenzechen und führt durch den Marne-Rhein- und Rhein-Rhone-Canal direct nach Mülhausen. Die Entfernung bis Mülhausen beträgt (wie für den projectirten Donau-Oder-Canal) rund 280 km. Glaubt man nun, die über den Gotthardt expedirte Saarkohle habe bis Mülhausen den Wasserweg benützt? Sie hat ihn nicht benützt, sondern Mülhausen per Bahn passirt.

Längere Wintersperre.

4. Der französische Winter übt, wie wir gesehen, eine äusserst geringe Störung auf den Wassertransport; auf die mährisch-böhmischen Winter kommen wir unten zu sprechen.

Spätere Verkehrsentwickelung.

Ueber die etwaige spätere Entwickelung des Verkehrs auf dem projectirten Canale kann man verschiedener Ansicht sein; allein jedenfalls erheischt sie Jahre.

Der projectirte Donau-Elbe-Canal.

Trasse. Taf. IX u. XI.

Das fragliche Project, bestehend aus einem 222 km langen Scheitelcanal von Wien nach Budweis und der Canalisirung der Moldau auf 246 km von Budweis in die Elbe bei Melnik, ist bisher nicht veröffentlicht worden und wir vermögen deshalb nur eine unförmliche Profil-Skizze davon zu bieten.

Dieses Längenprofil zeichnet sich durch zwei Eigenthümlichkeiten aus: Eine 75 km lange, in der Meereshöhe 551 m gelegene Scheitelhaltung und durch drei stufenartig eingeschaltete, 11·5, beziehungsweise 12·7 und 20·6 km lange, für Dampfbetrieb bestimmte Haltungen.

Die höchste erreichte Meereshöhe. Taf. XI.

Was die erwähnte Meereshöhe von 551 m anbelangt, so wäre sie bei weitem die höchste bis jetzt von einem Schifffahrts-Canal erstiegene, denn der Donau-Main-Canal erreicht nur 418 m, der Burgunder Canal 378, der *Canal de l'Est* 361, der Rhone-Rhein-Canal 345, der *Canal du Centre* 301, der Marne-Rhein-Canal 281 m.

Dass eine so grosse Höhe nur mittelst einer entsprechenden An- *Bauschwierigkeiten.* zahl von Schleusen erstiegen werden kann, ist selbstverständlich; worauf man aber weniger Bedacht nimmt, ist, dass mit der Meereshöhe in der Regel auch die technischen Schwierigkeiten aller Art zunehmen. Bei dem im vorliegenden Falle zu überschreitenden schluchtenreichen Urgebirgstocke, bei dem, noch auf keinem grösseren Scheitelcanal verwendeten, grossen Canalkaliber, bei der staffelförmigen Anordnung des Längenprofils, müssen sich diese Schwierigkeiten ungemein potenziren. Das Talent des Ingenieurs kann sie besiegen, nicht beseitigen. Man wird sich also zwischen Wien und Budweis auf eine Reihe der grossartigsten Bauwerke gefasst machen müssen, wie sie kein bestehender Canal aufweist.

Die Speisung soll theils aus der Moldau, theils aus mächtigen Sammelteichen erfolgen.

Auch die Canalisirung der Moldau dürfte auf ungewöhnliche Schwierigkeiten stossen, denn ihr Durchschnittsgefäll von Budweis bis Melnik beträgt nahezu 1 Promill, nämlich 93 cm pro Kilometer, d. i. noch etwas mehr als auf dem oberen Neckar (Cannstadt-Heilbronn). Dem Verfasser ist kein mit Erfolg canalisirter Fluss bekannt, der annähernd solche Gefälle böte.

Mit besonderer Skepsis müssen wir die aufgestellten Verkehrs- *In Aussicht gestellter* schätzungen aufnehmen. Es sollen jährlich 1,800.000 t auf die mittlere *Verkehr.* Distanz von 375 km verschifft werden, was einer Circulation von 1,430.000 t auf der gesammten, 468 km langen Wasserstrasse entspräche.

Eine so grosse Transportdistanz mag für Colonialwaaren und *Transportdistanz.* Getreide im Dampfschiffverkehr der grossen Ströme seine Richtigkeit haben. Als Durchschnittsatz für die Massengüter der Canäle ist sie sehr gewagt. Selbst die New-Yorker Canäle weisen keine solche auf und die französischen, auf die wir immer zurückkommen müssen, weil die von Herrn Cheysson vervollkommnete französische Statistik allein mit Bestimmtheit die betreffenden Daten liefert, ergeben gar nur 110 km im Durchschnitt (63 für Baumaterialien, 127 für landwirthschaftliche Producte).

Und wenn die Hauptverkehrsartikel der Canäle aus Kohle, Holz, *Verkehrsartikel.* Baumaterialien, Getreide bestehen, wo sollen auf der in Rede stehenden Route 1,800.000 t von diesen Artikeln herkommen? Böhmische Braunkohle — braucht Wien nicht, und ihr natürliches Absatzgebiet ist in Norddeutschland. — Bausteine? Aber der Granit ist ja einer der ungefügigsten Bausteine, die es gibt. Um der Stadt Wien einen wirklichen Dienst zu erweisen, müsste man ihr nicht Granit, sondern den bei den Monumentalbauten verwendeten Istrianer Marmor zuführen. Die Granit-Pflastersteine kommen ohnedies schon von Mauthausen auf

der Donau. — B r e n n - u n d N u t z h o l z ? Die grösste Holz-Circula-
tion, welche irgend ein französischer Canal aufweist, beträgt nicht
über 104.300 t, Flossholz inbegriffen. — Nun verbleibt uns nur das
G e t r e i d e ! Einer der Hauptvorzüge des österreichisch-ungarischen
Getreides besteht darin, dass es in Folge der frühen Ernte am ersten
auf dem europäischen Markte erscheint. Dieser Vorzug geht verloren,
wenn man es der Canal-Schifffahrt statt der Eisenbahn anvertraut.
Für das Getreide fällt überdies der Haupttransport theils in die Periode des niedrigen Donau-Wasserstandes, theils in die Canal-Winter-
sperre. Und dann, wer möchte (immer abgesehen von der Bahnconcurrenz) auf den Getreidetransport speculiren, in einer Zeit, in der
der europäische Getreidemarkt durch das Erscheinen des amerikanischen und indischen Getreides mit einer furchtbaren Krise bedroht ist?

Die Sommer- und Wintersperre auf den projectirten Canälen.

Standpunkt des Verfassers zu den beiden Projecten. Wir haben im Vorstehenden die eigentlich technische und bau-
finanzielle Seite des Donau-Oder- und Donau-Elbe-Projectes so wenig
als möglich berührt, um den Anschein zu vermeiden, als wendeten
wir uns speciell gegen die Werke geschätzter Fachgenossen, welche
in aufrichtigem, jahrelangem Streben natürlich mit ihrer Arbeit sozusagen verwachsen sind. Unsere Bedenken sind allgemeiner Natur
und würden wahrscheinlich auf andere, in Oesterreich zu projectirende
Scheitelcanäle in noch höherem Masse passen. Die vorliegenden Projecte dienen uns nur als greifbare Beispiele.

Frostdauer auf der Donau-Oder-Wasser-scheide, Es ist bekannt, dass die Kälte in Europa, unter derselben Breite,
abgesehen von der Meereshöhe, nach Osten zunimmt.

Die preussische Denkschrift von 1877 prognosticirt dem Donau-
Oder-Canal eine Eissperre von 3—4 Monaten. Der Expertenbericht
bemisst dieselbe, übereinstimmend, mit 115 Tagen. Wir haben keinen
Grund, uns dieser competenten Beurtheilung nicht anzuschliessen.

auf der Donau-Elbe-Wasserscheide Für den Donau-Elbe-Canal ist von den Experten dieselbe Unterbrechung angenommen. Da derselbe jedoch um 270 m höher steigt,
als der Donau-Oder-Canal, und um 133 m höher als der Donau-Main-
Canal, wo die Wintersperre 100 Tage dauert (vergl. Cap. 21 und 23),
und da derselbe überdies mit dem kalten Wasser eines Sammelteiches
oder der Moldau gespeist werden soll, so dürfte die Wintersperre
für den Donau-Elbe-Canal durchschnittlich wohl auf 130 Tage zu
schätzen sein.

Grosser Unterschied zwischen Oesterreich und Frankreich. Das macht im Vergleich zu den französischen Canälen, wo die
Wintersperre, wie wir gesehen, in den höchsten Scheiteln nur 30 bis
40 Tage dauert, alljährlich eine D i f f e r e n z v o n r u n d d r e i Mo-
n a t e n, während man sich zu überreden suchte, der Unterschied

zwischen dort und hier sei nur unbedeutend. Diese bedenkliche Differenz in der Wintersperre darf man nie aus dem Auge verlieren, wenn man die französische Schifferei mit Rücksicht auf Oesterreich in Betracht zieht.

Aber nun kömmt noch ein zweiter hinkender Bote: Die Sommer- sperre, die man bisher ausser Acht gelassen zu haben scheint und die, wenigstens für die 10 oder 15 ersten Betriebsjahre, nach den oben (Cap. 12) mitgetheilten Erfahrungen auf den französischen Scheitelcanälen und mit Rücksicht auf die Grossartigkeit der projectirten Bauten, für den Donau-Oder-Canal nicht unter 30, für den Donau-Elbe-Canal nicht unter 45 Tage geschätzt werden kann! *Die Sommersperre.*

In Frankreich richtet man die Sommersperre wo möglich auf die Zeit des Wassermangels nach der Ernte; auch dies wäre in unserem Falle kaum thunlich, wegen der beabsichtigten Getreidetransporte.

So verblieben also für die ungestörte Schifffahrt auf dem Donau-Oder-Canale nur 220, für den Donau-Elbe-Canal 190 Betriebstage. *Zahl der Schifffahrtstage.*

Ob sich die österreichische Bevölkerung an solche Unterbrechungen gewöhnen würde, dürfte mehr als fraglich scheinen. In Preussen und Frankreich sind sie kürzer und hat man sich daran gewöhnt, ehe es Eisenbahnen gab. Jedenfalls kann bei solchen Schifffahrtsstockungen von einer ernsten Concurrenz der projectirten Canäle mit den Eisenbahnen nicht mehr die Rede sein.

Die Frage des Wiener Canalhafens.

Alles vereinigt sich, um die fraglichen Canalprojecte zu erschweren! *Kreuzung der Donau.*

Die beiden projectirten Canäle münden auf dem linken, nördlichen Ufer der Donau ein. Um nach Wien zu kommen, müssen also die Canalschiffe unter allen Umständen die Donau kreuzen, was mit dem zweifachen Uebelstande verbunden ist, dass die Zugpferde dazu nicht verwendet werden können, und dass die Schifffahrt mit einer weiteren Stockung bedroht wird, sofern die Betriebsunterbrechungen auf der Donau mit jenen auf den Scheitelcanälen möglicherweise nicht zusammenfallen.

Wo aber werden die Canalschiffe landen, nachdem sie die Donau gekreuzt haben?

Im sogenannten Donau-Canal ist das Wasser etwas reissend; er müsste wohl mit einer Schleuse abgeschlossen werden. Ferner mangelt es an Raum, sowohl für die Aufstellung der Schiffe, als für die Lagerung der Kohle, der Baumaterialien u. s. w. Ueberdies sollte ja das südliche Ufer für die Anlage der Stadtbahn vorbehalten bleiben. Endlich besteht dort keinerlei Eisenbahnverbindung zum Umschlag zwischen Canal und Bahn und wäre auch schwer herzustellen. *Landung am Donau-Canal.*

In letzterer Beziehung würde sich das neue Ufer der regulirten Donau, wo sich auch der Landungsplatz der Donau-Dampfschifffahrt befindet, und welchem die Donau-Uferbahn in seiner ganzen Länge folgt, besser eignen. Allein auch dort fehlt es an bequemen Lagerplätzen und die Canalschiffe wären allen Schwankungen in dem Wasserstande der Donau ausgesetzt; auch müssten sie beim Eintritt von Eisrinnen und Hochwasser ihren Standort verlassen, möglicherweise ohne ihre Löschung vollendet zu haben.

Das Beste wäre wohl, irgendwo zwischen der regulirten Donau und dem Donau-Canal einen eigenen, mit Schleusen geschützten Hafen zu graben, der zugleich als Winterhafen dienen würde, und der in der Art der Londoner Docks und des *Bassin de la Villette* in Paris den Schiffen einen beständigen Wasserspiegel und ausgiebige Lagerplätze böte. Allein vergebens sucht man auf der Karte einen nahegelegenen Platz für einen solchen Hafen, der wahrscheinlich so weit hinausgerückt werden müsste, dass die Nordbahn mit ihren wohleingerichteten, ausgedehnten und nahegelegenen Kohlenrutschen auch in diesem Punkte im Vortheil bliebe.

So deutet Alles darauf hin, dass am Ende doch die Nordbahn und nicht der Canal die Kohlenpreise Wiens reguliren würde.

Nutzanwendung.

Wenn es sich bei der sogenannten Canalfrage für Oesterreich in erster Linie darum handelt, Wien billigere Kohle zu verschaffen, so gibt es dazu ein viel einfacheres und vortheilhafteres Mittel, als den Canalbau, das Mittel billigerer Kohlentarife auf der Nordbahn, was auf verschiedenen Wegen erreicht werden kann. Dasselbe gilt auch für, andere Artikel betreffende etwaige Frachtermässigungen, welche als durch ein öffentliches Interesse geboten erachtet werden sollten.

Die Einwendung, welche die preussische Regierung gegen die Herabsetzung der Bahntarife gemacht, dass nämlich dadurch Rückwirkungen entstehen und die Bahneinnahmen geschädigt werden könnten, diese Einwendung würde gewiss die österreichische Regierung nicht lange schützen. Denn sobald der Donau-Oder- und Donau-Elbe-Canal gebaut wären und eine Tarifermässigung in den berührten Relationen herbeigeführt hätten, würden auch die übrigen Königreiche und Länder Canäle verlangen und, falls ihnen die Antwort zu Theil würde, dass die vorhandenen allzuhohen Wasserscheiden oder die Hilfsmittel des Staatsschatzes deren Ausführung nicht gestatten, so würden diese Gebietstheile nicht ermangeln, als Aequivalent »wenigstens« die Herabsetzung der Bahntarife zu verlangen, und man sieht nicht, wie man billigerweise sie ihnen verweigern könnte. In Preussen befindet sich die Regierung in dieser Frage in einer wesentlich verschiedenen Stellung. Nach dem Bau des von ihr vorgeschlagenen Rhein-Elbe-Canals wären nämlich alle Provinzen so ziemlich gleichmässig mit Wasserstrassen und mit Bahnen bedacht und dadurch eine Licitation zwischen beiden Verkehrsmitteln ausgeschlossen.

Das einzige Sichere in dem geplanten Canalbau ist, dass der österreichische Staatsschatz, d. h. der österreichische Steuerträger wieder mit einer unrentablen »Investition« im Betrage von etwa 120 Millionen Gulden belastet werden soll. Dass aber der österreichische Landwirth und der österreichische Fabrikant, wenn er mit Steuern überlastet auf dem internationalen Wettkampfplatze erscheint, den amerikanischen und anderen Mitbewerbern unterliegen muss, dieses Thema weiter zu entwickeln, können wir berufenern Federn und Stimmen überlassen. Wir wollen nur noch beifügen, dass, während das auf Canalbau verwendete Capital unwiederbringlich verausgabt wäre, die Tarifherabsetzung, falls sie sich wider Erwarten als überflüssig oder schädlich erweisen sollte, immer wieder aufgehoben werden könnte. *Belastung der Steuerträger durch den Canalbau.*

Das angerufene Vorbild Frankreichs und Preussens passt absolut nicht auf Oesterreich. *Das Vorbild Frankreichs unzutreffend.*

Frankreichs dermalige Hauptanstrengung gilt zweien seiner Ströme, der Seine und der Rhone. In Betreff der Canäle hat es sich zur Aufgabe gestellt, das Vorhandene zu verbessern und zu vervollständigen. Frankreich vollendet sein Canalnetz — Oesterreich soll es beginnen!

In Preussen wurden bis jetzt nur Projecte aufgestellt, über deren Ausführung noch gänzliche Ungewissheit herrscht. Will man nicht einmal die Entscheidung abwarten? *Preussens Vorbild gänzlich verkannt.*

Nach dem einen preussischen Projecte soll der bestehende grosse Transversalcanal von der Memel an die Elbe von da bis an den Rhein verlängert werden. — Ein Analogon hierfür gibt es in Oesterreich nicht!

Nach dem andern, von der königlichen Staatsregierung zuletzt vertretenen Projecte sollen die Kohlenbecken mit den norddeutschen Seehäfen verbunden werden. Hat man hierzulande auch ruhig erwogen, welche Lehre hieraus eigentlich für Oesterreich zu ziehen wäre? — Offenbar die Lehre: Dass ein Canal nach Triest gebaut werden sollte! Die vorgeschlagenen Canäle sind aber in entgegengesetzter Richtung geführt; sie könnten nur die Folge haben, die österreichisch-ungarische Monarchie mehr und mehr von Hamburg und Stettin abhängig zu machen und Triest direct oder indirect zu schädigen. *Schädigung Triest's durch die projectirten Canäle.*

Wenn schon der österreichische Staatsschatz nie zur Ruhe kommen, immer und immer wieder bluten soll, so fülle man doch lieber die noch vorhandenen L ü c k e n   d e s   E i s e n b a h n n e t z e s aus, was wenigstens mit der Beruhigung geschehen könnte, dass man ein, wenn auch nicht dringendes, doch immerhin nützliches Werk schafft, ein Werk, das auch der L a n d e s v e r t h e i d i g u n g zu Gute käme. Oder noch besser: Man verwende die Ueberschüsse auf die Abschaffung des ertödtenden Lottogefälles, auf die Wiederherstellung der Valuta u. s. w.

Aus all' diesen Gründen schliessen wir mit dem Wunsche: Oesterreich möge sich durch den Sirenengesang der Canalfreunde nicht verleiten lassen!

— E N D E —

Ausweis

über die Ab- und Zunahme des Verkehrs auf den einzelnen Wasserstrassen Frankreichs in dem Decennium von 1872 auf 1882.

(Nach der amtlichen Statistik zusammengestellt.)

Flussbecken	Fluss oder Flussstrecke	1000-Tonnen-kilometer 1872	1000-Tonnen-kilometer 1882	Wenn 1872 = 1, so ist 1882 =	Canal	1000-Tonnen-kilometer 1872	1000-Tonnen-kilometer 1882	Wenn 1872 = 1, so ist 1882 =

1. Einige Wasserstrassen, deren Verkehr abgenommen hat:

Flussbecken	Fluss oder Flussstrecke	1872	1882	1882=	Canal	1872	1882	1882=
Adour	Nive	413	74	0·18	Briare	17.224	16.777	0·97
Charente	Boutonne	250	25	0·10	Charente à la			
»	Charente	7.259	4.196	0·58	Seudre	226	188	0·83
»	Sèvre-Niortaise	398	343	0·86	Colme etc.	3.052	2.267	0·74
»	Ven(?)e	158	119	0·74	Coutances	30	12	0·40
Escaut	Escaut (Schelde)	70.817	70.040	0·99	Dive	1.070	232	0·22
Garonne	Dordogne oberh.				Furnes	952	815	0·85
	Libourne	3.395	3.024	0·89	Hazebrouck	371	324	0·88
»	Garonne oberh.				Ille et Rance	4.183	4.133	0·99
	Bordeaux	2.418	1.876	0·77	Loing	18.442	17.474	0·95
»	Lot	2.773	1.956	0·76	Luçon	210	142	0·68
»	Tarn	285	66	0·23	Lunel	77	37	0·48
Loire	Acheneau	468	210	0·45	Mons à Condé	4.276	3.686	0·86
»	Allier	541	43	0·08	Nantes à Brest	15.503	12.475	0·80
»	Loir	1.419	916	0·64	Orléans	3.784	2.746	0·72
»	Loire oberhalb				Rhône-au-Rhin	32.422	31.878	0·98
	Nantes	29.855	13.592	0·45	Sambre à l'Oise	38.981	25.009	0·64
»	Mayenne	5.447	4.587	0·84	Somme	13.812	12.063	0·87
»	Sarthe	4.168	2.577	0·62	Vire-et-Taute	1.635	79	0·05
»	Sèvre-Nantaise	115	53	0·46				
»	Vienne	328	213	0·64	Verschiedene	843	472	0·56
Rhone	Ain	455	404	0·88				
»	Doubs	1.211	252	0·21				
»	Lez	205	71	0·35				
»	Rhone obh. Arles	75.485	64.406	0·85				
»	Sohne unterh. St.							
	Jean de Losne	72.339	50.111	0·69				
»	Seille	700	515	0·73				
Sambre	Sambre	30.478	21.250	0·70				
Seine	Eure	32	21	0·65				
»	Yonne	37.047	30.490	0·82				
Verschiedene		21.892	17.217	0·79				
	Zusammen	370.351	288.647	0·78	Zusammen	157.093	130.899	0·83

Flussbecken	Fluss oder Flussstrecke	Flüsse und Ströme 1000-Tonnen-kilometer 1872	1882	Wenn 1872 = 1, so ist 1882 =	Canal	Canäle 1000-Tonnen-kilometer 1872	1882	Wenn 1872 = 1, so ist 1882 =

2. Einige Wasserstrassen, deren Verkehr zugenommen hat:

Au	Au	14.712	18.752	1·27	Aire	25.557	41.517	1·62
Adour	Adour	2.981	4.068	1·36	Latéral à l'Aisne	17.196	21.948	1·27
»	Gave de Pau	55	143	2·60	Aisne à la Marne	21.891	31.574	1·44
»	Midouze	127	161	1·27	Ardennes	11.024	11.864	1·07
Escaut	Lawe	376	384	1·02	Arles à Bouc	3.711	4.016	1·08
(Schelde)					Beaucaire et la			
»	Lys	7.827	10.114	1·29	Radelle	6.500	9.538	1·47
»	Scarpe	17.838	20.061	1·12	Berry	71.918	82.966	1·15
Garonne	Baïse	1.457	3.430	2·35	Blavet	743	954	1·28
»	Isle	2.165	5.019	2·31	Bourbourg	11.500	13.873	1·20
Loire	Loire unterhalb				Bourgogne	30.558	34.343	1·12
	Nantes	4.445	23.413	5·26	Calais etc.	4.980	6.413	1·28
»	Oudon	449	526	1·17	Centre	33.744	50.877	1·51
Moselle	Meurthe	294	646	2·19	Saint-Denis	5.500	8.177	1·48
»	Moselle	1.293	1.705	1·32	Denle et em-			
Rhone	Isère	392	806	2·06	branchements	44.923	65.847	1·47
»	Rhone unterhalb				Etangs	5.870	7.657	1·30
	Arles	2.184	8.974	4·12	Latéral à la Ga-			
»	Sohne oberh. St.				ronne	19.654	24.626	1·25
	Jean de Losne	3.914	4.180	1·07	Latéral à la Loire	62.971	85.747	1·36
Seine	Aisne	30.448	35.187	1·15	Latéral à la			
»	Aube	248	857	3·45	Marne	20.459	31.256	1·52
»	Marne	18.479	32.525	1·76	Haute-Marne	4.602	13.729	2·98
»	Oise	141.327	168.941	1·19	Marne-au-Rhin	88.150	113.478	1·27
»	Seine obh. Pa-				Saint-Martin	1.800	2.633	1·46
	ris (Briche)	105.321	170.589	1·62	Midi	27.669	30.951	1·12
»	Seine, Paris (Bri-				Neufossé	13.232	16.047	1·21
	che)-Rouen	138.764	208.191	1·50	Nivernais etc.	13.772	19.905	1·44
Vilaine	Vilaine	3.404	4.365	1·28	Latéral à l'Oise			
	Zusammen	498.500	723.037	1·45	et Manicamp	60.046	70.882	1·18
					Ourcq	24.000	28.178	1·17
Hierzu: Die Flüsse, deren					Saint-Quentin	150.542	177.376	1·17
Verkehr abgenommen	370.351	288.647	0·78		Roanne à Digoin	8.450	11.937	1·41
	Zusammen	868.851	1.011.684	1·16	Roubaix etembr.	672	3.060	4·57
					Sauldre	518	825	1·59
Ferner: Neu einbezogene					Haute-Seine	445	515	1·16
Flüsse:					Sensée	17.435	35.188	2·02
					Zusammen	810.032	1.057.897	1·30
Seine, Rouen-Havre		20.821			Hierzu d. Canäle,			
Garonne - Dordogne, Bor-					deren Verkehr			
deaux-Libourne		6.908			abgenommen	157.093	130.899	0·83
Genfer See		3.241			Zusammen	967.125	1.188.796	1·22
Küstensee von Thau		1.817						Neu hin-
Verschiedene		6.296						zuge-
Hauptsummen der amt-					Canal de l'Est		25.023	kommen
lichen Statistik	868.851	1.050.767			Amtliche Ziffern	967.125	1.213.819	

Französische Canalordnung.

Vorwort.

In Folge der Streitigkeiten, welche das Vorfahren der Schiffe und ihr Vorrang beim Durchschleusen verursachte, wurde die frühere Canalordnung vom 21. Juni 1855 einer Revision unterzogen und nachstehendes *Règlement-type de police sur les canaux et les rivières canalisées* durch Circular-Erlässe des Staatsbauten-Ministers vom 1. Mai 1882 und 30. Juni 1883 eingeführt.

Principiell bestehen auf den verschiedenen Wasserstrassen Frankreichs verschiedene Canalordnungen, für welche der nachstehende Text nur die Grundzüge bildet. Die Differenzen betreffen jedoch wesentlich nur einige Abmessungen und sind von Fall zu Fall nach den in Form von Anmerkungen (in Klammern) gegebenen Weisungen zu behandeln. Die übrigen localen Vorschriften haben in einem Anhang Platz zu finden, so dass der nachstehende Haupttext so viel wie möglich unverändert bleibt.

I. Abschnitt.

Art. 1.

Die auf . . [Bezeichnung der Wasserstrasse] . . verkehrenden Schiffe und Flösse dürfen sammt Ladung keine grösseren Abmessungen haben, als nachstehende:

Dimensionen der Schiffe und Flösse.

[Die Länge der Schiffe und Flösse ist derart zu bestimmen, dass, wenn sie in den Schleusenkammern an der Fallmauer anliegen, unter allen Umständen an den unteren Thorflügeln ein Spielraum von 30 cm verbleibt. Die Breite der Schiffe soll um 20 cm und jene der (schwerer genau zu messenden) Flösse um 40 cm geringer sein, als die lichte Weite der Kammern.]

Die Tauchtiefe darf höchstens . . . . betragen.

[Um 20 cm weniger als der Normalwasserstand.]

Diese Tauchtiefe kann während der Sommerdürre und in sonstigen Ausnahmsfällen durch Präfectoral-Erlass noch weiter eingeschränkt werden. Sobald eine derartige Kundmachung erfolgt ist, sind die Schiffe entsprechend zu lichtern.

Die Bordhöhe über dem Wasserspiegel muss mindestens .... betragen.

[In Mittelfrankreich: Mindestens 20 cm für die gewöhnlichen (offenen) und mindestens 10 cm für die gedeckten Schiffe.

[Im Norden und Osten: Mindestens 30 cm, nämlich 10 für den eigentlichen Schiffsrand und 20 für den üblichen Aufsatz.

[Für kleine Fahrzeuge von höchstens 20 t Tragfähigkeit 10 cm ohne jeden Aufsatz.

[Für die südlichen und westlichen Flüsse ist die Bordhöhe von Fall zu Fall festzusetzen.]

Das Schiff und seine Ladung darf nicht mehr über den Wasserspiegel emporragen, als .... in der Strecke ....

[Nöthigenfalls verschiedene Höhen für die einzelnen Canalstrecken.]

Schiffe und Flösse, welche den vorstehenden Bestimmungen nicht entsprechen, können an den von den Schifffahrts-Beamten bezeichneten Stellen angehalten werden und ihre Fahrt erst fortsetzen, wenn der Anstand behoben ist.

Art. 2.

Schiffs-Aufschriften (Devisen).

Jedes Schiff muss an seinem Hintertheil seinen eigenen Namen, sowie den Namen und Wohnsitz seines Eigenthümers tragen.

Auch auf den Flössen müssen Name und Wohnsitz des Eigenthümers auf einem Brette angeschrieben sein.

Die Inschriften müssen deutlich und voll ausgeschrieben, mit mindestens 8 cm hohen Buchstaben entweder auf die Schiffswand selbst oder auf ein niet- und nagelfestes Brett gemalt sein.

Art. 3.

Bemannung und Ausrüstung

Jedes Schiff und jeder Floss muss auf den Canälen mindestens einen, auf den Flüssen mindestens zwei Mann an Bord haben.

Ihre Ausrüstung muss in gutem Stande sein und mehrere Anker und Heftpflöcke sammt den entsprechenden Seilen in sich begreifen

Art. 4.

Untersuchung der Schiffe.

Jedes Schiff muss einmal des Jahres oder auch öfter, wenn es die Schifffahrts-Beamten für gut finden, untersucht werden, um sich zu überzeugen, ob es diensttüchtig ist, ob die durch das Decret*) vom 17. November 1880 vorgeschriebenen Belastungs-Scalen vorhanden und in gutem Zustande sind, ob deren Nullpunkte genau der Tauchung beim Leergang entsprechen. Diese Untersuchung ist von den berufenen Beamten in den dazu bestimmten Häfen vorzunehmen.

*) Die »Decrete« sind, meist nach Anhörung des Staatsrathes, vom Staatsoberhaupte gefertigt.

In dringenden Fällen kann jedoch der Ingenieur*) oder ein von ihm *ad hoc* delegirter Beamter auch ein fahrendes Schiff anhalten und seine Untersuchung an einem beliebigen Punkte vornehmen. Ein in regelwidrigem Zustande befindenes Schiff ist zurückzuhalten und darf nur nach Behebung des Mangels weiterfahren.

Art. 5.

Jeder Schiffs- oder Flossführer muss einen Frachtbrief in guter Form, so wie den durch das Decret vom 17. November 1880 bestimmten Aichschein *(procès-verbal de jaugeage)* und Ladeschein bei sich haben. Legitimations-
papiere.

Jeder Schiffsführer muss ausserdem die im vorigen Artikel erwähnte Bestätigung, dass sein Schiff diensttüchtig ist, bei sich führen.

Diese Papiere müssen auf Begehren der Schiffsbeamten jederzeit vorgewiesen werden.

Der Frachtbrief und Ladeschein sind auf dem Laufenden der Ein- und Ausladungen zu halten. Die Schifffahrts-Beamten sind berechtigt, sich davon summarisch zu überzeugen. Etwaige Abweichungen sind von ihnen auf dem Ladeschein anzumerken, um die Abstrafung der Uebertretung zu ermöglichen.

Art. 6.

Jedes bei Nacht fahrende einzelne Schiff muss zwei Schiffer an Bord haben. Diese haben, so oft es von ihnen verlangt wird, eine und bei der Schleusung zwei Laternen anzuzünden. Bestimmungen, die
Nachtfahrten be-
treffend.

Ueber Verlangen der Schifffahrts-Beamten müssen auch die stillstehenden Schiffe mit einer Laterne beleuchtet werden, falls dies im Interesse der Sicherheit nothwendig scheint.

Dampfschiffe haben in Betreff der Beleuchtung die auf sie bezüglichen besonderen Bestimmungen (siehe den Anhang)**) einzuhalten; ebenso die in Zügen beförderten Schlepper.

Art. 7.

Die Leinpferde müssen von einem Fuhrmann geleitet werden, der, falls er nicht darauf reitet, in der Nähe des Kopfes des Vorderpferdes bleiben muss. Führung der Lein-
pferde.

Art. 8.

Auf den vom Minister bezeichneten Canälen oder Canalstrecken können die Schiffe in Zügen fahren. Der betreffende Ministerial-Erlass bestimmt sowohl die Zahl der Schiffe, aus denen ein Zug bestehen darf, als die Bemannung eines jeden derselben. Schiffszüge.

---

*) Unter »Ingenieur« und »Oberingenieur« ist immer der *Ingénieur ordinaire* und *Ingénieur-en-chef des Ponts et chaussées* gemeint.   Anm. d. Verf.

**) Vergl. S. 193 (Vorwort).

[Abgesehen von der Sohne, der Seine, der Yonne, dem canalisirten Cber und von dem Rhone-Rhein- und dem Nivernais-Canal,
welche zum Theil die Flussbette benützen und wo Schiffszüge schon
längst üblich sind, ist bis auf Weiteres diese Art Schifferei iu Mittelfrankreich nicht weiter auszudehnen.

[Im Norden und Osten dagegen sind Schiffszüge ohne Weiteres
allgemein zuzulassen.

[Im Westen und Süden, wo die Wasserstrassen mehr vereinzelt
sind, ist von Fall zu Fall zu entscheiden.]

Zwischen zwei in derselben Richtung fahrenden Schiffszügen
müssen mindestens 300 m Zwischenraum frei bleiben.

Die Paarung *(accouplement)* der Schiffe ist auf den Canälen verboten, kann aber auf Flüssen mit breiter Fahrrinne gestattet werden.

An jedes Schiff kann, auch ohne besondere Ermächtigung, ein
zweites angehängt werden, sofern es ohne Verstärkung des für ein
einziges Schiff üblichen Zuggespannes geschehen kann.

Fest mit einander verbundene Schiffe, deren Gesammtdimen-
sionen die im Art. 1 für ein einziges Schiff bestimmten nicht überschreiten, sind nicht als gepaarte oder angehängte zu behandeln.

II. Abschnitt.

Art. 9.

Rangclassen der Schiffe.

Die Schiffe werden in sechs Rangclassen eingetheilt, und zwar:

1. Classe. — Einzelne Personen- oder Güter-Dampfschiffe, sowie
Lustdampfer von mehr als 10 t Tragfähigkeit.

2. Classe. — Schiffe, die mit Pferdewechsel im Trab fahren.

3. Classe. — Einzelne Schiffe und Schiffszüge, deren Förderung
durch Dampf bewirkt wird.

4. Classe. — Einzelne Schiffe und Schiffszüge, die mit Pferdewechsel im Schritt fahren.

5. Classe. — Einzelne Schiffe, die, ohne Wechsel der Pferde,
Ochsen oder Esel, im Schritt fahren.

6. Classe. -- Einzelne Schiffe, von Menschen gezogen; Flösse
mit beliebigem Leinenzug.

Art. 10.

Dampfschiffe.

Kein Dampfschiff kann in Betrieb gesetzt werden, ohne vor-
herige Erfüllung der für Dampfmaschinen vorgeschriebenen Formali-
täten. Die betreffende Ermächtigung hat die zulässige Maximal-
geschwindigkeit ausdrücklich zu erwähnen.

Die Ingenieure und ihre Untergebenen sind berechtigt, an Bord
der Dampfschiffe zu fahren, um sich von ihrer Fahrgeschwindigkeit
und deren Einwirkung auf die Uferböschungen zu überzeugen.

Art. 11.

Für die vier ersten Rangclassen wird zwischen r e g e l m ä s s i g e m
und g e w ö h n l i c h e m Fahrdienste unterschieden.

»Regelmässigen Fahrdienst« versehen solche Schiffe, welche an
bestimmten Tagen abfahren und ankommen und bestimmte Stapelplätze anlaufen.

»Gewöhnlichen Fahrdienst« verrichten alle übrigen Schiffe, ob
einzeln oder in Zügen, sowie die Flösse.

Art. 12.

Ein regelmässiger Fahrdienst kann nur auf Grund einer behörd-
lichen Ermächtigung und unter den darin festgesetzten Bedingungen
eingeleitet werden.

Die betreffende Eingabe hat die Zahl der zu verwendenden Schiffe,
die Orte und Tage ihrer Abfahrt und Ankunft, die Art der Förderung
und die Haltepunkte anzugeben.

Die Erledigung erfolgt durch Präfectoral-Erlass, falls die Ab-
fahrts- und Ankunftspunkte in demselben Departement liegen, durch
Ministerial-Erlass, falls in verschiedenen.

Art. 13.

Die Schiffe der 1., 2. und 3. Rangclasse, welche einen regelmässigen Fahrdienst leisten, müssen vorn die deutliche Aufschrift
tragen« »Eildienst *(Service accéléré)*«.

Sie müssen mindestens zwei Mann an Bord haben.

Sie haben einen r o t h e n W i m p e l zu hissen.

Sie müssen auch mit einer Glocke versehen sein, welche 500 m
von den Schleusen und beweglichen Brücken sowie von den einzuholenden
Schiffen zu läuten ist.

Art. 14.

Die einen regelmässigen Fahrdienst versehenden Schiffe der
4. Rangclasse müssen vorn die deutliche Aufschrift tragen: *Service non
accéléré* und haben einen b l a u e n W i m p e l zu hissen.

Art. 15.

Dem Unternehmer eines regelmässigen Fahrdienstes, welcher
zweimal in einem Jahre wegen Nichteinhaltung der ihm auferlegten
Bedingungen verurtheilt worden ist, kann seine Befugniss wieder ent-
zogen werden.

Art. 16.

Die Abzeichen des Eildienstes auf Schiffen anzubringen, welche
zu einem solchen nicht ermächtigt sind, ist verboten.

Art. 17.

Das Recht des Vorfahrens ist von den Rangclassen abhängig. In einundderselben Rangclasse haben den Vorrang:

Die einen Personentransport verrichtenden Schiffe:

Schiffe im Dienste des Wasserbaues und des Staates über-haupt;

mit Gütern beladene Schiffe im regelmässigen Fahrdienst.

Die Schiffe, welche von dem Rechte des Vorfahrens Gebrauch machen wollen, haben die zu überholenden Fahrzeuge durch Läuten mit der Glocke (Art. 13) mindestens 500 m vor dem muthmasslichen Kreuzungspunkte zu verständigen.

Das Recht des Vorfahrens kann nicht mehr aus-geübt werden, wenn das zu überholende Fahrzeug nur noch ... m [dürfte im Allgemeinen auf 100 m festzusetzen sein] von einer einspurigen Strecke oder Verengung entfernt ist; und wenn schon mehrere Schiffe, ihrer Weiterfahrt harrend, vor der Verengung liegen, so darf ihnen auch ein Schiff einer höheren Rangclasse nicht mehr vorfahren.

Besondere, auf den Böschungen eingepflanzte Markirpfähle be-zeichnen die Grenzen, wo das Recht des Vorfahrens aufhört.

Art. 18.

Das Passiren der Schleusen und beweglichen Brücken hat in derselben Reihenfolge zu geschehen, in der die Schiffe an dem Markirpfahle angelangt sind. Eine Ausnahme besteht nur für einzeln fahrende Dampfschiffe; diese sind vor den übrigen Schiffen zu bedienen. Von den letzteren darf je nur ein einziges über den Markirpfahl hinausfahren; alle übrigen haben hinter dem-selben zu warten.

Die einen Zug bildenden Schiffe, mit oder ohne Remorqueur, sind als ein untrennbares Ganzes zu behandeln und ohne Unterbrechung zu bedienen, sofern in dem die Befugniss ertheilenden Erlass nicht eine abweichende Bestimmung enthalten ist.

Die Flösse zählen als ebenso viele Einheiten, als Abschnitte ge-macht werden müssen. Sie haben an dem Markirpfahle zu halten, und wenn ein Abschnitt den Markirpfahl nicht schon überschritten hat, wann ein Schiff oder ein Schiffszug erscheint, so wird er erst nach diesem geschleust.

Auf den Wasserstrassen, wo Tauereibetrieb oder wo grosse, mehrere Schiffe zugleich fassende Schleusen bestehen, bleiben die be-treffenden besonderen Vorschriften in Geltung (s. Anhang).

In Ausnahmsfällen können gewisse Schiffe ermächtigt werden, ohne Rücksicht auf die festgesetzte Rangordnung vorzufahren; dazu bedarf es aber einer besondern, auf Namen lautenden, vom Oberingenieur auszustellenden Ermächtigung, welche überall vorzuzeigen ist. Falls eine derartige Ausnahmsmassregel für längere Zeit und für gewisse Artikel, z. B. Körnerfrüchte und Mehl, beansprucht würde, so könnte sie nur durch Ministerial-Erlass verfügt werden.

Im Falle von Vorrangs-Streitigkeiten haben sich die Schiffsführer der Entscheidung des Schleusenwärters oder jedes anderu Schifffahrts-Beamten zu fügen.

Art. 19.

Wenn die für einen regelmässigen Pferdewechsel bestimmten Pferde an Bord mitgeführt werden, darf ihre Zahl nicht geringer sein, als die der angespannten.

III. Abschnitt.

Art. 20.

Die Schifffahrt und der Durchgang durch die Schleusen ist Tag und Nacht frei. <small>Tag- und Nacht-dienst.</small>

Die Ingenieure haben jedoch das Recht, zur Zeit der Hochwässer, Fröste und Eisgänge oder im Falle einer gefährlichen Beschädigung der Bau-Anlagen die Nachtfahrten zu verbieten.

Die Ingenieure können auch, im Falle drohender Verkehrsstockungen, insbesondere vor und nach den Schifffahrtssperren, die Nachtfahrten für alle Schiffe ohne Unterschied vorschreiben.

Art. 21.

Abgesehen von dem Falle höherer Gewalt, kann die Schifffahrt <small>Schifffahrtssperren.</small> nur durch Präfectoral-Erlass, unter Augabe des Zeitpunktes und der Dauer der Unterbrechung, gesperrt werden.

Während der Sperren können die Schiffe in den gefüllt gebliebenen Haltungen auf eigene Gefahr verkehren.

Art. 22.

Schiffe und Flösse, welche einem in entgegengesetzter Richtung <small>Ausweichen d. Schiffe und Flösse.</small> fahrenden Schiffe oder Flosse begegnen, haben für diese die Hälfte der Fahrwasserbreite frei zu lassen.

Wenn die sich begegnenden Schiffe beide beladen oder beide leer sind, so hält sich das zu Berg fahrende Schiff auf der Seite des Leinpfades.

Art. 23.

Beim Vorfahren hat sich das eingeholte Schiff auf die dem Leinpfade gegenüberliegenden Seite zu begeben und die Zugleine nachzulassen.

Wenn jedoch das vorfahrende Schiff ein Dampfschiff ist, so bleibt das eingeholte Schiff auf der Seite des Leinpfades und braucht die Leine nicht nachzulassen.

Art. 24.

Wenn ein Schiff oder Floss an eine Strecke kommt, deren Breite eine Kreuzung nicht zulässt, und auf welcher bereits ein anderes Fahrzeug entgegenkommt, so haben sie an dem Markirpfahle dieser Strecke zu halten und die Kreuzung abzuwarten.

Art. 25.

Beim Anhalten hat sich jedes Schiff auf die dem Leinpfade gegenüberliegende Seite zu stellen.

Art. 26.

Durchfahrt durch die Schleusen und beweglichen Brücken. Die Schleusen- und Brückenwärter dürfen keine Schiffe oder Flösse durchlassen, deren Führer die im Art. 5 vorgeschriebenen Papiere nicht vorzuweisen vermag.

Art. 27.

Ehe sie die nächtliche Durchfahrt gewähren, haben sich die Schleusen- und Brückenwärter zu überzeugen, ob die durch Art. 6 getroffenen Bestimmungen erfüllt sind. Von den Dampfschiffen haben sie sich die Fahrbefugniss vorweisen zu lassen.

Art. 28.

Schiffe und Flösse, welche, an einer Schleuse angelangt, nicht sofort geschleust werden können, haben vor dem Markirpfahle zu halten und dort zu warten.

Art. 29.

Schiffe und Flösse, welche, an einer Schleuse angelangt, sich nicht sofort schleusen lassen wollen, haben vor dem Markirpfahle zu halten und sich sodann an dem vom Schleusenwärter zu bezeichnenden Orte aufzustellen.

Art. 30.

So weit thunlich, ist das Schleuswasser für zwei in entgegengesetzter Richtung fahrende Schiffe auszunützen. Die Schiffer haben die zu diesem Behufe von dem Schleusenwärter begehrten Bewegungen auszuführen.

Art. 31.

Beim Annähern an Schleusen, Brücken und überhaupt Kunstbauten ist mit der nöthigen Behutsamkeit zu fahren, um jeden Stoss zu vermeiden.

In den Schleusenkammern sind die Schiffe an beiden Enden, aber keinesfalls an den Schleusenthoren zu sorren (festzubinden).

Jedes Schiff muss mit den nöthigen Ruderstangen versehen sein, um damit Stösse an die Wände und Thore zu pariren und das Ausfahren zu erleichtern.

Die Schiffsleute haben sich den beim Durchschleusen von dem Schleusenwärter verlangten Vorsichtsmassregeln gewissenhaft zu fügen.

Art. 32.

Die Schiffe und Flösse dürfen in den Schleusenkammern nicht länger verweilen, als unbedingt nothwendig ist.

Art. 33.

Der Schleusenwärter allein ist befugt, die Schützen und Thore zu handhaben, kann sich aber von den Schiffern helfen lassen und ihnen dabei die nöthigen Weisungen ertheilen.

IV. Abschnitt.

Art. 34.

[Von Fall zu Fall zu bestimmen.]

V. Abschnitt.

Art. 35.

Die Schiffe dürfen nur in den Hafenplätzen und an den von den Ingenieuren dazu bestimmten Punkten liegen bleiben.

In allen einspurigen Strecken und weniger als .... m von dem Ober- und Unter-Haupt der Schleusen ist das Halten unter allen Umständen verboten.

Art. 36.

Schiffe, die in den Haltungen still liegen wollen, haben sich auf der dem Leinpfade gegenüberliegenden Seite in einer Reihe aufzustellen, jedoch gruppenweise derart, dass in den Zwischenräumen Schiffskreuzungen möglich sind. Ein

Präfectoral-Erlass bestimmt über Antrag des Oberingenieurs, aus wie viel Schiffen eine Gruppe bestehen kann und wie lang der Zwischenraum sein muss.

Art. 37.

Jedes still liegende Schiff muss an seinen beiden Enden gesorrt sein und Tag und Nacht bewacht werden.

Art. 38.

Ein- und Ausladen. Es ist verboten, Güter anderswo ein- und auszuladen und zu lagern, als in den Stapelplätzen. Eine Ausnahme für eine einzelne Schiffsladung kann von dem Ingenieur, für mehrere oder auf längere Zeit nur von dem Oberingenieur gestattet werden.

Art. 39.

Oeffentliche und private Stapelplätze. Wenn sich der Leinpfad auf derselben Seite befindet, wie ein öffentlicher oder privater Stapelplatz, so dürfen die Schiffe nur so lange dort anlegen, als es das Ein- und Ausladen erheischt, und müssen sich sowohl während der Unterbrechungen als nach der Beendigung des Ladens an das jenseitige Ufer legen.

Art. 40.

In den öffentlichen Stapelplätzen haben sich die Schiffer nach den betreffenden speciellen Vorschriften zu benehmen und ausserdem, im Allgemeinen:

1. Die Steuerruder abzunehmen und in oder an den Schiffen unterzubringen:

2. die Güter in der Art aufzustapeln, dass sie keinen unnöthigen Raum einnehmen;

3. am Ufer einen Streifen frei zu lassen, der auf der Seite des Leinpfades mindestens 4 m. auf der entgegengesetzten Seite mindestens 2 m breit sein muss;

4. sonst vorhandene Verbindungswege freizulassen.

Art. 41.

Die Schiffe, welche ein- oder auszuladen haben, besitzen vor anderen Schiffen ein Vorrecht, sich an die in den öffentlichen Häfen vorhandenen Quaimauern anzulegen.

Art. 42.

In den öffentlichen Stapelplätzen dürfen nur Güter gestapelt werden, welche zu Wasser angekommen sind oder abgehen sollen.

Art. 43.

Zu reparirende Schiffe müssen auf einen Stapel (cale de radoub) gestellt werden.

Je nach Umständen können jedoch die Schiffsherren von den Ingenieuren auch ermächtigt werden, die Reparaturen anderswo vorzunehmen.

Art. 44.

Die ausser Verwendung stehenden oder auf Ladung wartenden Schiffe haben sich an den von den Ingenieuren hierzu bezeichneten Orten aufzustellen, und zwar in der im Art. 36 vorgeschriebenen Weise.

Die Herren solcher Schiffe sind verpflichtet, dem nächsten Schleusenwärter Namen und Wohnsitz der mit der Ueberwachung derselben betrauten Personen bekannt zu geben.

VI. Abschnitt.

Art. 45.

Es ist verboten:

Verbote

1. Schutt, Steine, Holz, Stroh, Mist u. s. w. in das Fahrwasser zu werfen oder auf dem Zubehör der Wasserstrasse abzuladen, Pfähle einzurammen, darin Hanf oder Flachs zu rösten, sowie auch in einer Entfernung von weniger als 12 m von dem Ufer Steinbrüche, Sandgruben u. s. w. zu eröffnen (Art. 14 der Verordnung vom 24. Juni 1777);

2. die Dämme, Kunstbauten, Pflanzungen oder Bodenerzeugnisse zu beschädigen (Art. 11 derselben Verordnung);

3. auf den Schleusenplätzen und den Thorstegen zu verweilen;

4. mit zum Leinenzug nicht verwendetem Rindvieh und Pferden die Dämme und das sonstige Zubehör der Wasserstrasse zu betreten, es wäre denn, dass dafür eine besondere Servitut besteht;

5. daselbst Pferde oder sonstige Hausthiere weiden zu lassen;

6. daselbst, ohne specielle Jagdberechtigung, zu jagen;

7. daselbst, ohne specielle Fischereiberechtigung, anders als mit der Handangel zu fischen.

Art. 46.

Den Schiffern ist verboten:

1. Die ihnen angewiesenen Hafen- und Standplätze unnöthig zu versperren, die Ortscheite ihrer Zugleinen herumfahren zu lassen, ihre Schiffe und Flösse auf der Seite des Leinpfades aufzustellen (Art. 8 der Verordnung v. 1777);

2. Heftpflöcke für ihre Schiffe und Flösse weniger als 3 m von der Böschungsoberkante einzuschlagen;

3. Taue an die Baumpflanzuugen, Kilometersteine, Markirpfähle, Telegraphenstangen anzubinden oder solche in einer für den Verkehr hinderlichen Höhe über den Leinpfad zu spannen:

4. auf den Canälen und beim Befahren der Schleusen und sonstigen Kunstbauten sich Bootshaken, Schiffstaken und mit Eisen beschlagener Stangen zu bedienen, welche das Mauerwerk, die Schleusenthore oder sonstige Bestandtheile der Wasserstrasse beschädigen könnten.

Art. 47—49

(betreffen Bauconsense und Baumpflanzungen seitens der Anrainer).

Art. 50.

Ohne eine schriftliche Ermächtigung des Oberingenieurs darf Niemand auf den Leinpfaden der Canäle oder den vom Staate erbauten Leinpfaden der Flösse reiten oder fahren.

Nur die berittenen Steuer- und Zollbeamten bedürfen im Dienste einer solchen Ermächtigung nicht.

Privatinteressenten können die fragliche Ermächtigung, falls ihnen keine besondere Servitut zu Gute kömmt, nur von dem Präfecten unter den vom Ministerium vorgeschriebenen Normalbedingungen erwirken.

Art. 51.

Ermächtigungen. Nur auf Grund einer jederzeit widerruflichen administrativen Ermächtigung und unter den darin auferlegten Bedingungen können hergestellt werden:

1. Thüren und Fenster auf die Dämme und Grenzstreifen der Canäle, ihrer Zubringer, und der staatlichen Fluss-Leinpfade:

2. Tränken und Waschplätze;

3. Wasserentnahmen *(prises d'eau)*;

4. in das Fahrwasser mündende Abzugscanäle *(égouts)*;

5. Privat-Stapelplätze:

6. Krähne und sonstige Einrichtungen zum Ein- und Ausladen der Güter;

7. Irgend welche sonstige Einrichtungen auf staatlichem Grund und Boden *(domaine public)*.

Art. 52.

Ueber Bericht der Ingenieure können Private unter gewissen Bedingungen ermächtigt werden, für ihren persönlichen Gebrauch und zur Bewirthschaftung ihrer Grundstücke, Nachen zu

halten; sie dürfen dieselben aber unter den zu Recht bestehenden
Strafen weder gegen Entgelt noch unentgeltlich zur Ueberfuhr von
Personen benützen.

Die in Rede stehenden Privat-Nachen müssen derart aufbewahrt
werden, dass sie weder die Bewegung der Schiffe noch den
Leinenzug behindern.

Art. 53.

Etwaige Beschädigungen der Kunstbauten, Dämme und Bö- *Verschiedenes.*
schungen werden im Amtswege auf Kosten der Schadenstifter, vor-
behaltlich der einschlägigen Strafbestimmungen, wieder gut gemacht.

Art. 54.

Wenn ein Schiff oder Floss gesunken ist, so ist sein Eigenthümer oder sein Führer verpflichtet, alle Anstalten zu treffen,
um dasselbe in dem von dem nächsten Schifffahrts-Beamten zu be-
stimmenden Termine wieder flott zu machen oder herauszuziehen.
Falls der besagte Termin nicht eingehalten wird, hat der Schifffahrts-
Beamte auf Kosten des Eigenthümers vorzugehen. Gleichzeitig hat
er davon den Ingenieur zu verständigen und in einem Protokoll die
Ursache des Unterganges, die daraus für die Schifffahrt entstandene
Behinderung und die aufgelaufenen Kosten zu constatiren.

Art. 55.

Jedes verlassene oder auf der Seite des Leinpfades ohne
Bemannung verankerte Schiff oder Floss ist von dem ersten
Beamten, der dessen gewahr wird, an einen passenden Ort ab-
zuführen. Derselbe hat dafür einen besonderen Wächter zu
bestellen und ein Protokoll aufzunehmen.

VII. Abschnitt

(betrifft die Strafgerichtsbarkeit, Cautionsleistungen u. s. w.).

Beilage C.

Ueber Eisenbahntarifbildungs-Theorien.

Aus dem »Centralblatt für Eisenbahnen und Dampfschifffahrt der österreichisch-ungarischen Monarchie«. 1879, Nr. 106 u. ff.

Alles beherrscht der Begriff und die mathematische Formel,
»Und mit dem Menschenverstand kommt man durch's Leben
nicht mehr.«   Schiller.

Kissingen, im August 1879.

Einleitung.

Neueste Literatur. Seit einigen Jahren haben die Eisenbahntarif-Fragen eine ausserordentliche Wichtigkeit erlangt und sind der Gegenstand des Fleisses und Nachdenkens vieler Theoretiker und Praktiker geworden. Sowohl dickleibige Bände, als zahlreiche Broschüren und Zeitungsartikel sind darüber erschienen und haben zum Theile sehr widersprechende Anschauungen zu Tage gefördert. Einige Schriftsteller betreten muthig den Weg der Begriffsbildung, der Definitionen, ohne sich zu erinnern, dass schon Kant dargethan, wie letztere nur auf dem Gebiete der apriorischen, mathematischen Wissenschaften gesunde Früchte zu tragen vermögen. Andere gehen noch weiter und suchen nach algebraischen Formeln, welche die in der Praxis auftauchenden Tariffragen beantworten sollen.

Die Selbstkosten als Grundlage der Tarife. Wir haben soeben eine Reihe solcher Schriften durchgesehen und möchten uns hier gegen eine darin hervortretende Tendenz erheben, wonach die Tarife, sei es nun mit oder ohne einen Zuschlag, mit oder ohne Coëfficienten auf die Selbstkosten zu basiren wären. Es ist dies in unseren Augen eine verhängnissvolle, radicale Irrlehre! Nach unserer Auffassung haben die Selbstkosten mit der Aufstellung der Tarife gar nichts oder nur äusserst wenig (als Minimalgrenze) zu thun. Was Einen sofort stutzig machen muss, ist der Umstand, dass die von uns bekämpften Schriftsteller in die Selbstkosten meist die Verzinsung des Capitals mit einbeziehen. Es liegt auf der Hand, dass, so lange die Bahnen Erwerbsanstalten sind, die durch Einhebung der Tarife erzielten Einnahmen auch für die Verzinsung des investirten Capitals aufzukommen haben oder aufkommen sollten. Man kann aber nicht zum Voraus sagen: Ich will, dass mein Capital zu Einbeziehung der Zinsen. dem und dem Zinsfusse sich verzinse, und werde meinen Tarif darnach einrichten. Einmal ist es ganz gegen den Geist einer Erwerbsanstalt, dass sie ihren Gewinn eigenwillig zum Voraus limitire, dass sie erkläre: Ich begnüge mich mit 4 oder 5 oder 6%. — Und dann ist der Reingewinn beim Eisenbahnbetrieb, wie das Treffen beim Scheibenschiessen, nicht vom blossen menschlichen Wollen abhängig. Es ist möglich (insbesondere bei Bahnen mit schwachem Verkehre), dass, wenn der Tarif auch nur in der Absicht einer 1%igen Verzinsung des Anlagecapitals berechnet würde, derselbe doch so hoch ausfiele, dass kein Reisender die Bahn benützen würde, dass keine Tonne Fracht darüber ginge, und dass solchergestalt statt der 1%igen Verzinsung der empfindlichste Betriebskostenabgang entstünde. Es wäre aber auch umgekehrt der Fall denkbar, dass sich der *a priori* aufgestellte Tarif praktisch so niedrig erwiese, dass ungeahnte Verkehrsmassen zuströmten, und dass in Folge dessen der Reingewinn nicht (wie beabsichtigt war) 1%, sondern 5 oder 6% oder noch mehr betrüge. Bei dem in Rede stehenden Vorgang ist also nicht nur der Zweck, den Reingewinn *a priori* statt *a posteriori* zu bestimmen, ein verfehlter, sondern auch der Weg, der dazu führen soll.

Die Einbeziehung der Verzinsung in die Selbstkosten ist übrigens nur eine Detailfrage; die Hauptfrage ist die, ob überhaupt die Selbstkosten bei der Tarifirung eine Rolle zu spielen haben und welche? Wir werden versuchen, diese Frage hier ohne wissenschaftlichen Apparat durch einige, dem praktischen Leben entnommene Beispiele zu beleuchten, ohne jeden Anspruch auf Vollständigkeit und Methode, auch ohne Hoffnung, Neues vorzubringen. Wie sollte es gelingen, in dieser Frage noch Neues und Originelles zu Tage zu fördern? Unser Zweck ist auch ein viel bescheidenerer, nämlich der: Die kühnen Jünger der Neuzeit von der Betretung und Verfolgung gewisser neuer Wege zurückzuhalten.

So lange die Eisenbahnen Erwerbsanstalten sind — und bis auf Preisbildung im Allgemeinen. Weiteres sind sie es thatsächlich — müssen für sie auch die nämlichen Regeln und Methoden gelten, welche die gesammte Industrie, der gesammte Handel und Wandel zur Anwendung bringen. Nun ist aber die allgemeine Regel des Handels und der Industrie die: den Geschäftsgewinn so hoch zu spannen, als es eben geht, und zu diesem Behufe den Preis jeder Leistung nicht nach den Selbstkosten zu bemessen, sondern den Kunden so viel Geld abzunehmen, als dieselben herzugeben im Stande oder gewillt sind. Der Verkaufspreis der Leistung nähert sich solchergestalt so viel wie möglich dem Werthe der Leistung für den Empfänger, ohne diesen je zu erreichen oder gar

zu überschreiten, weil ja sonst der Empfänger lieber auf den Genuss
der Leistung verzichten würde.

In früheren Zeiten glaubte man, und in Gegenden mit unent-
wickeltem Handel glaubt man zum Theil noch, dass das sicherste
Mittel, das in Rede stehende Ziel zu erreichen, darin bestehe, jedem
Abnehmer je nach seinen Vermögensverhältnissen und seinen Markt-
kenntnissen einen verschiedenen Preis abzuverlangen. Da bleibt aber bei
denjenigen, welche höhere Preise zahlten, als die anderen, das Gefühl
nicht lange aus, dass sie übervortheilt worden seien; sie meiden
dann solche Kaufläden und Bezugsquellen und so kam und kommt
man im Kleinhandel zu den »festen Preisen«. Der feste Preis bedeutet so viel, dass ohne Ansehen der Person dieselbe Waare unter
denselben Umständen ohne Feilschen und Handeln zu demselben
Preise abgelassen werde. Feste Preise gelten aber nur im Kleinhandel, und sind nicht nach den Selbstkosten bemessen, sondern
nach den durch das Gesetz des Angebotes und der Nachfrage gere-
gelten Marktpreisen. Im Grosshandel sind feste Preise eine Ausnahme.
Handelt es sich um eine Lieferung von Schienen, von Fassoneisen
u. s. w., so wird jedes Eisenwerk sein Angebot nach den Chancen
der Concurrenz stellen, es wird sich gar kein Gewissen daraus machen,
allenfalls bei dem Fassoneisen 25% zu verdienen, sich gleichzeitig
aber bei den Schienen vielleicht mit 5% zu begnügen, ja wer weiss?
dieselben sogar mit Verlust zu übernehmen, um die Arbeit nicht einstellen zu müssen. Von den Selbstkosten, von einer proportionalen
Vertheilung der allgemeinen Verwaltungskosten, der allfälligen Anle-
henszinsen auf die einzelnen Lieferungen ist absolut keine Rede.
Die Fabrik verlangt eben so viel, als der augenblickliche Eisenmarkt
zu erlangen gestattet.

Weniger geläufig und interessanter sind die Vorgänge bei
solchen Leistungen, die keinen schwankenden Marktpreisen unterliegen und bei denen die Tendenz zu Tage tritt, durch kleine Nebenmittelchen den reichen Mann zu bestimmen, freiwillig mehr zu zahlen,
als der arme, unbemittelte.

So z. B. im Buchhandel. Es erscheint ein neues Buch, dessen
Absatzgebiet sich auf verschiedene Stände erstreckt, etwa ein, grosser
und dauernder Verbreitung sicherer Roman eines gefeierten Schriftstellers. Flugs werden davon zwei verschiedene Ausgaben veranstaltet,
eine theuere für die Reichen auf etwas schönerem Papier und mit
etwas grösserem Druck, und eine wohlfeile für die weniger Bemit-
telten. Sind dauernder Erfolg und spätere Auflagen nicht zu hoffen,
so begnügt man sich auch wohl mit einer einzigen Ausgabe, deren
ursprünglichen hohen Preis man nach einiger Zeit herabsetzt. Wird
Jemand behaupten wollen: Im ersten Falle sei die Preisdifferenz
einzig durch die Verschiedenheit der Herstellungskosten begründet?

Angenommen, der Beweis gelänge, — auf den zweiten Fall wird er keinesfalls passen.

Reden wir von den Theatern, wo für eine und dieselbe Vorstellung die Besucher um das Zehnfache verschiedene Preise zahlen. Erklärt sich diese Differenz etwa aus der Verschiedenheit der Selbstkosten? Dieselbe müsste in der Differenz der Verzinsung der für jeden Zuschauer aufgewendeten Baukosten gesucht werden. Da dürfte aber nicht viel zu finden sein. Oder ist der Unterschied des Comforts ein so grosser, um den Werth der respectiven Leistungen bedeutend zu alteriren? Zum Theile ja, aber die Hauptrolle spielt die menschliche Eitelkeit, die socialen Rücksichten, welche es gewissen Persönlichkeiten verbieten, gewisse Plätze, mit denen sie sich ungesehen gerne begnügen würden, einzunehmen. *Theater und Concerte.*

Diese Rücksicht tritt noch schlagender hervor in den Concertsälen, wo häufig die dem Orchester nächsten Sitzreihen am theuersten bezahlt werden und dicht besetzt sind, obwohl eben ihre Nähe dem musikalischen Genusse entschieden abträglich ist.

Bei den Weltausstellungen, wo eine Verschiedenheit in den Platzpreisen nicht angeht, hat man die Preisdifferenz auf die Wochentage geworfen. Wir wären begierig, zu hören, ob auch diese durch die Selbstkosten motivirt werden wollten, etwa unter Hinweis auf die geringere Zahl von Besuchern? Für uns ist das nur wieder das Mittelchen, um den Reichen zu bestimmen, mehr zu geben, als der Unbemittelte. *Schaustellungen.*

Da, wo solche Mittelchen nicht aufzufinden sind, und wo man im Besitze ausreichender Macht ist, entschlägt man sich manchmal auch jedes Feigenblattes und erklärt ganz einfach: Der Reiche A hat für dieselbe Leistung doppelt oder dreimal so viel zu zahlen als der Arme B.

So wird auf den Dampfschiffen des Traunsees von den Fremden zweimal so viel gefordert, als von den Einheimischen. Hieher gehören auch die Curtaxen mancher Badeorte, wo die Curgäste behördlich in 2 oder 3 Classen eingetheilt werden. Dieser Fall ist insofern ausserordentlich interessant und beherzigenswerth, als die Leistung thatsächlich für die Gäste aller Classen identisch und keinerlei Vorrecht mit einer höheren Classe verbunden ist. Alle Curgäste hören dieselbe Musik, benützen dieselben Spaziergänge, tanzen in demselben Saale. Die Selbstkosten sind also gleich; und was den relativen Werth der Leistungen für die einzelnen Empfänger anbelangt, so wird man kaum fehl gehen, wenn man dieselben sogar für die niedere Classe höher annimmt, als für die höhere. Denn, dass reiche, blasirte Curgäste den Werth der Bademusik weniger hoch anschlagen, als Leute, die vielleicht Jahr aus Jahr ein keine Musik hören, liegt doch auf der Hand. Deswegen illustrirt aber auch dieses Beispiel so vortrefflich die allgemeine Tendenz, Jedem so viel anzulasten, als er billiger- *Traunseefahrten. Curtaxen.*

weise zu tragen vermag. Der eine zahlt, ohne sich wehe zu thun, mehr als den Durchschnittspreis, und das macht es dann möglich, den Unvermögenden um eben so viel zu entlasten und den ganz mittellosen Curgast gratis mitgeben zu lassen.

Die von Manchen befürwortete ausschliessliche und allgemeine Besteuerung nach dem Reineinkommen eines Jeden unter Befreiung der ärmsten Volksclasse beruht im Grunde auf derselben Anschauung.

Honorare.

Schon der Lateiner sagt: *Si duo faciunt idem, non est idem*, und dieser Satz wurzelt auch heute noch so tief im Volksbewusstsein, dass man es unschicklich finden würde, wenn ein Fürst einem Arzte, einem Advocaten dieselbe Entlohnung böte, wie der gemeine Mann.

Warum die Selbstkosten als Tarif-Grundlage?

Wenn man sich an den vorstehenden und hundert ähnlichen Fällen überzeugt hat, dass die Selbstkosten nie und nirgends im gemeinen Leben den Massstab der Preise und Entlohnungen bilden, so drängt sich Einem die Frage auf, ob der Versuch, die Eisenbahntarife als Selbstkostenersatz darzustellen, nicht zum Theile auf die Hoffnung zurückzuführen sei, dass dieselben unter dieser Form eher gegen die Angriffe und Klagen der zahlreichen Bahnbenützer zu schützen und aufrecht zu halten seien? Ist ja doch die Capitalsrente einer der Hauptdorne im Auge der Socialdemokratie.

Eine solche Form der Nothwehr scheint denn doch aber verfrüht, so lange das Wort Proudhon's: *La propriété c'est le vol* nicht mehr Jünger gemacht hat, und sie ist unwissenschaftlich, sie bietet nicht den richtigen Schlüssel zu den Erscheinungen in dem Tarifwesen, nicht den richtigen Wegweiser zur Lösung der praktischen Tagesfragen, ja sie würde sogar zu der äussersten, wirthschaftlich höchst bedauerlichen Consequenz führen, dass die Bahnverwaltungen kein finanzielles Interesse an der fortwährenden Herabminderung ihrer Selbstkosten mehr hätten.

Maximal-Reinertrags-Tarife.

Das Recept zur Aufstellung der Tarife, an das wir bisher geglaubt, klingt zwar auch nicht wissenschaftlich, aber es hat jedenfalls den Vorzug der Einfachheit und der praktischen Verständlichkeit und Verwendbarkeit; es lautet: Die Tarife sind wo möglich so zu stellen, dass sie das Maximum des Reinerträgnisses sichern; jeder Passagier, jedes Gut zahle so viel, als sie »vertragen«.

Die Tarife als Einnahmsquelle von Erwerbsanstalten.

Doppelcharakter der Eisenbahnen.

Wir dürfen als unbestritten voraussetzen, dass die Eisenbahnen als »öffentliche Unternehmungen« aufzufassen sind und als solche einen doppelten Charakter haben: als Erwerbsanstalt und als öffentliche Anstalt. »Vom ersteren Standpunkte« — sagt Reitzenstein sehr richtig: »sind sie sich Selbstzweck, ist ihre Aufgabe, möglichst hohen Gewinn zu erzielen: in letzterer Eigenschaft sind sie nur

»Mittel zum Zweck, ist bestimmend das Interesse derer, welche sich
»ihrer als Mittel bedienen, diess aber, eben weil der massgebende Ge-
»sichtspunkt das öffentliche Interesse ist, nicht absolut, sondern nur
»so weit, als dessen Förderung zum öffentlichen Wohle für nöthig er-
»achtet werden muss.«

Wir werden in dem gegenwärtigen Abschnitte ausschliesslich Gesichtspunkt des Erwerbes.
und einseitig nur den ersten Gesichtspunkt, den Gesichtspunkt des
Erwerbes, des »Geschäftes« ins Auge fassen, und erst weiter unten
den in entgegengesetztem Sinne, so zu sagen als Bremse wirkenden
Einfluss der Bahnbenützer behandeln.

Unter dem reinen Gesichtspunkte des Erwerbes werden die Eisen- Ungleiche Tarife für die einzelnen Bahnstrecken.
bahnen ihre Tarife so hoch stellen, als es der jeweilige Gebrauchs-
werth ihrer Leistungen und die jeweilige Concurrenz anderweitiger
Transportanstalten, als Strassen, Schifffahrt und Eisenbahnen gestattet.
In denjenigen Strecken, wo diese Concurrenz nicht besteht, wird die
Bahn viel verlangen; da wo sie besteht, wird sie sich mit wenig begnügen müssen. Daraus werden sich nicht nur für verschiedene
Bahnen, sondern auch für die verschiedenen Strecken eines Bahnnetzes, ja ein und derselben Linie, für denselben Artikel sehr verschiedenartige Einheitssätze ergeben. Auf der einen Strecke wird
man die Kohle billig transportiren, weil sie sonst die Schifffahrt vorzieht, auf der andern wird dieselbe Kohle viel zahlen müssen, weil
die Bahn das einzige Transportmittel bildet.

Zu einer streckenweisen Preisverschiedenheit gelangen auch die
Vertreter des Selbstkostenprincips, nur mit dem Unterschiede, dass
bei ihnen die hohen Sätze auf die theuren Baustrecken, auf die Strecken
mit Tunneln, Brücken und Viaducten fallen, wobei dann gar keine
Gewähr ist, ob die so berechneten hohen Sätze auch factisch eingehoben werden könnten.

Noch mehr vielleicht, als von einer Strecke zur andern, werden Ungleiche Tarife für die einzelnen Artikel.
beim reinen Erwerbsprincip die Tarife für verschiedene Artikel dif-
feriren, weil letztere eben ganz verschiedene Sätze vertragen können.
Auf einundderselben Strecke wird z. B. ein gewisses Eisenerz pro Kilometer sehr wenig zahlen, weil sonst ein anderes Erz von einer andern Bahn bezogen würde, die Kohle aber wird höher tarifirt sein,
weil dafür ein Surrogat nicht besteht. Solche Verhältnisse erschweren
einheitliche Classificationen, weil die dem Interesse e i n e r Bahn entsprechende Classification auf einer andern Bahn nach dem Erwerbsprincip nicht passt, und dort nur mit materiellen Opfern durchgeführt
werden kann. Daher kommt es, dass, wenn auch principiell eine
Classification von verschiedenen Verwaltungen angenommen ist, jede
derselben wieder in Versuchung, ja oftmals in die Nothwendigkeit
kommt, das Hinterthürchen der Specialtarife zu eröffnen.

14*

Aber nicht nur, wie wir soeben gesehen, nach Strecken und Artikeln werden auf Grund des Erwerbsprincips die Tarife differiren, sie werden auch den Zeitverhältnissen nach Schwankungen unterzogen sein. Entsteht irgendwo eine Erhöhung des Gebrauchswerthes, tritt z. B. das gelbe Fieber auf, das die Flucht der Bevölkerung nach sich zieht, so wird eine rein fiscalische Verwaltung flugs die Personentarife erhöhen, oder stockt die concurrirende Schifffahrt, so wird sie ähnlich mit den Frachten verfahren. Derartige Fälle sind in England und Amerika (wo die Staatsverwaltungen dem *laisser-faire* im Eisenbahnwesen huldigten) dagewesen und haben dort zu den bittersten Klagen Anlass gegeben. Doch dies gehört erst in das nächste Capitel.

Fassen wir nun den Personen- und den Gütertransport einzeln etwas näher ins Auge.

In Betreff des ersteren glauben wir voraussschicken zu sollen, dass wir die in Deutschland und Oesterreich so verbreitete Ansicht, wonach der Personentransport unrentabel wäre, nicht zu theilen vermögen. Manchmal übersehen die Vertreter dieser Ansicht, dass eigentlich die Bahn an sich unrentabel ist, nicht die Züge; und manchmal ist die optische Täuschung auf einen Irrthum in der Bemessung der Selbstkosten, beziehungsweise in der Vertheilung gewisser allgemeiner Kosten auf die Personenzüge und die Lastzüge zurückzuführen. Ja wenn man z. B. die Stations- und die Bahnbewachungskosten und vielleicht auch noch gewisse Prioritätszinsen unter alle Züge vertheilt, so mag man immerhin finden, dass ein durchschnittlicher Personenzug mehr kostet, als er einnimmt. Wenn man aber daraus schliessen wollte, dass das Geschäft rentabler würde, falls man die Personenzüge aufliesse, so würde man sich wahrscheinlich doch irren, weil auch ohne die Personenzüge die Stations- und Bahnbewachungskosten grösstentheils, und die Prioritätskosten ganz aufrecht blieben. Wir behaupten nicht, dass es nicht einzelne Personenzüge gebe, die vom rein geschäftlichen Standpunkte — wir meinen vom Standpunkte des Reingewinnes — besser aufgelassen würden, aber wir kennen auch Fälle, insbesondere auf Zweigbahnen mit schlecht ausgenütztem Fahrpark und Personal, wo die Kosten eines weiteren Zuges sich wesentlich auf jene der verbrauchten Kohle nebst einer geringen Quote für Abnützung der Schienen und des Fahrparks reduciren, wo also eine äusserst geringe Mehreinnahme die Einleitung des weiteren Zuges rentabel oder — sagen wir, um der Vieldeutigkeit dieses Ausdruckes zu entgehen — ökonomisch vortheilhaft macht, d. h. die Reineinnahme erhöht.

Derartige Rentabilitäts- oder Vortheilhaftigkeitsrechnungen können nur in den einzelnen concreten Fällen angestellt werden und es ist eine ebenso zweckwidrige, als in anderer Richtung schädliche Forderung, dass das Contirungsschema und die Ausgabenstatistik von vorneherein so angelegt werden sollten, dass daraus die in Frage stehenden constanten und variablen Kosten sofort erkannt werden können. Je mehr man Alles von dem Contirungsschema und der Statistik verlangen wird, desto weniger wird man Wahres und praktisch Erspriessliches darin finden.

Wir haben eine Berechnung vor Augen, welche auf Grund der veröffentlichten Rechenschaftsberichte von der k. k. General-Inspection der österreichischen Eisenbahnen aufgestellt worden ist, und wonach sich als Mehrkosten für einen weiter einzuleitenden durchschnittlichen Personen- und Lastzug nur nachstehende Kosten ergeben, nämlich: *Selbstkosten eines Zugskilometers*

pro Zugskilometer Personenzug:

Buschtiehrader Bahn . . . . 54 Kr.
Mährisch-schlesische Nordbahn . . . . . . 57 »
Kaiser Franz Josefs-Bahn . . . . 58 »
Oesterr. (ungarische) Staatseisenbahn . . . 59 »
Durchschnittlich . 57 Kr.

pro Zugskilometer Lastzug:

Buschtiehrader Bahn . . . . 72 Kr.
Mährisch-schlesische Nordbahn . . . . . . ·85 »
Kaiser Franz Josefs-Bahn . . . . 87 »
Oesterr. (ungarische) Staatseisenbahn . . . 92 »
Durchschnittlich . 84 Kr.

Hiernach bedürfte es nur einer Anzahl von 20, im Durchschnitt 3 Kr. pro Kilometer zahlenden Passagieren, um die Kosten eines weiteren Personenzuges, und einer Ladung von 25, durchschnittlich 3·4 Kr. pro Kilometer zahlenden Tonnen, um die Kosten eines weiteren Lastzuges zu decken.

Mit Rücksicht auf die bekannte schlechte Ausnützung der Plätze I. Classe hat man herausgerechnet, dass die Fahrpreise I. Classe im Verhältniss zu jenen der II. Classe zu niedrig seien und deshalb die Erhöhung der ersteren in Vorschlag gebracht. *I. Personen-Classe.*

Es ist sehr fraglich, ob durch diese Massregel sich nicht die I. Classe noch mehr leeren und das Missverhältniss steigern würde. Nach unserer Auffassung wäre dem Uebel eher in entgegengesetzter Richtung durch Herabsetzung der I. Classe abzuhelfen, wenn Hoffnung vorhanden wäre, dass die neugewonnenen Reisenden den Ausfall an den bisherigen Reisenden mehr als decken würden. Es ist dies eine Frage, die sich allen mathematischen Formeln entzieht und ganz von den concreten socialen Verhältnissen des Landes abhängt. Im Verneinungsfalle bleiben nur wieder »Nebenmittelchen« übrig, als: minder freigebige Ausstattung der II. Classe, Auflassung der IV. Wagenclasse, falls eine solche besteht. Die Zurückströmung der Reisenden IV. Classe in die III. würde wohl auch eine solche von der III. in die II. und schliesslich von der II. in die I. Classe nach sich ziehen.

IV. Classe.

In Ländern wie Ungarn und Galizien, mit sehr unbemittelten niederen Volksclassen, sind in Betreff der III. und IV. Wagenclasse Wahrnehmungen gemacht worden, die recht klar beleuchten, wie sehr der Verkehr und der Reinertrag davon abhängt, dass man von den Bahnbenützern nicht mehr verlange, als sie zu leisten vermögen. Der Satz der III. Classe mit rund 2½ Kr. pro Kilometer war für die erwähnten Bevölkerungen unerschwinglich und schloss dieselben factisch vom Bahnverkehre aus. Erst durch die Einführung der IV. Classe mit 1¼ Kr. pro Kilometer und darunter wurde ihnen die Bahn zugänglich gemacht.

Auf einigen Linien Galiziens wurde der schlechten Wagenausnützung wegen die IV. Classe wieder aufgehoben, zugleich aber — und wie es scheint, mit gutem Erfolge — unter Aufrechthaltung des Preises von 4·8 Kr. pro Kilometer in der I. Classe, der Preis der II. Classe von 3·6 auf 3·2 und der Preis der III. Classe von 2·4 auf 1·6 kr. herabgesetzt, so dass man jetzt in der III. Classe nicht mehr zahlt, als früher in der nun aufgehobenen IV. Classe.

Retourbillete

Ueber die sogenannten Tour- und Retourkarten mit ermässigtem Preise lesen wir, dass sie durch die Erzielung besserer Taraverhältnisse (besserer Ausnützung des Wagenraums) motivirt seien. Dieses Motiv scheint uns weit hergeholt und thatsächlich unbegründet. Man beobachte nur den Localverkehr zwischen Wien und Baden. Zu gewissen Stunden sind die Züge von Wien nach Baden überfüllt und die Gegenzüge verkehren leer; und in den Abendstunden an schönen Sonntagen sind die Züge von Baden nach Wien überfüllt und in der anderen Richtung leer. Nach unserer Auffassung haben die Hin- und Her-Karten einen ganz anderen Zweck: nämlich einestheils ein unnöthiges, für Publicum und Bahn gleich lästiges Gedränge an den Schaltern der Endstation zu vermeiden; und anderntheils manche Leute durch den Preisnachlass z. B. zu einer Sonntagsfahrt von Wien nach Baden zu bestimmen, auf die sie zu den vollen Preisen verzichten würden. Wenn man sich diesen Zweck klar macht, so wird man nicht gedankenlos auch ermässigte Hin- und Her-Karten in Relationen und an Tagen ausgeben, wo weder ein solcher Vergnügungsverkehr, noch irgend eine Concurrenz besteht, und dies obendrein mit so langer Giltigkeitsdauer, dass in Folge des sich einschleichenden Zwischenhandels die ermässigte Hin- und Her-Karte unter erschwerenden Umständen nahezu einer allgemeinen Herabsetzung der Fahrpreise gleich kommt. Die Franzosen sind bei Ausgabe von Hin- und Her-Karten (billets d'aller et retour) immer sehr vorsichtig gewesen; entweder gestehen sie gar keine Ermässigung zu oder sie beschränken die Giltigkeitsdauer auf ein Minimum.*)

*) Das Institut der Retourkarten hat sich in Oesterreich mit der Zeit noch mehr verbreitet und in Folge dessen sind an vielen Punkten zu deren Weiterverkauf selbstständige Maklerbuden entstanden. Wird man diesen Zwischenhandel mit Erfolg

Auch die höheren Schnellzugstaxen wollen durch die höheren Selbstkosten motivirt werden. Wir stellen letztere nicht in Abrede, brauchen sie aber nicht als Entschuldigungsgrund. Uns genügt es, dass die Leistung und in Folge dessen die Zahlungswilligkeit des Publicums eine höhere ist, um die höhere Gebühr zu rechtfertigen.

In Frankreich, wo ein Zuschlag für Eilzüge concessionsgemäss nicht eingehoben werden darf, helfen sich die Verwaltungen durch Ausschliessung der II. und III. Classe von den Schnellzügen, ein Beweis, wie die wirthschaftlichen Gesetze mächtiger sind, als manche geschriebenen.

Auch die Preisverschiedenheit zwischen Eilgütern und gewöhnlichen Frachtgütern sucht man durch eine Taradifferenz zu rechtfertigen. Für uns genügt es wiederum, dass die Leistung, der erwiesene Dienst ein höherer sei, um den höheren Preis zu erklären, ganz abgesehen von den Selbstkosten.

Was die sogenannten Staffeltarife, die Tarife für grosse Entfernungen mit fallender Scala anbelangt, so setzt man sich gleichfalls in einen ungebührlichen theoretischen Aufwand. Für uns erklären sie sich einfach dadurch, dass wegen des Marktpreises am Bestimmungsort kein Artikel ins Unermessliche anwachsende Transportkosten vertragen kann, dass also je grösser die factische Transportdistanz wird, der Einheitssatz desto geringer werden muss. Zu diesem Hauptgrunde tritt häufig noch der Nebengrund hinzu, dass mit der grösseren Entfernung auch die Zahl der Bahnknotenpunkte und mittelbar der concurrirenden Bahnverwaltungen zunimmt.

Unter Hinsweis auf das Gesagte scheint es wünschenswerth, dass man die ohnedies nicht geringe Schwierigkeit, die Tarife geschäftsmässig den concreten commerciellen und wirthschaftlichen Verhältnissen anzupassen, nicht noch ganz unnöthigerweise durch die nicht minder schwierige Frage der Selbstkosten verwickle.

Die Selbstkosten kommen nur dann in Frage und haben nur dann bei der Tarifaufstellung eine praktische Bedeutung, wenn es sich darum handelt, die unterste Grenze des Preises zu bestimmen, zu dem ein bestehender Verkehr erhalten oder ein neu zu gewinnender Verkehr noch ohne Verlust gefahren werden kann. Dazu braucht man aber

verſönen können? Und ist überhaupt das Institut so liberal, als es aussieht? Warum soll z. B. der Reisende, der von Wien über Attnang nach Ischl fährt und über Attnang zurückkehrt, eine Begünstigung geniessen, und derjenige, der über Selzthal zurückzukehren wünscht oder gezwungen ist, nicht? So lange beide Linien verschiedene Besitzer hatten, war für diesen Vorgang noch ein Scheingrund vorhanden, der aber in einem einheitlichen Netze entfällt. — Und warum soll der Reisende, der in einem Zuge 400 km weit fährt, mehr zahlen, als der, der 200 km weit und dann zurückfährt? — Warum ein Ehepaar von Wien nach Linz (um von dort etwa mit dem Dampfschiffe zurückzukehren) mehr, als der Mann allein nach Linz und zurück? — Nochmals! Die Wagenausnützungstheorie bietet keine stichhältige Erklärung!

nicht die Verzinsung des Anlagecapitals und die constanten Auslagen
aller Art hereinzuziehen, sondern *mutatis mutandis* nur die factischen
Mehrauslagen zu berücksichtigen, wie in dem oben behandelten Falle
der Einleitung eines weiteren Zuges.

Die Tarife als öffentliche Gebühren.

Sind Maximal-Rein-
ertragstarife mit dem
öffentlichen Wohle
vereinbar?

Wenn es wahr ist, wie wir es im Vorhergehenden entwickelt,
dass die Eisenbahnen als Erwerbsanstalten darauf angewiesen sind,
ihre Tarife so zu stellen, dass sie das Maximum des Reinertrages erzielen, so drängt sich Einem die Frage auf, ob dieses Tarifbildungs-
Princip mit dem öffentlichen Wohle vereinbar sei? Man wird diese
Frage schwerlich absolut verneinen, wenn man bedenkt, dass in den
civilisirten Staaten unseres europäischen Continents die eine oder
andere Concurrenz für die Eisenbahn selten fehlt und dass das Maximum des Reinertrages viel weniger durch rücksichtslose Erhöhung der
Tarife, als vielmehr durch Heranziehung und Schaffung neuer Transporte mittelst entsprechender Tarifermässigungen zu erzielen ist.
Solchergestalt ist es durchaus nicht ausgeschlossen, dass das Maximum
des Reinertrages auch das Maximum der von der Eisenbahn geleisteten
volkswirthschaftlichen Dienste darstelle. Es ist in der That mindestens
zweifelhaft, wenn heute die Bahnverwaltungen ihre Tarife herabsetzten
und dadurch jährlich an ihrem Reinertrage — sagen wir — 30 Millionen Einbusse erlitten, ob nicht ein merklicher Theil der letzteren
das Gemeinwesen selbst träfe. Um sich davon zu überzeugen, stelle
man nur einen Augenblick die extreme Hypothese auf, dass die Bahnen
gratis transportiren. Was würde in diesem Falle hindern, dass z. B.
Schotter auf 1000 km weit verschickt würde, obwohl am Bestimmungs-
orte fast ebenso guter Schotter ebenso billig zu haben wäre? Die
Betriebskosten der Bahnen würden also ganz unnöthigerweise wachsen,
ohne entsprechende Zunahme des Reingewinns der Bahnbenützer, und
das Endresultat wäre eine Abnahme des gesammten nationalen Ein-
kommens, welches nichts Anderes ist, als die Summe aller individuellen
Reingewinne. Was aber im extremen Falle des Gratistransportes eintreten müsste, würde in beschränkterem Masse auch schon bei einer
bedeutenden Herabsetzung der Tarife kaum ausbleiben. Das Tarif-
bildungs-Princip nach dem Maximum des Reinertrages ist also im
Grossen und Ganzen vom Standpunkt des öffentlichen Wohles nicht
ganz so schlimm, als es im ersten Augenblick aussieht.*) Trotzdem

---

*) Diese Formel klingt viel illiberaler, als sie es ist. Auch die von der
k. k. Direction für Staatseisenbahnbetrieb im Personen- und Güterverkehre einge-
führten und allgemein als liberale Massnahmen begrüssten Tarifermässigungen fussen
auf der fraglichen Formel, denn es wurde ausdrücklich zu verstehen gegeben, dass
von den Ermässigungen, in Folge der unausbleiblichen Verkehrszunahme, eine Erhöhung der Rein-Einnahmen erwartet werde.

rief es Klagen hervor und musste solche hervorrufen. Die Eisenbahnen sind eben keine Anstalten wie Buchhandlungen und Theater, von denen sich im Grunde Jeder ferne halten kann, dem die Preise zu hoch sind, sondern Monopole in hohem Grade, deren Preise, wie öffentliche Gebühren, so zu sagen von Jedem zu entrichten sind, weil sich Keiner der Bahnbenützung entziehen kann.

Die zum Schutze der Einzelnen gegen den Missbrauch des Monopols getroffenen Massregeln sind den Bahnanstalten des europäischen Continents theils schon durch die Concessionsurkunden auferlegt, theils unter dem Drange der öffentlichen Meinung von den Verwaltungen aus eigener Entschliessung zugestanden worden.

Schutzmassregeln gegen das Monopol.

Als in die erstere Kategorie gehörig sind zu erwähnen:

a) die Bestimmung, dass die Tarife veröffentlicht werden müssen und ohne Ansehen der Person in Anwendung zu kommen haben, eine Bestimmung, welche den »festen Preisen« im Handelsverkehr entspricht, jedoch in Oesterreich bis zu der, der Neuzeit angehörigen Verordnung, betreffend die Veröffentlichung der Refactien, zum Theil ein todter Buchstabe geblieben war:

b) die Bestimmungen, dass Tarifänderungen zum Voraus angekündigt werden müssen, und dass herabgesetzte Tarife nur nach einem gewissen Termine wieder erhöht werden dürfen;

c) die Bestimmung von Maximalsätzen sowohl im Personen- als im Frachtenverkehr.

Dass die concessionsmässigen Maxima für den Personentransport im Allgemeinen verhältnissmässig niedrig gegriffen sind, scheint aus dem Umstande hervorzugehen, dass dieselben fast überall voll zur Einhebung gelangen.

Im Frachtenverkehr im Gegentheil haben die Bahnanstalten im Vergleich zu ihren concessionsmässigen Maximalsätzen meist sehr beträchtliche Ermässigungen gewährt, und sich veranlasst gesehen, ihre Frachtentarife in ihrem eigenen Interesse derart zu erniedrigen, dass im Grossen und Ganzen darüber keine Klagen laut geworden sind. Es ist überhaupt sehr bemerkenswerth, dass die Klagen des Handels und der Industrie sich viel weniger auf die absolute Höhe der Bahntarife, als auf ungleiche Behandlung, sei es einzelner Individuen, sei es einzelner Städte und Provinzen, beziehen.

Da die Concessionssätze die obere, und die Selbstkosten die untere Grenze der factisch zur Einhebung gelangenden Tarife bilden, so ist es sachgemäss, dass für Strecken, welche ausnahmsweise hohe Betriebskosten bedingen, auch die gesetzliche Maximalgrenze höher gehalten werde. Dieser Rücksicht verdankt in Oesterreich die Bestimmung ihren Ursprung, dass die Länge der starken Steigungen 1½ fach gerechnet werden darf.

Unter den im öffentlichen Interesse von den Bahnverwaltungen
freiwillig gemachten Zugeständnissen glauben wir die einheitliche
Waaren-Classification in erster Reihe erwähnen zu sollen. Es wurde
schon oben gezeigt, wie einheitliche Classificationen meist mit Opfern
seitens der betheiligten Bahnen verbunden sind, Opfer, welche mittelst Specialtarifen nur theilweise eingebracht werden können. Wir
glauben aber, dass die Bahnverwaltungen die in dieser Richtung gebrachten Opfer nicht zu bereuen haben und sich auch nicht scheuen
sollten, deren noch weitere zu bringen, um wo möglich eine einheitliche Classification mit Deutschland und anderen Continentalstaaten
herbeizuführen. Verständichkeit und Durchsichtigkeit der Frachtentarife
ist nun einmal ein nicht mehr zurückzuweisendes Postulat des Handels,
und wir glauben nicht zu irren, dass der Handel in den meisten Fällen
darauf mehr Werth legt, als auf die Niedrigkeit der Sätze. Handel
und Industrie leben unter der Herrschaft der Concurrenz, und da ist
es für sie ein Lebensbedürfniss, dass ein und dieselben Transportbedingungen für Alle ausnahmslos gleich gelten, und um darüber
beruhigt zu sein, dass nicht nur aus Connivenz, sondern auch nicht
aus Unwissenheit Ungleichheiten entstehen, müssen sie kategorisch
auf klare und einfache Tarife dringen.

Alle Fachmänner wissen, dass auch mit dem besten Willen diese
Aufgabe nicht leicht zu lösen ist, aber möchten sie an dieselbe
immer wieder mit der Ueberzeugung herantreten, dass, falls diese
rein formelle Frage nicht zur allgemeinen Befriedigung gelöst wird,
die Bahnen Gefahr laufen, dass früher oder später die meritorische
Frage gegen sie entschieden werde. Man wolle uns wohl verstehen,
wir meinen hiermit: Dass nicht nur Tarifsysteme, sondern auch ganze
Verwaltungen zu Fall kommen könnten, nicht nur weil ihre Fahrpreise zu hoch wären, sondern auch weil es nicht gelungen, dieselben
entsprechend darzustellen.

Auch in einer andern Frage, in welcher sich die österreichischen
Bahnverwaltungen bisher äusserst widerhaarig gezeigt haben, möchten
wir denselben die grösste Nachgiebigkeit empfehlen. Wir meinen die
Frage der vorgelegenen Stationen. So sehr es auch nach dem Erwerbsprincipe gerechtfertigt sein mag, dass bei gewissen Conjuncturen
für die Tonne Getreide von Lemberg nach Breslau weniger gezahlt
werde, als von dem näher gelegenen Krakau nach Breslau, es ist eine
derartige Tarifstellung so wenig mit dem Begriffe einer öffentlichen
Transportanstalt vereinbar, dass sie den schlichten Menschenverstand
ebenso sehr, wie das gemeine Rechtsgefühl verletzt. Die öffentliche
Meinung verlangt, dass jeder Gesammtsatz von der Station A über
die Stationen B und C nach der Station D unbedingt auch für die
Relationen A—C, B—D und B—C gelte, so dass man für eine da-
zwischen liegende kürzere Distanz im Ganzen nicht mehr zu zahlen
habe, als für die grössere Distanz.

Dieser Grundsatz sollte nicht nur in dem internen österreichisch-ungarischen Verkehr, sondern auch für den Export- und für den Importverkehr gelten, so dass, wenn beispielsweise ein Satz von Wien nach München aufgestellt wäre, derselbe facultativ auch für St. Pölten-München und für St. Pölten-Linz giltig wäre. Eine Ausnahme wäre nur für den Transitverkehr zuzulassen, weil es die österreichischen Producenten in der That gar nichts angeht, ob eine Tonne Getreide von Kiew nach Breslau über Galizien oder über Warschau geht, ob eine Fracht von Frankreich nach Rumänien über Wien und Pest oder über Marseille nach Galatz geführt wird. Die österreichischen Bahnen haben ganz Recht, dass ihnen dieser neue Grundsatz der vorgelegenen Stationen möglicherweise neue Opfer auferlege, aber unseres Wissens sind über die Grösse dieses eventuellen Opfers bisher keine Berechnungen aufgestellt worden. In Wirklichkeit hat sich aber der »unberechenbare Schade« schon oft über alle Erwartung niedrig herausgestellt; wir erinnern in dieser Beziehung nur an die Verordnung über die Veröffentlichung der Refactien, welche erst als eine schwere Schädigung der Bahninteressen proclamirt wurde, und welche heute ziemlich allgemein als etwas Zeitgemässes und für die Bahninteressen Unschädliches anerkannt wird. Warum sollten sich die österreichischen Bahnen in der Frage der vorgelegenen Stationen nicht auch den Forderungen der Billigkeit fügen können, wie dieses in Deutschland und Frankreich schon seit Jahren geschieht? Mögen sie sich in dieser Frage auch nicht allzusehr auf die übrigens rein negativen Bestimmungen ihrer Concessionsurkunden verlassen. Bestimmungen, an denen unablässig das verletzte Rechtsbewusstsein des ganzen Volkes nagt, sind wie hölzerne, unter dem Einflusse der Atmosphäre faulende Brücken; eines Tages brechen sie unter der Wucht der öffentlichen Meinung zusammen und richten mehr Schaden an, als ihre freiwillige Beseitigung.

Der schwierigste Theil der öffentlichen Schutzmassregeln gegen das Erwerbsprincip bei den Bahntarifen betrifft nicht deren gleichförmige Anwendung, sondern deren Aufstellung in denjenigen Verkehren, welche die vaterländische Volkswirthschaft im Allgemeinen und die Concurrenz der nationalen Producte gegenüber vom Auslande berühren. Es kann in dem Sonderinteresse einer Bahnverwaltung gelegen sein, eine ausländische Kohlenproduction gegenüber einer inländischen, einen auswärtigen Seehafen gegenüber einem österreichischen, ein österreichisches Kronland gegenüber einem andern, sei es nun durch Erniedrigung, sei es durch Hochhaltung gewisser Tarife zu begünstigen. In solchen zum Theile durch die unglückliche Zerstückelung der einzelnen österreichischen Bahnnetze potenzirten Fällen, muss die Staatsgewalt die Mittel und Wege haben, schützend einzugreifen, d. h. — um das Schlagwort zu gebrauchen — die Tarifhoheit des Staates geltend zu machen. Die Ungarn haben sich in den

Tarifhoheit des Staates.

Concessionsurkunden ihrer ga ra n ti rt e n Bahnen die Tarifhoheit
ausdrücklich ausbedungen. Diesseits der Leitha besteht ein ähnlicher
Vorbehalt nicht und könnte auch Bahnen gegenüber, welche die Staatsgarantie nicht in Anspruch nehmen, nur in beschränktem Masse bestehen. Denn Bahnen, welche auf Grund des Erwerbsprincips auf
eigene Gefahr Millionen investirt haben, können unmöglich ihre Einnahmen vertragsmässig von dem Gutdünken einer Staatsbehörde abhängig machen. Unseres Wissens ist dieser Widerspruch, diese Incompatibilität noch in keinem Lande anders, als durch Einführung
des Staatsbetriebes an Stelle des Privatbetriebes gelöst worden.

Es wird wesentlich von dem Patriotismus und der Klugheit der
österreichischen Privatverwaltungen abhängen, ob und wann die
Stunde dieser radicalen Lösung für jede derselben schlagen wird.

Die Zukunft der Eisenbahntarife.

Wird sich das gegenwärtige österreichisch-ungarische Tarifsystem halten, so lange überhaupt die Bahnen der Monarchie nach
dem Erwerbsprincipe betrieben werden? Wird nicht die demselben zu
Grunde liegende sogenannte Werthclassification früher oder später
einem andern, einfacheren Systeme weichen müssen? Und werden
nicht die Einheitssätze für alle Linien zu unificiren sein, wie dies in
Deutschland gegenwärtig angestrebt wird? Diese Fragen werden wir
nun zu beantworten suchen.

Bestehende Classifi-
cation.
Was die Classification anbelangt, welche seit 1876 auf allen
österreichisch-ungarischen Bahnen mit Ausnahme der Südbahn gilt,
so brauchen wir wohl kaum in Erinnerung zu bringen, dass dieselbe
auf rein empirischer Basis zu Stande gekommen ist. Diejenigen Artikel,
welche gleich hohe Sätze vertragen können, sind in dieselbe Classe
gekommen; dass diese Artikel mehr oder weniger gleichwerthig sind,
ist reiner Zufall. Das System verdient also nur uneigentlich den vielfach angefochtenen Namen einer Werthclassification, was wir hier besonders betonen, damit nicht aus dem »Begriffe Werthclassification«
Schlüsse gezogen werden, welche die Praxis zu beklagen hätte. Dass
das bestehende System keinen Anspruch auf absolute Vollkommen-
heit mache, geht schon aus dem Umstande hervor, dass es auf empirischer Grundlage beruht.

Fortbildung der-
selben.
Um den wandelbaren Bedürfnissen des Handels gerecht zu
bleiben, wird es je und je einer Revision zu unterziehen sein, aber
schon heute kann man sagen, nach Allem, was unter unseren Augen
in Deutschland vorgeht, dass das österreichisch-ungarische Tarifsystem
den Kampf gegen das W a g e n r a u m s y s t e m siegreich bestanden hat.
Dass dem so ist, nachdem mehrere Bahnverwaltungen, verblendet

durch den fremden Schein, und das Neue mit dem Fortschritte verwechselnd, zum Wagenraumsysteme hinneigten, ist wesentlich der, von dem k. k. Handelsministerium zu Gunsten der Werthclassification bethätigten Festigkeit zu verdanken. Nun, da das Wagenraumsystem sichtlich im Niedergange begriffen ist, dürfte der geeignete Zeitpunkt nicht mehr ferne sein, um den üblen Einfluss der Wechselwirkung zwischen beiden Systemen aus dem österreichisch-ungarischen Systeme auszumerzen. Als nämlich das letztere im Jahre 1875 festgestellt wurde, waren die Gemüther noch so sehr unter dem Eindrucke der Predigten der Wagenraum-Apostel, dass jede Mehrung um eine Classe als eine Versündigung erschien. So wurde die Zahl der Normalclassen auf fünf beschränkt, ohne dadurch einen wesentlichen Vortheil zu erzielen, denn ›wenn der A Kohle verschickt, ist es ihm ganz gleichgiltig, ob der Kalk, welchen der B versendet, denselben Tarifsatz hat; und auch wenn er selbst heute Kohle, morgen Kalk aufgibt, ist die gleiche Tarifirung dieser Artikel für ihn ohne Bedeutung, da sie durchaus verschiedenen Productions- und Consumtionsbedingungen, ganz besonderen Conjuncturen unterliegen, so dass doch für jeden die Gewinnstberechnung und gesammte geschäftliche Behandlung eine gesonderte sein muss‹. Je weniger Classen aber bestehen, je mehr verschiedene Artikel in ein und dieselbe Classe geworfen werden, desto öfter werden Ausnahmstarife nothwendig und gerade die Ausnahmstarife sind es, welche die Confusion im Tarifwesen erzeugen und erhalten. Wir meinen also, dass, nachdem die Mode des Wagenraumtarifes überwunden ist, man behufs Unificirung der deutschen Tarife und des Südbahntarifes mit dem allgemeinen österreichisch-ungarischen keinen Grund mehr hätte, auf der geringen Anzahl Classen von 1875 zu beharren.

Was die Forderung gleicher Einheitssätze für alle Bahnen anbelangt, so liegt darin vor allen Dingen, soferne verschiedene Bahneigenthümer betheiligt sind, eine communistische Rechtsverletzung. Denn wenn durch die Einführung der gleichen Sätze auf der Bahn A ein Ausfall, auf der Bahn B aber ein Mehrertrag entsteht, findet sich ja der Verlust des A durch die Mehreinnahme des B nicht gedeckt.

Einheitlichkeit der Sätze verschiedener Bahnen.

Aber auch abgesehen von der Rechtsverletzung, ist denn die Einheitlichkeit der Sätze wirthschaftlich? Alles bisher Gesagte antwortet: Nein! Nur e i n e n Vortheil hätte dieselbe und dieser sollte nicht unterschätzt werden, nämlich: die Einfachheit der Tarifbemessung, zu welch' letzterer nichts weiter nöthig wäre, als ein Kilometerzeiger und eine Producttabelle (Betrag für jede Distanz). Falls die Forderung der Uebersichtlichkeit der Tarife nicht auf anderem Wege befriedigt wird, wird die Einheitlichkeit der Sätze als drohendes Gestirn auf der Tagesordnung bleiben.

Eine das Publicum zwar weniger direct berührende, aber viel
berechtigtere Forderung, als die Einheitlichkeit der Sätze, finden wir in
der Instradirung nach der virtuell kürzesten Route. Es ist dies eine der
wesentlichen Bedingungen, um das Maximum des Reinertrages des vater-
ländischen Gesammtnetzes zu erzielen und den garantirenden Staatsschatz zu entlasten. Leider stehen ihr die Sonderinteressen einzelner
Bahnverwaltungen entgegen. Letztere werden sich aber früher oder
später daran gewöhnen müssen, ihre Bahnnetze nicht als Selbstzweck,
sondern als integrirende Bestandtheile des nationalen Gesammtnetzes
zu betrachten.

Wir haben im Vorstehenden immer stillschweigend vorausgesetzt,
dass das Erwerbsprincip die Richtschnur des Bahnbetriebes bilde.

Nun lesen wir aber, dass, wenn einmal alle Landestheile gleichmässig mit Eisenbahnen ausgestattet sein und das Baucapital der
Bahnen ganz oder grösstentheils getilgt sein werde, alsdann das Er-
werbs- oder Unternehmungsprincip dem Gebührenprincipe zu weichen
haben werde. Mit dem Inslebentreten des Gebührenprincips wäre
dann auch der Moment gekommen zur Einführung des Staatsbetriebes
auf den Haupt- und Nebenbahnen, mit Ausschluss der Localbahnen,
welche im Privatbetriebe zu verbleiben hätten.

Man steht solchergestalt vor einer Theorie, welche dem Staats-
betriebe sowohl, als auch dem Privatbetriebe seinen Platz anweist,
einer Theorie, welche dem letzteren eine freilich noch sehr lange
Dauer vindicirt, aber doch auch den Vertretern des Staatsbetriebes
einen, wenn auch fernsichtigen Wechsel einhändigt. Diese Theorie
mag also für Viele etwas Bestechendes haben, scheint uns aber trotzdem auf keinem festen Boden zu stehen.

Man denke sich, die Concessionen seien abgelaufen, der Moment
sei da, wo das österreichische Aerar in den lastenfreien Besitz der
Bahnen mit einem Reinertrage von jährlich — sagen wir — 60 Millionen Gulden zu treten habe. Glaubt man ernstlich, der österreichische Finanzminister, der österreichische Reichsrath würden sofort
irgend einem Principe zulieb erklären, dass sie auf diese Einnahmen
verzichten? Würden sie nicht glücklich sein, damit das Deficit im
Staatshaushalte zu decken, und falls an Stelle des Deficits schon ein
Ueberschuss getreten wäre, würden sie sich nicht zweimal besinnen,
ob nicht, ehe sie die eingelebten Bahntarife herabsetzen, besser vorher das Lottogefälle aufzuheben und die Grundsteuer u. s. w. zu mil-
dern wäre? Die in Rede stehende Theorie wäre allenfalls auf ein
reiches Land, auf Oesterreich aber gewiss nicht anwendbar. Der österreichische Staat müsste wohl, wenn auch das gesammte Bahnnetz
an denselben überginge, doch fortfahren, das Erwerbsprincip zur Anwendung zu bringen. Auch in Bayern, in Sachsen geschieht nichts

Anderes. Man ist in gewissen Kreisen stets geneigt, in dem Actionär ein unersättliches Wesen, eine Art Vampyr zu erblicken; nach unseren Wahrnehmungen ist derselbe in Oesterreich-Ungarn ein wenn auch vielleicht nicht von Geburt aus gutmüthiges, doch jedenfalls ohnmächtiges, weil meist abwesendes und häufig noch durch die Staatsgarantie gänzlich desinteressirtes Geschöpf. Es ist gar nicht sicher, ob, wenn der Steuerträger an die Stelle des Actionärs getreten wäre, das Erwerbsprincip in dem Eisenbahntarifwesen nicht noch strammer gehandhabt würde, als jetzt. Es würde das wesentlich von den relativen Machtverhältnissen der Bahnbenützer und der übrigen Steuerträger abhängen.

Aber auch angenommen, der in den Bahnbesitz getretene Staat Classenlauf unvermeidlich. bekenne sich zu dem Gebührenprincipe, d. h. er verzichte auf jeden Reingewinn aus dem Bahnbetriebe, würde deshalb das jetzige Tarifsystem beseitigt werden? Wir glauben es nicht, denn wenn auch im Allgemeinen eine Frachtermässigung eintreten könnte, so würde man ja darum doch nicht zu dem barbarischen System greifen, Seide gleich zu tarifiren wie Schotter. Die jetzige oder eine ähnliche Classeneintheilung müsste bleiben, nur würde ein Artikel mit Verlust, der andere mit Gewinn transportirt werden, während jetzt anzunehmen ist, dass alle Artikel mehr oder weniger Gewinn abwerfen.

Auch die obenerwähnte Schlussfolgerung, dass die Localbahnen Localbahnen. nach dem Erwerbsprincipe im Privatbetriebe bleiben sollten, während die Haupt- und Nebenbahnen nach dem Gebührenprincipe vom Staate betrieben würden, erfüllt uns mit Zweifeln. In theoretischer Beziehung müssen wir darauf aufmerksam machen, dass dieser Schluss nur zu Stande gekommen ist, indem als Prämisse eine jener Definitionen für Localbahnen aufgestellt wurde, welche sich in ihrer Reinheit nie verwirklicht sehen. Vom praktischen Standpunkte aber ist zu bemerken, dass der neu geschaffene Zustand in betriebsökonomischer Beziehung sehr leidig wäre und ohne die bittersten Klagen der Localbahn-Adjacenten kaum aufrecht erhalten werden könnte. Letztere würden nämlich geltend machen, dass es an sich schon ein Nachtheil sei, an einer Localbahn statt an einer Hauptbahn zu liegen, dass sie an den Lasten der Hauptbahn (als Steuerpflichtige) mitgetragen hätten, und dass es höchst unbillig sei, auf der Localbahn zum Nachtheile deren Adjacenten härtere Transportbedingungen aufrecht zu erhalten, als auf der Hauptbahn.

Aehnliche Rücksichten werden es auch jeder Staatsverwaltung, welche sich zur Sicherstellung der Hauptbahnen mit Geldsubventionen oder Staatsgarantien belastet hat, immer schwer machen, sich von jeder Betheiligung an dem Bau von Localbahnen ferne zu halten.

Aus diesen und anderen naheliegenden Gründen dürfte, wenigstens in Oesterreich, der Zeitpunkt, wo alle Landestheile gleichmässig mit Eisenbahnen ausgestattet sein werden (Zeitpunkt, welcher den Uebergang vom Erwerbsprincipe zum Gebührenprincipe bezeichnen soll), noch sehr in der Ferne liegen.

Langes Leben der Waaren-Classificationen.

Wir nehmen deshalb keinen Anstand, den sogenannten Werthclassifications- oder richtiger Maximalertrags-Tarifen noch ein langes Leben zu prognosticiren, sofern unsere Bahnverwaltungen den vom Publicum im öffentlichen Interesse gestellten Anforderungen — nach Art der Tories gegenüber den Whigs — nur einigermassen gerecht zu werden verstehen.

Alphabetisches Namens- und Sachregister.

Die römischen Ziffern bezeichnen die Tafeln, die arabischen die Seiten. Die Personen-Namen sind vollständig aufgeführt und durchschossen.

A.

Aa, die II. IV. 84. 106. 192.
Abgeordnetenhaus, österr. 3. 49, preuss. 151. 155.
Adour, der I. IV. VII. 37. 51. 74. 191. 192.
Aisne, die I. II. IV. VII. 84. 86. 106. 107. 108. 192.
Alais 57.
Allain-Targé 93.
Amortisirbare franz. Rente 82.
Anderton 150.
Anhalten auf Canälen 174. 200. 201. 202. 205.
Annales des Ponts et chaussées 7. 9. 114. 167.
Antwerpen 146. 172.
Anzin 86.
Aquäducte 36. 37. 111. 122. 147.
Aubin 57.
Ausladen auf Canälen 174. 202.
Ausschliessliches Transportrecht 112. 113. 145. 172. 173. 174.
Ausweichen auf Canälen 199.

B.

Bamberg 160.
Baum 9.
Baumaterialien 54. 55. 56. 58. 136. 137. 139. 161. 163. 181. 183. 185.

Baukosten d. Wasserstr.: franz. 42. 47. 65. 97. 98. 104. 105. 106; schwed. 163; — Voranschläge: franz. 99; preuss. 148. 149. 151. 154; österr. 4.
Bauzeit d. Can. 98. 100.
Bellingrath 150. 156. 174.
Berlin 135. 137. 149.
Betriebsergebnisse v. Can. 117. 161. 181.
Betschwa, die 182.
Bewässerung 5. 122. 123. 161. 174. 179. 181. 204.
Bordeaux 31. 51. 57.
Doulé 125.
Brandenburg 136.
Bremen 136. 148.
Brenn- u. Nutzholz 54. 55. 56. 60. 136. 137. 139.
Breslau 135.
Brest 38. 77. 102.
Brisson 34. 36. 69. 77.
Broglie 78. 80.
Bromberg 135.
Brühl, Graf 157.
Brüssel 172.
Buchhandel u. Druckerei 10. 208.
Buffet 81.

C.

Caillaux Minst. 46. 78. 88.
Canal Aire-Bassée I. IV. VII. 84. 192.
  »   Aire u. Calder 166. 172.

Nördling. Die Wasserstrassen-Frage.

15

Canal Aisne-Marne I. II. IV. VII. 35. 36.
38. 84. 98. 100. 192.
   Aisne-Seit. I. II. IV. VII. 84. 98. 192.
» Alpines 122.
» Ardennen I. II. IV. VII. 34. 35. 84.
98. 192.
   Arles-Bouc I. IV. VII. 33. 34. 192.
   Beaucaire I. III. IV. VII. 32. 33. 84. 192.
   Bergues I. IV. VII. 84.
   Berry I. III. IV. VII. 33. 34. 35. 42.
56. 71. 72. 84. 175. 181. 182. 192.
» Blavet I. IV. VII. 34. 192.
   Bordeaux-Bayonne proj. VII. 76. 77.
   Bouc-Marseille proj. VII. 76.
   Bourbourg 84. 192.
» Breusch (Bruche) I. VII. IX. 32. 44.
» Briare I. III. IV. VII. 30. 31. 34.
70. 84. 110. 191.
- Bromberger IX. 135. 138.
» Burgunder I. III. IV. VII. 31—35.
56. 84. 98. 102. 112. 147. 192.
   Calais I. IV. VII. 84. 192.
» Cavour- 123.
» Central (du Center) I. III. IV. VII.
30. 32. 56. 84. 192.
» du Charollais 30 (s. Central).
   Cheasapeake Ohio 150.
   Chiers-Seit. proj. I. 91. 96. 192.
   Colmar-Zwg. I. VII. 41. 44. 98.
   Colue I. IV. VII. 84. 98. 191.
   Craponne 122.
- Crozat 32.
» Deule I. II. IV. VII. 84. 192.
   des deux mers 30. 31. (s. Midi).
   Dienze-Zwg. I. VII. 41. 44.
   Donau-Elbe proj. IX. XI. 3. 4. 184.
186. 187.
   Donau-Main IX. X. 159. 186.
   Donau Oder proj. IX. XI. 3. 4. 46.
146. 153. 182. 186. 187.
   Dortmund-Unter-Ems proj. IX. 155.
» Doubs-Sohne (Mümpelgard-Conflan-
dey) proj. I. 85. 87. 90. 95. 99.
» Dresden-Stettin proj. 143.
   Dünkirchen-Furnes I. IV. VII. 84.
   Elbe-Spree proj. IX. 146. 151.
   Elbe-Trave proj. IX. 146. 152.
- Elbing-Oberländer IX. 138. 150.
» Ems-Jade IX. 144.
   Erie XI. 167. 170. 182.
» de l'Est 45 (s. im Osten).
   Finow IX. 134. 137. 138. 149. 151.
» Forez 122.

Canal Friedrich-Wilhelms- IX. 134. 138. 149.
· Garonne-Seit. I. III. IV. VII. 35. 36.
38. 40. 53. 56. 84. 98. 115—117. 123. 192.
   Givors I. III. IV. VII. 87. 118.
   franz. Gürtel proj. VII. 75. 76.
   Havre-Tancarville I. 85. 88. 90. 95. 99.
» III. I. III. VII. 44.
   Ille-Rance I. VII. 34.
   Klodnitzer IX. 138.
   Königsberg-Venlo proj. 143.
   Küstenseen (Hänge) I. III. IV. VII.
84. 192.
· Languedoc 32 (s. Midi).
- Leipzig-Elbe proj. IX. 146. 151.
   Loing I. III. IV. VII. 32. 33. 70.
84. 191.
» Loire-Garonne proj. I. 85. 87. 89. 96.
   Loire-Seit. I. III. IV. VII.
St. Rambert-Roanne proj. 85 bis
87. 96.
Roanne-Digoin 84. 98. 192.
Digoin-Châtillon (Briare) 31.
35. 84. 98. 110. 192.
Orleans-Nantes proj. 76. 77. 83.
85. 87. 92.
   Ludwigs- (s. Donau-Main).
   Ludwigshafen-Strassburg proj. 11.
» Manicamp I. II. IV. VII. 34. 84.
· Marans-la-Rochelle I. IV. 84.
» Marne-Rhein I. II. IV. VII. 35. 36.
38. 44. 46. 56. 84. 98. 100. 102.
103. 112. 147. 182. 192.
» Marne-Seit. I. II. IV. VII. 35. 84.
98. 192.
» Marne-Sohne (Donjeux-Pontailler)
I. VII. 85. 86. 90. 95. 99.
» Marseiller 122.
» Masurischer IX. 138.
» Meurthe-Seit. (u. St. Dié) proj. I. 91.
96. 99.
» Midi I. III. IV. VII. 31. 40. 84. 115.
116. 117. 123. 175. 192.
» Mons-Condé I. IV. VII. 84. 191.
, Mosel-Sohne (s. Osten).
» Möllroser (s. Friedrich Wilhelms-).
» Nantes-Brest I. IV. VII. 33. 34. 35.
51. 77. 98. 110. 191.
   Naviglio grande 123.
» Neuffossé I. II. IV. VII. 84. 150. 192.
   New-Yorkische 167. 168. 170.
» Nied (Saarbrücken-Metz. proj. IX. 44.
» Nivernais I. III. IV. VII. 32—35.
98. 192. 196.

Canal du Nord proj. I. 85. 88. 89. 91. 90.
Nordsee-Ostsee proj. IX. 146. 152.
Ober-Marne (Vitry-St. Dizier-Donjeux) I. II. IV. VII. 41. 84. 192.
» Oberschlesien-Hamburg proj. 143.
Oder-Seit. proj. IX. 46. 146. 153. 154.
» Oder-Spree(Berlin-Kienitz) proj. IX. 146. 149. 151. 154.
» Oise-Aisne I. VII. 75. 76. 83. 85. 86. 90. 95. 99.
» Oise-Seit. I. II. IV. VII. 34. 84. 112. 192.
Orleans I. III. IV. VII. 32. 33. 84. 191.
» im Osten I. II. IV. VII. 44. 50. 84. 99. 107. 112. 128.
Oureq I. IV. VII. 33. 37. 72. 115. 192.
Pinuer IX. 135. 138. 148. 152.
Radelle I. VII. 84. 192.
» Rhein-Maas proj. IX. 145. 146.
Rhein-Weser-Elbe proj. IX. XI. 145. 146. 148. 154.
Rhone-Rhein I. III. IV. VII. 31—35. 44. 46. 84. 98. 100. 103. 191. 196.
» Rhone-Seit. proj. VII. 76. 83.
» Roanne-Digoin (s. Loire-Seit.).
Ronbaix I. VII. 84. 192.
Rostock-Berlin proj. IX. 146. 153.
» Saar-Seit. I. II. IV. VII. 41. 44. 98.
Saint-Denis I. IV. VII. 33. 115. 192.
» Dizier-Wassy I. 90. 95. 99.
» Martin I. IV. VII. 33. 115. 192.
Martory 122.
Quentin I. II. IV. VII. 31. 32. 33. 84. 112. 192.
» » Rambert-Rive de Giers proj. 87.
Sambre-Oise I. II. IV. VII. 34. 84-115. 191.
Sauldre I. VII. 91. 95. 192.
Sensée I. II. IV. VII. 84. 192.
Somme I. VII. 34. 84. 191.
Scheide-Maas proj. I. 85. 87. 91-96. 99.
Schwedt-Zwg. proj. IX. 146. 152.
im Süden (s. Midi).
» Thau-Seit. proj. I. 85. 87. 98.
» Tonrcoing proj. 91. 96.
» Trent-Mersey 150.
» du Verdon 122.
» Wiener-Neustädter IX. 180.
» Willebroeck IX. 172.
Canalbrücken, s. Aquäducte.
Canäle gemischten Systems 34, preuss. 134.

Canalisirung oder Seitencanal, s. Seitencanal oder
Canalkaliber, s. Schiffskaliber.
Canalordnung, franz. 173. 174. 193.
Canalsperren, s. Sommer- und Wintersperre.
Canaltarife, s. Schiffsfracht, Wassermauth.
Canaltunnel, s. Tunnel.
Canalzinsen, s. Investitionszinsen.
Cannstadt 179. 185.
Carmaux 57.
Chanoine 37.
Charente, die I. IV. VII. 51. 74. 84. 191.
Cher, der I. IV. VII. 42. 84. 196.
Cherbourg 77.
Cheysson I. 185.
Christophle 78.
Circulation, Frachten-, Begriff 2.
» auf den franz. Eisenbahnen V. 63.
» auf den franz. Landstrassen 104. 161.
» auf den franz. Wasserstrassen 50. 52.
» Minimum für bauwürdige Canäle 143.
» auf nachstehenden Wasserstrassen:
Belgische Wasserstrass. 162.
C. v. Berry IV. 56. 57. 72.
Bordeaux - Toulouse - Mittelmeer IV. 117.
Bromberger C. 138. 139.
Burgunder C. IV. 56.
Central-C. IV. 56. 57.
Donau 178.
Donau-Elbe-C. 4. 185.
Donau-Main-C. 160.
Donau-Oder-C. 4. 183.
Elbe 136. 138. 139.
Elbing-Oberländer C. 138.
Ems 136. 139.
Erie-C. 168. 169.
Finow-C. 138.
Friedrich Wilh.-C. 138. 139.
Garonne-Seit.-C. IV. 56. 57.
Havel 136. 138.
Klodnitzer C. 138.
Ludwigs-C. 160.
Marne-Rhein-C. IV. 46. 56.
Masurische Wasserstr. 138.
Memel 138. 139.
New-Yorkische Canäle 168. 169. 170.

Oder 138.
Oise IV. 56.
Plauer C. 138.
Rhein 136. 138.
Rhone-Rhein-C. IV. 46.
C. v. St. Quentin IV. 50. 52. 58. 63. 136.
Spree 137. 138.
Weichsel 138.
Weser 136. 139.
C. v. Willebroeck 172.
Callignon 38.
Colmar 41. 44.
Commentry 57.
Communes de Marcilly 86.
Concurrenz zw. Eisenb. u. Canälen 25 bis 28. 38. 66. 72. 74. 75. 77. 81. 89. 117. 121. 139. 140. 142. 161. 163—167. 170. 171. 176. 178. 179. 182. 183. 187.
Condé s. M. Schöpfwerk 36.
Contirungsschema 212.
Creusot 57.
Curtaxen 209.

D.
Dampfbetrieb, s. Tauerei.
Danzig 138.
Deputirten.Dep.-Kammer franz. 88. 89. 119.
Digoin 34.
Donau, die IX. 176. 177. 187. 188.
Donau-Dampfschifffahrts Ges. 178.
Dodge-Schleuse 150.
Bonjeux II. 41.
Dropt, der I. VII. 118.
Dufaure 78. 80.
Dünger 54. 55. 56. 60. 139.
Dupuy de Lôme 113.
Durance, die I. VII. 122.

E.
Eilschiffe 37. 38. 196. 197.
Eisenbahn: Bordeaux-Cette V. 40.
    Calais-Marseille proj. 64.
    Franz. Nordbahn V. 58. 63. 64. 183.
        Ostbahn V. 58. 63.
        Staatsbahnen V. 58.
        Süd(Midi-)bahn V. 58. 116. 117. 118.
        Westbahn V. 58.
    Fronard-Metz-Saarbrücken 48.
    Gotthardb. 184.

Eisenbahn: K. Ferd.-Nordbahn 19. 20. 21. 183. 188.
    Montluçon-Commentry, schmalspurig 57.
    Orleansb. V. 25. 58.
    Oesterr.-ung. Bahnen 18—21.
    Paris-Lyon-Mittelmeer V. 39. 40. 58. 63. 64.
    Paris-Rouen-Havre 63. 73.
    Theissb. 11—18. 20.
    Wien-Aspang 181.
    Wien-Wiener-Neustadt 181.
Eisenbahn-Betriebsausgaben, constante u. variable 10. 13. 19.
Eisenbahn-Programm, franz. 80. 82. 83.
Eisenbahn-Tarife, Differential- 66; Niedrigste 5. 8. 21; Maximal-Reinertrags- 22. 25. 210. 216. 224; Staffel- oder Zonentarife 24. 25. 215.
Eisenbahn - Tarifsätze : 1 Pfennig- 21; 1 Kreuzer- 22; deutsche 22. 140. 141. 158; franz. 8. 22. 40. 91; österr. 21. 22. 23.
Eissperre, s. Sommer- u. Wintersperre.
Elbe, die IX. 131. 132. 134. 136. 139.
Emmerich 136.
Ems, die IX. 132. 134. 136. 144.
Enquête Commission, franz. 8. 64. 83. 87. 88. 96. 97. 102. 107. 118. 120. 128. 164. 167. 175.
Epinal 44. 45. 47.
Entwässerung 6. 77. 124. 141. 152. 171. 179.
Erhaltungskosten der Canäle 4. 63. 117. 155. 161.
Erlangen 161.
Erschliessung von Naturschätzen 162. 189.
Escaut, s. Schelde.

F.
Ferdinand I., Kaiser 134.
Ferry, Jules 91.
Feste Preise 208.
Finanzielle Lage Frankreichs 68. 93. 94. 129.
Flache Fahrzeuge 37. 144.
Flösserei 180.
Flossholz 54. 55. 56. 61.
Flüsse, franz. 37. 41. 104.
Flussverkehr, franz., zu Berg u. zu Thal 51.
Fontainebleau, Pflaster 70.
les Fontinettes 150.
Fong 36.
Fourchambault 57.

Frankfurt a. M. 153.
v. Franqueville 164. 166.
Franz I. v. Valois 30.
Frécot 48.
v. Freycinet 80. 86. 89. 92. 93. 130.
Friedmann, öst. Reichsr.-Abg. 183.
Friedrich d. Gr. 135. 155. 157.
Frost, s. Wintersperre.
Fürens 125. 126. 127.
Fürth 161.

G.

Gallieher 71. 72.
Gambetta, Léon 78. 80. 93.
Garonne, die I. VII. 37. 84. 109. 110. 117.
131. 133. 191.
Gebührenprincip 222.
Gefälle, s. Stromgefälle.
Gemeinnützigkeit in Frkr. 32. 90.
Geneigte Ebenen, s. Schiefe Ebenen.
Gesetz, franz. v. 17. Juli 1879. Eisenbahn-
Programm 82.
  · 28. Juli 1879. Seehafen-
Programm 82.
  · · 5. Aug. 1879. Wasserstr.-
Programm 83.
  · · 19. Febr. 1880. Aufhe-
bung d. W.-Mauth.
Statistik 48. 120.
8. Juli 1881. Rückzah-
lungen 93.
  · · 20. Nov. 1883. Eisenb.-
Convention 82. 118.
Gironde, die I. VII. 109.
Grévy, Jules 92.
Gustav Adolf 157.
Guyton 29.

H.

Hamburg 135. 136. 140.
Hannover 146.
Harburg 148.
Havel, die IX. 136.
le Havre 51. 73. 88. 90.
Henri IV. 31.
Herrenhaus, preuss. 121. 156.
Hochwasser, franz. 107. 108. 109. 199.
Honorare 210.
Hormayr 180.
Hoyos, Graf 181.
Hüningen 44. 100.
Hüttenproducte 54. 55. 56. 60. 136. 137.
139. 163.

I. J.

Immatriculirung, franz. 39. 83. 89.
Industrie-Producte 54. 55. 56. 61. 136.
137. 139. 140. 163.
Interessenten-Beiträge 66. 85. 91. 94. 95.
145. 156.
Investitions-Zinsen 26. 49. 65. 68. 69. 141.
Itzeles, L. 179.
Jaquiné, E. 29. 102.
Jules Simon 78.

K

Kant 206.
Kehlheim X. 160.
Königsberg 135.
Krantz, J. B. 26. 29. 44. 48. 64. 67. 86.
88. 97.
Kreuzungen, s. Niveau-Kreuzungen.
Kupka 168.
Kürzeste Route 222.
Küstrin 138.

L.

Lacrosse 80.
La Garde II. 44. 46.
Landstrassen-Transportkosten, franz. 66.
Landtag, d. burgundische 32; d. langue-
doc'sche 30; d. preussische 141. 145. 155.
Landwirthschaftl. Producte 54. 55. 56. 61.
136. 137. 139. 140. 161. 163. 170.
178. 185.
Laufranconi, E. 177.
Länge der englisch. Wasserstrassen 165;
der franz. VI. VIII. 32. 33. 35. 39. 42.
96; der norddeutsch. 134. 135; d. schwe-
disch. 163.
Laroche-Joubert 81.
Laube 140.
Lavoinne 169.
Leeds 166.
Leer 136.
Legrand 167.
Léon Say 78. 80. 93.
Lift 149. 150. 151.
Lionardo da Vinci 30.
Liverdun 36. 37.
Localbahnen 223.
Loire, die I. III. IV. VII. 34. 37. 74. 109.
110. 111. 131. 133. 191. 192.
Longwy 91.
Lot, der I. IV. VII. 30. 37. 105. 191.
Louiche-Desfontaines 37.

Louis XIV. 31.
Louis Philippe 35.
Lucas, Felix 42. 43. 97. 99. 104. 105. 120. 147.
Lys, die I. IV. VII. 84. 106. 108. 192.

M.

Maas, die I. II. IV. VII. IX. 36. 45. 47. 84. 107.
Mac-Mahon, Marschall 78. 80.
Magdeburg 146.
Maillard, k. k. F.-M.-L. 180.
Main, der IX. X. 146. 153.
Mainz 153.
Malézieux 37.38.107.165.166.167.169.
Mannheim 136. 179.
March, die IX. 182.
Marne, die I. II. IV. VII. 36. 37. 75. 84. 106. 108. 192.
Marseille 51.
Martenot 104. 166.
Mauvages II. 36. 112. 113.
Maybach, Minstr. I. 144. -
Meitzen, A. 143.
Memel 134. 135. 138.
Meppen 136.
Meurthe, die I. IV. VII. 37. 91. 192.
Michel Chevalier 167.
Mississippi, der 169. 176.
Moldau, die IX. XI. 3. 4. 184. 186.
Moltke, Grf., F.M. 157.
Montluçon 57.
Mosel, die I. II. IV. VII. 36. 37. 41. 44. 47. 48. 84. 192.
Moster 167. 168. 170.
Mülhausen 46. 184.
Münsterol (Montreux) 44. 46.

N.

Nachtfahrten auf Canälen 195. 199. 200.
Nadelwehre 37. 124. 125.
Napoleon I. 33; III. 39. 127.
National-Versammlung, franz. 45. 64. 67. 78. 119.
Neckar, der IX. 179. 185.
Nebendienste der Canäle 5. 121. 164. 166.
Neubauten, franz. 95. 129.
Niveau-Kreuzungen von Strömen 36. 110. 111. 147. 187 (s. auch Aquädukte).
Nürnberg X. 160. 161.

O.

Oder, die IX. 131. 133. 134. 138.
Ohio, der 169.
Oise, die I. II. IV. VII. 56. 84. 106 – 108. 111. 192.
Orleans, Hrzg. v. 32.
Ostrauer Kohlenrevier 182.

P.

Paris 33. 68. 73. 116. 117. 188.
Pâris 78.
Pereire 40.
Personenclasse Ite 213; IVte 214.
Phylloxera 123.
Poirée 37. 47.
Pont-Saint-Vincent 44. 47.
Pontzen, E. 64. 169.
Port-sur-Saône II. 45. 47.
Pregel, die 134. 135.
Programm Freycinet 80. 92. 128. 129. 145.
Proudhon 210.

R.

Rathenow 136.
Refaction 24. 217. 219.
Reitzenstein 210.
Rentabilität der Canäle 1. 66. 117. 145. 156. 161. 163.
Reservoir, s. Sammelteich.
Retourbillete 214.
Rhein, der I. VII. IX. 36. 37. 131. 132. 134. 136. 143.
Rhone, die I. III. IV. VII. 71. 78. 84. 91. 107. 109. 110. 113. 121. 131. 133. 189. 191. 192.
Riquet, P. P. 30. 31.
Rouen 50. 73.
Rouher, Minstr. 40.
Rückfracht zu Wasser 53. 136.
Rückwirkungen bei Eisenb.-Tarifen 23. 24. 141. 155. 188.
Ruhrort 146.

S.

Saar, die I. VII. IX. 36. 44.
Saarbrücken 44. 45. 57.
Sadi-Carnot, Minstr. 93.
Saint-Dizier II. 44.
Etienne III. 57. 87. 126.
Sambre, die I. II. IV. VII. 84. 106. 108. 115. 191.

Sammelteich, -becken 5. 32. 46. 123. 125 bis 127.

Snöue, s. Sohne.

Scarpe, die 1. IV. VII. 84. 106. 192.

Schandau 136.

Schaustellungen 209.

Schelde, die 1. II. IV. VII. 37. 84. 106. 108. 162. 191.

Schiefe Ebene (für Schiffe) 142. 149. 150 bis 153.

Schifffrachtpreise, amerik. 169. 170. 171; elsässische 121. 171; deutsche 140. 156; franz. 65. 71. 88. 120; österr. 5.

Schiffskaliber 4. 71. 72. 144. 146. 151. 160. 163. 174. 175. 180. 182. 183.

Schiffsvolk 128.

Schiller, Fr. v. 206.

Schleusen 30. 98. 106. 142. 143. 117. 151. 154. 180.

  — Dimensionen 4. 31. 32. 36. 47. 70. 71. 72. 83. 98. 106. 145. 146. 148. 151. 153. 160. 175. 180. 183.

Schleuswasser 151. 175. 200.

Schlichting, J. 131.

Schmoller's Jahrbuch 143.

Schnellzugs-Zuschlag 215.

Schübler, A. 7.

Seehafen-Programm, franz. 82.

Seine, die 1. II. III. IV. VII. 70. 73. 79. 84. 88. 94. 96. 102. 106. 108. 110. 111. 125. 131. 133. 136. 137. 140. 189. 192. 196.

Seitencanal oder Canalisirung? 34. 36. 46. 47. 86. 88. 107. 110. 144. 154.

Selbstkosten d. Eisenb.-Transports 5—21. 206. 207. 210. 212. 213. 215; d. österr.-ung. Bahnen 18; d. K. F.-Nordb. 20; d. Theissb. 11.

Senat u. Senatoren, franz. 88. 89. 118.

Senkrechte Schiffshebung 149. 150. 151.

Sèvre, die 1. IV. VII. 71. 84. 191.

Sohne, die 1. III. IV. VII. 37. 45. 47. 79. 84. 94. 106. 109. 133. 191. 192. 196.

Sommer- u. Wintersperre 59. 72. 100. 143. 172. 186. 187. 190; s. auch Wintersperre.

Souchez, die 91. 96.

Speisebecken, s. Sammelteiche.

Speisung d. Canäle 36. 46. 72. 89. 95. 142. 149. 183. 185.

Spree, die IX. 137.

Stade 148.

Statistik, deutsche 2. 46. 131. 135. 160. 162; engl. 166; franz. 2. 42. 54. 57. 62. 101. 102. 118. 120. 185; österr.-ung. 18. 19. 178. 212.

Steinkohle 54—57. 136. 137. 139. 155. 163. 169. 181. 183—185.

Strassenmauth, franz. 119.

Strom- u. Flussgefälle, deutsche 132. 177. 185; franz. 107. 108. 109. 133. 177; Missisa. 169. 177; österr. 177. 185.

Ströme, deutsche 131; franz. 110.

Submersions-Canäle 123.

Sully, Minstr. 31.

Swinemünde 138.

T.

Tarife, s. Eisenb.-Tarife.

Tarifhoheit 219.

Tarn, der 1. IV. VII. 105. 191.

Tauerei und Dampfbetrieb 67. 111. 112. 156. 164. 167. 172. 173. 174. 179. 181. 196. 198. 200.

Tauereigebühren, franz. 113.

Tauereiversuche auf d. Rhone 113.

Terminologie 1. 2.

Theater- u. Concertpreise 209.

Thiers, A. 78. 128.

Thirion, A. 29.

Thorn 138.

Tilsit 138.

Todte Last auf Eisenb. 15. 19. 20.

Tonnage, s. Tauerei.

Tragfähigkeit, s. Schiffskaliber.

Transportdistanz (zu Wasser) 51. 59. 62. 137. 160. 162. 169. 178. 185.

Transseefahrten 209.

Triest 181.

Tronssey H. 37. 45. 47.

Tunnel (Canal-) II. III. 32. 36. 44. 47. 87. 88. 112. 113. 201.

U.

Ueberschwemmung 5. 126. 127. 174. 179.

Umschlag zw. Eisenb. u. Wasserstr. 184.

V.

Varroy, Minstr. 44. 93.

Valenciennes 57.

Verbesserungsbauten, franz. 68. 69. 94. 95. 129; preuss. 135.

Vereinheitlichung d. Wasserstr. 66. 70. 71. 72. 172.

Verdun 17.
Versailler Wasserkunst 125.
Verschiebungen der Industrie 87. 88. 91, 156. 157
Verstaatlichung der Wasserstr. Engl. 165; Fraukr. 40. 41. 67. 85. 115. 118.
  » d. Eisenb. Fraukr. 74. 82. 89.
Vilaine, die I. IV. VII. 30. 192.
Vitry-le-François 41.
Vorfahren auf Canälen 171. 193. 198. 200.
Vorgelegene Stationen 218.
Vorliebe für Eisenb. gegenüber Canälen 25. 72. 121.
Vorrang d. Schiffe 193. 196. 198. 199.

W.

Waarengattungen 53. 54. 55. 136. 137. 139. 161.
Wachsthum d. franz. Canalnetzes VIII. 39. 43. 96. 97. Eisenbahn-Netzes VIII. 43. 97.
Wagenraumtarif 220.
Währungen 1.
Wasser-Abflussmengen 108. 126. 133. 177.
  » -Frachtpreise, s. Schiffsfrachtpr.
  » -Kräfte 5. 124. 125. 161. 166. 174. 179. 181.
  -Mauth 33. 34. 35. 40. 45. 48. 66. 67. 75. 115. 116. 119.

Wasserstände, deutsche 132. 133.
Wasserstrassen-Budgets, franz. 43. 78. 79. 80. 92.
  » -Programm, franz. 81. 83. 88. 90; preuss. 145.
  » -Verstaatlichung, s. Verstaatlich.
Wasserwirthschaft 122. 179.
Weber, M. M. v. 163.
Wehre, bewegliche, s. Nadelwehre.
Weichsel, die IX. 134. 188.
Weser, die IX. 131. 132. 134. 136.
Wien 3. 4. 181. 182. 184. 185. 187.
Wiener-Neustadt 180.
Wilhelm I. v. Württemberg 179.
Wilhelmshaven 144.
Winkler, Prof. 180.
Wintersperre 101. 143. 150. 154. 162. 164. 179. 184.

Y.

Yonne, die I. III. IV. VII. 37. 79. 84. 106. 107. 108. 111. 191. 196.

Z.

Zell am See, Eistransport 22. 23. 24.
Zinsenlast, s. Investitionszinsen.
Zukunft der Wasserstrassen Amerikas 167. 168. 170; Englands 166; Frankreichs 120.
  der Eisenbahntarife 220.